Zhejiang Time-honored Brand

浙江老字号

◆ 戎 彦 编著

ZHEJIANG UNIVERSITY PRESS
浙江大学出版社

目　录

浙江老字号

绍 兴

嘉　兴

湖　州

温　州

金　华

字 号 源 流

　　字号最初并非应用于商业,而是对人的称谓。"人的称谓,有名、字和号之别。"[1]名是父母或者其他长辈在出生的时候给的,是登记在户籍簿上的正式称谓,而字号则是在长大成人以后才有的。

　　《礼记·曲礼上》说:"男子二十,冠而字……女子许嫁,笄而字。"也就是说,古代男子在二十岁(虚岁)的时候,行冠礼,表示自己成年,由父亲或者其他长辈给一个称号,就是字;女子出嫁(成年,古时是在虚岁十五岁)之时可以盘发插笄(簪子),也要取字,所以后来女子未嫁时称"待字闺中"。如此看来,字是成年的一种标志。字和名一般是互相关联的,《颜氏家训·风操》说:"古者,名以正体,字以表德。"比如诸葛亮,字孔明;关羽,字云长;白居易,字乐天,等等,都是词义互见、相辅相成的。

　　在名、字之外,还有人给自己起别号。号的来源比较广泛,一般是尊称、美称。这些号有的寄托着自己的志向、情感,有的以自己曾经居住或者逗留过的地方风物为号,等等,不一而足。比起名和字,号有着较强的感情色彩和个性特征,比如辛弃疾,自号稼轩,有一生勤奋耕耘的意思;陆游,号放翁,有不拘礼法的含义;李白,自号青莲居士,因他曾随父亲迁居青莲乡;苏轼,号东坡,因被贬黄州(今湖北黄冈),"与田父野老相从溪山间,筑室于东坡,自号东坡居士"。苏轼取这个号还有仰慕白居易之意,因白居易在忠州(今四川忠县)曾于东坡屋地栽花自娱,诗中数次言及"东坡"。苏轼的这个号也是其应用最为普及的号,除此以外,他还有以籍贯而得的号、以官职而得的号、以排行而得的号,等等,约有三十多个,可见古人取号来源的广泛。另外,还有些人是因为传闻轶事、所作诗句等得号,比如宋代词人张先因有三句写"影"的佳句,被誉称为"张三影"。还

---

① 王红:《老字号》,北京出版社 2006 年版,第 2 页。

有一类号是"绰号"、"外号",多有诙谐和玩笑的意味,也相当生动,《水浒》中人物的别号即是典型。

字号包含着一定的寓意,成为各阶层经常使用的称谓,之后,应用范围又不断扩展,延伸到商业领域并在这里发扬光大。

在商品经济和商业竞争中,商家需要一个响亮、容易记又能体现自身特点的名号,以广为传播,形成独特的识别度从而拓展市场。有特定寓意的字号的应用由人发展到商业活动,成为商家的标志,出现在招牌、幌子、产品包装等上面,并为大家口口相传。

唐朝都城长安(今陕西西安)朱雀大街西市出土的一些陶器上都印着"邢娘"二字,显然是因竞争需要而印上的特定标识。从中可以看出,以店主姓氏作为字号应该是字号较早的形式,因为这时店铺多是家庭作坊式的。这种字号比较简单,一直应用到现在,成为商业字号中一种主要的形式。

之后,随着经济的发展繁荣、商铺的增多和竞争的加剧,字号应用越来越频繁,除了以姓氏命名之外,还有了很多种方式。有寄托美好愿望、期盼生意兴隆的,如兴、隆、茂、盛、昌、源、升、发、利、通、亨、达等;有侧重诚信经营、和气生财的,如和、顺、同、瑞、怡、德、泰、福、信、祥、诚等;也有凸显历史悠久、牌子过硬的,如老、大、长、久、永、恒、全、聚、万、丰、裕等;也有把姓氏与这些吉祥寓意的字组合在一起作为字号的。

定胜糕典故

在字号频繁应用的过程中,一些行业逐渐形成了自己的"专用"字号,极容易识别,让人一看就知道是什么行业。比如,绸布店习惯用"祥",北有瑞蚨祥、瑞生祥、瑞增祥、瑞林祥、瑞庆祥，南有协大祥、宏大祥、宝大祥、华大祥、大昌祥等；而中医药店则用"堂"，同仁堂、济生堂、长春堂、四知堂、胡庆余堂、乐仁堂、德仁堂、九芝堂、震元堂、方回春堂、天一堂等等，数不胜数。中医药的"堂"还要从医圣张仲景说起。他生在汉末乱世，看到疾病流行给人们带来的莫大灾难，于是立志学习医术。在任长沙太守期间，正值疫病流行，很多贫苦百姓慕名前来求医，他都热情接待、悉心诊治。开始是处理完公务之后，在后堂或自己家中给人治病；后来因为来看病的人越来越多，干脆就把诊所搬到了长沙大堂，公开坐堂，首创了名医坐堂的先例，被传为千古佳话。人们为了纪念张仲景，就把坐在药店内接诊的医生称为"坐堂医"，而开设药店的人也就把药店取名为"某某堂"了。

受到儒家重文抑商的影响，很多商家也喜欢在雅致的文字上寻找字号，于是斋、楼、阁、居、轩、园等也在商业字号中被频繁应用，充满了诗情画意。也有干脆来源于诗词的，如楼外楼。与此相对，还有一些"俗"字号，生动活泼，充满趣味，比如狗不理、王麻子、缸鸭狗等。雅也好，俗也罢，很多字号中都有一段故事，关乎创始人、名人、传说等，共同构成了商业文化中蔚为壮观的字号文化。直到今天，各种新老土洋商家依然在使用着字号，我们称之为"品牌名称"。品牌名称和各种图形、符号、文字等组合在一起，构成品牌独特的识别性，是品牌资产重要组成部分。

老字号——城市的文化地标

　　老字号是一个个辉煌的称谓,是很多人生活中深刻而又美好的印记,是几代人的艰辛和传奇,是一部催人奋进的历史,是活的商业教科书,更是一座城市的文化记忆。这些沉甸甸的品牌,是中华民族经济发展的见证者、记录者和传承者。

　　老字号大多脱胎于近现代工商、手工业者,多诞生于明清,交通发达、商贾云集、文化底蕴深厚之地往往是老字号最多的地方。可以说,老字号和一座城市的文明是相伴相生、共衰共荣的。一座城市老字号的数量可以折射出这座城市的繁华程度,也可以衡量出这座城市的“分量”与根基。老字号是商业文明的载体,但其价值已经远远超越了商业的范畴。用市场经济的重在当下经济利润的法则来评价老字号,未免有失偏颇了。老字号的存在动辄以百年计,当中蕴含的集诚信观、义利观、名誉观于一体的传统商业文化和伦理,正是时下的商界所缺失的。而老字号传承下来的传统特色、地域特色,更是一种文化资源和文化景观。俗语说:“不懂天文地理不足为将,不谙风土人情不可作商。”这些老字号所记录的风土人情,这些可圈可点的人、事、物,都让老字号成为城市一张张极具价值的名片。

　　城市都在变大、变快、变洋,城市的商业文化和特征正在趋同化,城市正在失去个性。我们不排斥现代化,只是不希望城市在现代化的过程中失去自己的灵魂。不同特色、行业的老字号以各具特点的经营和传承之道,汇聚成一个城市独有的文化魅力,成为一个城市的地标。保持一个城市的特色和保护与传承好这些老字号密不可分,老字号记载着城市的发展变迁,是城市文化底蕴和魅力的集大成者,而这些具有浓郁传统气息的老字号也是我们向现代文明发展的底气。

　　老字号的文化传承功能是其最珍贵的功能之一。有人曾说,老字号学徒睡过的一块门板都是蕴含文化的,这绝不是玩笑话。老字号的店名、店招、楹联、店规、故事、街谈巷议、绝活绝技绝品、建筑、发展史……无一不是文化的。文化本是虚幻的,历史本是遥远的,有了这些老字号,我们的文化和历史便具体可感了。

20世纪90年代初的时候,约瑟夫·奈首创了"软实力(soft power)"的概念。软实力不是通过强迫,而是通过导向力、吸引力、仿效力而产生影响力,软实力中文化的力量是至关重要的。在信息化时代和文化创意产业蓬勃发展的当下,文化更是爆发出了前所未有的力量,"软"实力是实实在在的"硬"力量。

我们在互联网上查找"企业寿命",可以看到如下的数据:美国《财富》杂志曾载文说,美国大约62%的企业寿命不超过5年,只有2%的企业存活达到50年,中小企业平均寿命不到7年,大企业平均寿命不足40年,一般的跨国公司平均寿命为10~12年,世界500强企业平均寿命为40~42年,1000强企业平均寿命为30年。日本《日经实业》的调查显示,日本企业平均寿命为30年。《日本百强企业》一书记录了日本百年间的企业变迁史,在百年中,始终列入百强的企业只有一家。有数据表明,中国大型企业的平均寿命为7~8年,中国民营企业的平均寿命只有2.9年……有了这些数据的对比,我们应该能够更为清楚地认识到老字号的价值,认识到其长久生命力的艰辛与珍贵。

"中华老字号"(China Time-honored Brand),是由原国内贸易部认定的中国大陆的老牌企业。根据中国品牌研究院的调查,新中国成立初期,全国"中华老字号"企业大约有16000家,涉及餐饮、医药、食品、零售、烟酒、服装等行业。但是,由于种种原因,老字号企业经营不善,频频破产。1991年全行业认定中,有1600余家榜上有名,仅相当于新中国成立初期老字号总数的10%。这时的"中华老字号"企业,70%经营十分困难,20%勉强维持经营,只有10%蓬勃发展。为振兴"中华老字号",时隔十多年之后的2006年4月,国家商务部发布了《"中华老字号"认定规范(试行)》,表示在三年内由国家商务部在全国范围内认定1000家"中华老字号",由此揭开了全社会保护和发展老字号的大幕。尽管老字号的新发展有着太多的难处,但全社会的关注和行动已经让我们看到了很多卓有成效的措施,也有很多让人欣喜和欣慰的成果。

国家商务部在2006年认定了首批434家"中华老字号",之后又在2010年8月公示了703家"中华老字号",两次认定共计1137家,具体分布情况如下表所示:

"中华老字号"各省市分布情况表

序号	省市	第一批	第二批	总计	序号	省市	第一批	第二批	总计
1	上海	52	129	181	16	云南	11	15	26
2	北京	67	50	117	17	江西	2	20	22
3	江苏	35	63	98	18	河南	4	18	22
4	浙江	38	53	91	19	吉林	7	13	20
5	山东	37	30	67	20	湖南	12	8	20
6	天津	30	36	66	21	重庆	9	10	19
7	广东	22	35	57	22	安徽	8	17	15
8	四川	27	22	49	23	甘肃	5	9	14
9	福建	12	24	36	24	贵州	1	9	10
10	辽宁	9	25	34	25	广西	2	7	9
11	黑龙江	8	24	32	26	内蒙古	1	6	7
12	陕西	8	20	28	27	新疆	0	3	3
13	河北	8	19	27	28	宁夏	2	0	2
14	山西	10	17	27	29	海南	0	1	1
15	湖北	7	19	26	30	青海	0	1	1

　　而在图表(无"中华老字号"省市未列入)中,我们能够明显地看出"贫富不均"的状况,北京、天津以及东南沿海一些省市的数量远远高于其他地方,特别是上海,总数高出第二名北京64家,之后分别是北京、江苏、浙江,数量都超过了90家。

　　"中华老字号"省市分布数量与比例如下图:

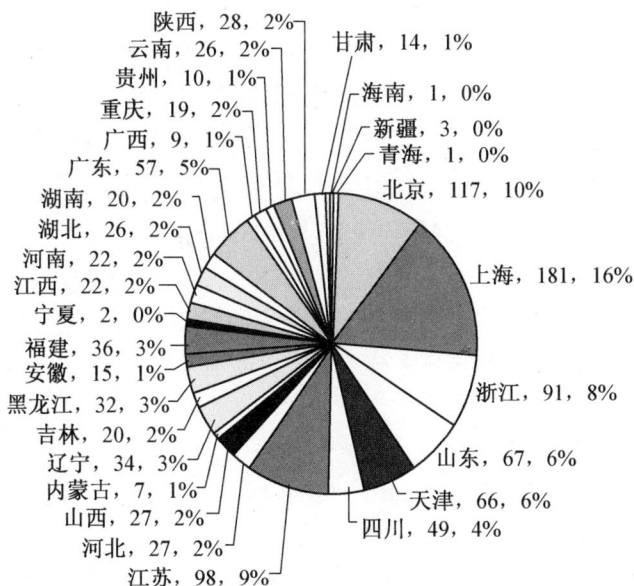

"中华老字号"省市分布数量与比例图

中华老字号
China Time-honored Brand
中华人民共和国商务部
Ministry of Commerce of the People's Republic of China

"中华老字号"标识

"中华老字号"标识是依据中国印章造型,巧妙组合了"字"与"号"两个汉字,贴切地表达出"中华老字号"的意义,标识整体显示出中华文化的博大精深,也预示着传统文化在现代社会的旺盛活力。金石篆刻的手法显示出老字号的历史感,突出了其久远悠长的韵味和时间积淀。"字"与"号"的上下融会贯通,体现出了商业流通与老字号之间相互影响、共同发展的美好前景。

在看到很多老字号蓬勃发展的时候,我们也听到了这样一个真实的故事:瑞士开了一家中医院,他们还想在旁边开一家具有传统味道的中药铺,把中医药文化"复制"到瑞士。瑞士人到王府井大街仔细找了一遍,包括最有名的同仁堂,但总是笑着摇头,最后空手而归。陪同的翻译说,他们哪家都没看中,中国药铺没有中国"味儿"。一位精通古建筑的专家说,同仁堂传统老店的建筑格局原本是极具特色的下沉式建筑,沿着石砖砌成的台阶下到半地下的空间后,立刻能感到别有洞天。齐顶大药柜、密密麻麻标明药材名字的小抽屉、现场抓药、铜秤称重分包、药材的香气弥漫,这才是中国药铺的味道。这个故事应该能够给生存得很好的、生存得艰难的、起死回生的、等待重生的所有老字号提一个醒:老字号别失去了特有的味道。老字号为了生存发展,需要改的地方有很多;但是,不能变的也有很多。这些不能变的,才是老字号常青的法宝,才是老字号为城市和城市中生活的人所保留的最为珍贵的印记。

浙江老字号

"浙江"是钱塘江的古称,意为曲折的江水,浙江省即是因此江而得名。浙江省是中国面积最小的省份之一,却是经济实力最强的省份之一。

浙江具有建构经济文化一体化发展模式的得天独厚的条件,浙江的文化是"经济的",浙江的经济又是"文化的"。浙江传统文化与商业贸易有着天然的亲和力,浙江人仿佛就是为经商而生。先秦越国范蠡等提出了"农末俱利"的政策;南宋叶适、陈亮等主张"通商惠工"、"农商一事"、"有无相通";王阳明反对各种"侵商"、"困商"的行为,呼吁"独商人非吾民乎";黄宗羲明确提出了"工商皆本"的论断,反对歧视工商的本末观……很多思想主张都与当时社会主流观点相背离。著名学者余秋雨说过:"中国最健康的经济群落就是浙江经济群落。浙江经济已经进入许多发达国家的经济教科书里,就算是再远的土地上都能找到浙江商人的脚步。"①

2008 年,浙江省商务厅认定了第一批 168 家"浙江老字号",这其中包括了国家商务部 2006 年重新认定的中华老字号 38 家和刚刚公示的 2010 年认定的中华

① 杨宏建:《浙商是怎样炼成的》,北京工业大学出版社 2006 年版,第 6 页。

老字号52家(2010年国家商务部公示的浙江"中华老字号"一共53家,这里没有包括"宁波天胜照相馆")。而很快,第二批"浙江老字号"也要出炉,未来将会有更多。"传承独特的产品、技艺或服务"、"传承中华民族优秀传统的企业文化"、"具有中华民族特色和鲜明的地域文化特征,具有历史价值和文化价值"、"经营状况良好,具有较强的可持续发展能力"等,这些都是老字号认定的必备条件。

浙江所辖11个地区都有"中华老字号"分布,共计91家,其中杭州最多,有39家(占44%),其次是绍兴12家(13%),温州8家(9%),湖州7家(8%),宁波7家(8%),嘉兴5家(5%),金华4家(4%),丽水4家(4%),台州2家(2%),衢州2家(2%),舟山1家(1%)。浙江"中华老字号"城市分布图如下:

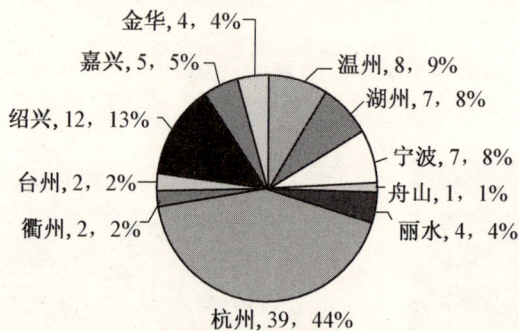

浙江"中华老字号"城市分布图

浙江所辖11个地区也均有"浙江老字号"分布,杭州以68家(41%)高居榜首,绍兴20家(12%),宁波14家(8%),温州10家(6%),湖州10家(6%),金华10家(6%),丽水10家(6%),嘉兴9家(5%),台州7家(4%),衢州5家(3%)、舟山5家(3%)。第一批"浙江老字号"城市分布图如下:

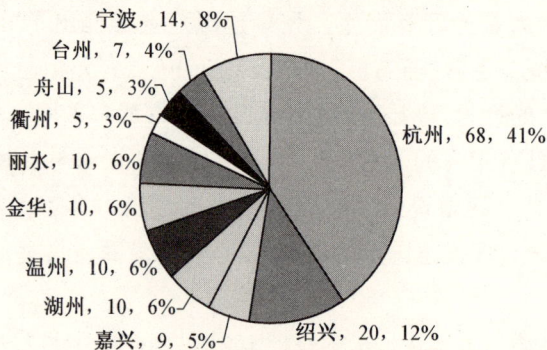

"浙江老字号"城市分布图

这其中有不少老字号都是一个行业的翘楚,比如杭州的丝绸、扇子、龙井、餐饮,绍兴的黄酒,金华的火腿,丽水的青瓷和宝剑,嘉兴的粽子,宁波的汤圆等。

"浙江老字号"的行业分布也比较广泛,这里的行业是根据浙江省商务厅公布的老字号名单中所列行业进行分类,食品加工比重最大(73家,占42%),之后是医药(28家,占16%),然后是服务业(19家,占11%),再之后是餐饮(13家,占8%),另外还有工美(11家,7%)、制造业(6家,4%)、保健品(5家,3%)、日用品(4家,2%)、文化艺术(3家,2%),以及外贸、轻工、化妆品、烟草各一家。食品加工和餐饮合起来有86家之多,可见真的是民以食为天;医药老字号中主要是中医药,这些老字号也承载着中医药复兴的重任;虽然工美、制造业等数量不是很多,但都是重量级的品牌,有的可以代表一个行业。第一批"浙江老字号"行业分布图如下:

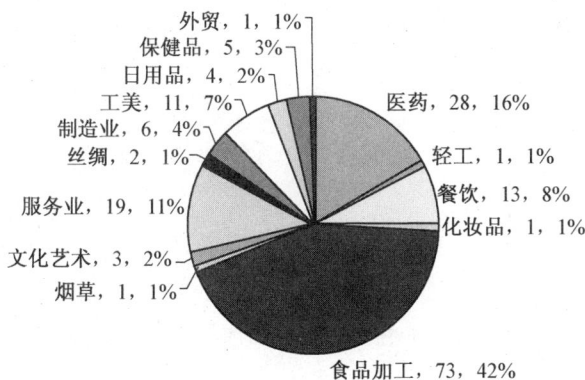

"浙江老字号"行业分布图

2007年,中国品牌研究院公布了《第二届中华老字号品牌价值百强榜》,浙江以34个老字号仅次于北京(53个)、上海(41个)而位居第三,其中利群以品牌价值51.19亿元位居第三名。"浙江老字号"品牌价值百强榜中具体的排位、品牌、价值如下:

排位	品牌	价值	排位	品牌	价值	排位	品牌	价值
3	利群	51.19	110	朱养心	1.18	224	毛源昌	0.35
28	震元堂	6.35	121	沈永和	0.95	232	龙官	0.33
34	会稽山	5.63	123	楼外楼	0.92	241	万隆	0.32
36	咸亨	5.55	130	知味观	0.89	260	楼茂记	0.28
40	胡庆余堂	5.35	136	致中和	0.85	262	同兴	0.28
41	民生	5.32	169	朱府铜艺	0.55	294	信源	0.22
42	五芳斋	5.23	170	山外山	0.55	304	王星记	0.21
49	张小泉	4.31	181	邵芝岩	0.51	322	邵永丰	0.18
56	解百	3.31	200	西泠印社	0.43	323	方回春堂	0.18
72	女儿红	2.21	202	丁莲芳	0.42	345	张同泰	0.13
87	雪舫蒋	1.72	209	五味和	0.39			
104	三珍斋	1.25	223	王一品斋	0.35			

"上有天堂，下有苏杭。"杭州是国务院首批命名的国家历史文化名城，也是"中国七大古都"之一，"东南形胜，三吴都会，钱塘自古繁华"。过去老字号林立的杭州，今天大多仍熠熠生辉。

明末、清代至民国时期，杭城商业在曲折的发展过程中，一些名店、老店应运而生。这些名店、老店经营各具特色。民国时期，有民谚"头顶天，脚踏边"，即天章帽庄、边福茂鞋庄；钟表业中有"二亨"，即亨达利、亨得利钟表店；素菜馆中有"二林三素"，即功德林、香积林、素春斋、素香斋、素馨斋；南北货业中有"三昌一和"，即仁昌、益昌、胡恒昌、方裕和；茶食糖果业有"三斋二和"，即颐香斋、采芝斋、九芝斋、五味和、叶受和；著名"五杭"（杭剪、杭线、杭扇、杭烟、杭粉）；国药业六大家，即胡庆余堂、叶种德堂、万承志堂、方回春堂、张同泰、泰山堂；十大官酱园，即春和、同福泰、正兴复、鸿吉祥、乾发、惟和、元泰、恒泰、永昌、全茂。声誉卓著的还有：都锦生的丝织风景和工艺织锦、翁隆盛的龙井茶叶、邵芝岩的毛笔、毛源昌的眼镜，楼外楼、天香楼的杭菜，奎元馆、状元馆的宁式面点，知味观的风味点心等。随着岁月的流逝，一部分得到了继承和发展，一部分因为多种原因而退出了历史舞台。

贯穿杭州城区南北的中山路是很多老字号的发祥地。中山路从凤山门起，一直到城区运河边，一路串起了清河坊、羊坝头、三元坊、弼教坊、众安桥、北桥儿、百井坊等杭州最热闹的市井街坊。虽然由于城区改造等原因，很多老字号迁址，但这有着杭州工商文明最早曙光的地方，仍然是最具杭州市井民俗风情的老街。尤其是清河坊，是杭州唯一保存比较完整的旧街区，是杭州悠久历史的一个缩影，这里古有"前朝后市"之称：前朝是指"前有朝廷"，即凤凰山南宋皇城；后市指"北有市肆"，即河坊街一带，历经元、明、清和民国时期，直到新中国成立，这里仍然是杭州商业繁华的地段，杭州的百年老店就集中在这一带。"八百里湖山知是何年图画，十万家烟火尽归此处楼台。"明代江南才子徐渭的这副对联，就是对古代杭城吴山和清河坊地区繁华景象的真实描绘。经过改造和保护，浓缩明清杭州市井风貌的老街，把悠久的繁盛再现在21世纪，和这座城市其他散落的老字号一起，讲述着这座历史文化名城的故事。

医药

南宋定都临安(杭州)之后,带来了人口的增长和经济的繁荣。据《咸淳临安志》记载,南宋咸淳年间,临安府(包括临安府所属九县)人口已经到达124万之多。经济的繁荣为在吴越、北宋时期就已经崭露头角的国药业带来了空前发展机遇,国药进入了前所未有的繁盛期。

"据史书记载和考证,中药当时的格局主要由御药院、官办药局、民间药铺三个方面组成。"[1]南宋时期,杭州民间药铺是非常大的行业,特点是医药合一,而且有了较为细致的专科分工。据《梦粱录·铺席》记载,南宋淳祐年间(1241—1252年),著名药铺不下数十家,药市、药膳都很多,而药摊、药贩等更是不计其数。

元灭南宋以后,药铺和药业虽然一度被冷落,但南宋的鼎盛影响犹在。到了明清,国药又有一定的发展,清朝中后期形成了中西药的对垒和结合。

明朝,经济文化复苏,医和药的分工逐渐明晰。清朝,杭州中药业日益繁盛,生产经营都趋于完善。清末,杭州中药购销业务活跃,专业经营也趋向于细分。民国时期获得进一步发展,民国20年(1931年),"杭州市有大小型中药行151家"[2]。

抗战时期,医药业也经历了萧条,新中国成立以后逐渐恢复。在多方共同努力下,民国时期闻名杭州的"六大家"已经恢复了五家,还有保存完好的明清建筑群见证着老字号的辉煌。

杭州西药业的开设是在清光绪三十一年(1905年),上海的华英药房在清河坊开设了杭州分店,这是杭州第一家专门经营西药的药房。在清同治八年(1869年),英国安立甘会就派医师在杭州行医传教;1971年正式创立了大方伯医院,后来改名为广济医院,此时就开辟了欧美西药进入杭州的途径。华英之后,上海在杭州分设药房的逐渐增多,经营药品种类也非常广泛。"民国元年(1912年)前,杭州有西药房6家,民国16年(1927年)有22家,民国20年(1931

---

[1] 路峰等:《杭州老字号系列丛书——医药篇》,浙江大学出版社2008年版,第3页。

[2] 路峰等:《杭州老字号系列丛书——医药篇》,浙江大学出版社2008年版,第15页。

年)有 31 家,民国 26 年(1937 年)有西药房 40 家之多……抗日战争胜利后,杭州西药房增加到 60 多家……新中国成立后,杭州西药市场开始稳定,药房增加到 88 家,为历史最高峰。"①

1958 年以后,中药房和西药房逐渐合并。

胡 庆余堂②

有着"江南药王"之称的胡庆余堂坐落在杭州清河坊大井巷内,高 12 米、长 60 米的白色墙体上书"胡庆余堂国药号"七个特大黑色楷体字,威严中更显历史与气度。

招牌之大堪称全国之首的胡庆余堂　　江仲夏　摄

胡庆余堂创始于清同治十三年(1874 年),店名取自《周易》:"积善之家,必有余庆;积不善之家,必有余殃。"胡庆余堂是国内保存最为完整的清代徽派商业建筑群落,也是国内保存最完好的国药号。胡庆余堂独特的仙鹤状建筑寄托着店主基业长存的愿望,鹤首即门庭,鹤颈是长廊,沿着鹤颈到底右转就是仙鹤

① 路峰等:《杭州老字号系列丛书——医药篇》,浙江大学出版社 2008 年版,第 199—200 页。
② 部分参考资料来源:1. 胡庆余堂官方网站,http://www.hqyt.com/;2. 路峰等:《杭州老字号系列丛书——医药篇》,浙江大学出版社 2008 年版,第 121—159 页。

的身体了。

据胡庆余堂药工后辈的讲述，胡庆余堂有这样一个典故，说胡雪岩开胡庆余堂是被叶种德堂气出来的。"因为我爷爷是胡庆余堂的药工，小时候经常听他们讲起，胡雪岩开药店是被叶种德堂气出来的。说是有一次胡雪岩的小老婆生病，他派佣人去叶种德堂抓药，拿回来一看，有几味药已发霉变质了，胡雪岩就派人去调换，谁知药没换到，反被叶种德堂伙计抢白了一句：我们店里只有这种药，要好药，你们胡先生最好自己去开一家。话传到胡雪岩耳朵里，他一拍桌子：怎么能够拿人命当儿戏，难道我胡雪岩开不起药店啊？①"这就是"一怒创堂"的传说，虽然无从考证典故的真实性，不过，这一典故倒是为这家老字号平添了几分人性化的色彩。

有文字可考的记录则是由于军民需求加上胡雪岩早有的雄心，特别是胡雪岩为左宗棠筹集军饷采办武器之后，深感违背信奉佛教的母亲的教诲，萌生了开药堂普济众生的愿望。开办胡庆余堂的时候，他想起为母亲造的佛堂中的对联"积善之家，必有余庆"，就想要把店名取为"余庆堂"，母亲告知这是南宋奸臣秦桧的堂名，万万不可用，后来他的母亲取了"庆余堂"。店名起好之后，胡雪岩想请书法家来题写，想到奸臣秦桧也是一个大书法家，何不把秦相府的手迹"余庆堂"倒过来为自己所用呢？今天来看，这倒是一个奇特的创意。

虽然在中国有数不清的大小中药号，但最有名的被大家公认的只有"两家半"——北京的同仁堂算一家，杭州的胡庆余堂算一家，广东的陈李济算半家。而同仁堂与陈李济的古建筑包括作坊已全部被拆掉，新建的房子已经很难寻觅到传统特色，只有胡庆余堂保留了下来。这使得胡庆余堂在当今进一步凸显了其传统的底蕴，也使其成为传统商业文化最好的传承与见证。

"北有同仁堂，南有庆余堂"，短短一句话却足以印证胡庆余堂的地位，要知道，胡庆余堂的创建年份比起同仁堂晚了整二百年，抹去二百年的时间差，让两家平起平坐，胡庆余堂必有不凡之处。

胡庆余堂继承了南宋皇家药典《太平惠民和剂局方》技艺，收集各种有效古药方，精心制作的丸散膏丹胶露油酒等多达四百多种，还集合有专书《胡庆余堂雪记丸散全集》，很多秘方今天仍然造福着百姓。

胡庆余堂创立之初就处处昭示出自身的承诺，店堂内的牌匾和楹联数量极其多，"是乃仁术"是胡雪岩开店的宗旨，意为普济众生；"真不二价"不但是对顾客的承诺，更是对自己的监督；大厅两侧有对联"益寿引年长生集庆，兼收并蓄待用有余"、"庆云在霄甘露被野，余粮访禹本草师农"，巧妙嵌入了"庆余"两个

---

① 吴建昌：《先有叶种德堂后有胡庆余堂》，原载《今日早报》，转引自中国经济网，http://zhlzh.ce.cn/shou/lzhgs/200801/24/t20080124_14351628_3.shtml

字，且一首一尾，让人称绝；"七闽奇珍古称天宝，元霜捣臼玉杵奇功"则是说明了采药和加工的艰辛。胡庆余堂的牌匾、楹联都面向顾客，但有一块例外，那就是"戒欺"牌匾，它面向店员和经理室，时刻提醒着每一位员工。

"凡百贸易，均着不得欺字，药业关乎性命，尤为万不可欺。余存心济世，誓不以劣品弋取厚利，唯愿诸君心余之心，采办务真，修治务精。"这是创始人胡雪岩制定的店规，也是胡雪岩存世唯一的墨宝，成为一代又一代胡庆余堂人的行为准则。

胡庆余堂店内还有一个特别的大香炉，名曰"焚药炉"，平日里可以方便顾客点烟，而当顾客发现不满意的药，就可以扔到里面焚毁，另换新药。据说，曾有一位买了避瘟丹的顾客，闻到药的味道不对，就皱起了眉头，恰好胡雪岩看到了这一幕，立即向顾客道歉，并把药扔到了"焚药炉"里，而店里的避瘟丹不巧卖完了，胡雪岩留远道的顾客住下并亲自款待，保证三天赶制出顾客需要的药品。胡庆余堂让"戒欺"真正落到了实处。

选药方面，胡庆余堂专门派出有丰富经验的药师赴全国各地精心选择地道的药材，进厂以后还要二次挑选，即使是非常珍贵的药材也是如此。

制药工具方面，胡庆余堂有一套被称之为"国宝"的金铲银锅，是用 133 克黄金和 1835 克白银打造成的。这套制药工具背后还有一个传说：胡庆余堂制造一种镇惊通窍的药，使用的是铁锅铁铲，药效总是不够理想，多方研究都没有找到原因。一天，感觉胸闷的胡雪岩早早睡了，梦中出现了一对猫鼠，猫浑身雪白就好像是银子制成，老鼠全身金光，仿佛金子打造，金鼠在前面跑，银猫在后面追，一下子竟然窜入胡雪岩口中。惊醒过来的胡雪岩感觉神清气爽，仔细琢磨，方才领悟金银有辟邪压惊的功效。第二天，胡雪岩就派人打造了金铲银锅制造镇惊通窍的"局方紫金丹"，药效果然大大提高。关于这套工具，除了这个神奇的传说外，还有另外一种说法，是一个老药工根据祖传经验提议制造而成的。

制药的技艺和规范方面，胡庆余堂也是分外严格，药材一概尊古炮制，另外不同的药材制作还会有不同的规矩，比如制作"避瘟丹"之前必须洗澡，还不能吃荤菜。胶厂有养鹿园，用鹿制作"金鹿丸"。有一年，杭州街头传言胡庆余堂的鹿是养给人看的，金鹿丸是用驴骨制作的。经理余修初听闻后非常生气，胡雪岩则想出了办法。第二天，几名穿着胡庆余堂号衣的职工赶着一群鹿，敲着锣鼓游街，走了一圈之后到甬金门外胶厂当众宰杀，之后送到制药工场，还允许部分居民进去观看制药过程，谣言不攻自破。

胡庆余堂秘制的避瘟丹是其招牌药，由 74 味药材组成，每一味都选择上等原料，其中有一味石龙子，俗称"四脚蛇"，以杭州的灵隐、天竺一带的最好。每年入夏,胡庆余堂的药工就会去捕捉,时间长了,连灵隐寺的僧人也熟悉了这一惯例,都会给胡庆余堂提供方便。

选药、制药之外,胡庆余堂的昌盛更是和"人"的因素密不可分,从不熟悉中药业的胡雪岩聘请经理的过程就能够看出胡庆余堂的用人之道。胡雪岩曾先后见了几个精明强干、自称能营利很快很多的老先生,但最后都婉拒了他们。后来来了一位姓余的余姚人,他告诉胡雪岩,自己绝对不可能短期内赚回本钱,还说了一番诸如驴皮囤积三年才能熬好膏、女贞子要经过五蒸五晒、红花要隔年采于西藏等等的大道理,最后说,如果请自己做账房先生,必须做好先蚀本三年的准备,否则另请高明。胡雪岩聘请了这位余姓先生,据说"庆余堂"除了"积善人家庆有余"的意思外,还有庆幸找到了余先生的意思。

胡庆余堂还一直注重聘请名医,胡雪岩对名医都是以礼相待,还派专人处理各处献的药方,在短时间内就生产和出售14大类中成药,治疗浮肿的"盆欢散"、治疗妇科的"玉液金丹"、治疗战后瘟疫的"诸葛行军散"和"八宝红灵丹"等等,救人无数,深得赞誉。

胡庆余堂在手工制药各方面都有身怀绝技的药工,比如一位张姓老药工已经在胡庆余堂工作了50多年,他能把一颗槟榔切成100多片,每片都薄如蝉翼。至今在胡庆余堂的老药工中,还流传着很多精心制药的故事,其中有一则是这样的:有一天,胡庆余堂来了一位年轻的书生,他十年寒窗考中举人,却发了癫狂之病,很多名医都束手无策。胡庆余堂一位医生说,用龙虎丸可能有效,但店里没有。胡雪岩让病人回家,答应半个月之内把龙虎丸制好送去。但是龙虎丸中含有较大比例的剧毒药品砒霜,必须搅拌均匀,当时没有搅拌机,全靠手工,没有人敢保证能做到。在十天的时候胡雪岩做了一个梦,药王桐君教给他制作龙虎丸的方法。第二天,他命人把一间工场打扫干净,门窗都封闭,只留下几名操作工人,把药粉配制好,教了工人几遍。工人们在密室操作了三天,把龙虎丸制作好。病人服用后,药到病除。后来胡雪岩透露了秘密,他让工人在药粉上将"龙虎"两个字写了999遍,药粉岂有不均匀的道理?

自胡庆余堂创立以来,"名店、名医、名药"便三足鼎立,有口皆碑。后来,为了进一步推进胡庆余堂中药文化的发展,把保健养生的理念传递到百姓的日常生活中,胡庆余堂在西子湖畔开设了胡庆余堂药膳,使胡庆余堂国药号真正成为老百姓生活中的保健专家。胡庆余堂国药号由此开始了"名店、名医、名医、名膳"相结合的道路,已成为同行业中的佼佼者。

胡庆余堂产品类别主要集中在以下几个方面:参茸名品、优质饮片、中西成药、滋补膏方、保健药茶(配料)、药膳特色菜等,这其中有胡庆余堂传统的类别,也有随着时代发展而新开发的类别。

秉承着"仁术为本"的理念,这也是胡庆余堂基业长青的秘诀之一。2003年"非典"期间,中药材供应价格节节攀升,在胡庆余堂门前,数百人排起了长队购买"非典"预防药。胡庆余堂非典预防药配方中有金银花、鱼腥草、板蓝根、连翘等十味中药材,零售价是5元多,当时就金银花一味来说,原价每千克20元已涨到280元,成本就要4.2元,平均每帖亏1元多。胡庆余堂在整个"非典"期间,预防药不但没有一天断货,没有一次提价,还带头向抗"非典"一线的各界人员赠送。这次抗击"非典"中,胡庆余堂共亏损了50万元。胡庆余堂人说:胡庆余堂创建初期,江浙一带曾流行瘟疫,胡雪岩当机立断开仓济世,免费赠送辟瘟丹,危难之中见本色,这就是我们的传统,也是我们的品牌。

和胡雪岩有关的钱塘义渡也从侧面印证了胡庆余堂的实力,而和老字号有关的故事、有关的人事物越多,越能证明其蓬勃的生命力和在民间良好的口碑效应。据说,有一年秋天,胡雪岩乘船去萧山,在拥挤的船上不小心撞翻了一个孩子的竹篮,竹篮里的豆腐洒了一地,胡雪岩要给孩子一小块银子,孩子则说只要六文钱就够了,没有零钱的胡雪岩很为难。旁边的一个小叫花子看见了,主动借给胡雪岩六文钱,让胡写了一张借据。小叫花子名叫俞小毛,萧山西兴人,长大后做了船匠陈三九的徒弟,后来娶了师傅的女儿秀娥为妻。秀娥在一天整理衣箱时发现了借据,俞小毛讲述了原委。这个过程被做过钱店倌的隔壁邻居听到了,就让俞小毛去找胡雪岩。时隔多年,胡雪岩已经忘记了这件事,见到借据,方才想起,于是让账房先生计算本息。借据上写着"借钱六文,本息隔日加倍奉还",账房先生根据借据算了起来,算到第三十天,数字就已经惊人地超过六十四亿,整个胡庆余堂的价值都不够了。俞小毛于是提出,钱塘江渡船太小了,来往不方便,请胡雪岩出资多造几条船,胡雪岩欣然应允。俞小毛趁胡雪岩点烟的时候,把借据烧掉了。义渡兴办以来,钱江两岸从来没有发生过船覆人亡的事情,有人立碑为记。

在胡雪岩生意鼎盛时,突然发生了变故,所有的钱庄、银号全部倒闭,原因至今仍然众说纷纭。最常见的说法是:胡雪岩与洋商做生意,力图遏制洋商,判断商情失误,清政府没有施以援手,反而落井下石。胡庆余堂归债主刑部上书文煜所有,不久,胡雪岩抑郁而终。

胡庆余堂现任掌门人冯根生出生于中药世家,祖孙三代都和胡庆余堂紧紧相连,他的祖父就是胡雪岩手下的一名药工。1949年,年仅14岁的冯根生子承父业,进入胡庆余堂拜师学艺,他也是胡庆余堂旧时招收学徒的关门弟子。胡雪岩时期到文煜一直到新中国成立,经理换过四任,但胡庆余堂的宗旨一直没有变。

胡庆余堂每年只招收一名学徒,有一套严格的拜师仪式,先在耕心草堂拜当时的经理,然后拜师傅,然后再拜"戒欺"的牌匾。冯根生当学徒的时候经过了层层考验。小时候扫地他经常捡到钱,后来师傅告诉他是有意扔在那里测试他的,教他如何做人。冯根生每天早晨五点钟就起床认药,每天认两种,一个月就是六十种,一年下来有七百多种,药名、采集的地方、温性还是凉性、什么味道、什么香味都要熟知,两千多种中草药都要记住,怎么配制,如何制丸药、熬膏等等。胡庆余堂的员工都是这么培养的,一旦出徒就是一个全能的中药通。

"文革"中,冯根生竭力保护胡庆余堂。胡庆余堂在"文革"期间曾更名为"杭州中药厂",冯根生很长一段时间都带领着中药二厂追赶母厂胡庆余堂。到1996年的时候,中药二厂变成了"青春宝"集团,他被委任兼并亏损的胡庆余堂。冯根生开出了"擦亮牌子,转换机制,清理摊子"的药方,开始了大刀阔斧的改革。

胡庆余堂在发展的过程中,不断调整自己,这也是胡庆余堂日益走向壮大的秘诀。胡庆余堂所倡导的做强并不侧重于规模,而是做大胡庆余堂品牌的内涵,做大胡庆余堂在文化上的张力。胡庆余堂认识到21世纪的竞争本质上是文化的竞争,并以此作为自己的努力方向。胡庆余堂逐渐完成了从药材种植、饮片加工、成药生产、商业零售、医疗门诊、科研开发到工业旅游等为主业的中药产业链。产业链以中药文化为依托,有文脉的底蕴,加之现代产业的开拓,老字号日益焕发出蓬勃的生命力。

胡庆余堂已被国务院列为全国重点文物保护单位。

2006年6月10日,中国第一个文化遗产日,"胡庆余堂中药文化"被国务院公布为国家非物质文化遗产,这是继1988年胡庆余堂列入国家重点文保单位后的又一顶"皇冠";一个企业的有形建筑(物质)和无形文化(非物质)双双夺冠,这在全国也是绝无仅有的。胡庆余堂目前是我国医药业内唯一一家"双国宝"单位。

中国品牌研究院从资本市场的角度来评估全国的老字号企业,在"2006中华老字号品牌百强榜"上,胡庆余堂排名24,品牌价值4.52亿元,并被评为浙江省十大标志性品牌之一;"2007中华老字号品牌百强榜"上,胡庆余堂排名40,品牌价值5.35亿元。

2008年,胡庆余堂国药号、青春宝抗衰老片同时荣膺杭州市十大特色潜力行业200强。

在经济形势较为严峻的2009年,胡庆余堂努力履行企业社会责任,不裁员、不减薪,千方百计增加就业岗位,年底,市委市政府对承诺2009年不裁员的企业进行了表彰,胡庆余堂国药号被授予"杭州市社会责任建设先进企业"荣誉称号。

2009年9月28日,在2009年首届杭商大会上,市委市政府对20位"品质杭商"和十大"金牌老字号"进行表彰,胡庆余堂董事长冯根生先生被评为20位品质杭商之一,胡庆余堂被评为十大"金牌老字号"之一。

2009 年,胡庆余堂国药号有限公司(胡庆余堂中药文化)被授予"浙江省非物质文化遗产中华老字号保护传承基地"。

2009 年,胡庆余堂国药号从 1000 多个候选点中脱颖而出,获得"2009 杭州最具生活品质体验点"称号,这是胡庆余堂国药号继 2008 年获得首届生活品质体验点以来第二次获此殊荣。2009 年杭州共产生了 80 个最具生活品质体验点,都是由市民推荐和投票产生的,它们或者代表了杭州悠久深厚的历史文化,或者代表了杭州柔美婉约的风光,又或者代表了蓬勃发展的大都市杭州……胡庆余堂荣膺其中,足见市民对其的认可。

创始人:胡雪岩(1823—1885)

胡雪岩,名胡光墉,字雪岩,安徽绩溪人。他幼时家境贫寒,经亲戚推荐,在杭州一家钱庄当学徒。他结识了王有龄,还把替钱庄收回的银子借给王有龄上京谋官。老板大为恼火,要胡雪岩立下字据,如果王有龄到期不还,就要胡雪岩赔偿。不到半年,王有龄得官归来,还升到了浙江粮台总办,他归还了银子,鼎力支持胡雪岩创办了"阜康钱庄"。胡雪岩由此开始起家,竭力经营丝绸、茶叶生意,经苦心经营,很快跻身于江浙大贾之列。在左宗棠西征收复新疆时,他是左宗棠的"总后勤",因调度有方,保证了各类军需物质的及时供应,经左宗棠保举被皇帝赏给一品顶戴和黄袍马褂。他由商而官,亦官亦商,终成显赫一时的"红顶商人"。

创始人:胡雪岩

1874 年,胡雪岩在杭州吴山大井巷创办了胡庆余堂国药号,由于他坚持"戒欺"、"是乃仁术"和"真不二价"等撑门立户宗旨,成功地经营了胡庆余堂,使其达到了登峰造极的地步,于是有了"江南药王"的美誉。

1880 年,胡庆余堂资本发展到了 280 万两银子,达到了和同仁堂比肩的高度,于是有了"北有同仁堂,南有庆余堂"的说法。而胡雪岩也因其勇于探索的精神,以一个不熟悉药业的人的身份,在中国药业史上写下了灿烂的一笔。

胡庆余堂的企业文化

胡庆余堂在其悠久的历史中积淀了独特的企业文化,支撑着老店长盛不衰,其企业文化具体体现在以下三个方面:

仁术为本:胡庆余堂门楼上现今还保留着创始人胡雪岩所立"是乃仁术"四

个大字,它表达了胡庆余堂创办药业是为了济世、广济于人。一百多年来,胡庆余堂一直铭记着这一祖训。

竞争有道:胡庆余堂制药遵守祖训:"采办务真,修制务精",所生产药品质量上乘,在竞争上提倡货真价实、"真不二价","真不二价"横匾至今还悬挂在国药号大厅。

戒欺立业:胡庆余堂崇尚戒欺经营,著名的戒欺匾额是胡雪岩亲笔题写的,它告诫胡庆余堂人:"凡百贸易均着不得欺字,药业关系性命,尤为万不可欺。"这是胡庆余堂以"江南药王"饮誉百余年的立业之本。

胡庆余堂名医馆

自胡雪岩在清同治十三年创建胡庆余堂以来,"名店、名医、名药"三足鼎立就是有口皆碑的。胡庆余堂国药号1874年创建之日便设有坐堂名医,在胡庆余堂国药号里,每周坐堂的医生超过90位,除了在"文革"期间有过短暂中断外,许多著名中医都在这里留下了他们的身影。今天,这些名医的儿女辈继续在这里悬壶济世。近几年,由于中医药复兴,前来胡庆余堂国药号就诊的病人越来越多,原来的门诊已经不能满足需求,胡庆余堂国药号将名医馆整修一新,被认为是"杭州目前条件最好的名医馆"。名医馆配备了全中央空调、电梯、液晶电视等,宽敞明亮的医生诊室都是新的设备。目前,胡庆余堂名医馆分为第一门诊部和第二门诊部,除了设立中医各科外,还成立了健康保健中心,该中心提供药物熏蒸、针灸减肥、足部反射诊疗、推拿诊疗、中医保健咨询等各项服务。

胡庆余堂中药博物馆

胡庆余堂中药博物馆是我国唯一的国家级中药专业博物馆,犹如一颗璀璨的明珠镶嵌在由胡雪岩亲手创办的胡庆余堂国药号古建筑群内。中药博物馆由陈列展厅、中药手工作坊厅、养生保健门诊、营业厅、药膳厅等五大部分组成,总建筑面积有四千多平方米。

从陈列展厅大量的介绍、实物陈列和标本图片中,我们可以了解中国医药学的发展历史,了解华佗、扁鹊、李时珍等历代名人的轶闻趣事,在观赏胡庆余堂现存的各种珍贵的制药文物的同时,还能一睹胡庆余堂深邃的中药知识和中国古建筑群的精美,同时,还能够领略到全国著名中成药厂的风采。

在手工作坊厅中,有经验丰富的老药工现场展示手工和中药材切片等的操作,参观者也可以在"兴趣室"亲自操作,体验原汁原味的古代制药工艺。

馆内的中医传统养生保健门诊有身怀绝技的中医药名家提供各项医药保健服务。

中药博物馆的营业厅是供参观者选购药材的场所,全国各地的地道中药材、胡庆余堂的各种优质中成药以及很多大中药厂的著名产品,都可以在这里找到。

药膳餐厅也是中药博物馆的一个重要部分,结合同样闻名世界的中药的功效和中菜的风味,让人们在美味中获取保健功能。

胡庆余堂药膳餐厅

在 20 世纪 80 年代的时候,胡庆余堂就开办了杭州第一家药膳餐厅,引领药膳逐渐风靡杭州,胡庆余堂药膳也成为了浙江药膳文化的代表。

俗话说:"药补不如食补,食补不如药食同补。"近几年来,随着百姓生活水平的日益提高,人们更加注重身体的调理和饮食的营养,胡庆余堂国药号决定重开药膳。在中医传统养生保健理论指导下,胡庆余堂药膳根据中药药性,再结合食物特点,加上厨师精到的烹调经验,让药与食相得益彰。

胡庆余堂药膳位于南山路 146-1 号,坐落于西湖南线风景名胜区内,这是西湖风景区中文化最深厚、景点最集中的区域。药膳厅空间布局古朴大方,内部设施典雅舒适,正对西湖景观带,顾客在清新、幽雅、高档的环境中用餐之余,还可以沿湖散心、休憩,充分体验杭州历史和文化。

地址:浙江省杭州市上城区大井巷 95 号

民 生

杭州民生药业在诸多药业老字号中可谓是最不"老"的一家,其现代化的气息与现代化的营销传播手段,经常让人忽视这是一家历史悠久的老字号企业。

中国人创办的最早的西药厂出现在 20 世纪 20 年代,其中民生药业在杭州,其他三家——信谊、新亚、海普都在上海,因为规模都比较大,所以并称为我国"四大西药厂"。杭州民生药厂创建于 1926 年,到杭州解放的时候,是全市唯一保存下来的药厂,可以说,民生见证了中国民族西药制药工业的全部历史。"谁也不知道当周师洛 80 年前在杭州创办同春药房股份有限公司时,究竟满怀着怎样的壮志与雄心。可以知道的是,当同春药房由一间制药小作坊逐年壮大,1936 年正式改名为民生制药厂,从而与在上海开办的另外三家药厂并称为'四大西药厂'时,它已经作为中国民族西药产业的开端写进了历史。"[1]

---

[1]《民族西药演绎中国式成长》,原载《医药经济报》,转引自搜狐财经 http://business.sohu.com/20060925/n245513307.shtml

周师洛(1887—1977),字仰川,浙江诸暨人。1920年从浙江公立医药专门学校药科毕业以后,他就回家乡和同学创办诸暨病院。1922年,族侄周思溥留日回国在杭州同春坊开设同春医院,邀请周师洛主持药局。之后,周师洛分别到母校附属诊所、浙江陆军第二师步兵第八团、杭州中英药房等处任职。学医出身的他有感于西医需要的医疗药材全部依赖进口,处处受制于人,还带来财源外流,非常痛心。他就利用业余时间研制注射用的针剂,获得成功之后,向所在单位建议,却屡遭拒绝。于是,他在1926年6月和范文蔚等人筹资

创始人:周师洛

在杭同春坊创办同春药房(1936年10月更名为民生药厂股份有限公司),开设民生制造厂化学药品部(今杭州民生药厂前身),制造针药,在同春药房销售,成为国内最早生产化学针剂的药厂之一,还仿制国外西药,跻身国人自办四大药厂之列。1929年,同春药房的各种安瓿瓶药参加西湖博览会,荣获了特等奖。后来因为周师洛推崇孙中山的"三民主义",1936年正式改名为民生制药厂。1940年,民生合成的"百炎王"是不仿外国药品而研制成功的国产西药。这时民生药业步入了杭州解放前的全盛时期。

民生与上海的海普、新亚、信谊是我国最早的现代化民族制药工业企业,按照创办年代,民生居于第二,但是从制剂与针剂的并重发展,则是我国现代制药厂的第一家。

周师洛依靠自力更生和不懈的创新精神办厂,身兼管理上的总经理和技术工程师双职。民生很多的化学仪器和机械设备都是自己设计并制造的,特别是玻璃车间,尤其值得一提。原来装注射药液的玻璃安瓿是从日本进口的,1930年社会上发起抵制日货运动,民生改向德国订货,但是经过检验,德国的产品碱性很重,会让药液沉淀或者分解变质,不符合要求,而这时中性玻璃在国内还是空白。玻璃制造外行的周师洛一面网罗人才,一面日夜查阅中外文献,拟订配方。在废寝忘食的努力下,经多次试制,获得成功,但是仍然存在着安瓿破碎率高和拉管技术不过关的难题。为此,他专程赴日本考察,回国后攻克了难关,保证自身需要的同时,还可以支援别的厂家。制造玻璃的主要原料是海防砂,由日商控制并贩运。为了摆脱垄断和剥削,周师洛又多方寻找,最后找到杨家山开采的石英石,用自己设计的轧粉机碾成石英粉来代替海防砂。原来纯碱使用的是德国卜内门纯碱,后来改用国产的永利纯碱,还用国产的豫硝替代了进口的硝酸钾。就这样,民生和周师洛一步步实现了完全使用国产原料生产中性玻璃,成为振兴民族工业的楷模。

浙江老字号

　　周师洛办厂是基于我国丰富的药学遗产和药材资源,以中药科学化为出发点,研制出很多名牌产品,为开发中医药作出了卓越贡献。比如用远志、桔梗、川贝、紫菀、甘草等制成祛痰止咳的"安嗽精"、"安嗽露",是民生早期非常受欢迎的产品之一;再如"矽炭银",现在杭州利民药厂的"矽炭银"片,是单项药片中销售量最大的产品……民生以研究提炼中药为己任,这在四大药厂中也是首屈一指的。

　　周师洛强烈的民族意识是民生药业宝贵的资产。抗日战争爆发后,上海的三家药厂原地不动,民生则为了避免被日伪政权所控制,撤出杭州,转辗于苏浙皖闽赣五省,依然为抗日奋力生产,抗战胜利之后才重返杭州。民生董事长罗霞天在杭州解放前夕极力主张把民生迁往台湾,遭到周师洛的严词拒绝。周师洛不懈的努力才让民生在杭城存留,为今天的浙江药业打下了良好的基础。

　　民生药业从创建到新中国成立的23年中,经历了"以商促工、亦工亦商、以工促商、以商养工"①四个发展阶段,期间,成立化学药品部、玻璃料器皿部、医疗器械部"民生三部曲②",致力于研究自己的产品。

　　1958年5月,民生和浙江制药厂合并,成为国营企业,曾先后更名为地方国营浙江民生制药厂、地方国营民生制药厂、杭州第一制药厂等。今天浙江很多的医药企业都和民生有关联,比如华东医药集团的前身就是1972年从民生药厂分离出来的杭州第二制药厂。1985年,民生恢复原名。

　　周师洛创办民生药厂的丰功伟绩蜚声于医药界,而他关怀故乡医疗事业的事迹,被提及得却较少,着实有必要进行记录。诸暨县公立的现代医疗保健业是以诸暨县立医院为始,而县立医院的前身——诸暨病院,就是1920年间由周师洛邀同学合力开设的。1933年,由周师洛建议,把诸暨病院献给政府,改称诸暨县立医院。

　　除了以上功绩外,周师洛还有两大事件为后人记述。第一是1923年他在母校诊察所期间,浙江第一师范(也就是现在的杭州一中)发生了食物中毒事件,全校600多人均不同程度中毒,死亡的学生多达28人。周师洛主动去调查,证实属于砒霜中毒,之后立即制解毒剂,中毒者得以脱险。后来追查原因,发现是会计怀恨学生揭发自己贪污才把砒霜投入饭中。第二是解救被国民党逮捕的中共党员等进步人士。浙江公立医药专门学校内有中共党员的活动,秘密领导学生运动工作,有中共党员遭到国民党逮捕之后,周师洛积极参与营救。学校曾经因为进步学生多,引起国民党不满而被勒令停办,周师洛又多方奔走,终于让学校在1931年恢复招生,为浙江医药教育事业的发展立下了不朽的功勋。

　　① 路峰等:《杭州老字号系列丛书——医药篇》,浙江大学出版社2008年版,第230页。
　　② 路峰等:《杭州老字号系列丛书——医药篇》,浙江大学出版社2008年版,第230页。

在当下,民生依旧秉承着自己的责任意识,在民族医药业的道路上不断探索和进步着。

民生药业沿袭周师洛立下的"登民寿域,解人困苦"的祖训,确立了"民生药业既是一个非常专业的制药企业,同时又是一个非常负责任的企业"的核心价值,企业核心理念为"勤、变、进",企业精神为"尽心、尽力、尽责",民生药业的战略目标是"民生在勤,勤则不匮",民生药业品牌的战略目标是"让民生药业成为人们最值得信赖的医药品牌之一"……凡此种种,无不折射出老民生的影子,其中最值得提及的是民生的21金维他。

作为世界公认人体必需营养素的维生素,受到我国人民认可要归功于民生药业。1984年,民生药业根据国人特点和需要,研制出补充人体维生素和矿物质的21金维他保健品,第二年上市。1987年,民生进行了21金维他的商标注册。21金维他是国内同类产品中第一个生产上市、获得注册商标并被中国营养学会推荐的多维元素类产品。

21金维他从上市一直到2001年,销售额都没有突破1个亿,但董事长竺福江始终相信,随着全社会保健意识的提高,维生素发展前景非常乐观。

2002年初,定位于"适合中国普通百姓的、科学可靠的常规健康品"的21金维他开始了进军全国的步伐,启动了"做深做细浙江市场,谋划全国市场"的经营策略。从2003年开始,21金维他连续3年以每年过亿的资金投标央视黄金时段广告,还举办了具有全国影响力的经销商会议、倪萍杭州行活动、冠名春晚节目评选等,都极大地提升了21金维他的知名度和美誉度。21金维他的销售在2002年首次突破亿元大关,2003—2006年,销售额更是连年突破5亿,占到了企业销售额的一半以上。仅仅几年时间,21金维他就成长为全国行业领军品牌,还在2005年以9.28亿元的价值入选中国最具价值品牌500强,是浙江省医药行业唯一入选的。这一年,21金维他年销售额达到8亿元,占民生药业整体销售额八成多,获得了中国医药行业十大影响力品牌的美誉。

21金维他的发展,于民生自身、国内多维元素行业、国人保健理念等都产生了深远的影响。2005年,21金维他开始品牌延伸,细分多维元素市场,推出小金维他和美维他两个维生素产品,并继续实施现代营销传播策略。

民生药业以原料药为基础、制剂药为重点,生产多种医药原料和四大类药物制剂,即抗心血管类、抗肿瘤类、消化道类、多维元素类。公司是全国医药50强之一,拥有对外贸易进出口自主权,产品远销到世界38个国家和地区。

民生药业简史

1926年6月,开设同春药房,成立同春药房股份有限公司;

1936年10月,史名为民生药厂股份有限公司;

1954 年 9 月,改组更名为公私合营民生药厂股份有限公司;

1954 年 10 月,启用民生药厂厂名;

1958 年 5 月,地方国营浙江制药厂和公私合营民生药厂合并,成立地方国营浙江民生制药厂;

1959 年 7 月,更名为地方国营民生制药厂;

1965 年 1 月,更名为杭州制药厂;

1972 年 3 月,第一车间划出单独建厂即杭州第二制药厂,杭州制药厂更名为杭州第一制药厂;

1985 年 5 月 1 日,恢复杭州民生药厂厂名;

1993 年 2 月 16 日,杭州民生药业集团和集团公司成立;

2000 年 4 月,杭州民生药业集团有限公司正式成立。

地址:浙江省杭州市余杭塘路 108 号

方回春堂

方 回春堂①

现开设在清河坊"四拐角"西侧的方回春堂国药号,创设于清顺治六年(1649 年),迄今已经有 350 多年的历史,据传为钱塘名医方清怡所创。方清怡字再春,再春含义和回春相同,以"回春"为店名,寄托着"逢凶化吉,妙手回春"的美好含义。

方清怡出身于中医药世家,经常用家传的秘方研制丸药,治好了很多顽固病症。他还潜心研究明万历年间杭州名医吴元溟的《痘科切要》和《儿科方要》,从中获益良多。方回春堂自创立之初,就严格遵从古方,选料讲究,精心煎制虎鹿龟驴各种补胶,依法炮制丸散膏丹。其家传的小儿回春丸救助了无数幼儿,有不少故事在民间传诵。

创始人:方清怡

数不尽的老故事

相传方清怡在新宫河下住处行医的时候,有一天,来了两个妇人,老妇人抱着一个双目紧闭的发高烧男孩,说已经多方求医,都不见效,经人介绍慕名前

---

① 部分参考资料来源于方回春堂官方网站 http://www.fhct.com.cn/

来。方清怡通过仔细诊治，确定是消化不良加上受寒，之后开了小儿驱寒的方子，又给了七粒用蜜蜡封好的药丸，交待了服用方法。孩子服药七天之后，病就好了。这一家人非常高兴，用银两酬谢方清怡，方清怡婉拒。这一家乃是钱塘县知县府上，知县问起药丸的名称，方清怡说尚未取名，知县于是写了一张"妙手回春"的横幅，并对方清怡说："药丸就叫小儿回春丸吧。"这丸药才有了名字。

从此以后方清怡声名鹊起，只要有人问起找谁医治小孩子的病，老百姓都会说是方清怡，保证药到病除。生意好了以后，人手和药材都不能满足需求了，方清怡于是萌生了开家药店的想法，一边医治病人一边做零售和批发。之后选址清河坊，建造了方回春堂。开张后的方回春堂生意更是超越从前，方清怡亲自坐诊大堂，引来了不少病人天一亮就来排队求医。

据传，有一天天刚亮，就有人来敲门，还伴随着阵阵哭声，熟睡中的方清怡听到后赶忙让人去开门，只见一对夫妻抱着一个昏睡的孩子，孩子面无血色，呼吸也十分急促，夫妻俩跪请方清怡救治自己的孩子。方清怡询问了病因，原来，这家人比较穷，前几天孩子淋了大雨发起高烧，可是由于没钱医治，病情加重，万不得已才求治。方清怡知道已经错过了最佳的治疗时间，但是仍然加紧研制丸药，还推掉了一些病人，终于配出了药。孩子服用三天后，居然奇迹般好了。这对夫妻逢人就夸方大夫，成为佳话传遍大街小巷。不少人来只是为了看看方清怡和方回春堂。好口碑让方回春堂越来越兴旺，成为晚清时期操纵杭城药材市场的六家大药铺（胡庆余堂、叶种德堂、方回春堂、万承志堂、张同泰、泰山堂）之一。

方回春堂一直秉承"许可赚钱，不许卖假"的祖训。据说他立下这句祖训是有来历的。那时的方回春堂已经深得民心，经常有不少药材卖到缺货，前来购买的人只得空手而归，或者去别家购买。当时负责进货的王姓的药师就托熟人运来了一批很差的药材，经过稍微的加工就摆上了柜台。很快就有购买的人反映药材的质量和效果不好，有的甚至吃了后感觉很不舒服。方清怡亲自调查了这件事，大为震怒，开除了王药师，还亲自上门向买到假药的顾客道歉，并赠送给他们一批好的药材。这件事情以后，方清怡就立下了延续至今的、深深铭刻在一代又一代员工心中的"许可赚钱，不许卖假"的祖训。

2005年6月，国家贸易部授予方回春堂"中华老字号"称号；方回春堂还获得杭州市政府命名的"杭州特色药店"、"杭城十大金牌老字号"，方回春堂也是杭州市唯一的一家中药"特色药店"；其中药膏方制作工艺，入选第二届浙江省非物质文化遗产；方回春堂已经成为浙江省坐堂名老中医最多的国药号之一，如今是浙江省中医门诊量最大的区域之一，建起了浙江省最具规模、现代化水平最高的煎药车间；方回春堂还建起了国内唯一的只销售真正野山参精品的国内一流参号……

浙江老字号

回春古井的传说

据书写方回春堂堂志的卢连芳老人回忆,方回春堂当时颇有名气,清代杭州药店独特的风格彰显着药店的宏伟大气。老人说,方回春堂店内,至今还保留着一口古井,传说小儿回春丸就是用这口井的井水制成的。相传,方回春堂声名远播时,消息也传到了仙界,观音菩萨得知人间有如此名医,就化身为衣衫褴褛的老人下凡,经过几天的观察,发现方清怡医术高明且待人诚恳,还经常行善,于是就托梦给他,告诉他,用堂中井水制作小儿回春丸会有神奇的效果。醒来后的方清怡将信将疑,来到井边的时候,看到井中冒出仙气,还有清香,回想梦中,不敢怠慢,忙下跪叩谢。之后命人用井水制作小儿回春丸,疗效更加独特,成为了方回春堂的招牌药。传说毕竟是传说,却印证了百姓对方回春堂的信赖和自己的美好心愿。古井原来在大厅中央,后来因为店铺向内推,现位于大厅右药材柜台的下面。

树业有根基

方回春堂以名医良方和真材实料表示出对生命最大的敬重。

民国时期,方回春堂逐渐开始走下坡路,至1931年,资金仅7000多元。杭州解放前夕,方回春堂已经濒临倒闭。1956年,公私合营浪潮中,并入杭州医药站,方回春堂暂时退出了历史舞台。2000年4月8日,借助清河坊改造与保护工程的启动,方回春堂在原址重新开业。

2001年,重新开业的方回春堂虽然有百年老店的优势,但没有自己的医生,也没有管理中医院的经验,一切等于是从零起步。本着三年内不赚钱的思想,方回春堂多次多方聘请名医,曾请一位名医请了十几次,前后达三年时间。不少名医都是被方回春堂的真诚所打动的。

方回春堂注重对药材的选购,道地、纯正是唯一标准,从方回春堂的参号就可略见一二了。70岁的杨其康是方回春堂特意从湖州请来的老中药师,这位老中药师从13岁起就在中药馆参茸柜台做学徒,和参茸打了几十年的交道。杨其康专门负责方回春堂参茸进货,每一支参都经过他的手,即使有质量保证书,他也要再次检查,有伤疤和锈疤都不行。

方回春堂还十分重视员工能力的培养,由老药工定期对员工进行培训,让员工认识到产品质量和自身素质都是老店立足之本。店里有严格的规章和奖惩制度。

方回春堂也很注重对中医药的研究和创新。据著名的中医学家史奎均回忆,方回春堂有位名叫杨树堂的药师,设立了一个研究所,专门进行中西医结合的研究。经过多次的实践,杨树堂攻克了使丸药在浸泡中不减药性、更好提炼有效成分的难关。

方回春堂有2500多平方米的建筑面积,保留了典型明清江南传统建筑特色,包括国药馆、国医馆和参号三大部分。

无与伦比的野山参宫殿与镇店之宝

2006年,方回春堂携带千万现金,找遍了整个东北,将近年出土的最好的野山参一下子收购了100多支,等于把东北的野山参宫殿整体搬到了江南。在方回春堂的精品参馆里,珍藏着一支从长白山引进的、有一百多年参龄的山参王,形似"成吉思汗弯弓射大雕",所以取名"一代天骄",为方回春堂的镇店之宝。

老字号与传统节日珠联璧合

端午的"端"是"初"的意思,五月初五逢初夏,天气逐渐转向炎热,病菌和蚊虫都多,这个时候人也容易生病。相传五月初五午时是魔鬼的时辰,所以端午又叫做"五毒日",人们为求平安,都挂香袋,叫"压午"。端午这天,心灵手巧的女孩子之间也互相赠送香袋,所以这一天又有"女儿节"之称。方回春堂从创立起就在端午节回馈百姓,为小孩子发放香袋。如今的方回春堂继承了这一传统,以传统方式秘制香袋,内有丁香、檀香、白芷、陈皮等中药材,美观又实用。

方回春堂在腊八节施粥也已经成为清河坊的一大盛事。方回春堂请上法师,用十五口平时熬膏方的百年大铜锅,精选东北的糯米、晚稻米为主料,配以红枣、桂圆、莲子、赤豆、葡萄、栗子、花生、白果、百合等十余种辅料,还加入了方回春堂秘方药材,以文火熬制成腊八粥,有滋补养生功效。方回春堂还照顾到患有糖尿病的人,以木糖醇熬制腊八粥。每年,方回春堂免费向市民施粥近万碗。

节庆与义诊造福百姓

"参茸进补回春堂",每年冬季方回春堂都适时举办参茸节,包括精品参茸展、专家讲座、优惠销售等系列活动。野山参数量稀少,非常珍贵,很多工艺参都假冒野山参,方回春堂坚持只出售纯正的野山参,体现了老字号企业强烈的社会责任感。

膏方,膏之药也。江浙民间自古就有"三九补一冬,来年无病痛"之说。《膏方大全》记载:膏方非单纯补剂,乃包含救偏却病之义。膏方有补虚扶弱、治病防病、抗衰延年之三大功效。方回春堂不断挖掘国药经典,重现千年古方,造福百姓。一年一度的膏方节,凭借一流的制作工艺(方回春堂传统中医膏方制作工艺早在2007年就被列入浙江省非物质文化遗产名录)和道地的药材,年年都受到市民的青睐。

在参茸节和膏方节,顾客进入方回春堂店铺都能免费喝上"礼数茶",这也是传统药铺待客之礼。方回春堂的"礼数茶"由有经验的老中医精心调制,注重保健功效。

方回春堂还在每年举办两次大型义诊活动,每次为期三天,接受义诊患者不断增多的同时,应邀加入的老中医也越来越多,场面盛大,成为方回春堂对市民最为实惠的回馈。

老字号"师带徒"传承工程

吴山药王庙,原名惠应庙,祀神农(俗称药王菩萨)、扁鹊与孙思邈。方回春堂在吴山药王庙前,举行了"中药传承拜师仪式",开启了中药领域的首批传承人工程。在一拜药王、二拜祖先、三拜师父的传统礼节中,在师父们的赠"戥子称"(药称)、赚药书、教诲声中,我们能够感受到国药的博大与严谨。

俗话说,"药店倌,半郎中",国药馆对中药师的要求极高,必须熟知各种药材的药性、炮制流程和火候,很多都只能凭借经验判断,中医行业也因此有着"同样的药同样的处方,不同人炮制出来的效果不相同"的说法,这也是制约中药业的瓶颈。

方回春堂传承人计划,目的就在于留住国药的根,也让中医药非物质文化遗产保护落到了实处,为传承中医药培养了急缺的人才。

淘宝网店——老字号的现代营销策略

方回春堂淘宝直销网店是百年老字号方回春堂的又一大创新。结合现代网络营销平台,老店向全国顾客提供野山参、高丽参、西洋参、冬虫夏草和燕窝等名贵补品,还有秘制阿胶膏、龟苓膏和雪梨膏等八大滋补膏系列以及各种花草茶、枸杞子等保健食品。老店的网络营销,致力于成为领先的保健养生网站,从而实践"让每一位中国人更加健康长寿"的梦想。

戎 彦 摄

地址:浙江省杭州市上城区河坊街 117 号

提到"朱养心",几乎所有的杭州人都知道,这是一家延续了四百多年的老字号,也是杭州历史最悠久的老字号,创立于明朝万历年间(1573 年)。朱养心研制成功了一系列特效验方,名震江南,其技术秘方的手抄本保存至今。朱养心创造了我国传统中医药文化生命力的奇迹,其前店后场的老宅仍处在杭州市重点维护历史街区——大井巷 13 号原址。

朱养心就是药店的创始人,名志七,浙江余姚人,后迁到杭州。明代万历年间,朱养心在杭州吴山脚下大井巷东侧开设朱养心药局,自制丸散膏丹,尤其以红膏药闻名天下,几乎达到"手到疾愈"的水平。他还乐善好施,经常赈济贫民。清乾隆四十九年(1784 年)的《杭州府志·方技》记载:"明朝朱养心,余姚人,徒于杭,幼入山,得方书,专门外科,手到疾愈,迄今子孙皆世其业。"

朱养心的很快出名和创始人的奇特经历是分不开的。朱养心年纪很小的时候,在一家药店里当学徒,一次,主人派他到深山采集药材,谁知他一去竟然没有了踪影,人们都以为他遭遇到不测。没想到,十年之后,朱养心奇迹般地出现,开始云游行医,而且医术非常高明,各种疑难杂症都能治好。同时,朱养心用药也非常独特,经常是一片膏药一贴起效。创始人闻名退迩之后才开设了药局。

晚清是朱养心药室的全盛时期,许多曾受惠朱养心的患者集资在大井巷为朱养心建造了一幢大宅,前店后场,而这一带旧时又是交通要道,商铺林立,作为当时杭州四家著名国药店之一的朱养心更是门庭若市。

在医药还很落后的古代,外敷药的作用就格外重要了。朱养心的膏药对跌打损伤、痈疽疮疡的治疗尤其有效。比如肝脏肿块一般的狗皮膏达不到止痛效果,而使用朱养心的阿魏狗皮膏不但可以止痛,还能够消散早期肿瘤;而万灵五香膏则对多年的陈伤旧痛、腰膝麻木都能起到迅速止痛、舒筋活络的功效;在白内障还无法手术的时候,朱养心的珍珠八宝眼药能起到防治作用,现在珍珠八宝眼药仍然是朱养心的主要产品。

朱养心的膏药都是按照传统秘方配制而成的,秘方传子不传女,对外人更是绝对保密。关于秘方,还有一个为人津津乐道的故事。据说当年朱养心进山采药的时候,碰到一个隐居山林的高人,收他为徒,朱养心就开始在山里采药炼膏。这位高人给了他一本医书和一些秘方,叮嘱朱养心下山行医,造福百姓。

清同治年间的《杭俗遗风》记录了这样一个故事:朱养心药店的后院有一口古井,而制作膏药的水就来自这里。据说,朱养心汲取井水的时候,经常看到一只蛤蟆蹲在里面。开始他并没有太在意。有一天,仙人刘海降临药店,向朱养心索取这只蛤蟆,原来蛤蟆是仙界灵物。故事传开以后,人人都知道朱养心有一口神奇的井,店铺也因此声誉大增。

新中国成立以后,朱养心逐步组建成现代规范企业:1956 年公私合营时,创始人后人的私股所剩无几;1966 年,曾改名为光明药室;1982 年建立朱养心膏药厂;1988 年更名朱养心药厂;1999 年加盟杭州华东医药集团有限公司;2001 年改制为有限责任公司,更名为杭州朱养心药业有限公司。

朱养心的传统产品有:万灵五香膏、阿魏狗皮膏、阳和解凝膏、碧玉膏(童禄膏)、白玉膏(鲫鱼膏)、格子膏、头疯膏、移星膏、鸡眼膏、三仙丹、八宝珍珠散、日精月华丹(水眼药)、鹅毛管眼药及八宝神效眼药一、二、三号等,各种药都在药名前冠以"朱氏"二字,以示正宗。

朱养心遵循专科特色经营和服务至上的宗旨,将传统古方结合现代工艺技术,"专注伤科四百年"是公司的经营道路,公司还根据现代人用药习惯,不断进行技术改革,开发了胶囊,还用现代工艺加工传统膏药,提高疗效,更方便使用。目前朱养心拥有治伤胶囊、黄连胶囊、万灵五香膏、狗皮膏、逐瘀消肿膏等一系列国家及省级名优产品。其中,治伤胶囊属于国家中药保护品种、国家基本药物、国家医保乙类品种和全国独家产品。传统古方结合现代工艺,中医药大树才能真正枝繁叶茂。

2003 年,朱养心被浙江省科学技术厅认定为"浙江省高新技术企业";2004年,被浙江省工商行政管理局评定为"浙江省知名商号";2006 年,被国家商务部认定为首批"中华老字号"企业。

四百年的悠久岁月,朱养心在民间留下了很多传说,最为著名的是"泼水墨龙"和"和合二仙"。

泼水墨龙护宅朱养心

朱养心店主朱老板乐善好施,凡是穷苦百姓上门求医,都免费医治,还赠送膏药。

有一天,店门口来了一个衣衫褴褛、蓬头垢面的拄拐老头儿,赤着脚,满腿疮毒,脓血外流。朱老板把老人扶进店里,端来热水给他洗脚,还为他贴上膏药,之后扶他到座位上休息。老人行动不便,不小心踢翻了自己洗过脚的污水,污水都流入了拌药料的荷花缸里,里面有刚配好的药。老板虽然有点心疼,还是安慰老人不要在意。

之后老人在朱养心免费吃住了十多天,还享受老板亲自洗脚换药的待遇,而被污水弄脏的药一直无暇顾及。一天，老人表示感激，索要笔墨赠送丹青，用手在纸上涂抹了一阵墨汁，叮嘱老板妥善收藏，就告辞而去。

朱老板送走老人，回到店里，突然闻到一阵阵芳香，仔细寻找后才发现香味居然是从弄进污水的荷花缸里发出的。朱老板感觉到不同寻常，转身去看老人画的画儿，一团墨黑的纸上隐隐显现出一条水墨龙，朱老板方才觉得这位自称姓李的老人应该是八仙中的铁拐李，于是焚香叩拜。

这以后，朱养心膏药的药效更好了，不管什么疮毒，只要贴上膏药，几天就药到病除。朱养心膏药店的名气也就越来越大。

有一年，大井巷发生火灾，朱养心四周的房屋被烧掉了几十家，唯独膏药店安然无恙。据说当时有很多人看见朱养心的屋顶上有条黑龙在喷水，大家都说是水墨龙显灵。这件事越传越广，后来传到了军阀夏超的耳朵里。夏超一心想得到这幅宝画，于是借故查抄了朱老板的家，但是见到屋里挂着上百幅的水墨龙画，真假难辨，又怕引起公愤，只好作罢。

清《庶余偶笔》就有如下记载："杭城多火灾，唯朱养心药铺从不被害，相传初年主人精于医，有丐者遍体生疮，哀求诊求，款留调治，百日而愈。临行，为主人画墨龙御火患以报德，掷管而去，不知所在。"说的就是上面这个传说。

和合二仙与童禄膏

两个少年曾到店里要求当学徒，朱老板留下他们做药材翻晒、切片、生火煎膏等杂务。两人手脚麻利，深得朱养心喜爱。形影不离的两人每天中午不管天气好坏，都要到后院山上去玩耍。

有一年冬天，大雪之后，两个少年又去山上，正巧被朱养心看到，就尾随他们。两个少年在满是冰的山上嬉戏，朱养心怕他们冻坏，想要去劝阻，只见两个少年起身向山上跑去。朱养心走到两个少年刚才坐过的地方，见到一张翠绿的大荷叶，再向山上望去，已经不见他们的踪影，心里非常疑惑，感觉两人可能就是传说中的和合二仙，之后就收起荷叶回店。

奇怪的是，两个人走后，煎熬膏汁始终不结珠，老药工们也无计可施。朱养心想到之前这个任务都是两个少年完成的，难道是因为那张荷叶吗？于是就拿出荷叶投入煎熬膏汁的锅中，即刻膏汁成珠。朱养心忙向南叩拜，之后为膏药起名"童禄膏"（即今朱氏碧玉膏）。自此，朱养心在后院设"和合二仙堂"，常年供奉和合二仙。煎制童禄膏也必定投放荷叶，延传数代。

地址：浙江省杭州市拱墅区教工路 601 号

張 同 泰

位于中山北路孩儿巷口的张同泰药店,是杭州连续在原址经营时间最长的国药店,也是市中心古建筑唯一保存完整的国药号,曾与胡庆余堂、叶种德堂、万承志堂、泰山堂、方回春堂合称为杭城六大药铺。

关于张同泰国药号的创始人,几乎所有的资料都说是庄桥马径村的张梅。但据戴光中考证,实际创始人为张梅的父亲张锦。"宗谱所载《大赞公墓志铭》,却明明白白地写着:这位创始人姓张名锦,字敬孚,号镜芙,张氏第十七世孙。虽然他确实生于商人家庭,父亲在杭州经商,不过在他两岁时就去世了,他是由母亲抚养长大的。"[①]

清嘉庆五年(1800 年),张锦在杭州新宫桥河下开设了茂昌药号,五年之后,又盘进了同春坊孩儿巷口的"沈同泰国药号",更名为"张同泰国药号"。头脑灵活的张锦发现,杭州药铺多以零售中成药和坐堂看病为主,需求量大的客户要跑很多家才能买齐所需的药材,于是在"张同泰"创始的时候,就确定了以批发为主,很多药铺都一次性在张同泰购买齐全所需的药材。时间长了,都不需要亲自来购买,托船老大拿药单带回来就可以了。定位的差异让张同泰名气越来越大。创始人张锦于清道光二十五年(1845 年)去世,生前一直工作在自己的店铺中。

张梅与张耐先是同一个人,也就是张锦晚年所生的独子,号耐仙(耐先)。张梅从小学习四书五经就过目不忘,后来考中秀才。父亲去世以后,在母亲的劝说下,张梅在 1847 年接管了张同泰药号,并积极周转资金,让张同泰成为杭州家喻户晓的一流大药铺,还在靴儿河下开设了益元参店。

张同泰的第三代传人是张斯缙(1836—1888),他完成了科举但并不善于经营,生意都由夫人打理。张斯缙只有四个女儿,在临终前过继一子张宏骧(宏湘,字子云)。张宏骧也是一门心思在读书上,店铺由精明能干的夫人杨氏打理,张同泰在此时达到了鼎盛。张宏骧和杨氏有两个女儿和一个儿子,儿子就是张同泰第五代传人张鲁庵(1901—1962),初名锡诚,后更名英,号咀英,他还在襁褓中就成为了药店继承人。张鲁庵和父亲一样不善于经商,店务仍然由母亲杨氏打理。他喜好诗文和篆刻,后人则美其名曰"以商养文"。这个时候,张

① 《江北马径村张氏家族》,戴光中,宁波帮研究,转引自中国海洋文化在线,http://www.cseac.com/Article_Show.asp? ArticleID=11324

同泰药店进行了大规模的翻建。

经过几代人的努力,张同泰规模越来越大,在抗战前,员工最多的时候有六十多人。抗战期间曾关门三年,抗战后期又开始营业,还支援过抗日部队,但纷乱的战争困扰了张同泰很长时间。

1956年,张同泰药号实行了公私合营,先后并入了同益堂、大生祥、孙泰和、美华四家店;1965年,更名为春光药店;1988年,对店堂按照原貌进行了较大规模的复原装修;1999年,张同泰被列入杭州市文物保护单位,张同泰是除了胡庆余堂外,杭州中晚清风格建筑中保存最为完好的;2004—2005年,张同泰进行复原性修葺,之后于2006年3月25日以原貌重新开业;2007年,张同泰被列入第二批浙江省非物质文化遗产名录。

张同泰把中药、中医和养生相结合,已经发展成为集经营和医疗、保健和养生、旅游和参观为一体的著名中药文化基地。与方回春堂一样,张同泰也在端午节奉送百姓香包,在腊八节为百姓施腊八粥;"张同泰中医药文化年"让中医更多地为老百姓所认知;膏方节、参茸节、中医养生燕窝文化展……无不显示出这家中药老字号丰厚的底蕴。

张同泰始终兴旺的法宝在于谨遵祖训"悉遵古法、务尽其良","货真价实、存心利济"。张同泰规定进货必须是道地的药材,比如党参是产于山西潞党的,枸杞则是宁夏和甘肃的,红花必是藏红花等等,高价路远都不计较,绝对不会以次充好,工艺也是精益求精,树立了良好的形象。

张同泰店规森严,营业员在工作时间的姿势都有严格规定,接待顾客更是有问询和交待的职责。职工如果违反了店规,轻则教训,重则在端午、中秋、年三十这三个时候被辞退,伙计们把这三个时候称为"鬼门关"。但是森严的店规中更有人性化的管理,如果店员因工作耽误了午餐,经理会立即派人买了小笼包子送来。以诚待客的张同泰赢得了百姓的信赖。

过去,张同泰的营业员被尊称为"先生",对外不直呼姓名,而是冠以"采仙芝"、"以济事"、"借圣道"等雅号,别有一番情趣。张同泰的管理也有一套制度,采取"三大仙"、"四柱子"、"八根档"的管理形式,职责分明。"三大仙"即主任、饮片主任、药房主任;"四柱子"是拆兑主任、货房主任、丸散主任、饮片主任;"八根档"即刀房头儿、丸散二柜、饮片二柜、副账房、料房头儿、片子房头儿、细货房头儿、改制房头儿。

张同泰的建筑是典型的晚清时期风格,室内雕梁画柱,悬挂有牌匾,大厅内陈列着很多早期使用的器皿以及制药工具,还有如发票、包装纸、印章等文物,一进门,浓郁的国药老字号气息就扑面而来。青石墙门上挂有金色"张同泰"店名,大门两旁悬挂着"张同泰道地药材"的铜牌。

传奇故事

关于张同泰的开设原因,还流传着一个故事:张梅自幼身患怪病,访遍各地名医,均未治愈。一天,一位游方医僧突然造访,当众夸口能够治好张梅的病,但要求之后张家开药铺治病救人。游方医僧拿出一粒药丸让张梅服下。服下后张梅就觉神清气爽,想要叩谢恩人,却已经没有踪影,只留下两粒丸药和一张药方。张梅家人拿着去讨教术士,术士说是药王菩萨下凡。等张梅痊愈以后,一家人到药王庙还愿,出来的时候,见庙门口有一位老者在卖古董,老者声称有一件上百年的南宋龙泉官窑烧制的碾钵,是药店碾药的器物,与张梅有缘,就不收分文奉送,后来这成了张同泰的镇店之宝,据说用它碾制的药格外灵验。

张同泰原来有一味疗效非常好的专门治疗肺结核的中药羊胆丸,原材料一定要活取青藏高原羊的胆,搭配其他名贵药材,经过30多道工序才能制成。张同泰就专门派了药师常年在原料地收购羊胆。当时肺结核属于无药医治的绝症,张同泰的羊胆丸无异于救命良药,每天都有两三辆车发到全国各地。1962年,东北有一位濒临死亡的肺结核病人求治,张同泰用航空托运了羊胆丸,挽救了病人的生命。而这也只是张同泰医治疑难杂症的秘方之一而已。

张同泰还具有很强的广告意识。每当制作全鹿丸的时候,张同泰就会张灯结彩,张榜示众,第二天鸣锣击鼓,将活鹿抬出,绕街一圈,然后将鹿缢死,放血,再把全鹿与当归、玉桂、补骨脂等原料拌匀,在大庭广众之下充分展示了原料来源的可靠,同时也扩大了药店的影响力,可谓一举两得。

名药驴皮膏的制作工艺十分复杂,除了原材料要求极高之外,制药的水也非常讲究。按照祖传的方法,需要上好的自然泉水,才能保持药效。每到制药的时候,张同泰都会派出一队店员统一着装,挑着写有张同泰药号的水桶,专程去西湖名泉白沙泉取水,一路伴随着响亮的吆喝声,从滨湖码头涉水,到永福寺巷张同泰后门,全程三里,成为杭州独特的风景。驴皮煎煮24小时后过滤,再用大铜锅文火收"老胶",这个过程需要68小时,之后倒入胶盘冷却,12小时后切成扁方块,成品一律保存三年再出售。2007年立冬,张同泰重现了当年的盛况,一时被人们广为传颂。

张同泰还在药材的包装纸上开发出新的广告形式,所配药材的名称和药性,以及与何种食物一起服用对身体有利或者有害,都一一写明,便利患者的同时,也宣传了自身。后来则干脆整理编印了《同泰养生方道》、《张同泰药方集》、《张同泰号丸散膏丹目录》等,民间至今还有收藏。

除了与中药直接相关的传奇故事外,张同泰还有两则为人津津乐道的故事,虽然看似与老店并无直接关联,但是为这家老店平添了几分与众不同的文化色彩,形成了张同泰独特的文化识别。

第一则故事是五世传人张鲁庵与西泠印社。不善经营的张鲁庵在篆刻方面倒是贡献卓越。他 27 岁师从赵叔孺,并逐渐形成了工秀隽雅的独特风格,精心研制的"鲁庵印泥"能与"潜泉印泥"媲美,他监制的刻刀也被行家视为精品。他还不惜代价搜集历代印章、印谱以及有关资料,辑成《秦汉小私印选》《鲁庵仿完白山人印谱》等传世,时称"海内第一家"。而最为人所称道的,则是他在临终前,将自己毕生收藏的历代印章 1500 余方、印谱 493 部全都捐献给西泠印社,这也是西泠印社自创建后,所接受的最为丰富和珍贵的捐赠。

第二则故事是张同泰与张大千。张大千与张鲁庵是好朋友,经常一起探讨绘画和篆刻艺术。张同泰大规模翻修的时候,张鲁庵最为关注的是"张同泰"这三个字该请哪位书法大家题写。举棋不定之时,就把这个想法告诉了张大千,张大千听后立即说,非要请自己的老师曾熙不可。曾熙是湖南衡阳人,书法深得夏承碑及张黑女精髓,与李瑞清并称北李南曾。如今悬挂在张同泰国药号正门的"张同泰"招牌和大门两侧"张同泰道地药材"的铜牌,就是出自曾熙先生之手,大气而富有神韵,彰显着老店的独特魅力。

地址:浙江省杭州市下城区中山北路 99 号

万 承志堂①

万承志堂国药馆始建于清光绪初年(1875年),其创始人是曾任清朝两浙盐运史的万嗣轩。它与胡庆余堂、叶种德堂当时并称杭州药业三大门市(即独家经营,没有批发),再加上方回春堂、张同泰、泰山堂,又并称"中药六大家",万承志居于第三位,共同撑起了与北京齐名的南方药市。

清同治年间,祖籍江西南昌丰城县的万嗣轩做棉花生意发了大财,他与曾国藩是世交好友,曾捐赠银两解了曾国藩军饷不足的燃眉之急。万家从江西迁到杭州的时候,曾国藩慷慨相赠了一处豪宅,面积很大,以报当年之恩。万家以此为根基,逐渐发展成为几百人的大家族。

关于"万承志堂"的来历,还有一个祖辈流传下来的有趣说法:清光绪初年某天,万家有人深夜突发急症,于是马上差人去药店配药。药店的伙计以夜间不营业为由不出售药品,争吵之间还留下狠话:有本事自己开药铺去。财大气粗的万家果真就开出了一间"万承志堂"药铺,店面很大。万家当时的产业还不仅局限于此,清泰街上的泰和当铺、清河坊的永春茶叶行也都是万家的产业。

"乐善好施,仁医济世"是万承志堂的宗旨。万嗣轩立下规矩:药馆必须昼夜配方卖药,对贫困病人一律免费送药;对贫穷危难的人另外布施钱财;每逢初一、十五,所有药材补品都九折让利与民;药馆的盈利,除了维持日常开销外,其他都用来布施贫病平民和支持教育公益事业,比如每年对宗文义塾都有不小数目的捐助。万承志堂的慈善让自身拥有了良好的口碑,也在百姓心中树立起了威望。

自制药酒是万承志的一绝。药酒治疗疾病有奇效,民间流传着"家有承志酒,长幼保康寿"的说法。万承志堂的药酒因为在首届西湖博览会上荣获特等奖而被誉为"江南药酒王",百姓视其为镇宅之宝。据1928年《杭俗遗风》中载:"杭州药店中,就其最著称者,有胡庆余堂之药材,万承志堂之药酒,皆称一时矣。"

根据《杭州商业志》记载,民国26年抗战爆发以后,药店细料房遭受火灾,损失惨重,万承志堂从此倒闭,只有《万承堂志散丸全集》流传于后世。

万承志堂国药馆于2005年复馆开业,秉承"做药务真,不得欺客;行医务正,不得欺世"的祖训,药材必求真,专家则要求医术高、品行端正。万承志仍然以济世慈善之心,造福着百姓和社会。

---

① 部分参考资料来源:万承志堂网站,http://www.hzwczt.com/

现在,新的万承志堂选址高银街,以中医治疗肿瘤为特色,与胡庆余堂、方回春堂毗邻,呈现出一条街多家中药老字号共同发展的局面,也成为中医药文化复兴的一个缩影。

戎 彦 摄

地址:浙江省杭州市上城区高银街 103 号

许 广 和

明嘉靖三年(1524 年),卸任后的朝廷御医许某,在杭州靴儿河下新官桥堍开设了许广和国药号,延续 300 多年,很成规模。许广和精制补损虚、调理气血、化痰消滞、六气类和膏药、花露等成药 380 余种,还细分为内科、妇科、儿科、喉科、眼科、外科等,多数药方是根据宫廷秘方炮制。晚清衰败之后,部分秘方由叶种德堂等传抄配制。

我国古时各家商埠门前,都要挂一块牌匾,上面刻写着广告语,如酒店的"太白遗风"、诊所的"妙手回春"等,这些也是商业文化的重要组成部分。胡庆余堂在自己的牌子上写着"饮和食德"和"俾寿而康",字面的解释是,饮食有规律,做人讲道德,人就可以健康长寿,有积德行善的意思。但是后来有人考证得出了不同的解释,对联里的"和"是指"许广和","德"是指"叶种德",胡庆余堂想要吃掉这两家杭州最大的老字号。《杭俗遗风·名铺》记载："清道光、咸丰年间，杭城药店，生意极盛者，数种德堂、许广和、碧苏斋。"这样的考证不无道理，也从侧面印证了许广和的发达。

同治十年(1871年)，许广和与叶种德堂、张同泰、方回春堂、胡庆余堂并称杭州五大药商。

许广和现在属于杭州武林药店。武林药店前身是培元堂，创立于1923年，后来改名为武林药店。新世纪以来，武林药店确立了"为您的健康美丽服务"的宗旨，探索多元化和差异化的经营，朝着药妆模式和会员特价模式的方向发展。

杭州武林药店有限公司在2002年和2007年分别通过了国家药品监督管理局的GSP认证和复认证，已经发展成为拥有几十家门店的药品零售连锁企业，其中十家门店是浙江省省级医保定点药店，二十九家门店是杭州市市级医保定点药店。

近几年来，武林药店有限公司也是屡获殊荣：中国商业服务品牌企业、省文明单位、省百城万店无假货示范店、省消费者信得过单位、省工商企业信用AAA级"守合同重信用"企业、省价格计量信得过单位、省模范职工之家、市文明单位、市商贸品牌特色企业、市"创建学习型组织，争做知识型职工"学习型先进单位等等。

地址：浙江省杭州市下城区建国北路420号

华东医药老字号申报创建年份为1950年，迄今已经有60余年的历史。

1952年，公司前身即浙江制药厂成立；20世纪60年代的时候，成为杭州民生药厂分厂之一；1972年独立成为杭州第二制药厂；1988年更名为杭州华东制药厂；1992年，组建杭州华东医药集团有限公司；1996年与杭州医药站合并，成立华东医药股份有限公司。

目前，华东医药已经发展成为拥有一家上市公司、五家中外合资企业、多家控股医药企业的大型医药企业集团，集科、工、贸于一体。自2005年起，集团整体的主要经济指标就名列浙江医药行业第一位，是杭州市政府重点培育的10家重点大企业与企业集团之一，浙江省政府重点培育的26家重点大企业集团之一，也是全国520家重点国有企业之一。

2004年,华东医药被评为"浙江省知名商号";2004—2008年连续六年被评为"杭州市十大突出贡献工业企业";2006年开始连续四年荣获"杭州市功勋企业称号";2008年度全国医药商业企业销售100强企业排名,华东医药股份有限公司位列第12;2008年度全国医药商业企业利税100强企业排名,华东医药位列第八;2008年度被评为"杭州市专利示范企业"、"浙江省医药工商十强企业";集团公司荣登2009年浙江省百强企业榜并位列第53,为制造业百强企业第36位;2009年,集团公司入选第九届中国最大500家企业集团暨中国大企业竞争力500强,中国最大企业集团榜位列第495,中国大企业竞争力500强位列第221;2009年浙江省医药工商十强榜,华东医药股份有限公司名列全省商业企业第一位,华东医药(宁波)有限公司名列全省医药商业企业第九位;2009年,集团公司再度跻身中国制造业企业500强,排名第350位,同时排名中国医药制造业第十名;2010年7月27日,由中国医药企业管理协会主办、《医药经理人》杂志社和和君咨询承办的"第二届中国最具竞争力医药上市公司20强评选"在上海揭榜,华东医药位列第三名。

地址:浙江省杭州市莫干山路866号

保 和 堂

保和堂是一家有着悠久历史和美丽动人传说的中药铺,其老字号申报的创建年份是1920年。

保和堂素以济世利民为宗旨,店门挂着"贫病施药,不取分文"的牌子,很快就出了名,每天生病来讨药和病好来道谢的人,从早到晚,几乎踏平了门槛。民间流传着不少穷苦百姓吃了保和堂免费的药品而康复的故事。保和堂曾在清河坊一带有较高声誉,后来随着胡雪岩胡庆余堂的日益兴旺而走向衰败。

"保和堂"原来在镇江,店名为"保安堂",有保家人平安的意思,后来因为水漫金山而迁到钱塘,后觉得"保安堂"的口碑虽然不错,但总是祸事连连,于是便改名"保和堂",有家和万事兴之意。"保和堂"的名字一直延续至今,"家和万事兴"的意思还在一代一代传承着。[1]

保和堂门口有一尊铜像,就是妇孺皆知的我国四大民间传说之一《白蛇传》

---

① 参考资料来源:http://www.zjlib.net.cn/software/bht.doc

中的许仙。相传,许仙与白娘子相遇的时候,许仙正在保和堂当学徒(另外有一种说法:保和堂是许仙开设的),那天,他正准备去西湖游玩,也就是这次,遇见了白娘子,开始了一段凄美的爱情故事。

随着河坊街在新千年的重新开街,保和堂也老店新开,主要出售一些自制药酒、药茶和中药。许仙立在门口,似乎在讲述着保和堂的历史和故事。

保和堂现在属杭州胡庆余堂国药号有限公司。

江仲夏　摄

戒彦摄

地址:浙江省杭州市上城区河坊街237号

叶 种德堂①

叶种德堂

创始人：叶谱山②

　　叶种德堂国药号创设于清嘉庆十三年(1808 年)，是浙江宁波慈溪人叶谱山所创。叶谱山原来在清朝廷刑部任职，精通医术的他离职以后开始挂牌行医，后来选择了占地七亩多的位于望仙桥直街的房产，创建了叶种德堂国药号，和胡庆余堂、万承志堂、张同泰、泰山堂、方回春堂并称为杭城"六大家"。

　　叶种德堂店名取自苏东坡《种德亭》诗，"名随市人隐，德与佳木长"，轻名利重善事。叶种德堂以各种古方精心制作多种丸散膏丹及药酒，前来求医问药的人非常多。道地的药材、严格的工序、充足的分量，在百姓中有良好的信誉。

　　资金雄厚的叶种德堂以较低成本大量进货，质量也优于同行，还采用薄利多销的方式招徕顾客。叶种德堂还首创了折扣日促销方式，开业第三年五月一日开始，门市药物每月两次，即朔望均九五折，民国以后则是公历一日和十五日九五折。中小同业根本无力与财大气粗的叶种德堂竞争，一些高档药品，几乎是叶种德堂独家经营的。

---

① 部分参考资料来源：安冠英等：《中华百年老药铺》，中国文史出版社 1993 年版，第 249—256 页。
② 图片来源：魅力浙江网站，http://mlzj.zjol.com.cn/mlzj/system/2009/03/25/010988239.shtml

为了配制大补全鹿丸和鹿角胶,叶种德堂饲养了关鹿近百只,每次宰杀前一天,都要让关鹿披红挂彩,告知百姓。第二天,鸣锣击鼓,把鹿从后门抬出,沿街游走一圈,再从前面进店,当众用绳索把鹿缢死,以保证鹿的精血贯通全体,从而提高疗效。每一次都吸引了众多围观者,达到了很好的广告效应。

叶种德堂对于煎制各种胶都有严格规定,特别是驴皮胶,必须在春季二三月以及秋季九月间,把原料洗干净后晒干收藏,立冬以后开始煎药,煎胶必用西湖水。当时店内有七石大缸数十只,用来煎胶。顺序是先煎驴皮胶,然后是龟板胶,第三是虎骨胶,最后是鹿角胶,煎好的胶必须储藏三年才能上柜供应。

叶种德堂还有严格的组织和经营管理制度,从叶谱山到第四代孙叶鸿年,都由熟悉医药行业的店主直接负责。叶鸿年以后,店务由总经理负责,全店员工百余人,部门分类细,有十多个,这样的规模在当时并不多见。叶种德堂的管理制度也是规范透明而又人性化的,比如职工包吃住,除了固定工资,每个月都有零用钱,按照级别和工作繁简程度确定,保证了职工生活的安定,从而更加尽职尽责。

叶谱山怀有仁慈济世之心,经常慷慨帮助没有钱治病的穷人。民间传闻[1],一次,叶种德堂不知道什么原因遭遇了火灾,周围街坊听闻纷纷赶去救火,这时,只见一道光照亮"种德"两个字,风突然变小了,周围都已经烧毁,就剩下了这块招牌。

太平天国时期,有很多难民涌入叶种德堂,叶种德堂被赞誉为"素售真药,非他处比",礼遇难民,"送老弱者回里并各给路资二金"。

叶谱山之后,药铺由儿子叶筱兰继承,叶筱兰擅长经营,叶种德堂陆续增设了丸散膏丹成药专柜,还派人到东北购置珍贵的关鹿圈养,引来很多百姓参观。叶种德堂还自己培养了各种药用动植物,为药铺提供地道药材。光绪年间,叶种德堂已成杭州国药业翘楚,闻名浙、赣、皖、闽等省,成为当时杭城最大的一家国药号。

第四代孙叶鸿年负责以后,经营不善加之他挥霍巨金,致使店铺周转失灵,几近倒闭。经股东决定,聘沈吉庆为经理,后业务稍有稳定,但终因家底空虚、时局多变而无法恢复当年盛况。

民国初年,叶种德堂仅能维持一般的业务,这个时候是由毛松林任经理。北伐战争以后,由陈新福担任经理,由族人叶本生任总会计,但终是负债累累,

---

① 路峰等:《杭州老字号系列丛书——医药篇》,浙江大学出版社2008年版,第113页。

难以支撑。

民国 22 年(1933 年),聘请柴梅生为经理,次年开始耗时两年建成了新店,里面仍然有鹿舍。民国 25 年,叶种德堂迁入清河坊新址,优越的地理位置带来了业务的繁盛,旧处则用作仓库和工场。抗战杭州沦陷之后,200 多头关鹿被日军屠杀,叶种德堂停业。1938 年复业,但只是勉强维持。抗战胜利以后,经过努力恢复战前水平,不过受时局影响,仍然是困难重重,这种情况一直持续到杭州解放。1956 年,叶种德堂公私合营,在清河坊原址继续营业,柴梅生担任私方经理。经过杭州市中药公司决定,1958 年并入胡庆余堂。

21 世纪初,沉寂了约半个世纪的叶种德堂经过胡庆余堂斥巨资复原,重现了当年的富丽堂皇,继续造福百姓,逐渐发展成为杭州又一重要的中医药机构。

地址:浙江省杭州市中山中路 49 号

餐饮[①]

杭州餐饮也是享誉世界的,诸多知名餐馆、酒家组成了杭州亮丽的美食风景,成为我国八大菜系之一"浙菜"的重要组成部分。

杭州菜历来做工精细,南宋定都之后,又汇集了南北各地的材料、风味和技艺,兼收并蓄,极为兴旺。元朝,东西海陆交通畅通无阻,大批阿拉伯商人来到杭州,阿拉伯饮食文化开始渗透,产生了流传后世的清真饭店和羊汤饭店及其代表性的菜肴,丰富了杭州的饮食文化。佛教的兴旺又带动了素食菜肴的发展,杭州精致的素食也是闻名全国的。

元末和明朝,受到交通以及战乱的影响,餐饮业不景气。明代著名的饮食专家高濂博采民间食谱,写成了《遵生服食笺》三卷,介绍了以杭州风味为主的各种饮食制作方法、吃法和理论,是明代重要食典之一,对之后杭州饮食业的发展起到了重要的作用。

清代,杭州餐饮业有了发展,涌现了一大批饮食专家和名厨。在我国烹饪史上有重要地位、被誉为杭州近代饮食业鼻祖的袁枚和他的《随园食单》就出现在这一时期。杭州餐饮服务也在这个时候进入南宋之后的又一个鼎盛时期。清末,一大批具有现代杭州特色的名菜先后定型,到民国开始走向成熟,形成了"杭菜"。

民国时期的杭菜,可以分为两大流派:一是以楼外楼、天外天等菜馆为代表的"湖上帮",以服务上层和名流为主,注重原料鲜嫩,以西湖活鱼虾和近郊时蔬为主;二是以大众为主要对象的"城里帮",肉类、鱼鲜、家禽、蔬菜是主要原料,烹饪粗细结合,高雅和实惠合一,如王润兴、天香楼等。此时,一些社会名流也参与了名菜的创制和推广,成为杭州餐饮业独特的风景,比如西湖醋鱼就是儒学大师俞曲园以宋代宋嫂鱼羹的特色结合德清做鱼的方法创制的。除了杭州菜,这个时候,面点、茶楼也获得了发展,京帮菜也产生了较大影响。名厨辈出的民国时期,杭州有数不尽的美食,也有无数名流光顾饭店的轶事,至今仍为人

---

① 部分参考资料:宋宪章:《杭州老字号系列丛书——美食篇》,浙江大学出版社 2008 年版。

津津乐道,餐饮老字号就是最好的见证者。

新中国成立以后,杭州餐饮业发展比较慢,直到改革开放以后,才又继承前代辉煌,形成江南菜中独树一帜的"京杭菜肴"。杭州很多餐饮老字号在今天依然显现着极强的生命力。

楼 外 楼[①]

楼外楼菜馆的始建年份有争议,有清道光、同治、光绪三说,其中清道光二十八年(1848 年)一说认可的人最多。老店楼外楼以"佳肴与美景共餐"而驰名中外。

楼外楼的创始人洪瑞堂是清朝的落第文人,他和妻子在双亲去世以后就由绍兴迁居钱塘,在孤山脚下的西泠桥畔划船捕鱼为生。由于他们来自鱼米之乡的绍兴,所以非常擅长烹调鱼虾,这一带又没有餐饮店,稍有积蓄之后就开了一家小菜馆,在俞楼和西泠印社之间。

关于楼外楼的得名,有两种说法,但都离不开南宋诗人林升的"山外青山楼外楼"的名句。一种说法是店主从林升的《题临安邸》"山外青山楼外楼,西湖歌舞几时休;暖风熏得游人醉,直把杭州作汴州"诗中得到启发;另外一种说法是因为菜馆建在近代著名学者俞曲园先生俞楼前侧,店主于是请俞曲园命名,俞先生考虑到位于自己俞楼外侧,于是借用"山外青山楼外楼"名句定为"楼外楼"。不管哪一种说法,都为菜馆增添了文化情趣,也是楼外楼确立"以文兴楼"策略的渊源。

烹饪技艺的高超加上重视与文人交往,楼外楼名气越来越大。当地和外地的文人都把这里作为首选菜馆,加上位于西湖边的优越地理位置,浓郁文化氛围的楼外楼生意十分兴隆。

1926 年,洪氏传人洪顺森扩建了楼外楼,内有电扇和电话的三层洋楼让楼外楼颇具现代气息。光临过楼外楼的名人数不胜数,有章太炎、鲁迅、郁达夫、余绍宋、马寅初、竺可桢、曹聚仁、楼适夷、梁实秋等,还有蒋介石、陈立夫、孙科、张静江等政要。

杭州解放以后,楼外楼迎来了新的发展期。1955 年,楼外楼公私合营,之后得到了政府和政策的多方扶持,尤其在恢复特色名菜方面,成绩斐然。1956 年,

---

浙江省人民政府认定杭州名菜 36 道,其中有 10 道就是楼外楼提供的。这 10 道名菜是:西湖醋鱼、排面、叫化童鸡、油爆虾、干炸响铃、番茄锅巴、火腿蚕豆、火踵神仙鸭、鱼头汤、西湖莼菜汤。

以前的楼外楼是两层楼砖木结构,年久陈旧,20 世纪 70 年代初期准备翻修。1973 年,周总理到楼外楼听说了这个消息,要求改建照顾整体西湖风景和孤山的环境,不能太高太洋,要中西结合。1978 年 6 月开始翻修,1980 年 6 月竣工,7 月重新开张。古朴端庄的建筑和周围景观极为协调地融合在一起。

20 世纪 80 年代,楼外楼被列入体制改革试点,之后实行了承包和民主选举经理,90 年代末改制成为有限公司,由企业法人和职工共同持股。

在杭州西湖整治的同时,楼外楼也先后六次进行了装修,更加凸显了自己的文化氛围。

美食与典故

楼外楼素以经营西湖醋鱼、龙井虾仁、叫化童鸡、宋嫂鱼羹、东坡肉等杭州传统名菜而享誉中外,这些名菜不仅色香味俱全,而且背后还有很多典故值得记录。有些典故事关某道菜的渊源,楼外楼把它们加以记录和传播,这对杭州传统名菜和中华饮食文化都是非常珍贵的资料。

西湖醋鱼

西湖醋鱼又叫"叔嫂传珍"。相传古时有宋姓兄弟两人,在西湖打鱼为生。宋兄的妻子被当地恶棍赵大官人看中,用阴谋手段害死了宋兄。宋嫂和弟弟告官无果,反而被打后赶出官府。为了避免被恶棍报复,嫂子让弟弟尽快外逃。临行之前,嫂子做了一碗鱼,加了糖和醋,味道和平时不一样。弟弟问原因,嫂子告诉他,以后即使生活甜了,也不能忘记过去的辛酸。弟弟后来取得功名回杭州,报了哥哥的仇,嫂子却不知下落。有一次,弟弟去赴宴,席间吃到了一道菜和临走之前嫂子烧的味道一样。原来嫂子送走了弟弟,就躲入官家做了厨工。弟弟辞官后,把嫂子接回家,继续之前捕鱼的生活。

有人吃了这道菜,曾在菜馆墙壁上题写了一首诗:"裙屐联翩买醉来,绿阳影里上楼台,门前多少游湖艇,半自三潭印月回。何必归寻张翰鲈(誉西湖醋鱼胜过味美适口的松江鲈鱼),鱼美风味说西湖,亏君有此调和手,识得当年宋嫂无。"诗的最后一句,就是西湖醋鱼创制的传说。

在另一个传说中,西湖醋鱼可以追溯到南宋绍兴年间①。当时金兵入侵,汴梁(开封)人宋五嫂在赵构南渡的时候,来到杭州,为了谋生,在钱塘门外现在的

---

① 参考资料:宋宪章:《杭州老字号系列丛书——美食篇》,浙江大学出版社 2008 年版,第 54—55 页。

西湖少年宫一带开了一家小酒店,用西湖草鱼代替黄河鲤鱼烹制鱼羹。一次,赵构微服私访,品尝了她的鱼羹,勾起了无限相思。临走的时候,赵构多给了些银两。这事一时传为佳话,宋五嫂的鱼羹也成为当时杭州的一道名菜。清代的时候,演化为简陋的瓦块鱼加糖醋调料。晚清,杭州西湖涌金门一家"五柳居"菜馆在配料上加了火腿丝等高档材料,改名为"五柳鱼",才恢复了这道历史名菜的身价,很多菜馆仿效。但对楼外楼西湖醋鱼定型产生直接影响的是俞楼主人俞曲园,他采用西湖草鱼,用宋嫂鱼和他老家德清做鱼的方法烧了西湖醋鱼,受到宾客盛赞。后来,很多人仿照他的方法,逐渐发展成为杭州一绝。不过,楼外楼西湖醋鱼制作工艺基本定型,是20世纪30年代杭州西博会以后。当时楼外楼著名的厨师根据游客意见,大胆把沿袭多年的瓦块鱼改成全鱼烹制。另外楼前西湖设竹篓养鱼,让鱼吐尽泥气,净化肠道,味道更好。后来经过楼外楼各代厨师改进,成为楼外楼绝对的招牌菜。

龙井虾仁

杭州有着全国茶叶中排位第一的"西湖龙井",而用茶入菜,就不得不提到这道"龙井虾仁"了。有人说,人们创制出这道菜可能是受到做过杭州地方官的苏东坡一首诗的启发。苏东坡调到密州(今山东诸城)时,作有《望江南》,其中有一句:"休对故人思故国,且将新火试新茶,诗酒趁年华。"过去有寒食节不动火的风俗,寒食节之后动火称之为新火,而这个时候采摘的茶叶正是龙井茶中最好的。苏东坡的词让人们联想到了新鲜河虾,于是就用"新火"烹制了龙井虾仁,不但味道鲜美,还有浓郁的地方特色。新鲜河虾加上龙井新茶,光看色泽搭配就已经让人赞叹不已了。

叫化童鸡

仅看名称,就知道这道菜和乞丐有关,应该说它记录了被封建王朝压榨的流离失所的穷苦百姓的生活。据说,一天,一个流浪到江苏常熟的乞丐,饥寒交迫,昏倒在地。难兄难弟们点起篝火让他取暖,又把仅有的一只鸡拿出来,准备烧给他吃。但是,手中没有任何烹调工具,有人提议用泥巴包起来,放入篝火中烧烤。经过了半天时间,总算烧好了。敲碎外面泥巴的同时,鸡毛也都随之脱落了,里面的鸡居然是香气四溢,味道非常特别。

楼外楼后来改进了这种制作方式,以"越鸡"、绍兴酒、西湖荷叶等为原料,在鸡腹中填入调料,用西湖荷叶及箬壳包扎,外面则用加入调料的酒坛泥包裹,之后放在文火中煨烤三四个小时。鸡肉的原汁原味与酒香珠联璧合,泥团则是当着食客的面打开,别有一番情趣,成为外地人来杭州都想要品尝的名菜之一。

东坡肉

苏东坡(1036—1101),唐宋八大家之一。精于诗词和书法绘画的他,在烹调技艺上,也为人称道。他被贬到黄州时,经常亲自烧菜和朋友共享。他最拿手的菜就是红烧肉,还曾经作诗介绍红烧肉烧制经验:慢著火,少著水,火候足时它自美。

不过,这道菜以他的名字命名,还是因为他第二次在杭州做地方官的时候所发生的一件有意思的事情。那个时候葑草蔓延了大半个西湖,苏东坡上任以后就除葑田,疏湖港,筑长堤,造福百姓的同时也为西湖景色增添了浓墨重彩的一笔。长堤后来就形成了被列为西湖十景之首的"苏堤春晓"。百姓都非常感激苏东坡,听说他喜欢红烧肉,都不约而同地在春节送猪肉给他。苏东坡把猪肉烧制好,让家人连同酒一起分给共同劳动的人,家人则把"连酒一起送"领会成"连酒一起烧",谁知用酒烧制的肉味道更好了。趣闻传开之后,除了上门求教诗文的,也有很多人慕名前来学习"东坡肉"烧制方法的。楼外楼菜馆效法这种方式,还不断加以改进。

炸响铃

据说,古时这个菜刚出现时,既不是现在这个形状,又不叫现在这个名称。一次,有位英雄豪杰点了这道菜,不巧豆腐皮刚用光了,这个人竟骑马自己去原料产地取来了豆腐皮。厨师有感于他对这道菜的钟爱,特意制作成了马蹄形状,纪念他策马取料这件事。之后,这道菜才被称为炸响铃。楼外楼烹制的炸响铃外脆内鲜,佐以甜酱、葱白或花椒盐,非常可口。

近几年,楼外楼又烹制出几百种创新菜,比如让古代宴肴重现光彩的"乾隆宴"、重养身和情调的"龙井茶菜系列"、高贵典雅的"蟹粉佳肴系列"、风情万种的"荷花宴"等。楼外楼的点心小吃也非常有名,吴山酥油饼、虎跑素火腿、桂花糯米藕还被中国烹饪协会评定为"中华名小吃"。

名人与楼外楼

清代著名文学家、美食家袁枚诗曰:"江山也要伟人扶,神化丹青即画图。"现代文学家郁达夫在楼外楼也曾赋诗:"楼外楼头雨似酥,淡妆西子比西湖。江山也要文人捧,堤柳而今尚姓苏。"

"以菜名楼,以文兴楼",160年多里,楼外楼接待过无数闻名中外的政治家、艺术家、文学家,成就了一段段得天独厚、人文荟萃的佳话。

楼外楼先后迎来了不计其数的历史名人,孙中山、鲁迅、郁达夫、梅兰芳、徐志摩、竺可桢、马寅初、丰子恺、潘天寿、赵朴初、意大利前总统佩尔蒂尼、捷克斯洛伐克前总理威廉西罗基、江泽民、李鹏、李岚清、贾庆林、吴仪、连战等众多知名人士等都曾光临过楼外楼。1937年,蒋经国夫妇从苏联归来,蒋介石夫妇在楼外楼为儿子洗尘,合家欢宴。

楼外楼还留下了周恩来总理十上楼外楼的佳话。从20世纪50—70年代,周恩来曾先后多次到楼外楼陪外宾和身边工作人员用餐。1957年春,周恩来宴请印尼客人,席间突然嘴里"咔嚓"一声。总理以为是一粒沙子,但检验之后却是一块碎牙。负责接待的厨师刚好有一块牙齿缺崩,就告知了领导。秘书汇报给总理的时候,总理发现自己镶的牙缺了一小块,马上发电报澄清了这件事。

而章太炎以书画付楼外楼餐费更是杭州饮食文化历史上的风趣雅事之一。[①] 20世纪20年代初,国学大师章太炎流寓上海滩,以卖书法作品为生。这年春天,他应邀到昭庆寺做客,一直吃素食难免有些厌倦,于是到楼外楼饮酒。楼外楼老板见他光顾,非常高兴,亲自迎接到雅座,奉上菜单。章太炎点了醋溜鱼、东坡肉和蜜汁火方,老板自作主张添了一些名菜。章太炎只管享用。等吃完后,章太炎看到旁边餐桌上已经摆好了文房四宝,问老板写些什么,老板说只求墨宝,任由大师挥笔。章太炎写了张苍水在杭州官巷口就义的时候留下的绝命诗。章太炎写的时候,正好当时的杭州市长周象贤陪同蒋介石夫妇在楼上吃饭,市长告诉蒋介石写字的是章太炎,蒋介石过来打招呼,问过得怎样。章太炎莞尔:"靠一支笔骗饭吃。"蒋介石还要送章太炎,章太炎拒绝坐车,蒋介石就把自己的手杖送给了章太炎。后来民间相传,楼外楼的老板把章太炎的墨宝卖了200银元,现在已经不知下落。这一轶闻由张令澳先生记录了下来,成为楼外楼名人故事中精彩的一章。

美 景

中国餐饮业百年老店不少,但是环境能够匹敌楼外楼的却不多。"山外青山楼外楼"就是楼外楼实景的最好脚注,"湖光连天远,山色上楼多"、"一楼风月当酒饮,十里湖山豁醉眸"……

楼外楼不仅外部环境美,内部装潢也毫不逊色。

楼外楼在美丽杭州最美的西湖边素有"人间蓬莱"之称的孤山南麓白堤上,唐代诗人白居易就有咏孤山的诗曰:"到岸请君回首望,蓬莱宫在水中央。"南宋时候,皇家的御花园就建在这里。清朝皇帝南巡的行宫也设在这里。苏东坡曾把西湖比作美丽的西子姑娘,孤山则可谓姑娘头上的一顶花冠。而楼外楼和平湖秋月、西泠桥、放鹤亭、苏小小墓、六一泉、西泠印社、文澜阁、俞楼、秋瑾园、浙江博物馆、中山公园等都是花冠上美丽的鲜花。

置身楼外楼上,许多美景尽收眼底,不同季节还体现出不同的风情。楼外楼旁边中山公园中"天下第一景"亭的亭柱上有一副对联:"山山水水处处明明秀秀,晴晴雨雨时时好好奇奇。"拿来为楼外楼所用,倒也正对景对情。近代名人陈芷汀先生曾为楼外楼撰写过一副对联:"楼外揽西施,风情最爱花雕酒;坟

---

① 参考资料:宋宪章《杭州老字号系列丛书——美食篇》,浙江大学出版社2008年版,第60—61页。

前拜苏小,妒意难忘醋溜鱼。"

中国人历来讲究餐饮环境,特别是一些文士墨客、官商名人,更喜欢在山清水秀之地把酒品美味。近代诗人高燮有《楼外楼小饮》诗一首:"小饮微醺狎水鸥,六桥烟柳望中收。莼肥鱼嫩闲风味,餔啜难忘楼外楼。"写尽了在楼外楼用餐时的感受和心境。因为在这里宴饮,"推窗望湖平水清柳翠楼外风光好,举箸尝鲢肥笋嫩莼鲜席间笑语盈",人在楼中,楼在景中,在微醺醺笑盈盈大快朵颐之际,人和楼,楼和景,早已融为一体了。此情此景,当为人间之一大快事。

楼外楼很早就成为了西湖的一个景点,在1921年出版的《西湖全图》上,就列出了这个特别的景点。而当时日本出版的《江南名胜史迹》中,也有如下的记载:"楼外楼可供游孤山者酌饮之余观赏西湖风光的小憩之所。"

而后来,新楼外楼在建筑师的巧妙设计下,在庭园式的西泠印社和秀丽的中山公园之间一块方寸之地上,做足了以小显大的文章。他们把整个布局设计成"品"字结构,把底层面积尽量扩大铺足,将二层楼面缩小,并把部分建筑往后退缩。有了这巧妙的一退一缩,从湖面眺望,它既不挡住西泠印社,也不遮掩苍郁的孤山;还借助西泠印社的廊亭、围墙的衬托,使它的西侧餐厅就仿佛是建在山坡上的。再由于两座翘角屋面之间,用平屋面相隔开,平屋面的沿口又作了革新,饰以青筒瓦滴水沟头,使其与翘角屋面互相呼应,增加了美感,丰富了层次。从这一餐厅望那一餐厅,正是楼外有楼的景象和意境。

在新楼外楼的绿化处理上,建筑师们也作了巧妙的安排,除了在门厅外沿配置了爬藤植物、露天花架外,还重点进行屋面绿化。由于二层餐厅的后退,顾客在二层进餐,视线已看不到马路和人行道。在此进餐,湖光山色可以尽收眼底。从孤山顶上鸟瞰,除了飞檐翘角,其余屋面全部遮掩在一片绿色中,楼外楼已完全与周遭的环境融为一体了。

当然,如今的楼外楼又是另一番风貌了,更无愧于"江南名楼"的美称。经过再次装修,楼外楼依然保持六个大厅的基本格局,但凡是临湖一面,均采用西式大玻璃窗,框出了一幅幅巨大的风景画。餐厅任何地方的餐桌都能享受到"美味与美景"共餐的体验。

楼外楼请陆光正大师设计创作了《东坡浚湖图》的大型壁雕,壁雕画面50平方米,其中出现了85个人物,有五个连成一气的场景,生动展现了900多年前苏东坡率众浚西湖筑苏堤架六桥的完整过程。巨大的壁雕经过一年时间才完成,是东阳木雕中少见的精品巨作。2006年,壁雕挂上了楼外楼的主墙壁,成为了楼外楼的镇店之宝,所有光顾楼外楼的人看到后都眼前一亮。

船宴在我国历史悠久,最大特点是美味、美景、美时、美趣集于一船。根据史料,春秋时候吴国君主就曾在江船上宴请宾客。而西湖船宴则与白居易、苏东坡治理西湖并在此饮酒吟诗分不开,所以有人把西湖船宴称作"乐天遗风"。昆剧大师俞振飞先生曾为西湖船宴撰写的对联下句是"席开水面恍东坡游赤壁偏宜月白风清",就是对应了苏轼游赤壁之景之情。2008年,楼外楼打造的豪华大游船下水,迎接八方食客,被誉为"西湖船宴第一船",同时,楼外楼还投放了一批摇橹船。西湖船宴给了宾客"岸上湖中各自奇,山肴水酌两相宜"的独特感受,更加深了他们对楼外楼的印象和好感。

与楼外楼相关的楹联进一步彰显了楼外楼的文化底蕴,摘录部分:

菜肴香四海,楼誉响五洲。——刘江题楼外楼菜馆

举杯邀明月,和曲舞东风。——杨西湖题楼外楼菜馆

湖光连天远,山色上楼多。——佚名题楼外楼菜馆

饮食文化相长,美景佳肴共餐。——刘枫题楼外楼菜馆

一楼风月当酣饮,十里湖山豁醉眸。——彭玉麟题楼外楼菜馆

楼台晓映青山廓,罗绮晴娇绿水洲。——佚名摘孟浩然句题楼外楼菜馆

酒醉更移花下席,书多别起竹间楼。——金尔珍题楼外楼菜馆

闲思鲈脍客中客,买醉湖壖楼外楼。——陈无咎题楼外楼菜馆

美酒佳肴迎挚友,名楼雅座待高朋。——郭仲选题楼外楼菜馆

名楼誉满三江水,佳话情连四海新。——马世晓题楼外楼菜馆

客中客入画中画,楼外楼观山外山。——程茂全摘三潭印月联题楼外楼菜馆

闲开东阁索梅笑,坐对西湖把酒尊。——楚阳易铨题楼外楼菜馆

葛岭丹成抱朴子,洪楼盘荐响铃儿。——王世襄题楼外楼菜馆

鱼羹美酒味中味,春色湖光楼外楼。——邓云乡题楼外楼菜馆

山岚花树云光彩,鲈脍莼羹齿颊香。——姚毓璆题楼外楼菜馆

饮酒有何可不可,买醉最宜楼外楼。——佚名题楼外楼菜馆

味中美味,馐中珍馐;山外青山,楼外有楼。——费孝通题楼外楼菜馆

千百年西子,看尽盛衰枯荣;世纪半名楼,尝遍甜酸苦辣。——李若连题楼外楼菜馆

中和和丰丰乐桥,银杓银瓮;妙法法因因果寺,金轮金刚。——佚名题楼外楼菜馆

楼外揽西子,风情最爱花雕酒;坟前拜苏小,妒意难忘醋溜鱼。——陈芷汀题楼外楼菜馆

载酒来访,助画意诗情,歌声笛韵;引人入胜,有湖光山色,鸟语花香。——

佚名题楼外楼菜馆

　　推窗望湖平水清柳翠,楼外风光好;举箸尝鲢肥笋嫩莼鲜,席间笑语盈。——木兰山人题楼外楼菜馆

　　十载许勾留,与西湖有缘,乃尝此水;千秋同俯仰,惟青山不老,如见古人。——邗上拙安氏题楼外楼菜馆

　　右图是现存最早的楼外楼照片,是日本文学家芥川龙之介 1921 年游西湖时在楼外楼用餐的照片。2007 年 1 月,中华书局出版了芥川龙之介的《中国游记》,书中第一次出现这张照片。

楼外楼最早的珍贵照片

　　160 多年来,楼外楼从一家小店,走过了初创、发展、复苏、再发展与繁荣的历程,如今已发展成为以餐饮为龙头,集工、商、贸为一体的杭州楼外楼实业有限公司,并以令人瞩目的经营业绩、丰厚的历史文化跨进全国名楼的行列,被授予中华商业老字号企业、中国商业名牌企业、改革开放 30 年功勋企业、中国餐饮业著名品牌企业等一系列响当当的名号。

戒彦摄

地址:浙江省杭州市西湖区孤山路 30 号

1913 年,杭州拆除了旗营城墙,把"旗下"进行了改造,成为公园和市场。绍兴人孙翼斋觉得这里是经商的好地方,就和熟人义阿二在这里摆了个汤团馄饨摊。

孙翼斋的妻子非常擅长制作汤团,但初来乍到加上店面狭窄,生意十分冷清。义阿二第二年就退出了,小店由孙氏夫妇经营。

之后,生意更加冷清。妻子觉得是自己做的汤团不好吃才会这样,而孙翼斋则认为是因为顾客不了解他们的汤团。想到这里,孙翼斋茅塞顿开。孙翼斋读过私塾,知道《礼记·中庸》中的"人莫不饮食也,鲜能知味也",他以货真价实作为突破点,写下了"欲知我味,观料便知"八个大字放在小摊前面。如此一来,吸引了很多人购买,不少人"观料"、试吃,之后逐渐成为常客,孙翼斋夫妇的小吃摊生意逐渐兴隆起来。

生意好了以后,孙翼斋租了店面,雇了伙计,正式开出了小店。店铺在原来只出售汤团的基础上,逐渐增加了馄饨、小菜、油包、汤包、炒面、春卷等产品。店内砌起一长排炉灶,现做现卖,先看材料后品尝成为一大传统。

到 1929 年的时候,店铺在杭州已经非常有名了,但是仍然没有正式的店名,于顾客多有不便。孙翼斋考虑到"欲知我味,观料便知"八个字已经深入人心,如果修改恐怕会破坏多年的积淀,顾客也会产生陌生感,甚至可能会以为店铺更换了主人。于是,孙翼斋把原来"欲知我味,观料便知"八个字撕去了五个,只留下了"知味观"三个字作为招牌。有了名号的小店生意更加兴隆,当时有位诗人赠送小店一副对联:"生意兴隆师爷笔,财源茂盛八字来。"

知味观的馄饨格外有名,肉鲜皮薄,造型美观,所配汤更是以"红黄绿玉黑"著称,分别对应虾子、蛋丝、葱花、开洋和紫菜,悦目又可口,成为了馄饨配料的准则。到 1920 年的时候,知味观仅馄饨品种就多达 25 种,后来又增设酒菜和100 多种点心,如鲜肉小笼、猫耳朵、西施舌、幸福双、千张包子线粉头、水饺等等,很多都是杭州名小吃。价廉物美的小吃引来很多百姓购买。

抗日战争爆发以后,孙翼斋携家眷回绍兴开设知味观,杭州的暂时停业。1939 年,因为有人想要占有杭州的店,孙翼斋筹措资金,当年 10 月杭州店铺重新开张。

1947 年,孙翼斋去世,知味观由其子孙仲琏掌管。1956 年,知味观实行公私合营。"文革"时期,知味观曾一度改为"东风观"。1979 年,恢复原名。1997 年 11 月,知味观进行了全面翻建改造,崭新面貌的知味观承袭优良传统,集风味小吃大成,成为很多百姓生活中重要的组成部分。

知味停车　闻香下马

知味馆以经营各种名点为主,辅以杭州名菜,一直以"知味停车,闻香下马"著称。

小笼包子

知味观的小笼包已有 90 多年的历史,饱含了历代名厨的心血,形成了自己独特的工艺和风味。根据馅料的不同,有鲜肉小笼、虾肉小笼、荤素小笼等等。知味观的小笼皮薄馅大,汁多味鲜,肉馅中有特制的肉冻,采用急火蒸制而成,已经成为知味观的王牌点心。

猫耳朵

猫耳朵是以优质面粉为原料捏成的形状类似猫耳朵的小吃。不要看原料简单,配料可不一般,采用了干贝、火腿、虾仁、鸡脯肉、香菇、开洋、四季鲜笋丁等,用鸡汤调味,奶白色的汤甚是诱人。据说,当年知味观的一位点心师傅在他的朋友家吃"麦疙头",脚边有一只小猫不肯走,他捉猫的时候抓住了猫的耳朵,又小又薄又美观的猫耳朵给了他启发,他觉得如果粗厚的"麦疙头"改制成猫耳朵的形状,应该会更好。试制以后,果然大受欢迎,发展为杭州又一名点。

幸福双

幸福双原名"自模双"。这是早期知味观的厨师为创特色而制作的美点,配对成双供应,寓意是"愿天下有情人终成眷属",解放后更名为幸福双。幸福双的用料寓意深刻,赤豆沙原料是红豆,又名"相思子",借唐代诗人王维《相思》,有"此物最相思"之意;而由桃仁、桔脯、青梅、红瓜、核桃肉、蜜枣、松子肉、瓜仁、葡萄干、糖桂花等配制成的"百果料"则蕴含着情感开花结果、百年好合的美好祝愿。

据说幸福双的起源还和梁祝的故事有关,不管是否属实,都为这道点心增添了很多美好的寓意。幸福双出售的时候是成双供应的,契合它的寓意。

西施舌

这是一道以糯米水磨粉为主要原料,加入枣泥、果料等馅,放入舌形模具中制成的点心。如舌的形状冠以西施的美名,又因为属于汤团类食品,被誉为"汤团中的皇后"。

除了闻名于世的 100 多种花色点心,知味观还有很多传统的杭帮名菜,比如东坡肉、西湖醋鱼、龙井虾仁、叫化童鸡、西湖莼菜汤等。知味观还大胆引进了其他菜系的精华,创制了不少名菜,比如鸡汁银鳕鱼、干菜鸭子、辣子羊腿、蟹黄橄榄鱼、一品海鲜盅等等。

连锁发展做大做强

创始人孙翼斋肯定不会想到知味观有今天的发展态势:密布各个闹市路段的堂吃点心知味观小吃连锁店;坐落在杭州西子湖畔的园林式酒家知味观·味庄;跻身在杭州最富历史文化气息街区的庭院式餐馆知味观·味宅。90多年以后,从《礼记·中庸》里"人莫不饮食也,鲜能知味也"中得到启发的招牌,应势而变地遍布了整个杭州城,成为小吃名点的集大成者。

自1999年始,知味观先后在杭州各城区开设了完全自营的27家外卖店和16家堂吃连锁店,还在西湖风景区开设了杭州首家园林式休闲餐馆知味观·味庄,在杭州历史文化街区开设了知味观·味宅,在上海也开设了杭州知味观。连锁的方式让知味观越来越贴近百姓的生活。高端品牌"味庄"则被誉为"知味观"的"世界观",六栋浮于西湖水面的楼,整面整面的落地玻璃,湖光山色和精品菜肴相映成辉。

知味观现有直营连锁店近50家,是浙江省规模最大的连锁餐饮品牌。知味观的名点和名店双双荣获多项殊荣:

鲜肉小笼和吴山酥油饼曾荣获国家商业部部优金鼎奖;虾肉小笼、猫耳朵、幸福双、糯米素烧鹅获得省优产品奖;"幸福双"等五种小吃被评为"中华名小吃";"鲜肉小笼"等被评为"中国名点"和"国际名点";"叫化童鸡"等荣获"中国名菜"称号;"蟹黄橄榄鱼"等20多道菜获得历届全国烹饪大赛金牌奖……

知味观则曾荣获中国老字号、杭州市十佳酒店、杭州市第二届著名商标、浙江省著名商标、旅游涉外定点餐饮企业、国家级特级酒家、全国十佳酒家、中美著名商标、杭州餐饮名店、杭州市商贸特色企业、中华餐饮名店、中国名牌企业、国际餐饮名店、全国绿色餐饮五星级企业等数不尽的称号。

"六个第一"是知味观始终坚持的,也就是一流的员工、一流的管理、一流的技术、一流的创新、一流的信誉和一流的业绩,共同确保了百年老店拥有更加灿烂美好的未来。

"知味观"的情感策略

知味观一贯浓郁的百姓情结从其"情感策略"中也可见一斑。

1990年春节前后,为了吸引顾客,以情感人,知味观在《杭州日报》刊发了如下公告:"知味观"为真诚鸣谢众人关心和支持,现特举办免费寿星点心宴——凡满90岁至95岁者,供应点心宴一桌(含家人10位);凡满95岁至99岁者,供应点心宴二桌(含家人20位),100岁以上者,供应点心宴三桌(含家人30位)。请凭本市区居民身份证联系。

消息一刊出就在杭州引起了轰动,第一天,就来了23家三世和四世同堂之家。免费的菜点与浓浓的情谊让顾客赞不绝口,还有老先生提笔赠言,如"人寿道圣明,年丰方知味",巧妙嵌入店名,是对老店最高的褒奖。

老人宴之后,知味观又推出了"功臣宴",针对的是75岁以上的老红军、老干部,依然是免费的,正如知味观大厅中的对联:"饮水不忘掘井人,美酒一杯寄深情。"

知味观秉承中华民族的传统美德,尊老敬老,被各级媒体广泛传播,名声大振。知味观由此也成为了杭州人做寿和庆生的定点饭店。

戎 彦 摄

地址:浙江省杭州市上城区仁和路83号

山外山

"山外山"是西湖另一家著名的百年老店,和楼外楼一样,店名取自"山外青山楼外楼"的名句。山外山前身叫做"鼎园处",是由倪鼎园先生于清光绪二十九年(1903年)在现在"天外天"的位置创立的。山外山是当年灵隐地区最早开设的食府,所以有"灵隐食府鼻祖"的美称。山外山与楼外楼、天外天并列为西湖三大名菜馆。著名学者马寅初、江南活武松盖叫天、六龄童等人都是山外山的常客。

刚开业的时候,"鼎园处"的生意并不理想。倪鼎园认识到特色对于饭店的重要性,就从自己的店所处的地理位置出发,就地选取山珍野味,逐渐确定了自身的特色,生意也就日渐兴隆起来。炒虾仁、醉虾、番茄锅巴、栗子炒子鸡、炒虾腰、春笋炒鱼、松子鲑鱼、芙蓉鸡片等都是招牌菜。当时的门店大门有"座上客常满,杯中酒不留"的对联,堂口有"鼎鼐调和常满座,园林峰位娱嘉宾"的对联,都是鼎园处生意和周围环境的真实写照。

民国初年,"鼎园处"由第二代传人、倪鼎园三子倪永廉继承,增设了冷饮和简易的西菜,满足顾客多样化的需求。而店名也经过反复推敲,改为"山外山",沿袭之前"人无我有,人有我精"的原则,在保持杭帮正宗的基础上,引入其他优秀烹调方式,菜品制作精细,口感鲜嫩爽滑,博得顾客绝口称赞。

新中国成立后,山外山与天外天合并,转为国营,店名使用了天外天。改革开放以后,认识到具有文化和经济价值的山外山创立品牌的不易,就以刚开张的玉泉"满园春"酒家为基础,重新启用了"山外山"字号,"山外山"终于重现杭城。"昔闻楼外楼,今慕山外山,盛名八十载,欣见换新颜;山迎天下客,酒醉四海仙,聚来逢盛会,惊疑上九天。"这是 1987 年中国作协委员张重天在山外山菜馆用餐后即兴所作。次年,山外山进行了装修,更好地衔接了室内外环境。

山外山对面是山水园,旁边是玉泉池,风景优美,被誉为"翠绿丛中花园饭店"。

山外山烹制的菜肴紧扣山和水的主题,突出山的风味,也有水的美味,代表菜肴如山外全鱼、三凉甲鱼、花好月圆、八仙过海、玉泉鹿鸣、鹤鹿同春、山外山白玉煲、鱼香三茄等,特色出众。

1992 年,因为业绩突出,山外山被杭州市委、市政府授予"杭州市文明单位"称号,这在当时杭州餐饮界属于独家。2001 年,山外山改制,成为"杭州山外山菜馆有限公司"。两年后再次装修,成为天堂杭州就餐环境首屈一指的餐厅。

近年来,山外山菜肴亮点不断,首先是创制了千岛湖有机系列菜肴,如八宝鱼头皇、蒜子鱼泡、梅花鱼片、脆皮鱼尾、灌汤鱼球、脆爽鱼皮等;还根据不同时令推出不同特色宴,有根据初春灵峰探梅创制的"梅花宴"和根据金秋赏桂创制的"桂花宴";除了如叫化童鸡、龙井虾仁、西湖醋鱼、东坡肉、宋嫂鱼羹等传统名菜外,还推出了龟鹤同春、竹筒甲鱼、花好月圆、棕香鸭子、山外山白玉煲、串烧大虾、八宝鱼头、鱼香三茄等特色菜肴。其中有一道"荷塘小炒"可以算作代表菜肴,以嫩藕、嫩莲、鲜菱、芦笋、黑木耳等为原料,色泽养眼,口感清爽,非常受欢迎。

大名鼎鼎的金庸先生曾题写了"好菜至上有佳肴,山外青山更有山,今日得品鱼唇汤,方知杭城山外山"的诗句。据说,金庸先生光顾山外山,就是为了品尝一碗鱼头汤,其诱惑远远超越了周遭的美景。

山外山的常客都知道,来这里,别的菜可以不点,但鱼头绝对是必点菜肴。山外山的招牌菜——"精品八宝鱼头皇",平均每天都要卖出 100 份左右。盛精品八宝鱼头皇的容器有脸盆大小,里面有丰富的材料,鱼头、鸡块、火腿片、河虾、海参、竹荪、菌菇、鱼圆、笋片及菜心等等,满满一锅,相当有气场,仅这一道菜就可供 8 到 10 人享用。

人无我有,人有我特①

山外山在鱼头皇这道招牌菜的基础上,推出了鱼头美食节,不仅"精品八宝鱼头皇"优惠供应,还有几道以千岛湖有机鱼为主原料的大菜——铜锅鱼羊鲜、海参甲鱼鸡煲翅、鲜蟹精品鱼脑煲、红扒鱼唇、裙边炖鱼肚,只只都和鱼头有关,道道都是鲜香无比。

鱼羊,鲜也。这最佳搭档老祖宗早就知道。山外山新推出的铜锅鱼羊鲜,走的就是这路线。羊,取的是江浙一带人喜欢吃的湖羊肉;而鱼,到了这道菜里有两层含义,一是临安青山湖水库的甲鱼,二是千岛湖有机鱼头上的那一点点最滑润的鱼唇。三样美味放入铜锅,小火慢炖五个小时以上才算大功告成。等到菜肴上桌,从食客第一筷选择的食物中,一眼就能够看出谁最有吃这道菜的经验,不是选羊肉的人,也不是选择甲鱼的人,而就是那个向不起眼的鱼唇下筷的人。小小的鱼唇,滋味却不可小觑,极为惊艳,让食客赞不绝口。

铜锅鱼羊鲜中小小的鱼唇如果不能过瘾,也可以选择山外山的"红扒鱼唇",取材仍然是千岛湖的有机鱼头,烹调方面则结合了粤菜的红烧和杭帮菜长时间煨烧两种方式,味道鲜醇,酥烂至骨。

山外山还有一道功夫菜——海参甲鱼鸡煲翅,选择临安青山湖水库甲鱼和桐庐畲乡鸡,切块之后炖三个半小时,再加入辽参和金钩翅煨半个小时,最后撒上枸杞子,不仅食材味道非常美,精华汤汁也不能忽略。还有鲜蟹精品鱼脑煲,虽然材料是比较简单的阳澄湖蟹、鱼脑、笋片和豆腐,但汤绝对是见功夫的,用

---

① 参考资料:《山外山正在搞鱼头美食节》,原载《都市快报》,转引自浙江在线新闻网站,http://www.zjol.com.cn/05gotrip/system/2009/01/22/015202231.shtml

干贝、老母鸡、老鸭、火膧、牛肉、龙骨等为原料,大火转小火,经过十几个小时才完工。至于裙边炖鱼肚,也是两种鱼搭配,极具特色。

现在老字号山外山还采用了网络营销的方式,登陆其网站,有"餐饮环境"、"菜肴介绍"、"在线订餐"等栏目,极大方便了顾客。

山外山菜馆本着"以质量促品牌,以品牌求发展"的经营理念,注重菜肴质量和服务质量,连年荣膺"中华老字号"、"全国绿色餐饮企业"、省和市"食品卫生 A 级单位"、浙江省"消费者信得过单位"等荣誉称号。

地址:浙江省杭州市玉泉路 8 号

奎元馆

杭州有这样一句话:"到杭州不吃奎元馆的面,等于没有游过杭州。"有"江南面王"之称的奎元馆创立于清同治六年(1867 年),最初在杭州鼓楼附近的望仙桥边,1911 年迁至中山中路三元坊路口,1958 年迁到解放路。

奎元馆起初是一个安徽人开的徽州面馆,没有什么名气。一天,一个外地穷秀才来杭城赶考,进店要了一碗清汤面,老板可怜他,特意在面下面放了三只囫囵蛋,意为"连中三元"。过后,老板也就忘了这件事。某日,来了一位衣着华丽的年轻人,只点了一碗清汤面,还说"底下放三只囫囵蛋",老板顿时恍然大悟,忙作揖庆贺。秀才临走题写了"魁元馆"三个字作为店铺招牌。后来老板觉得"魁"字有鬼旁,于是就改为"奎"字,沿用至今。

奎元馆在发展中曾经几易其主,到民国初年的时候,由宁波人李山林经营,面馆也就由徽式改为宁式,经营鲜咸合一、软滑鲜嫩、原味独到的宁式大面。1926 年,店铺盘给了伙计章顺宝;1934 年,年事已高的章顺宝将生意交给女婿陈秀桃经营。陈秀桃经常深入顾客中征求意见,不断改进自己的产品。"汤浓味长,面光汤干"特色的"扣汤面"很快就享誉杭城,另外还有片儿川面、虾爆鳝面,都是看家产品。杭州各种菜点就是在这个时候定型并成名的,奎元馆的宁式大面也随之崭露头角,虾爆鳝面则逐渐成为了杭州的百面之冠。

奎元馆的虾爆鳝面原料和烹制都非常讲究,不大不小的黄鳝养到吐尽泥土,面粉则选择无锡头号面粉。鳝片用菜油或者花生油爆,虾仁用猪油,面条烧好还用小车麻油浇,无论是作料、火候还是时间都有严格的规定,鳝、虾、面三种味道完美融合。

1942年,第六代传人陈桂芳继承了奎元馆,奎元馆也进入了鼎盛时期。擅长虾爆鳝面的掌勺莫金生被人誉为"虾爆鳝大王"。除了继续发扬片儿川面、虾爆鳝面等拳头产品外,他还根据季节和消费者喜好,创制了春笋步鱼面、虾黄鱼面、蟹黄面、羊肉大面的四季时面和过桥面、品锅面等特色品种。"过桥"是奎元馆独创的特色服务,客人在吃面的时候,如果想要喝酒,不需要另外点菜,厨师会增加爆炒的鳝片和虾仁数量,装在小盘中端上,汁水则煮面,两部分分装,吃的时候像是从桥的一端到另一端,所以叫做"过桥",是奎元馆经济实惠的便民特色服务。"我国各地并无此种特殊的面点服务方式,仅杭州宁式面店中独有。"①清末民初洪如嵩的《杭俗遗风补辑》中对此有明确的记载。

那时,除了种类繁多的花色面点和特色服务,奎元馆还提供外送服务,营业时间则是从早晨五点一直到深夜戏院散场,客人随到随时烧制,处处体现出便民的意识。

新中国成立以后,奎元馆从官巷口四拐角的南面迁到路口的西北角,新建了三层大楼,顶层办公,二层是东西餐厅,一层则供应各种京杭大菜和宁式面点,面条种类不下百种,是当时国内规模最大的专业面馆。

奎元馆曾接待过数不清的名人,如蔡廷锴、蒋经国、李济深、陈叔通、梅兰芳、竺可桢、盖叫天、周璇、金庸等。抗战胜利后,原国民党19路军军长蔡廷锴和李济深光顾奎元馆,还留下了"东南独创"四字墨宝,悬挂在店堂显著位置;总店门楣上有沙孟海先生题写的"奎元馆"三个金字,两边则是朱德源题写的对联:"三碗二碗碗碗如意,万条千条条条顺心",楼梯上方还有著名书画家程十发先生写的"江南面王"的匾额,充分展现了百年老店的悠久历史和文化底蕴。

金庸先生还在1996年留下了半年内"三顾奎元馆"的佳话。1996年11月份的时候,金庸参加云松书舍捐赠仪式,之后慕名光顾了奎元馆,题写了"杭州奎元馆,面点天下冠"。隔了一天,金庸带夫人和女儿再次光顾,点了奎元馆的

---

① 宋宪章:《杭州老字号系列丛书——美食篇》,浙江大学出版社2008年版,第67页。

特色面。之后,金庸先生又来参加浙江大学百年校庆,又一次和家人一起到了奎元馆,对招牌的虾爆鳝面赞不绝口,还讲述了自己五十年前就曾经光顾过,对美味一直记忆犹新。这一次,金庸又欣然题词:"奎元馆老店,驰名百卅载。我曾尝美味,不变五十年。"

近些年,奎元馆不断开发新品种,推出的新制面点150多种,有专门为寿宴设计的"金玉满堂面(又叫做大富大贵面)",为贵宾设计的"蟹王鱼翅面",也有适合工薪阶层的红油八宝面、蔬汁凉拌面、葱油面等。

2003年2月,奎元馆在文晖路开出新店,致力于向综合面馆方向发展。2004年10月,老店进行了装修,以新的面貌迎八方客。

地址:浙江省杭州市解放路154号

杭 州酒家

杭州酒家始创于1921年,前身名为"高长兴酒菜馆",店址在今天的延安路湖滨段,店主高长兴。

由于祖上在绍兴开设酒坊,因此店主有着高超的酿造绍兴酒的技艺。滨湖旗下营拆毁以后,高长兴就在靠近西湖的地方开设了一家酒菜馆。开业的时候,他还特意从绍兴酒坊运来了上千坛陈年黄酒,吸引了很多宾客,一时名噪杭州。

高长兴酒菜馆在1951年翻建并更名为"杭州酒家",是新中国成立以后杭州的首家国营大酒家,政府的一些重大宴请都设在这里。

1957年,周恩来总理、陈毅副总理、贺龙元帅、北京市彭真市长外事活动之后来杭州酒家品尝风味小吃,对糟香越鸡、核桃腑肋、万年常青、素拌和加饭陈酿给予了很高的评价。周总理还非常欣赏名菜油爆双脆和他母亲故乡淮扬风味的炒猪肝丝。

1985年,杭州酒家店堂再次进行装修,更显庄重豪华。

杭州酒家以正宗杭帮菜闻名于世,汇集了杭州一流名厨。以前有名厨封月生,后来有国家级烹饪师、我国十大中华名厨之一的胡忠英。新中国成立初期,封月生就团结很多杭州有名的厨师,研究和恢复了一批杭州传统佳肴,这其中有25种被认定列入杭州名菜(经过认定的杭州名菜一共36种)。现任杭州酒家总经理的胡忠英先生是国际烹饪艺术大师、中国菜创新研究院院长、杭菜研究会常务副会长、全国鲍翅燕肚参专家委员会副主任委员,是杭菜迷宗创新理念第一创始人,曾主持过价值 18 万元的满汉全席。在培养主厨、经理等人才方面,杭州酒家有卓越的贡献。

杭州酒家除了杭州传统名菜,还创新了很多色香形味名俱佳的特色菜,比如曲院风荷、西子春晓等。服务方面,杭州酒家沿袭传统,给外宾斟的第一杯酒是纯正的陈年绍兴花雕,另外还赠送外宾毛笔书写的、带有广告性质的菜单,在上菜的时候,还通过翻译介绍每道菜的典故和传说,凡此种种,都体现出一家杭州传统大酒店的鲜明特色。

20 世纪 80 年代末 90 年代初,在市场经济大潮冲击下,很多国营大酒店不敌崛起的餐饮民企新秀,金字招牌的杭州酒家一度濒临绝境,原先位于市中心的店址也不得不进行了转让。胡忠英率全店员工将老字号企业改制成"杭州饮食服务有限公司(杭州酒家)",实现了向市场经济股份制餐饮公司的转型。改变的是体制,不变的是"顾客至上"的经营理念。杭州酒家秉承"保持传统特色,大胆创新"的经营理念,以"以高品质佳肴回馈新老顾客的信任"为经营宗旨,以"价廉物美"为定位,赢得了新老顾客的青睐。

进入 21 世纪,杭州酒家迁址环城北路 10 号,2004 年 9 月 28 日重新开张,规模更大,档次也更高。除了原来经营的传统杭帮菜以外,还不断创新,推出时令菜、家常菜、新潮菜等。2005 年,杭州酒家在杭州餐饮界首先推出由胡忠英大师主理的 50 味"经典怀旧菜",勾起很多老杭州的怀旧之情,而对新杭州人来说,也颇有新鲜感。2005 年 3 月 20 日,杭州酒家为 60 位日本客人做了穿越时空的、价值 25 万元的乾隆御宴。宴席按照史料记载的乾隆年间有名的千叟宴,上菜程序和 200 年前一样,整个宴席历时九个小时,《花好月圆》《梁祝》《高山流水》等 11 个经过精心编排的古典歌舞表演穿插进御宴全过程。九点钟开席之前先是"丽人献茗",让客人品尝龙井御茶,然后是名为"饽饽二品"的开胃点心,"前菜七品"、"御菜五品"、"烧烤二品",每一道都有雅号。这是胡忠英在南方大酒店主持满汉全席以及仿宋寿宴之后的又一盛举,杭州酒家再次声名大振。

地址:浙江省杭州市环城北路 10 号

素春斋创建于1922年,创办人是无锡人施逸庭。素春斋以烹调无锡、扬州风味基础上融入杭菜特色的素菜见长,最为有名的是"以素托素"的素鹅、素鱼、素翅等,形象逼真,香气诱人。

杭州历来寺院众多,素食在民间影响较大。南宋时,杭州作为京城,就已经出现了不少素菜馆、素食面店,当时供应的素菜已经十分丰富。《梦粱录》上列举有夺真鸡、两熟鱼、假炙鸭、假羊时件、假煎白肠等上百个品种。素面有笋辣面、三鲜面等。清末民初,西湖四周素菜馆多达几十家,除了不少寺院的斋堂、素食店以外,著名的素食店有功德林、素春斋、素香斋、素馨斋四家,形成了灵隐、玉皇山、素春斋三大素菜系,素春斋、素香斋、素馨斋三家有"三素斋"之称誉,都是杭州地道的素食馆。杭州的素食在世界上都有很大的影响,特别是在东南亚国家,不仅香客光顾,缅甸、印度的国宾以及西哈努克亲王等也曾先后光临素春斋,品尝素食宴。

由于创办人是无锡人,所以开始的素菜多是无锡、扬州风味。后来为了扩大经营,请了上海师傅,从供佛素肴、家常素菜、斋饭便点发展到素斋素宴、素花色面、净素细点等,有300多种。素春斋的素菜集寺院、宫廷和民间于一体,素料荤做,形和味都足以乱真,名曰鸡鸭鱼肉俱全,实则都是用蔬菜、瓜果、蕈菇、耳笋、米面、豆制品等烹制而成,有"素菜之类,能居肉食之上"的美誉。素春斋著名的菜品有干炸黄雀、清脆八宝鸡、冬菇扒鱼翅、山家四宝、卷筒嫩鸡等。干炸黄雀是把五香豆腐干丝、冬笋丝、冬菇丝等加调料炒制,再裹入豆腐皮中,卷成类似黄雀的样子,沾面糊入油锅炸制。素春斋的素火腿也是闻名遐迩,素包子也是最受欢迎的杭州名点之一,还有以十种素料制作而成的素什锦,常常有市民带着餐具排队购买。

素春斋、素香斋、素心斋三家中,素春斋经营最为灵活,后来吸收了其他两家的股份,增强了实力。当时,店里员工有20人,楼上供应全素菜肴,承办全素筵席,楼下则出售各种素面、素春卷、菜包、锅贴等,生意兴隆,名气很大。之后请了当时著名的书法家朱孔阳题写了店名,制成牌匾挂起,更是声名远播。

据说灵隐寺的住持也经常打电话到素春斋订菜招待客人,楼上的伙计拖长声唱菜单,楼下的就会告知厨房需要准备的菜肴,很有些传统的味道。

在很多老杭州人的记忆里，素春斋不少菜至今都为人津津乐道。比如有用临安天目山"白孵鸡"春笋作主料的油焖春笋、用富阳东坞山的豆腐皮作主料的红烧鸡卷、用云南野生蕈菇作主料的栗子冬菇，素火腿、素三鲜、素什锦等浇上小车麻油的菜肴香气袭人。据说还有一道菜叫做"平地一声雷"，制作这道菜一定要选本年的无锡大米（霜降后收割的晚稻），师傅严格控制火候，用松柴把米饭烧成起翘的锅巴，之后放在屋顶的露台上，经过夜露晚霜若干天，立冬以后才使用。烹调的时候，锅巴在油锅中炸成金黄色，点缀以番茄、素虾仁等，之后把熟的素油浇到盘中，会发出"轰"一声的巨响，就好像是春雷落地，在冬季预示了春天的到来，很给人以希望的意思。而据说在抗美援朝的时候，这道菜的名字还被改成了"轰炸华盛顿"，国民的爱国主义精神表露得简单而又真挚。

1979年，菜馆进行扩建翻修，1986年再次整修，营业面积达1300平方米，成为全国最大的净素菜馆。之后，随着人们生活水平的提高及饮食习惯的改变，加之素菜获利微薄，20世纪90年代初，素春斋逐渐走下坡路。1992年，店址让给了南方大酒店，搬迁到了几十米外的延安路"成都酒家"处，营业面积缩小到320平米。当时店面上方有"基本吃素，健康长寿"八个字，提醒消费者素菜的好处。20世纪90年代的时候还开发了食用菌、魔芋系列菜点，提高了营养价值，丰富了素菜内涵。

现在，素春斋招牌已经被萧山农民企业家、杭州东方文化园董事长徐关兴收购，素春斋在东方文化园复兴，迎合健康素食日益受追捧的趋势，素食馆的明天也一定会更加美好。

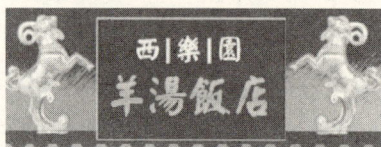

西 乐园羊汤饭店

西乐园羊汤饭店创建于清乾隆五十三年（1788年）。

清乾隆年间，中外交往越来越频繁，有很多阿拉伯商人来华交易，与此同时，回族和杭州信教群众也逐渐增多，特别是在崇新门（今天的清泰门）内荐桥以西及三元坊、羊坝头等地，成为了他们的聚集区域，于是就出现了为这些人提供饮食的店铺。阿拉伯的饮食文化逐渐渗入杭城，与蒙古族以及汉民族牛羊肉菜肴和小吃不断融合，形成了一道独特的风景，那就是羊汤饭店热潮。当时中山中路上就有七家羊汤饭店，西乐园是规模最大的。这也可以说是南宋古都饮食文化尚留余香之所。宋人崇尚羊肉，皇家御膳中羊肉也是主要的肉食。宋孝宗甚至还因为母亲梦到羊入怀而孕,小名为"阿羊"。

据《杭州工商史料》记载,西乐园羊汤饭店原来是一家回族酒菜馆,在中山中路伊斯兰教四大古寺之一的凤凰寺的对面,后来迁到了河坊街街口。20世纪30年代中期,饭店盘给鲁炳耀经营,还曾经在电影院做广告进行宣传。因坚持以伊斯兰风味招徕顾客,努力做好羊汤的经营特色,因此西乐园在市场竞争中独领风骚。当时杭州出版的《东南日报》曾经在头版报道了西乐园羊汤饭店,更是把羊汤饭店这一时尚推向极致。抗战之前,西乐园羊汤饭店名气就非常大了,与王润兴、状元馆等齐名。20世纪20年代初,红学家俞伯平刚到杭州的时候就去过羊汤饭店,到他82岁高龄的时候,还对此记忆犹新,"记得是个夏天,起个大清早,到了那里一看,果然宾客如云,高朋满座"。

西乐园羊汤饭店专卖以羊为原料的菜肴小吃,其羊剥皮剔骨,焖烂切片,有椒盐、淡件之分;又卖羊汤面、羊杂碎,小吃有肝、腰、舌、肚、肠、蹄爪等,点心有羊肉烧卖、羊肉水饺、羊肉煎包、羊肉丝春饼等。酒则仅供应高粱。如果顾客还想喝汤,还可以把剩下的羊肉、杂碎等拿去请厨房回锅做汤。

据《杭俗遗风》记载,清道光十年(1830年)至清咸丰十年(1860年)时的状况:"专卖羊货,饭每碗六文或四文,更有羊汤面,每碗六文、八文起码,听吃客之便。其羊剥皮剔骨、炖烂切块,每件四文,有椒盐淡件之分。又有肠肺心等,切碎加汤盛碗,名曰杂碎,单碗六文,夹碗十四文。小吃肝腰脊脑肠肚蹄子口条太极图(即羊生殖器官),每盘二十八文。如一人吃,十四文亦卖。件儿肉(即羊肉条块),如吃两件,只钱六文,干片儿每盘多少不拘,亦可放汤做片子汤。其大菜烧肉杂碎等项,总不离乎羊身。酒惟高粱。点心则肉丝春饼、水饺、烧卖均有。小菜每盘、面汤每盆,均钱二文。惟夏天不开,以其时热也。"至民国,变化不大。不过到了民国初,杭州的羊汤饭店仅剩下两三家了,西乐园是其中之一。

名曰羊汤饭店,那么什么是羊汤饭呢?就是一饭一汤,饭是上好的米饭,汤则是用带肉的羊骨头和羊下脚为主料加上调料熬制出来的浓汤,汤色奶白,原汁原味,越烫的羊汤味道越鲜美。过去的羊汤饭店,一边是现做现卖的羊肉烧卖,另一边则是滚烫的羊汤,很多人的早餐就这么解决了。羊汤饭店也有炸羊排、爆羊肉之类的菜,但还是以羊汤和羊杂最为出名,点菜率也是最高。1956年,因为材料缺少,羊汤饭店改变了单纯供应羊制品的传统,向鸡鸭鱼肉海味等多种方向发展,但仍然是以羊为特色。羊汤、蒜爆羊肉、羊肉烧卖曾被宋宪章先生称为"羊菜三绝",羊肉烧卖还被媒体和市民评为"杭州名小吃"。羊汤饭店后来还推出了"涮鲜",在火锅中涮精纯羊腿肉和黑鱼肉卷成的筒，"鱼""羊"鲜。1987年，又推出了老北京风味的涮肉，冬天格外受顾客推崇。

除了百年飘香的羊汤外，西乐园的羊肉烧卖也是一绝。据说当年乾隆皇帝下江南的时候，杭州官府特意去北京请到故宫御厨来杭传授技艺。西乐园的羊肉烧卖肉馅是用杭嘉湖平原湖羊肉，绞碎之后加入葱、姜等，比例则是独门秘诀，皮儿手工擀制，独特的四边折皱方式，非一般人能够完成。

经常光顾羊汤饭店的顾客，都知道羊货有一套专门的行话，羊舌—门腔、羊眼—亮筒、眼舌拼盘—龙门双腔、羊腰—膛儿、腰肝拼盘—腰肝两开、羊脚羊蹄羊肚拼盘—蹄肚两开，别有风味。

2000年，河坊街改建之后，羊汤饭店又迁至清河坊四拐角原来翁隆盛茶叶店的位置，除了供应羊汤、羊杂碎、羊肉菜肴、羊肉烧卖外，也供应鸡鸭鱼肉等菜肴，还推出了创新菜肴，如满汉羊腿、鱼羊同嬉、鱼羊片、西湖羊肉卷等，满汉羊腿是招牌菜。传统的羊汤、羊肉烧卖、羊肉菜肴和创新菜肴一起迎接着八方食客。

戎 彦 摄

地址：浙江省杭州市中山中路64号

皇 饭儿 王润兴[①]

据《杭州文史丛编》记载,王润兴创始于清道光二十四年(1844年),原址在清河坊四拐角孔凤春和方回春堂之间。

提起王润兴饭庄,老杭州人都会把它与乾隆皇帝下江南的故事联系起来。

相传,乾隆皇帝第三次下江南来到杭州。一天,乾隆忽起雅兴,身着便服,去游吴山。时值清明,江南多雨,突然下起大雨来,乾隆只得到山脚边一户人家的屋檐下避雨。雨下了很长时间,乾隆早已饥肠辘辘,只好敲门,要求主人提供一餐便饭。这家主人叫阿兴,是杭州城里一家饭店的伙计。阿兴家境贫困,家里没有什么材料,只好把中午留下来的半个鱼头加上豆腐和豆瓣酱放在砂锅中炖了招待客人。乾隆饿极了,觉得菜格外可口,回北京以后还让御膳房做,却总是不对味。

三年以后,乾隆第四次南巡到杭州,又去找阿兴,想再吃一次当年的鱼头豆腐。这个时候的阿兴失业在家,乾隆给了银两让他开一家饭店,还给起了"王润兴饭庄"的店名,其中"润"字寓意深刻,即乾隆下雨天避雨而在此用餐。不久之后,阿兴就开了"王润兴饭庄"。

五年后,乾隆再次来杭,让杭州知府召阿兴前来。阿兴这才知道原来这位客人就是当今圣上,急忙叩拜。乾隆则预约了第二天中午还去吃鱼头豆腐,这次赐了"皇饭儿"三个字。之后,阿兴把乾隆等一行人吃过饭的内堂正屋供起来,不准许他人再进入,还托人把"皇饭儿"制成匾额挂在正屋中央。皇帝在此吃饭的事儿很快就传遍了杭州,饭店名气越来越大,鱼头豆腐也成了杭州一道名菜。

据王润兴店主的后裔透露,这个故事是上辈人为了招徕生意编撰出来的,杭州人说话喜欢带"儿"字,王家的饭店就叫做"王饭儿",之后有意改成"皇饭儿",还在店前泥地上做了个靴子印,引来很多人看。传说虽然是杜撰,店里的很多菜却是名不虚传的。

王家几代没有让店铺兴旺,不得已在1914年租给了学徒何嘉贵经营;1937年何嘉贵去世,由他的堂弟何传林接手。日本侵华期间,曾停业,1938年恢复营业。1947年,何传林之子何永明继承父业,王润兴一度兴盛。之后,由于生意清淡,于1954年倒闭。1956年在城站路上复业,1972年因为危房再次停业,1989

---

① 部分参考资料来源:宋宪章:《杭州老字号系列丛书——美食篇》,浙江大学出版社2008年版,第43—49页。

年1月重新开业。"文革"初期曾更名为向前点心店,1989年恢复原名。2000年,王润兴在清河坊四拐角掀开了历史的新一页,在原址右面,即原来孔凤春的位置,营业面积有500平方米,名菜如乾隆鱼头、王太守八宝豆腐、叫花鸡、笋干烤螺头、迷粽仔排等等。乾隆鱼头以包头鱼头加大蒜、豆腐等烹制,是店里的传统名菜。

说起王润兴当年出名的菜,要数鱼头豆腐和咸件(煮熟的五花咸肉)了。过去,店里有两块牌子,一块写着"著名包鱼豆腐",一块是"特办上江南肉"。王润兴的鱼头豆腐所用的包头鱼,是由特约农户养殖,活养活杀,制作时,一分为二,加入上等酱油、黄酒、豆瓣酱、姜末、水等烹调,再加上纯黄豆特制的嫩豆腐,鲜美可口,是客人进店必点之菜。沈玄庐写了如下对联:"肚饥饭碗小,鱼美酒肠宽。""左手招福来,右手携名姝;入座相顾笑,堂倌白须眉:问客何所好?嫩豆腐烧鱼。"王润兴的咸件使用金华著名的皮薄肉鲜的双头乌猪所腌的五花咸肉制作,加入绍兴好酒、姜等烧煮,之后切条块蒸,一层精、一层肥,酥香可口,糯而不腻。

王润兴在经营上,也有自己的一套方式。过去,店里楼下是门板饭,楼上是雅座。所谓门板饭,是以门板为桌,坐条凳,卖给从事体力劳动的贩夫走卒,菜是口味比较重的下饭菜。王润兴给的米饭非常实惠,一大海碗堆得高高的不说,还要用毛巾裹出一个尖,吃的时候顾客需要从尖尖的顶上吃第一口。杭州话中于是就有了"门板饭"和"旋儿饭"。门板饭价廉物美,朱漆大盆装着各种熟菜。除此以外,过去王润兴店门口还有一座三眼大灶,煮着大杂烩,里面有猪头肉、鸡鸭杂、豆腐、萝卜、黄豆、人白菜等等。当时三个铜板能买一海碗饭,五个铜板一勺大杂烩。对于经常吃门板饭的穷苦人,王润兴把咸件切得很大,每块只有六七分钱,还奉送一碗肉汤。这样的生意实际无钱可赚,但老板就是以"将欲取之,必先予之"的原则,充分发挥民众的口碑效应。

胡雪岩也曾和王润兴老板的先祖打过交道。胡雪岩还没有发迹的时候,经常来吃门板饭,老板的先祖怜惜他的境遇,就关照伙计,他吃饭后可以记账。后来,胡雪岩成了大名鼎鼎的红顶商人之后,再到王润兴饭店,命人陪他吃门板饭,围观的人非常多,胡雪岩就邀请观看的市民一起登楼入座,让店家每桌十大碗荤素佳肴予以招待,口中还说,贫贱之交不能忘。这无疑成了王润兴最好的"路演"广告。之后,胡雪岩还特别请了当时的广济医院院长梅藤和杭州总税务司赫德到王润兴吃饭,点了王润兴最拿手的鱼头豆腐、咸件儿等,成为当时杭州城的一大新闻。这件事被原《东南日报》著名记者黄萍荪现场报道,使得我们今天还能够回味这段逸闻趣事。

服务上,王润兴也有自己的独到之处:顾客上门和饭后都奉上茶水和毛巾,酒后用饭赠送爽口小菜；菜凉了会自觉帮忙烫酒热菜；无论数量，均可外送。王润兴的服务也是百年老店长盛不衰的秘诀之一。

"物美价廉，薄利多销"是王润兴长期的经营方针，一般毛利控制在 25％ 左右。王润兴的经营方式、服务理念都是这家老店留给我们最值得学习的经验。

戎 彦 摄

地址：浙江省杭州市上城区河坊街 103 号

多 益处酒家

多益处酒家创立于民国 9 年(1920 年)，是由宁波人戎光久与亲戚、族人集资开办的。初名为"多益处半餐馆"，因为当初宁波有一家菜馆名为"多益处"，生意十分红火。如此取名表达了当时店主希望生意兴隆的美好愿望，也含有要让顾客得到益处的含义，"多些益处，多些方便，多些实惠"之意。酒家原来是在延安路解放路口，以卖米粥为主，兼售酒菜，价廉物美，经济实惠，服务也周到，经常是顾客盈门。

创始人：戎光久

"多益处半餐馆"积累了资金和名气以后,在1929年扩大店面,改名为"多益处菜馆",经营范围也逐渐扩展为酒菜面饭粥以及小吃等,花样繁多。其中特色菜有爆鳝片、斩鱼圆、番虾锅巴、荷粉蒸肉等,在杭州都非常有名。多益处名气大和自己拥有闻名杭州的名厨密不可分,其中有一位姓蒋的厨师,刀工堪称杭城一绝,被叫做"蒋一刀"。这个名号太响了,以至于时间长了,他的本名却被人们忘记了。杭州这个时候知名的厨师比如封月生、蒋一刀之子蒋水根、蒋阿生、林茂松、陈锡林等都曾在多益处掌厨。

多益处店内有大缸养着鲜活的食材,还有一个非常大的土冰箱,每天都加入冰块,这些都保证了菜肴的新鲜。

解放后,"多益处菜馆"改名为多一处酒家。1958年,杭州调整商业网点时迁至下城区中山北路。1980年建成三层楼房,全部采用了木质雕花门窗,设立了快餐、点菜、风味餐厅三个部分,是当时这条街上最为赏心悦目的店铺。

多益处和杭州大多数本帮菜馆一样,主要经营杭帮菜和地方风味小吃,市井常见菜点在这里被厨师烹制得色香味形一应俱全,颇受好评。

多益处菜肴的平均售价普遍低于同行业的水平,深受中下层食客追捧。此外,服务方面,多益处也非常细致:顾客在家中吃饭可以提前预约送菜上门,不收外送费用;宴席安排专人接待,客人不起身,服务员绝对不走,也不催促;顾客上门过了营业时间,只要厨师在均接待;顾客添饭加菜加热等,尽量满足。店里经理还有不成文的、每周深入顾客调查的规定,和顾客面对面获取对酒家的意见和建议。

1999年,杭州旧城改造,多益处酒家拆迁;四年以后的2003年,由创始人戎光久外孙徐幼霖所在的华商烟酒公司投资重开。新开的多益处外观上保持原来三层格局的古建筑风格,内部大厅、包厢装饰中西结合。老店多益处致力于把杭菜发扬光大,对每一道菜都是精益求精,比如用手剥鲜活河虾制作清炒虾仁,异香老鸭煲加入臭豆腐红烧,佐料丰富的三色面疙瘩价廉物美……老店承袭自身特色,优质而又实惠地待客,成功地在美食天堂杭州树立起了自己的形象。

新开的多益处门上有一副楹联:

戎彦 摄

"处处美宴家家滋味,滴滴酒香多多益膳。"一楼是快餐、小炒和小吃;二楼为大厅,接待散客,也承接喜宴;三楼是包厢。今天的多益处仍然坚持原有的宗旨,价廉物美,让老百姓能够消费得起。多益处还新创了一些菜肴,比如子陵鱼头、荷香糯米仔排等,满足顾客求新求变的需求。

地址:浙江省杭州市上城区高银街 8 号

天香楼

天香楼①

天香楼创办于 1927 年,由居住在杭州严衙弄的苏州人陆冷年(一说陆冷燕)创办,最初叫做"武津天香楼"。路冷年的父亲居住上海,其祖母在民国初年迁居杭州,父亲就把家产交给复旦大学毕业的长子陆冷年。陆冷年首先接班了西湖凤舞台,娶了名坤伶粉菊花为妻,散戏以后,就和粉菊花到附近一家小店——西悦来菜馆吃宵夜。堂倌孟永泰母亲曾在陆家做过保姆,因此对陆冷年非常客气,深得陆冷年信任。孟永泰早就想自己开店了,陆冷年遂问,华丽三开间门面,需要多少资金? 孟说如果能和聚丰园、宴宾楼相比,需要多少多少。陆冷年在此基础上又增加了不少,数目让孟难以置信。之后便在延龄路(现在的延安路)教仁街(现在的邮电路)南侧买下一座三开间带楼层门面,开了饭店。

关于店名,有两种说法:一是店主征求店名,一位书生根据唐代诗人宋之问"桂子月中落,天香云外飘"的诗句,建议采用"天香楼",因此还获得重金酬谢;二是新闻界元老黄萍荪先生在《话说天香楼》中所说的,陆冷年问孟永泰,粉菊花可称得上国色? 孟竖起拇指连称是。陆冷年说,现在只缺"天香"了,不妨称之为"天香楼"。国色天香,留一佳话。

天香楼刚开业的时候,生意并不好。陆冷年受到来西湖游玩的客人都喜欢当地特产的启发,决定经营杭州风味,店名也改为武津天香楼,明示其特色。"武津天香楼"招牌是由清末民初著名书法家朱孔阳题写的,极大地提升了天香楼的知名度。1929 年的西博会更是带来了国内外大批的宾客,进一步扩大了天香楼的声誉。

天香楼经理孟永泰是绍兴人,他从小就做堂倌,因此了解各地口味。头脑灵活的他在经营方面也注重灵活性,保持本帮菜特色的同时,还吸收了多地的

---

① 部分参考资料来源:宋宪章:《杭州老字号系列丛书——美食篇》,浙江大学出版社 2008 年版,第142—149 页。

浙江老字号

长处。天香楼精修门面，建起了玻璃养鱼池，一是观赏，二是表示店里是现杀活鱼。为了保证原料的新鲜，天香楼还自办了蔬菜和家禽基地。身为经理的孟永泰还保留着当堂倌时鸡鸣就起床的习惯，亲自进货，还亲自迎客，殷勤招待。抗战期间，孟永泰在上海开了分店。鼎盛时期，教仁路南北都有天香楼，隔街相望，一店两开，称为"南天香"、"北天香"。至今，我国香港地区、美国以及东南亚一些国家仍有餐馆使用"天香楼"的招牌，经营杭州特色菜，天香楼可谓香飘万里。

天香楼生意很好，孟永泰仍一直在陆冷年面前叫苦，生意不好做，资金紧缺。加上陆冷年不善理财，最后孟永泰反倒成了真正的老板。1931年，该店转给孟永泰经营，改名为武林天香楼(杭州古称武林)。

天香楼的杭菜在杭州具有标准型的特色，风味纯正，口感鲜爽，东坡肉、叫花童鸡、鲜栗炒子鸡、干炸响铃、西湖醋鱼等都是拿手好菜。其制作的东坡肉用精肥相间的猪肉条，以酒代水，先焖后制而成，有"杭州第一名菜"的美誉。在保持传统的基础上，天香楼还不断创新，如天香桂鱼、花雕鸡翅等。曾在1985年杭州烹饪协会举办的烹饪大赛中荣获团体冠军。服务上，天香楼也不断创新，比如用总盘围碟代替过去的陈旧格局，还讲究烹饪技艺粗细结合、高雅和实惠结合。

1956年，天香楼从延安路口迁至解放路井亭桥边，营业面积两千多平方米。1981年之后改建，门前修复了唐代的相国井(唐李泌所开六井之一)，为三层楼房，成为当时杭州规模最大的杭帮菜菜馆。1998年，店址作他用；1999年3月，天香楼才在延安路凤起路口以新面貌重现，面积4000多平方米。除了传承原有的传统杭帮菜外，还相继开发了蟹粉鱼翅系列、百味鱼头系列、天然绿色蔬菜系列以及粤式风味菜肴，另外还有如旱蒸养生鸭、川南风情骨、大汉羊排等特色菜。

天香楼还有着代代相传的名厨高手，比如被餐饮同仁称为"善昌师傅"的高级技师陈善昌、被称为"大吴国良"的国家一级厨师吴国良，都曾是天香楼的掌勺人，这也令同行羡慕不已。

天香楼与楼外楼、知味观齐名。"城内天香楼，城外楼外楼"，"要吃饭，天香楼；要游湖，六码头"……声誉之著，可见一斑。

地址：浙江省杭州市下城区延安路447号

食品加工

食品业整体发展脉络和餐饮业比较接近,包括的类别比较多,如调味品、酒、腌制品、糕点、蜜饯、小吃等,因为包含的类别多,所以不能做一概而论。

万　隆

万隆始创于清同治三年(1864 年),为陈、张两位宁波人合资开设,后张姓退出,由陈独家经营。万隆原来的名字是万隆咸鲞店。店址设在杭州河坊街与中山中路的交叉口,店面朝南,呈扇形。当年与"孔凤春"、"靳香斋"、"宓大昌"各居一角,成为杭城有名的四拐角,其中万隆是河坊街四拐角唯一经营百余年的老字号。

万隆最初经营腌腊海产品,在光绪初年,经营重点放在了火腿批发上,所以店名改为"万隆腿栈",采用传统的前店后坊形式,加工车间有 600 多平方米,主要生产精制火腿、家乡南肉、香肠、酱鸭等,其中以金华火腿、家乡南肉、香肠等最为著名,产品远销东南亚。万隆自制的法兰西火腿曾荣获 1929 年西博会特等奖。

民国初年,陈国华等人集资把万隆盘进来,合伙经营。陈国华掌大权,精明能干,很有威信,店内人称"太上皇"。1926 年,周围一家商店失火,由于路面狭窄,殃及四邻,万隆也被焚毁。

1928 年中山中路拓建的时候,万隆翻建成扇形的三层楼,东和东南朝向都有大门,悬挂着"万隆腿栈"的招牌,大门旁边的橱窗里摆满了诱人的金华火腿。至今光顾万隆,此景依然如故,几乎让人忘记光阴已经过去很多年了。万隆当时还在附近设立加工厂,自制法兰西火腿和酱鸭,是杭州经营火腿的店铺中最为著名的。

陈国华聘用王根松为经理,王根松是宁海人,深谙腌腊业务,擅长交际,经

浙江老字号

验丰富。他主张大小生意结合,批零兼营,对待客户很灵活,有代销、放账、赊销,很多商家慕名前来。王扩大咸肉腌腊部分,缩小咸鲞。火腿向金华方面进货,咸肉由自己精制,选用东阳、义乌细皮白肉的上等猪肉加工,不符合规格不用,腌制后质量不好也不出售。上海南京路上的三阳、天福、邵万生等老店都从万隆进货。由于火腿咸肉存放的地方小,营业员又怕脏厌油,万隆把咸肉用荷叶包装,还贴上红色腊光纸的招贴,写上"万隆腿栈家乡南肉"以及地址,分成 1 元或 2 元小包,非常方便。万隆咸肉不仅在上海站稳了脚跟,还销往济南、天津、汉口、苏州、镇江等地,这些咸肉都用特制竹篓包装。王润兴饭店的咸件儿就是用的万隆咸肉。

万隆为了提高自己的知名度,在 1927 年春参加了沪杭厂商联合举办的国货展览会;1928 年 1 月杭州国货陈列馆落成,里面也有万隆陈列;1929 年,万隆参加了西湖博览会,有产品获得特等奖。

万隆盈利丰厚,同业纷纷设店与之竞争,金华火腿公司、和济火腿公司等等都相继开业,但万隆的咸肉销售仍然居于榜首。金华火腿公司千方百计笼络王根松,聘他为经理。万隆聘请了熟悉南北货的汪炳炎任经理,在保住外地市场基础上,也努力不失去当地居民的生意,提高服务质量,备货充足,明码标价,销路很好。从新屋落成到抗战前的十几年是万隆的黄金时期,尽管有诸多的竞争者,业务仍然兴旺。

1937 年,抗日战争爆发,资方代理人汪炳炎携货逃回宁波,商店停业关门。次年下半年,时局略有稳定,汪氏来杭复业,但这段时间由于日本人严格控制浙东、浙中的运输,生意并无起色。1943 年,汪炳炎等归来恢复万隆。

抗日战争胜利后,万隆的生意有了明显回升。然而,之后当局的"限价"措施成了一场浩劫,万隆损失不小,股东对汪炳炎有意见,汪炳炎让权给董锡贤。1949 年 5 月 3 日杭州解放后,万隆资本所剩无几。1956 年,全行业公私合营,万隆归市水产公司。大跃进开始后,万隆并入方和裕南北货店。"文革"之后又划出,单独在原址开设,曾更名为杭州腌腊商店,1989 年恢复万隆招牌。1992年年底,以"万隆"命名的杭州万隆实业有限公司成立,万隆火腿庄成为公司下属的一家专业经营部门。现在的万隆火腿庄是在原址上重新装修的,是杭州市明清古建筑文保单位。

如今万隆火腿庄经营有金华火腿、高庄风腿、家乡盐肉、广式香肠、松花彩蛋、杭州酱鸭、南京板鸭、松门白鲞、顶瓜槽鲞、带仔醉鳓以及海蜇头和海蜇皮等等,尤其是金华火腿和家乡盐肉,不仅享誉杭城,驰名湖嘉,还在我国港澳台地区及南洋诸国华侨中极负盛名。

万隆的原材料都精益求精,火腿从"金华两头乌"猪的主产区东阳、永康采购原料,这两地的技师技艺高超,加工出的火腿精肉饱满肥膘薄,是火腿中的上品;而万隆的盐肉主要出自东阳和义乌,这里的盐肉是用金华两头乌猪加工,腹部肉是俗称"五花肉"的一层瘦一层肥的肉,也是盐肉中的上品。

万隆以重信誉和质量、货真价实而著称。如今的杭州万隆肉类制品有限公司以生产"万隆"系列肉制产品为主,公司现有的腌腊制品的批发、零售业务已分布全国各地及东南亚地区。万隆肉制品加工厂出品的香肠和酱鸭等熟制品的杭州市场占有率竟达到了30%以上。万隆成为了许多外地来杭游客购物的必到之处,挂满商铺的火腿、酱鸭和香肠等腌制品清香扑鼻,几乎成了"肉制品的博物馆",让人垂涎欲滴。

清宣统二年(1910年),鲁迅先生在浙江两级师范学堂任教的时候,曾到万隆买过火腿。1928年,鲁迅来杭州又一次光顾了万隆,据老职工回忆,鲁迅先生这次还和店里的绍兴伙计聊了一会儿。定居上海以后,鲁迅还经常托人到万隆购买火腿。

许多人都知道,著名导演谢晋很喜欢来杭州,除了杭州有美丽的西湖外,万隆的腌制品也是吸引他的一个重要原因。万隆的腌制品,上了年纪的人无人不晓,酱鸭、香肠和火腿等熟制品质优味美,是杭州人心目中的不二选择。

万隆大事表[①]

1864年,万隆腿栈,在位于皇城根下当年杭城最繁华的清河坊开业。

1926年,因邻家失火央及木结构的万隆腿栈,重建三层楼洋房。

1929年,浙江省举办首届西湖博览会,"万隆西式火腿"荣获"西湖博览会金奖"。

1937年,抗日战争爆发,万隆职工遣散,门店歇业。

1943年,万隆腿栈重新开业。

1956年,万隆腿栈公私合营,更名为"万隆火腿庄"。

1966年,"文革"开始,万隆火腿庄更名为"杭州腌腊商店"。

1989年,杭州腌腊商店恢复"万隆火腿庄"。

1993年,万隆火腿庄、定安路肉店、炭桥菜场合并组建杭州万隆实业公司。

1994年,杭州万隆实业公司在广州、成都开设分公司。

1995年,炭桥菜场经过改造装修,万隆酒家开张营业。

1995年,杭州万隆实业公司改制为杭州万隆实业有限公司。

1995年,开设在古荡的杭州万隆实业有限公司食品加工厂开业。

1998年,在余杭勾庄买下了八亩地、4000多平方米的旧厂房,经过改造成

---

① 资料来源:万隆官方网站,http://www.hzwanlong.com/gsdsj.asp

为初具规模的肉制品加工厂,杭州万隆实业有限公司食品加工厂息业,杭州万隆肉类制品有限公司开业。

2002 年 6 月,杭州万隆实业有限公司入主杭州景阳观,成为杭州景阳观调料酱品有限公司绝对控股的股东。

2003 年 1 月,杭州景阳观调料酱品有限公司设在三墩的酿造分公司开业,并生产出一级酿造酱油投放市场。

2003 年 11 月,杭州万隆实业有限公司出资购买杭州市中山中路 87 号房屋,将景阳观搬迁至老字号云集的河坊街。

2004 年 10 月,杭州万隆肉类制品有限公司搬迁至余杭良渚勾运路 52 号两万余平方米的现代化工厂。

2005 年 3 月,杭州景阳观调料酱品有限公司将酱菜生产全部搬迁至萧山党湾的萧山分公司。

2007 年 8 月,将杭州万隆肉类制品有限公司和杭州景阳观调料酱品有限公司两个独立运转的销售工作分离出来,由总公司牵头设立市场部,负责两个公司的销售工作。

戎 彦 摄

地址:浙江省杭州市中山北路 77 号

"致中和"品牌的创始人名叫朱仰懋,他原是一名徽州药商,是一位饱读诗书、精通医学、有远大抱负的民族工商业者。清乾隆二十八年(1763年),从民间获得五加皮酒的祖传秘方后,朱仰懋来到建德严东关,在这里投资建厂,开始大规模生产经营原来民间酿制的五加皮酒,销往省内外。

朱仰懋立志要把五加皮酒推向全国,创立一块响当当的民族品牌,这是创厂之初就定下的志向,致中和近三百年的历程由此揭开。

致中和五加皮酒颜色与香气都非常怡人,入口更是甘甜醇厚,推向市场以后一直长盛不衰,尤其是在东南亚国家非常流行。1876年,致中和五加皮酒获得"新加坡南洋商品赛会金质奖",一些国外的业内人士把"英国威士忌,法国波尔多葡萄酒,俄罗斯伏特加,中国五加皮"并称为世界四大区域特色名酒,可见五加皮受到的推崇。

那么,什么是五加皮酒呢?就是以中药五加皮、当归、砂仁等滋补药材,加上特别酿制的白酒,还有蜂蜜、千岛湖泉水等,酿制而成的有利于人体吸收、可以增强免疫力的保健酒,让酒的醇美和补药的滋补完美融为一体。

五加皮酒始于明朝初年,发源于新安江下游梅城严东关一带。根据史书记载,朱元璋打败陈友谅、张士诚部之后,在南京建立明朝,而兵败的陈、张水军旧部不愿意俯首称臣,明朝皇帝怒把他们贬为贱民,让他们依靠打渔为生。长期生活在水里,容易患风痹湿症,他们就用多种草药泡酒,其中就有五加皮。五加皮能祛风湿、壮筋骨,俗名"追风使","五加皮"就成了这种酒的代名词,这是民间智慧的结晶。

抗日战争时期,致中和企业断断续续地发展,进入了创业以来的低谷时期,一直到1958年,建德县政府在原企业基础上建立了国营严东关五加皮酒厂。国营严东关五加皮酒厂的产品在1984年、1985年分别荣获省优、部优称号,出口新加坡、马来西亚、法国等国家。1998年,酒厂改制为浙江致中和酒业有限责任公司。2000年,致中和五加皮酒荣获浙江省著名商标,后来又被评为浙江省名牌产品和浙江省知名商号。

2006年,"严东关五加皮酒"被认定为国家地理标志保护产品,成为了目前露酒行业全国唯一受国家地理标志制度保护的产品,致中和五加皮酒就是"严东关五加皮酒"地理标志保护产品的主导产品。同年,致中和被国家商务部授予"中华老字号"称号,这也是我国露酒行业中唯一获此殊荣的商号。

2003年,致中和的香红黄酒以其独有的产品包装和文化理念,成为中国最具特色的黄酒品牌之一,成为黄酒企业的一匹黑马;2004年推出的每日养身酒以做餐饮为主,掠去了劲酒相当的份额;2004年开始在央视有所投入,如今正逐渐建立起全国销售渠道……

2004年对于致中和意义非凡,是致中和发展的分水岭。在2004年的下半年,媒体上的致中和已不再是每天回家喝一点五加皮的代名词了,在央视推出的是每日养身酒,在湖南卫视主打的则是龟苓膏,致中和正以"百年草本调养专家"的全新姿态出现在公众面前,那个将致中和等同于五加皮的时代已经一去不复返了。

"百年草本调养专家"的定位,使致中和转向天然草本植物精华的萃取领域,专注于草本精华在酒、食品、饮料中的应用,而这点又恰恰符合了当今社会健康的潮流。致中和的发展空间由此豁然开朗,并开始从一家单纯的酒类企业向全新的"草本调养专家"转型,由此也就拥有了更为宽阔的大展拳脚的舞台。

致中和在品牌建设、客户建设、队伍建设等方面作出了很多努力,其历程和发展轨迹是清晰而有序的[①]:

第一次,1998年,从衰退的国有体制企业改制成有活力的现代保健酒企业,缔造了致中和这一区域保健酒强势品牌,这是体制和营销思想的变革,成就了致中和这一区域强势品牌;第二次,2005年,品牌接轨现代健康消费文化,让企业从区域性保健酒企业发展成为和现代消费理念吻合的全国草本调养品牌,这是业务和品牌内涵的变革,品牌完成了再造、扩张和演变;第三次,2006年,通过"超级客户"、"超级经理"工程建设,形成了优质而牢固的经销商网络以及极富战斗力的经理人队伍,这是内部协作和外部合作关系的一次脱胎换骨;第四次,2007年新年前夕,致中和组建了"龟苓膏团队"、"五加皮团队"、"每日养身酒团队"三个战斗力非常强的团队,精耕细作市场,并培养了企业的领军人物,形成了"以人才为核心"的走向更远未来的竞争力。致中和通过上述的四次"超级营销"变革,让企业顺利完成了扩张演变。

值得一提还有致中和的传播策略[②]。致中和一直和强势传媒合作,进行品牌推广:2005、2006年,多次在央视一、二套黄金档栏目投放巨额广告;2005年更是重金投放当年最大热门节目——湖南卫视《超级女声》和《大长今》,致中和

---

① 《致中和品牌营销:老古董的新花样》,世界品牌实验室,http://brand.icxo.com/htmlnews/2006/10/20/957942_6.html

② 《致中和品牌营销:老古董的新花样》,世界品牌实验室,http://brand.icxo.com/htmlnews/2006/10/20/957942_6.html

的形象传遍了大江南北;2006年初,聘请当红主持人汪涵担任口感专家和品牌形象代言人;2006年更是联合三台风头正劲的节目,分别是湖南卫视《超级女声》、东方卫视《好男儿》和浙江卫视超级脱口秀《太可乐了》。致中和"名人——名人群——名人经济圈"的传播策略加上产品网络建设,加速了品牌建设的进程,"百年草本调养专家"的形象迅速得以建立,并很快进入消费者心中。

三百年致中和老字号已经发展成为现代化的有限责任公司,主要生产五加皮酒、白酒、黄酒、葡萄酒、果露酒等,是中国大型保健酒专业生产企业之一,也是华东地区最大的保健酒生产基地。致中和五加皮酿制技艺已被列入《杭州市第一批非物质文化遗产名录》和《浙江省第二批非物质文化遗产名录》。

"致中和"店号由来

"致中和"三字即是源自《四书》之一的《中庸》一书。

《中庸》第一章开篇曰:"不偏之为中,不倚之为庸;中者,天下之正道,庸者,天下之定理。""喜怒哀乐之未发,谓之中;发而皆中节,谓之和。中也者,天下之大本也;和也者,天下之达道也。致中和,天地位焉,万物育焉。"其意为:人的情绪未表露出来时称为"中"(此时内心虚静淡然,不偏不倚),表露出来符合自然常理、社会法度(此时中正和谐),称为"和"。"中"是天下最大的根本,"和"是天下人共行的原则。达到中和者,天地各在其位生生不息,万物各得其所成长发育。

源于《中庸》的致中和有着深厚的中华文化积淀,以上合天心,下合地理,中合人和,"致中和——天地位焉,万物育焉"为自身的追求,文化积淀再插上现代营销的翅膀,这个民族品牌日益发展壮大。

自幼熟读《四书》、《五经》的朱仰懋,对"致中和"的深刻寓意有自己独特的见解:首先,一切事情都要顺应天时地利人和,企业也是要把握这三点;其次,致中和是一种道德修养,也是一种境界,以和为贵,才能和气生财;之后,"致中和"与中医理论辩证施治"八法"中的"和"法相合,讲究内外调和,扶正祛邪,这就是五加皮酒的功效。朱仰懋这些独特的构思和新颖的创意,表达了他对五加皮酒事业的抱负,也体现了他的企业形象、企业精神、企业文化和产品特色,这在当时的社会中,可谓是难能可贵、独树一帜了。

致中和五加皮传说

致中和五加皮有这样一个传说:东海龙王的五公主名叫佳婢,她下凡和凡人致中和相爱。因为生活艰难,佳婢提出要酿造一种既健身又治病的酒。她利用乌龙山珍珠泉的水酿制出了美味的酒,不仅受到渔民的欢迎,就是一些达官贵人也争相购买。因为是和两人相关,所以人们就把这种酒称之为致中和五佳婢。后后来人们不知道"致"是中和的姓,"佳婢"是公主的名,就误传成"致中和五加皮"了。

五 味 和

　　光绪二十九年(1903年)，绍兴府都督王金发委托董金芳先生在杭州庆春街小福清巷口开设了一家糕饼店，缘"五味之变，不可胜尝"旨趣，冠名"五味和"，喻"精品荟萃，五味调和"。五味和的月饼也的确如它的名字一样备受欢迎，如今这家老字号能够骄傲地宣布自己"主掌着中国月饼的技术标准"。

　　1916年，创始人王金发调任地方，把经营了十多年的五味和盘给了安徽人汪昌隆。汪昌隆很有经营头脑，聘请了家乡糕点名师到杭州，还从故乡采办名特农产品做原料，制作四季徽式茶食糖果，还在店门贴出广告，生意兴隆，成为了杭州徽式茶食的主要经营者，同时还经营部分苏式糕点。之后很长一段时间，五味和的大麻饼、麻酥糖、椒桃片、寸金糖、枇杷梗、洋钱饼等等都名扬杭州及周边，百姓纷纷慕名前往购买。

　　抗日战争爆发以后，五味和迁到金华，勉强维持经营；到抗战胜利又迁回原址，之前的名气加上经营有方，很快恢复以前的盛况。1950年，接盘采芝斋，成为杭州茶食私营商号首富。五味和一直沿用自己的品牌名称，在1958年成立地方国营五味和食品厂，1966年改为国营杭州利民食品厂，2001年改制成杭州市食品酿造有限公司杭州利民食品厂。

　　五味和糕点已经融入杭州几代人温馨的记忆，近年来的荣誉也在印证着这家老字号的生机：原商业部优质产品、内贸部质量信誉产品、连续九届中国月饼节中国名牌月饼、中国名饼、杭州市名牌产品、杭州市著名商标、浙江名牌产品。2002、2003年连续入选代表国内月饼最高荣誉的"国饼十佳"。2002年荣获"放心月饼金牌企业"称号，在全国月饼技术比赛中荣获金奖。月饼被认定为浙江名牌产品的仅此一家。在2006年被商务部认定为"中华老字号"。2009年的中国月饼文化节上，五味和荣获"2009年中国月饼文化节金牌月饼"，是浙江省唯一获此荣誉的企业。

　　五味和产品的销量相当可观，不夸张地说，杭州人送出或者收到的月饼中至少有一盒是五味和。不仅如此，五味和的定价等于是市场的风向标，每年它的价格公布之前，其他主要品牌的定价是不会出来的。这足见五味和在月饼界的地位和影响力。

"倚老卖新"的五味和

　　随着人们对健康的日益关注，月饼向健康方向发展也是必然的趋势，比如增加粗粮、纤维素等含量，降低糖分。五味和在这方面做出了很多努力，同时还推出了很多新口味，迎合消费者不断变化的需求。这些新品种大多体现了绿色、健康、安全的食品永恒主题。具有代表性的，比如抹茶麻糍，这在过去是街头小店现做现卖的，五味和将其研发为真空包装，成为休闲的糕点；还有"绿豆爽"苏式月饼，这种薄荷味月饼，内馅采用天然绿色种植的优良品种绿豆，经特殊工艺加工成蓉沙，添加天然薄荷等配料，口感细腻柔润，食后满嘴清香，非常适合夏秋季节人们对食品清淡凉爽的要求；"绿豆凸"是又一种苏月新产品，说它是苏式月饼，却与传统产品的外形差异较大，像半只圆鼓鼓的皮球，非常可爱，内馅用纯正绿豆精制而成，口感极佳，有原味、肉松等口味；特别值得一提的是，五味和采用全国首创的多重包馅工艺制成的"Q心"月饼，让传统的月饼产品充满了青春活力。馅中馅是"Q心"月饼最为突出的特点，每只月饼有三层皮馅，可以容纳多种口味的馅料，泰国进口木薯变性淀粉让其弹性十足。首批推出的有"绿茶"和"什锦"两种；在五味和水果馅月饼的生产中，还出现了一种全新工艺，就是在以往偏甜的各式果浆中调入各种蓉沙，两者有机结合，改变了传统水果月饼甜腻的缺陷，使产品更加符合健康的要求；五味和还推出了选用德国进口小麦纤维和各种精选果仁加工而成的"低糖高纤果仁广式月饼"，由于味道更好、更营养、更健康，上市后颇受消费者欢迎。五味和告诉我们，"倚老卖新"才是老字号的出路所在。

月饼的包装有几年一直在走奢华路线，大大提高了成本，也就相应地让月饼价格走了"贵族路线"，这并不符合市场消费月饼的特征。五味和努力提高月饼的性价比，降低包装成本，降低价格，通过设计含量的提高让包装依旧喜庆大方，符合人们节日消费的需求。铁盒包装不但可以循环利用，也是一种怀旧方式，很多人的童年记忆中铁盒装的都是好吃的点心。五味和还选用了磨砂塑料袋代替传统的纸包装，这样的包装和过去的油纸看上去几乎一样，配上传统的红黑印花，昭示着中华民族传统食品的身份。

"倚老卖新"的支撑在于五味和非常注重食品质量硬件和软件的投入。以主打食品月饼为例：在全省第一家引进日本及国内领先品牌的"皮馅自动定量机"、"万能包馅机"、"月饼光控成型机"、"自动链式焙烤炉"、"电脑程控枕式包装机"等技术设备；是全省第一条通过改造配套形成的具有较高自动化程度的月饼生产流水线；全省第一个实现月饼皮馅恒温制作工艺，使月饼产品品质得到了根本性的改变；"五味和"苏式月饼在全国率先采用了先进的自动包馅技术，改变了长期的手工操作，成为革命性的重大突破，保证了大小均匀，也更加科学卫生；五味和月饼还在全省率先获得了国家 QS 食品质量安全市场准入认证。在质量管理上，五味和全面导入了 ISO9001：2000 标准质量管理体系，使原料、生产、储运、销售环环相扣,进入严谨的科学控制程序。

作为一家已有百余年历史的老企业,只有依托各方面的创新,才能不断焕发青春的活力。百年积淀,已使"五味和"食品制作技艺达到炉火纯青的境界,现代化的创新手段又赋予了百年老店腾飞的翅膀,这家"主掌着中国月饼技术标准"的老字号必将有更为辉煌的未来。

地址:浙江省杭州市下城区庆春路 106 号

翠沁斋

杭州翠沁斋清真食品有限公司创立于清光绪二十七年(1901 年),迄今已有一百多年的历史,现在是浙江清真食品的龙头企业。

早在元代,我国清真食品就已经形成规模,很多还进入了宫廷。到了清代,穆斯林人口增加,分布广泛,这也带来了清真餐饮业的普遍,还有大批宫廷清真小吃在民间流传,比如凉糕、切糕等。这时候也出现了一些比较有名气的清真食品餐饮企业,翠沁斋就是其中的一家。

翠沁斋的创始人相传为来自京城的回民常江,1901 年,为了躲避战乱带妻子来到杭州的他在杭州清泰门开了"翠沁斋"茶食作坊,专营清真京式茶食糕点。常江家族有经营清真食糕的传统,因此他手艺不凡,每到开炉时,常常香飘满街,品尝过这里糕点的人,都觉得色香味俱全。翠沁斋糕点就这样一传十、十传百,誉满杭城。

常江有一个得意弟子唐根生。唐虽然是汉族人,但勤奋好学,手艺超群。民国初年,常江把翠沁斋交给唐根生执掌。唐根生辛苦经营,日夜操劳,可惜积劳成疾,50 多岁便去世了。唐根生的小儿子唐菊泉 13 岁起就在翠沁斋学习茶食糕点制作,唐根生去世以后,就由唐菊泉继承,将店名改为"味芝斋"。20 世纪20 年代末的时候,翠沁斋的糕点制作师傅潘邦安自立字号"万里香"。

抗日战争前,经过几年的经营,味芝斋、万里香都初具规模,名气和当时的采芝斋、颐香斋、天香斋等同。

1937 年,日军侵占杭州,万里香、味芝斋也损失惨重,经营几乎宣告停止,新中国成立前才逐渐恢复。1958 年公私合营,万里香、味芝斋等合并组成杭州光明食品厂,厂址在庆春路花灯巷内。"文革"期间受到冲击,发展迟缓。1979 年,味芝斋创始人唐菊泉先生的儿子唐宝强进入杭州光明食品厂工作,并于 1980

年到 1985 年间担任厂长。

1985 年 3 月,恢复了翠沁斋字号,即杭州翠沁斋清真食品厂,经营清真茶食点心、固体饮料、西湖藕粉等,严格按照清真食品的要求生产。

1995 年进行改制,由原来的市属企业所有制改为股份合作制企业;2003 年,由原来的集体股、个人股的股份合作制企业改制为由全体员工持股的股份制企业,改制后称杭州翠沁斋清真食品有限公司。2004 年,公司全面导入了 ISO9001:2000 标准质量管理体系。进入 21 世纪,翠沁斋因为城区改造,前后几次搬迁。

翠沁斋的诞生是以回民全国迁徙和清真食品推广为背景的,发展过程中保持了清真食品的经营特色。翠沁斋生产的传统清真茶食糕点、西湖藕粉、中秋月饼等都具有很高的知名度,曾经多次获奖。翠沁斋月饼获得中国月饼节"名牌月饼"和"中国名饼"等称号;"杭州麻酥糖"荣获"中国名点"和"中国特色糕点"等称号;"西湖藕粉"荣获"全国特色糕点"和"优秀旅游商品铜奖"等称号。翠沁斋的麻酥糖、椒桃片、密三刀、绿豆糕等都非常受欢迎,是浙江消费者认牌选购的首选品牌。

翠沁斋是中国清真食品协会成员企业、中国焙烤糖制品工业协会常务理事单位、全国糕点专业委员会理事、杭州市食品协会理事单位,也是中国焙烤食品百家名厂之一。产品除了进入本地商厦、超市、旅游景点外,还大量销往西北,是全国知名、浙江最大的清真食品生产经营企业。

地址:浙江省杭州市上城区望江路 12 号

"青壳螺蛳笃屁眼,湖羊尾巴太油蘸。"是旧时杭州绍兴一带老少皆知的一句俗语。"湖羊",是我国绵羊优良品种之一,盛产于杭嘉湖一带。"太油"是绍兴传统名牌酱油,由创建于清光绪年间的"恒泰官酱园"以高盐稀发酵传统工艺,再经过日晒夜露制成。"湖羊尾巴"以"太油"蘸而食之,味道鲜美,所以有这样的俗语。"湖羊"被"恒泰官酱园"定为其酱油、酱、调料的品牌,沿用至今。现今的恒泰品牌和"湖羊"商标属于杭州市食品酿造有限公司,其老字号申报年份为 1903 年。

杭州市食品酿造有限公司,是由杭州市食品工业公司及所属杭州酿造食品总厂、杭州利民食品厂等原国有企业于 2001 年 4 月改制组建而成的有限责任公司,是浙江省最大的酿造调味品和最大的中秋月饼生产企业。

湖羊酱油是杭州市食品酿造有限公司生产的主要产品之一,是浙江省、杭州市名牌产品和著名商标,长期以来产销量雄踞省内第一并成为国家免检产品。坚持百分之百酿造是湖羊酱油的特色之一,湖羊酱油采用的是传统的酿造工艺,不仅酿造原料绿色健康,其酿造要求也比单纯的"调色调味"酱油要高很多,以传统工艺酿造的湖羊酱油,其色泽鲜艳厚重,味道鲜美,在香味方面,不是一般酱油所能比拟的。杭州很多大型餐饮店、百年老店用的酱油都是湖羊牌,足见对其的认可。

地址:浙江省杭州市江干区机场路构桔弄 61 号

老 大 昌

老大昌始创于清道光二十二年(1842 年),迄今已有将近 170 年的历史。

1842 年,一位周姓老板在萧山城厢镇创办了酱园,以"老大昌"作为商号。当时,民间流传"赚钱要靠三只缸——染缸、酒缸、酱缸"的说法。老大昌酱园生产酱油、腐乳和酒类等产品。老大昌生产的酱油,酱香味醇,深受百姓的喜爱。据"老大昌"厂史记载,每年 12 月前后,各地农民挑着箩筐来"老大昌"买酱品,人群一直要到春节之后才会散去。后来因为日军轰炸,迁址到瓜沥,一直延续至今。

"老大昌"曾有过辉煌的时期,年酱油、米醋等总产量超过了 1.5 万吨,是杭州最大的调味品厂家,在浙江也是屈指可数的。"老大昌"生产的酱油还曾出口瑞典、波兰等国家。1990 年,"老大昌"被原商业部核定为"中华老字号"企业,是浙江省酿造业两家老字号企业之一。

在 20 世纪 90 年代中后期,调味品行业有了快速的发展,出现了非常多的新工艺,竞争也越来越激烈,"老大昌"显得有些步履维艰了。企业在经历了投资工业添加剂的失败之后,决定继续做老本行,投入大量资金改进现有的工艺和设备,适应市场细分化的需求,研发了很多新产品,并向生产中高档酱油产品方向发展。

杭州老大昌调味品有限责任公司集开发、生产、营销于一体,拥有一批专业技术力量队伍以及先进的生产线,将传统工艺和现代生物技术进行了完美的结合,实行封闭式生产,最大限度保证了产品的质量。除了拥有老大昌品牌外,公司还拥有调味类注册商标"傻厨"、酒类注册商标"苏东坡"和"老顽童"。多年来,公司产品先后荣获省优产品、国家调味品协会推荐产品等称号。中国品牌研究院公布的《首届"中华老字号"品牌价值百强榜》上,"老大昌"榜上有名,位于第88位。

地址:浙江省杭州市萧山区瓜沥镇殿下路127号

陈 源 昌

中国蜜饯有京式、广式和苏式之分,京式果脯是特色,广式最有名的是凉果,苏式则是以花色品种见长。早在南宋,杭州就有果脯蜜饯加工,不过只有皇宫贵族才有福享用。

陈立勋原来经营南北货,后来发现了杭州蜜饯行业的商机,在清光绪五年(1879年)创建了杭州第一家蜜饯厂,取名"陈源昌",意在兴隆昌盛,店址在荐桥路(即现在的清泰街)。据《杭州市志》记载,"在晚清就开始经营蜜饯者,就陈元(源)昌一家而已"。

后来陈立勋将陈源昌交于其子陈景荣经营。陈景荣接手蜜饯厂后,加强与其他城市蜜饯经营厂家的交流,扩大生产,产品销往全国各地,成了远近闻名的老字号。那时候,外地来灵隐烧香的香客,每次回家,陈源昌蜜饯是必带食品。

陈景荣有相当好的眼力,有质量问题的蜜饯成品只要看上一眼,就知道哪道工序出了问题,该怎么改进,十拿九稳。

陈氏父子经营时期,陈源昌蜜饯厂在继承苏式蜜饯一般做法基础上加以改进,保持原果本色及风味,从果蔬到蜜饯制作先后经过九道工序,使得蜜饯色香味三者俱佳。杭州蜜饯厂的制作秘方,到现在还是一笔无法估算价值的财富。1993年,杭州蜜饯厂因拆迁停产时,一家民营企业曾以80万的高价提出收购秘方,杭州蜜饯厂的老师傅们考虑到保护百年老字号的命脉,最终还是守住了秘方。

1956年公私合营,华欧糖果厂的蜜饯组和几家蜜饯作坊并入了陈源昌蜜饯厂,使它成为省内较大的一家蜜饯厂,陈景荣担任陈元昌蜜饯厂副厂长。1964年,在"破四旧"思想的指导下,陈源昌蜜饯厂改名为常绿蜜饯厂,注册"长颈鹿"商标,逐渐家喻户晓,"长颈鹿"商标也成为杭州最著名的三个动物商标之一。

1966年9月12日,常绿蜜饯厂改名为杭州蜜饯厂,位于湖墅米市巷锦绣弄22号。

20世纪七八十年代,陈源昌的"长颈鹿牌"蜜饯在杭州家喻户晓。杭州蜜饯厂生产的蜜饯品种齐全,有金橘饼、九制橄榄、奶油话梅、山楂片、水晶杏梅、桂花桃片等60多个品种,"长颈鹿牌"金橘饼和奶油话梅,曾获国家商业部优质产品奖。这个时候,浙江蜜饯行业标准是以杭州蜜饯厂为准的,而且杭州蜜饯厂也是全国苏式蜜饯行业标准的主要制定者之一。1993年,因杭州市政建设需要,杭州蜜饯厂上万平方米厂房必须拆迁,因此被迫歇业达八年之久。

2002年12月,杭州蜜饯厂在上塘路陆家坞92号重新开业。2004年初,和杭州最大的农产品加工企业——紫香集团展开合作,更名为杭州蜜饯厂有限公司,厂房搬迁到了萧山区益农镇民营经济开发区。作为杭州唯一一家专业生产蜜饯的厂家和全国果脯蜜饯集团七个常务理事单位之一,杭州蜜饯厂有限公司正在朝着重新成为"中国苏式蜜饯三强之一"的目标大步迈进。

地址:浙江省杭州市益农镇久新村11组

颐香斋①

杭州"颐香斋"创建于清光绪元年(1875年),创始人是苏州洞庭西山人氏葛锦山。

葛锦山青年时候在家乡一家南北货店学习技艺,后来来到杭州,在清泰街摆摊,现做现卖定胜糕。时间长了,结识了一位李姓老主顾,这位主顾自愿把一间门面房资助给葛锦山开店,葛锦山把店铺取名为"颐香斋"。开店时,前店后坊,现做现卖,生意很红火。

葛锦山深知糕点的品质是由手艺决定的,所以就到处寻觅名师。他首先请来做油面的苏州老乡华金宝,之后又请了糕点师傅曾双林,加上自己的研究,糕点品种不断创新,"颐香斋"声誉越来越好,店面不断扩展,从一开间发展到四开间。传统糕点有条头糕、方糕、绿豆糕、麻酥糕、椒桃片、小清沙与苏式月饼等。颐香斋糕点配方有"三重":一重色,色深而不焦,香味浓;二重油,油而不腻,酥松适口;三重糖,绵软甜糯。其中以潮糕和月饼最为有名。

---

① 部分参考资料来源:宋宪章:《杭州市老字号系列丛书——美食篇》,浙江大学出版社2008年版,第162—171页。

据说,颐香斋的招牌是乾隆御笔亲题的。一天,微服私访的乾隆走过清泰街,闻到了糕饼的香味,尝了之后觉得香糯适口,就雅兴大发,要来纸笔,准备题写店名。而葛锦山也是个念过书的,他记得《诗经》里有"甘之如饴",以为"颐香斋"的"颐"应该是"饴",就和乾隆争辩了起来。乾隆在"颐香斋"下面写了"乾隆"两个字,摊主大惊跪倒在地,口呼万岁。后来,招牌被高高挂了起来,来光顾的顾客更多了。

清末时候,政府腐败,地方恶势力嚣张,勾结官府敲诈百姓。葛锦山花钱捐了一个官衔作为挡箭牌,才逐渐安定了下来。1912年葛锦山去世,其子葛叔安继承父业,又增加了咸货、酱品、卤味、小糖、炒货制作,高薪聘请了俞德泉师傅,专门负责鱼干、酱鸭的制作;聘请阮六三师傅专门从事炒货和卤味的加工;"跷脚雨泉"则负责小糖制作,大大提高了"颐香斋"产品的覆盖面,还将一个工场扩展到三个工场,实现了自产自销到批零兼营的过渡。颐香斋产品集苏、宁、徽三式的精华而又自成一派,因此顾客盈门,在杭城非常有名。每天凌晨,众多小贩赶去颐香斋兑货,之后在杭城大街小巷叫卖,到处都可以听到颐香斋的方糕、黄条糕等的叫卖声。

从民国初期到抗战前,是颐香斋的全盛时期。颐香斋讲究选料必须地道,糯米用丹阳的,绵白糖用台湾的,面粉用三鹿牌的,玫瑰花用湖州的,山核桃用昌化的,桂花用杭州满觉陇的,板油也必须新鲜,豆油黄里透亮,连辅料中的青梅、红绿丝都是自己精心加工的。葛叔安一直沿袭父亲的遗训:"原料不合要求,宁愿不做。"

颐香斋首先出名的是潮糕,接着扩大到燥糕及其他产品。潮糕是一种含有一定水分的糕点,必须卖得新鲜,品种有很多,如方糕、黄条糕、条头糕、薄荷糕、水晶糕等等。燥糕有香糕、饼干、椒桃片、云片糕等。颐香斋著名的传统糕点多达数十种。

颐香斋的经营方式也有很多独特之处:其一,十分注重季节性,四时糕点各有特色,应时供应;其二,以销定产,产品新鲜,讲究包装。比如月饼,都是当天生产,第二天包装,用薄木片盒,上下衬着箬叶,中间再垫纸,外面包白色道林纸,清洁卫生又便于储存,不容易霉变和破碎。颐香斋还在卖月饼的时候在店门口摆出炉子、面板,挂出细沙、榨菜、咸肉月饼的招牌,明火烘烤,现做现卖。当众展示用料和过程,招徕顾客。这种方式现在仍然为许多食品店应用。其三,业务方式灵活,有四通八达的销售网络。销售的潮糕既批发又做门市,批发可以赊账,吸引小贩。而小贩走街串巷地叫卖,也成为了颐香斋的活广告,这也是颐香斋蜚声杭城的重要原因之一。

到1931年前后,颐香斋拥有职工达60多人,联系的流动小贩有100多人。

此时的葛叔安踌躇满志。但是,抗日战争爆发,1937年12月杭州沦陷,颐香斋损失惨重。之后,日伪政权为了粉饰太平,让各厂店复业,葛叔安也回到杭州,勉强开业,但状况惨淡。不久葛叔安去世,之后由其长子葛桂荪负责,葛桂荪因病无法料理,就转让给堂兄葛蕙荪经营。据1946年《浙江工商年鉴》记载,杭州有茶食糖果店120家,成立有杭州茶食糖果业同业公会,会址在三元坊巷,理事长就是葛蕙荪。1946年,葛蕙荪受到涉政牵连,把企业交给葛桂荪的胞弟葛嘉荪掌管。1951年,葛嘉荪无力经营,就把颐香斋盘给上海同业许炳华。颐香斋就此脱离了葛氏家族。

1956年,经过公私合营改造,颐香斋发展成为国营全民所有制企业的颐香斋食品厂,主要产品是糕点及中式小糖。

1958年,孟大茂香糕工场并入颐香斋。1966年,颐香斋更名为杭州向群食品厂,在1985年才恢复了原名。1993年,颐香斋和杭州东风食品厂(其前身是采芝斋食品工场)合并,名为杭州颐香斋食品厂。1995年,颐香斋兼并了杭州慎大食品厂,扩大了生产规模。2001年,颐香斋实施了全面体制改革,成立了杭州颐香斋食品有限公司。

杭州颐香斋食品有限公司继承和发扬传统茶食文化,把历代传人传承下来的配方秘诀和精湛独到的工艺融入到现代加工技术中,生产出具有颐香斋独特风味的四季茶食名点:春天的团子、绿豆糕、年糕;夏有冰雪糕、立夏饼等;秋有苏式、广式月饼等;冬有酥糖、麻糕、桃片等等,产品有几百种。一年四季各有特色。

2005年,颐香斋29类食品品牌商标成功注册,新厂房也动工兴建,为后续发展打下了坚实基础,其月饼尤负盛名。

颐香斋坚持独创配方、独到工艺、独特风味,坚持"开拓创新、产品优质、诚实经营、优良服务"的宗旨,已经逐步成长为集传统与现代加工于一体的专业食品企业。

陈从周馈赠颐香斋传统食品单

20世纪80年代某一年的春天,颐香斋食品厂厂长收到了来自上海同济大学的一封厚厚的信,打开一看,原来是一份古色古香的《旧藏饼饵干鲜果货单》。食品单24开,共8大张16页,所收录的都是清末民初国内著名店铺生产的南北干果饼饵食品。有天津的"同发成"、北京的"聚和顺",还有本地"颐香斋"、"陈源昌"、"景阳观"、"采芝斋"等的传统食品,包括南北干果、山珍海味、各种糕点、蜜饯、糟货、露酒、罐头等,尤其是以杭州生产的茶点糕饼等最具有特色,种类繁多,仅颐香斋的就有200多种,其中相当一部分已经失传,等待恢复。还有景阳观经营的酱品、腐乳、糟货等多达230种,比如鸡汁鱼翅、五香乳鸽、美味醉蟹等，不少已经失传。

那么是谁寄来的如此珍贵的册子呢？为什么要寄给颐香斋呢？

原来，我国著名的园林专家、同济大学建筑系教授陈从周想起了中学时代在杭州读书的时候吃过的颐香斋的糕饼，于是写信给亲属，希望能够寄来一些传统食品，但是这些糕饼都停产了，亲属只好拍了一些门面店的照片寄过去。

一天，陈从周教授的友人邓云乡登门造访，在他的书斋里看到了一份传统食单，就建议陈从周公布于世，供食品商家开发之用。陈从周把食单加以整理，写了序言，邓云乡先生写了跋，然后寄给了颐香斋。

地址：浙江省杭州市莫干山路490号

蒋同顺

蒋同顺创始于清光绪二十七年(1901年)，创始人蒋徐奎，店址位于杭州城西域留下镇(现杭州市西湖区留下镇)，最初店名为"蒋同顺茶食糕点铺"。蒋徐奎，字尉轩，杭州府人，清光绪初年离开杭州进京，在清朝皇宫御膳房当差，任糕点师。光绪二十七年(1901年)，蒋徐奎返回杭州，在留下镇老街开出了"蒋同顺茶食糕点铺"，前店后坊，自产自销茶食糕点食品。

蒋徐奎凭借祖传的制作糕点的手艺，再加上在清宫御膳房当差20多年的实践经验，制作的几十种糕点类食品畅销杭城。蒋同顺的食品精选原料，用料充足，精工细作，口感香、酥、甜、糯，价格公道，生意十分兴隆。蒋同顺的经营特色是"品种齐全，适时应节"，比如初春做太阳糕、玫瑰糕；清明做青团、青糕；初夏端午做薄荷糕、粽子；盛夏伏天做绿豆糕、水晶糕；初秋做月饼，中秋做桂花糕；冬天做潮糕、油糕；春节做年糕等，迎合时令，特别是各种传统节日的糕点总是供不应求，深受老杭州的青睐。

创始人：蒋徐奎

蒋同顺并不满足于现状，还虚心学习民间各种糕点制作秘诀，他们从杭城市面上买回其他店铺的点心，捏开揉碎后仔细研究，还亲自品尝进行分析。经过这样的不断进取，蒋同顺的食品有口皆碑，声名远扬。

1984年，蒋徐奎的女儿蒋玉莲在望江门开设杭州蒋同顺副食品土特产商店,决心重新恢复和振兴"蒋同顺"。改革开放以来,蒋玉莲的儿子、蒋徐奎的外孙张家龙成为"蒋同顺"的掌柜和继承者。作为第三代传人,张家龙在河坊街开设店面,把祖业发扬光大,经营品种非常丰富,从原来只经营茶食糕点扩展到了副食品和土特产,囊括了蜜饯类、糖果类、糕点类、炒货类、南北干货等几大系列,经营的名特产品有上千个品种,比如西湖藕粉、龙井茶叶、蜜饯、糕点、临安小核桃等。

　　蒋同顺素以质量和实惠取信于消费者。在经营管理上,张家龙发扬蒋同顺的优良传统,严格按照祖传规矩办事。进料进货必须是优质供货渠道,亲自进行检验。比如山核桃,一等品每斤不超过 120 颗,二等品不超过 140 颗,残次为零。蒋同顺还善待员工,增强企业凝聚力,几十名员工多来自农村。新员工进店,张家龙会让食堂中晚餐都供应红烧肉和荤菜,改善伙食,几个月后才慢慢荤素搭配。在盛夏业务的淡季,不会减员,而是把员工分成两班制,每天上半天班,工资照常发放;冬季春节前后的旺季,则分批安排员工回家乡探亲。员工遇到困难还会热情帮忙解决。蒋同顺人性化的管理有效地增强了企业的凝聚力,创造了和谐的企业氛围。

戎彦 摄

地址:浙江省杭州市上城区河坊街 139—141 号

小热昏又叫做"小锣书",俗称"卖梨膏糖的",是一种马路说唱艺术,流行于江浙沪一带。追溯"小热昏"的起源,最常见的说法是源于清末杭州街头的"说朝报"。"朝报"是当时杭州的地方小报,卖报人为了招徕顾客,一面敲锣一面念报上的主要新闻,稍后,艺人进一步发展为说新闻、唱朝报,都是自编自演。因为唱词通俗易懂,形式和内容都幽默风趣,唱腔也是民间小调形式,所以有着非常好的群众基础。

清末民初,以卖梨膏糖为生的杜宝林把说唱朝报的形式用到了卖梨膏糖上,一改过去卖糖艺人单纯唱小曲或说小笑话的宣传谋生方式,把说唱的内容由新闻朝报、生活趣闻等改变为有简单故事情节、有人物性格和矛盾冲突的节目。因为大多数节目嘲讽了现实,表达了对现实的不满,为避免遭迫害和招惹麻烦,取艺名为"小热昏",意思是演员自己发昏说的胡话。表演形式定型为一人自敲小锣说唱,以唱为主,以说为辅。后来就以"小热昏"为曲种名,盛行于20世纪二三十年代。

关于梨膏糖的来历,据说与唐代魏征有关。魏征母亲多年患咳嗽气喘病,魏征四处求医,效果甚微。唐太宗李世民派御医前往诊病,御医开的中药老夫人嫌味苦,无论如何不肯服用。第二天,老夫人想吃梨,但因为牙口不好不便咀嚼,魏征就把梨片煎水加糖后让老夫人喝,老夫人很喜欢梨汁的味道,魏征于是把按照御医处方煎的药汁倒入梨汁中,又特意多加了一些糖,一直熬到三更。魏征有些疲惫,就闭目养了会儿神。等他睁开眼揭开药罐盖,药汁已经因为熬的时间过长而成了糖块,魏征尝了一点,又香又甜,于是请老夫人品尝,糖块入口即化,又有清凉味,老夫人很喜欢。魏征于是就每天用中药汁和梨汁加糖熬制成糖块给老夫人服用。半个月时间,老夫人胃口就大开,咳嗽和气喘也好了。魏征用药梨汁治好了老夫人病的消息很快就传开了,很多医生也用这种方法为病人治病,效果非常好,人们称其为梨膏糖。

还有一种说法,据说清光绪年间慈禧太后咳喘严重,梨膏糖被做成御品进贡,慈禧太后长期服用,效果非常好,后来传入了民间。

百年老字号"小热昏"是梨膏糖的品牌,用纯中药加砂糖熬制而成,是杭州的地方传统特产,曾在杭州家喻户晓。有这样一句口头禅:"咳嗽、咳嗽,郎中的对头,梨膏糖的拿手。""文革"期间,"小热昏"梨膏糖受到了冲击。改革开放以后,杭州天一堂梨膏糖厂继承了"小热昏"的技术和配方,畅销全国的同时,还在东南亚一些国家产生了影响。杭州天一堂梨膏糖厂是杭州唯一的梨膏糖专业生产厂家,"小热昏"老字号申报创立年份为1904年。

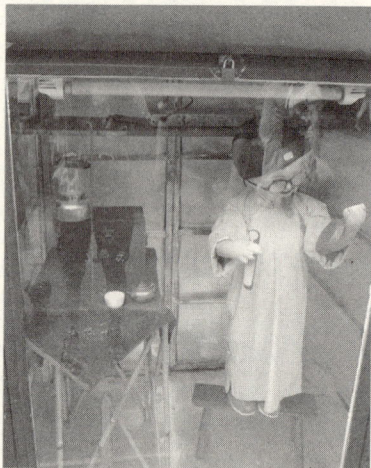

戎彦摄

地址:浙江省杭州市上城区万松岭路61号

景阳观

景阳观酱菜店由寿达清于光绪三十三年(1907年)在杭州荐桥街(今清泰街)佑圣观路开设,前店后坊形式。

寿达清13岁的时候在诸暨湄池镇上一家酿造厂当学徒,三年出师后,掌握了腌制酱菜、豆制品的好手艺。按照当时的规矩,出师后仍然要给厂里做三年,叫做"谢师"。20岁那年,寿达清受聘留在这家酿造厂当腌制技师。到了26岁,有了点积蓄的寿达清,渡过浦阳江和钱塘江,到杭州来开设店铺。取店名时,想要一个吉利又叫得响的名字,据说是老板听说上海有家紫阳观的酱酒店生意极好,有"紫气东来"、蒸蒸日上的意思,所以他把"紫"换成"景",取名"景阳观",意为有个好光景,日后兴旺发达。

创业之初,由于社会经济基础薄弱,市民消费水平低,景阳观价廉物美、口味独特的酱菜成为备受欢迎的常备家常菜。寿达清还聘请了三位绍兴技师,精制各种酱菜。根据当时经营商品的目录仿单记载,品种有 150 多种,在杭州首屈一指。

景阳观以销售自制酱菜、腐乳为业,比较有名的有双插瓜、甜乳黄瓜、八宝什锦菜、糟油萝卜、蜜枣萝卜、开洋腐乳、桂花腐乳等 10 多个品种。后来又经营起宁波的醉蟹、泥螺、虾子和杭州的酱鸭、酱猪头、桂花梅酱、酱油、各种露酒等应季酱制品、调味品、礼酒以及各地风味酱菜,品种非常多,有"东辣西酸,南甜北咸"的美誉,声誉极高。景阳观被誉为全国四大著名酱菜店之一(其余三家为北京六必居、扬州三和三美、济南玉堂)。

景阳观开业以来就确定了质量取胜的经营方针,比如豆豉,当时杭州各家酱菜店都经营豆豉,都是从酿造厂进货,景阳观的豆豉则用筛子筛选过,去掉碎末,只留下整颗的上柜供应,虽然价格稍贵,但生意还是很好,很多人远道而来购买。

景阳观酱菜知名度的扩大据说是和王文韶有关。在朝廷居于要职的王文韶是杭州人,早餐有吃泡饭的习惯,所以经常从杭州捎一些酱菜、腐乳之类的佐餐,其中就包括景阳观的双插瓜。除了自己食用外,王文韶还赠送给在朝同僚、亲王,进而传进了宫内。双插瓜因为口感鲜美而成为慈禧太后、光绪皇帝以及很多妃子早餐必备小菜,摇身变为"贡瓜"。

抗日战争中,景阳观损失较大,之后老板几经转换,仍然难以挽回败局。抗日战争胜利后,一度好转,后来又因为通货膨胀,又一次陷入困境,至解放后,得到再度发展。杭州解放前夕,六个酱菜店的老板合伙买下了"景阳观",仍然沿袭"质量取胜,品种盖众"的经营之道,重现昔日辉煌。

"文革"期间,景阳观曾改名为"东方红酱菜店",之后改称"杭州酱菜店",1993 年又改为"杭州景阳观调料酱品有限公司"。进入 20 世纪 90 年代后,景阳观和其他老字号一样,经营活动中的一些弊端逐渐显露,威胁到老字号的生存,直到万隆入主。

2002 年,万隆成为"景阳观"的唯一股东,景阳观从官巷口迁至中山中路营业,在清河坊买下了门面,现在每天到清河坊购买景阳观酱菜的人群络绎不绝,熙熙攘攘的顾客队伍成为这里的一大景观。

地址:浙江省杭州市上城区高银街 31 号

鸿 光浪花

　　四个"豆"组成的一个双喜字商标就是"鸿光浪花"的标志,很多杭州人都非常熟悉。"鸿光浪花"属于杭州豆制食品有限公司。追溯历史,杭州豆制食品有限公司的前身在清咸丰四年(1854年)就存在了,名为"余福兴"豆腐店,迄今已经有150多年的历史了。

　　杭州豆制食品有限公司是浙江省经营规模最大的豆制品生产企业,杭州市政府"放心豆腐工程"示范企业,在全国同行业中也名列前茅。经国家绿色食品办公室和国家大豆行动计划推广中心考核,公司多个品种被许可使用国家大豆行动计划产品标志,是省内唯一的全国首批生产国家大豆行动计划标志产品的企业;多个产品通过中国绿色食品发展中心的绿色食品认证,被认定为A级绿色食品;公司是杭州市豆制品行业唯一的企业技术中心。

　　在杭州,六成市民餐桌上的豆腐及豆制食品都来自杭州豆制食品有限公司,很多国外同行都惊叹于公司80吨的日产量。据中国营养学会调查,浙江人的食谱中,豆腐的比例高达11%,居全国之首。近些年流行的"新素食主义"、"豆美人"等,都是倡导在膳食中增加豆制品,而随着人们豆制品消费理念的提升以及对食品安全、营养、健康日益增多的关注,越来越多的人选择吃"名牌"豆腐,"鸿光浪花"豆制食品几年的销售量年年同比上升30%以上。即使是有着惊人的产量和不断创新的品种,"鸿光浪花"豆制品还是供不应求,偶尔出现断货脱销,这充分印证了"鸿光浪花"被消费者接受和认可的程度。有调查数据显示,杭州市民对杭州豆制食品公司生产的鸿光浪花豆制品的购买率是60%。根据世纪联华等大型连锁超市、东山弄等市区主要农贸市场的实际销售数据测算,鸿光浪花豆制品的市场占有率都超过60%。鸿光浪花是杭州豆制品当之无愧的首选品牌。[①]

　　杭州豆制食品有限公司不断开发新品,从产品种类和质量上不断强化高品质和放心产品形象,比如他们推出的高端产品"晶玉豆腐",具有超强韧性,成为产品品质最好的"代言品"。"鸿光浪花"豆制食品开创新品的速度在豆制食品行业内是数一数二的。另外,公司注重品牌战略和渠道建设,品牌知名度和美誉度不断得以提升。

地址:浙江省杭州市大关路163弄15号

---

　　① 3月8日起部分豆制品涨价10%左右,浙江在线新闻网站,2008—03-07http://zjnews.zjol.com.cn/05shzx/system/2008/03/07/009275853.shtml。

浙江天目山酒业有限公司的前身名为太阳波前酒厂,创始于1953年,是一家专业生产黄酒的"浙江老字号"企业。公司位于世界级自然保护区天目山麓於潜镇。於潜镇交通条件优良,杭徽高速公路横贯东西,宁分一级公路纵贯南北,十字要道就交汇于这里,被称为临安的黄金腹地。得天独厚的自然环境、经验丰富的酿酒师,再加上天目山品牌的传统积淀,共同创造出这一老字号黄酒品牌,可谓是"好山好水出好酒,好酒香飘逸万里"。

浙江天目山酒业有限公司生产的产品全部采用优质无公害糯米、野生荞麦以及於术,加上天目山清泉精心酿制而成。公司建立了粮食、青梅、於术三大农产品基地,以保证产品的质量和安全。公司产品有50余个品种:糯米黄酒、加饭酒、花雕酒、白糯米酒、黑糯米酒、纯生糯米酒、梅酒、荞麦酒、於术酒等。公司还不断研发新品,如"人间天堂"、"十八年好酒"、"吴越古酿"、"金八年"等系列营养型的黄酒。

"天目山"品牌曾多次获得各种奖项:"天目山"牌於术酒被评为浙江省优质产品,并荣获首届中国科技博览会银奖;"天目山"牌加饭酒荣获中国科技成果之光金奖;"天目山"牌商标荣获了杭州市著名商标和浙江省著名商标,又荣获了中国驰名商标;公司的荞麦酒、白糯米酒、黑糯米酒、纯生糯米酒、梅酒等被临安市技术监督局评为"质量信得过产品"及"市场免检产品",又被杭州市工商行政管理局临安分局评为"消费者信得过产品"。

"天目山"牌酒类产品畅销我国60多个大中城市,"天目山"於术酒、梅酒、加饭酒等还出口我国港台地区以及奥地利、德国、法国、日本等国家,受到众多消费者的喜爱。

地址:浙江省杭州市萧山区商业城商顺街7号

徐同泰

杭州徐同泰酿造有限公司创建于清光绪年间,创始人是徐三春。

1877年,有着从幼年就到绍兴拜师学艺经历的年轻的徐三春,带着妻子和孩子回到了祖籍萧山新塘,他对于自己即将开设的酱坊非常有信心。镇上玉峰寺方丈酿出了世界上第一款甜面酱,徐三春品尝之后,开设酱园的信心荡然无存。他以俗家弟子的身份入寺五年,重新学艺。玉峰寺方丈毫无保留地倾囊相授,在徐三春出师的第二天,方丈就嘱咐庙里,玉峰寺不再制作和出售甜面酱,徐三春是关门弟子。方丈还送给了徐三春四个字"取信于民"。

1886年,徐三春开设了自己的酱坊,基于"世界大同,国泰民安",把酱坊命名为"徐同泰",还在方丈师傅"取信于民"的前面加了四个字"纯正品质",将"纯正品质,取信于民"作为祖训。这一亲手撰写的祖训一直高悬在柜台之上。

徐同泰能够让自己的产品百里飘香,让人百吃不厌的秘诀就在于坚守这道祖训。比如其母子酱油的制作,黄梅天开始落料发酵,夏季伏天晒酱,秋天制成,成品中有三天足量自然光照和七天夜间雨露滋润,再加上进厂15年以上主酱师傅的全程细心观察和精心呵护,才有了这一年只能生产一季的酱油珍品。

到清末民初,徐同泰已经发展成酒作、乳作、酱作、糖作、磨作五大作坊,用料地道,货真价实,味道鲜美,吸引了附近很多地区的民众前来购买,特别是节日和年关,购买的队伍可以排出两里地。

1914年,徐同泰第二代传人徐树东、徐锡坤、徐锡贵三兄弟向当时的两浙盐运

官酱园牌匾①

使司领取了中国第一批"官酱园"运营牌照,编号为196号,相当于现在企业的营业执照。这块紫酱色的实木牌匾,已经成为中国近代民营经济雏形的官方见

① 图片来源:萧山日报—数字报纸,http://xsrb.xsnet.cn/html/2008 - 01/10/content_15965.html

证,至今保存完好。

在 20 世纪初的江浙地区,徐同泰一度与红顶商人胡雪岩创办的药材铺"胡庆余堂"并驾齐驱,当时民间的说法是:"问药胡庆余,润味徐同泰。"

杭州解放以后,徐同泰一度更名为国营临浦酿造厂;2001 年的时候,企业转制为民营,名为"杭州徐同泰酿造有限公司"。2007 年 9 月,杭州迪宝彩印包装有限公司收购了徐同泰,保留了"徐同泰"原名。徐同泰增加了产品品种,创新升级了包装,推出了特酿高级酱油、生蘸酱油、同泰香醋、精品甜酱等产品,开发了礼盒包装,还重新设计了商标。主打地方名优特的徐同泰酱品正逐步走入萧山各大超市,并争取进入到全国各地的市场。

地址:浙江省杭州市河上镇井泉街 31 号

翁 隆 顺

天下名茶,首推龙井,龙井滥觞,则非翁隆顺莫属。翁隆顺是中国最早的龙井茶品牌,也是中国最早的茶庄老字号,创建年份为 1213 年。

龙井是西湖著名的五泉之一,本名为龙泓,过去人们认为此井通大海,一定有神龙居住,由此得名。远从明代起,这里的茶叶就极负盛名。

据赵大川珍藏的"杭州老龙井翁隆顺茶庄老号"的包装纸,有如下说明:我国素以茶著,行销中外,每年不知凡几。而西湖老龙井之茶,尤为适口,清心解渴。中外人士来杭游湖者,莫不争购。唯市上所售者,多伪货欺人。敝号设铺于老龙井已历七百余年。特采就地狮峰芽茶、龙井春前、明前莲心、雨前龙井红梅。杭白贡菊,顶谷桑芽,自择选制。以冀精益求精,尽善尽美,庶几名副其实。惠顾诸君,请认明老龙井商标为记,庶免鱼目混珠。本号开设杭州西湖老龙井,坐西朝东门面便是。自动电话第二六三四号。[1]

1929 年"杭州西湖博览会游览指南"上"翁隆顺茶庄广告"写着:本号开设浙杭,创自雍正,迄今二百余载,自建五层楼房,拣选狮峰龙井、莲心旗枪、武夷红梅、六安香片、洞庭碧螺、云南普洱、双窨珠兰、三薰茉莉、黄白菊花、玫瑰玳玳、门售批发,定价划一。如蒙赐顾,请认明狮球商标,庶不致误。[2]

1933 年的时候,翁隆顺有店员 50 多人,是当时杭州人数最多的茶庄。

---

① 赵大川:《杭州老字号系列丛书——茶业篇》,浙江大学出版社 2008 年版,第 92 页。
② 赵大川:《杭州老字号系列丛书——茶业篇》,浙江大学出版社 2008 年版,第 95 页。

翁隆顺龙井茶的主产地是杭州龙井山园,这里是中国政府划定的浙江省杭州市的西湖龙井茶原产地保护区域,该产区的龙井绿茶为中国十大名茶之首。翁隆顺老龙井茶传承老字号的老传统、老工艺,在采摘、炒制、包装过程中精益求精,确保品质。翁隆顺老龙井茶以色绿、香郁、味醇、形美"四绝"而闻名于世,人们称它为"黄金芽"、"无双品",已成为国家高级礼品茶。

现在的"翁隆顺老龙井"位于由杭州龙井野趣旅游开发有限公司(现为杭州市山缘投资有限公司)兴办的杭州龙井山园旅游景区内,游客在翁隆顺茶庄可以观看唐、宋、元、明、清不同朝代的制茶和喝茶方式。杭州龙井野趣旅游开发有限公司以"茶文化复古,茶品牌复归,茶品质复原"为宗旨,承袭老字号优良传统,正如1933年翁隆顺老龙井茶庄茶招所言:"自择选制,以冀精益求精,尽善尽美。"

翁隆顺老龙井茶曾跟随中国第21次南极科学考察队登入南极,成为中国南极科考队允许携带商品进入南极以来的第一个,一面印有"中华有国饮,千年老龙井"字样的旗帜永久矗立在南极之巅,这不仅是翁隆顺的骄傲,龙井茶的骄傲,更是中国的骄傲。

地址:浙江省杭州市西湖区翁家山104号

九 指 神

老字号九指神品牌属于杭州九指神休闲食品有限公司,其老字号的申报年份为1850年。

杭州九指神休闲食品有限公司是专业研制、开发和生产禽畜食品的企业,已经通过ISO9001国际体系认证和QS食品安全认证,还取得了国家发明专利。

九指神系列食品是经过祖传秘方中药泡制,同时经过现代科学工艺优化,尤以叫花鸡最为出名。九指神叫花鸡是在传统工艺基础上通过科学配方和工艺优化,用十多种中药调制,最为独特的是烧制方式,不使用油炸,也不用明火烧烤,且不受任何污染,保留了鸡的原汁原味,兼具美食、营养、保健作用,口感独特,让人百吃不厌。

叫花鸡,也称"叫花子鸡"、"黄泥煨鸡"、"乞儿鸡"等,是我国江苏和浙江的名菜。相传明末清初,在常熟,一个乞丐偶然得到一只鸡,因为没有炊具和调料,连最起码的煺毛用的开水也没有,不得已就把鸡包上泥巴放入火中煨烤,烤好的鸡香气扑鼻,干硬的泥巴带着鸡毛一起脱落。由于创始人为乞丐,得名为叫花鸡,后来又有很多人仿照这种方式烧制。这种方法之后传入了浙江,在1972年版的《中国名菜谱·浙江》和1990年版的《中国名菜谱·浙江风味》中都有这道"叫花童鸡"。在发展中,叫花鸡不断改进了制作方式,现在的叫花鸡选料是头小体大、肥而嫩的三黄鸡,先在鸡膛内加入十几种鲜料,然后用猪网油、鲜荷叶包好,之后再用泥烤。这样制作的叫花鸡味道更为鲜美,成为江浙知名度最高的菜肴之一。

金庸在《射雕英雄传》里描写过叫花鸡,黄蓉曾经烹调这道菜给师傅九指神乞洪七公吃,吃得他满心欢喜。

地址:浙江省杭州市拱墅区康桥计家庙浜路8号

东坞山

浙江省富阳县受降乡东坞村跟豆腐皮结缘已有1300多年。传说,唐僧从西天取经归来,皇帝设素宴招待,就特地派使臣南下杭州带回东坞山出产的豆腐皮。

古时候,东坞山有九庵十三寺,佛教兴盛,当地人们利用五朝山的清澈山泉水,以优质大豆为原料,经过多道独特的工序制作出东坞山豆腐皮,供僧尼素食。由于产品品质极佳,再加上寺院之间的相互传播,东坞山豆腐皮的名气越来越大,供应范围扩展至杭州、宁波、上海、苏州等的各大寺院,明代还被列为贡品。

东坞山豆腐皮是以大豆为原料,经剥壳、浸豆、掏豆、磨豆、煮浆、过滤、加热、揭皮、晾干、收卷、整理等工序制成。东坞山豆腐皮的特点是薄如蝉翼,油润光亮,还不容易霉变,有"金衣"之称。色泽洁白、皮薄油润、味道鲜美的东坞山豆腐皮非常受欢迎。500克东坞山豆腐皮有80多张,这在国内是独一无二的。1970年,美国总统尼克松和柬埔寨西哈努克亲王来杭州访问的时候,品尝了用东坞山豆腐皮制作的"龙凤腿"、"全家福"、"素烧鹅"等著名素菜,都是赞不绝口。

新中国成立前,东坞村90%的人家从事豆腐皮生产,技艺世代相传;新中国成立后集中生产,统一供应,产量及质量大幅度提高,并在风景点设立专柜。

"东坞山"品牌属于富阳市受降东坞山豆腐皮厂,老字号申报年份 1947 年。2005 年,企业着重开拓全国各大中城市的大型超市,寻找代理商。致力于技术改造方面,着重在烘干技术和延长保质期包装方面下工夫,包装出厂的豆腐皮保质期常温十个月,解决了长途运输和跨区域销售的难题。"东坞山"还参加了杭州、南京、宁波、上海的各种推介展示、展销会,有效提高了产品知名度,提升了企业形象。

东坞山豆腐皮荣获的奖项非常多:1997 年获中国食品博览会金奖;1988 年获中国首届食品博览会铜奖、浙江省优质农产品金奖;1999 年获浙江市场畅销品牌、中国国际农业博览会名牌产品;2001—2004 年连续四年获浙江国际农业博览会金奖;2001 年获杭州市著名商标。东坞山豆腐皮在 2005 年分别获杭州市著名商标、浙江农业博览会金奖、公众最喜爱的"中华老字号"产品及富阳市农业龙头企业的称号。

在豆制品被视为 21 世纪最理想的绿色、健康食品的今天,东坞山必将迎来更加辉煌的未来。

地址:浙江杭州富阳市受降镇东坞山村(厂门市部:富阳镇龙山路 78 号)

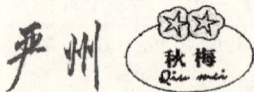

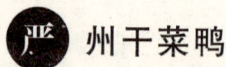

严州干菜鸭

严州干菜鸭是三十六道满汉全席的名菜之一,老字号申报年份为 1686 年,迄今已经有三百多年的历史。严州干菜鸭取自千岛湖农家水鸭,根据传说和改良后的配方开发而成,是浙江地方著名的特色产品。"严州"品牌所有者是浙江秋梅食品有限公司。

浙江秋梅食品有限公司与浙江省农科院食品研究所合作开发生产了严州干菜鸭食品,除全面继承了传统制作工艺外,还利用现代生物技术,以先进生产设备加工,产品保留了食材原有风味,肉质细嫩可口。

严州干菜鸭选料和烹饪都有严格的讲究,主料是没有生蛋的体形中等的肥嫩山鸭和雪里蕻干菜,辅料有酒、糖、姜、盐等,烹调则是既卤又蒸,全过程经过出水、煮、浸泡、上料、蒸制等多道工序,每道工序在火候和时间上都有非常严格的要求。制好的成品色泽黑里透红,十分诱人,入口酥嫩而不油腻,略带甜味,加上干菜的清香,和其他烹调方式烹制出来的鸭子色香味均不同,别具一格。凡是到浙江建德的人,都会把严州干菜鸭这个最让当地人骄傲的特产带走,或者自己食用,或者赠送亲友。

有关严州干菜鸭的典故很多,其中最有名的是以下三则:

相传明代,严州一位新任知府,在每月初一、十五都要到一家餐馆品尝清蒸鸭,时间长了,难免有些厌倦。餐馆老板受到干菜肉的启发,在清蒸鸭里放上干菜,还加入肥猪肉、熟火腿等,用姜末、茴香、甘草熬成的汁拌匀,将鸭子在清水中稍煮,然后将拌匀的调料一半塞入鸭子腹中,一半均匀涂在鸭身上,制作出的鸭子不但没有一丝鸭的腥味,还伴有一股略带甜意的扑鼻清香。知府品尝后赞不绝口,并规定每月十五必吃此菜。建德是府治之地、交通枢纽,过往客商慕名争相品尝严州干菜鸭,严州干菜鸭逐渐成了建德的地方风味名菜。

另有传说,"严州干菜鸭"是因海瑞而知名的。海瑞是明朝著名清官,曾任浙江淳安知县,他嫉恶如仇,奉公为民,任职地百姓才得以安居乐业。当时太子乘龙船到新安江游玩,由于风向原因,经常逆水行驶,当地官员不得不经常组织百姓拉纤。龙船到达淳安县的时候,正好赶上春耕最为繁忙的时节,衙役给海瑞出主意,由他们代替百姓拉纤。百姓都非常感激海瑞,每次龙船停的时候,都要送些好吃的东西来。一天,一对老夫妇把自己养的鸭子杀了一只,加了一些干菜,做成一道香气扑鼻的菜给海瑞送来。海瑞问起菜名,老人说他们是严州人逃难到这里的,这道菜就叫做严州干菜鸭。海瑞正要品尝的时候,却被闻到香气的太子派人拿走了。老夫妇又把家里仅剩下的一只鸭子杀了,按照之前的方法烧制。之后,很多百姓都如法炮制,严州干菜鸭名气也就越来越大,成为了浙江一道名菜。

还有一个典故则与乾隆皇帝有关。相传,乾隆下江南,途经严州时,正遇渔夫被一伙强盗抢劫。乾隆皇帝命手下前去解决,完事后已过午餐时间,大家都饥肠辘辘,好不容易找到了一家小馆子。由于饭时已过,馆子内只剩素菜,于是老板就杀了家养的唯一一只鸭。由于时间很紧,当时又是鸭子换毛季节,鸭毛不容易拔脱。馆子大娘急中生智,把黑色的干菜往鸭身上一撒,放进锅子里蒸。蒸熟后,香味扑鼻,连做了几十年厨师的老板都没有闻到过。鸭子味道鲜美异常,肥而不腻,乾隆皇帝吃后龙颜大悦。后来,乾隆回到皇宫后,仍然念念不忘"严州干菜鸭"的美味,令御厨烹制,却不得其法。宫廷的厨师特意不远万里寻访了老板娘,求教了干菜鸭的制作方法。这件事一传十、十传百,流传得越来越广。严州干菜鸭经乾隆皇帝的推崇和各地商贾的传播,名扬四海,被誉为"古严六县名菜之首"。

地址:浙江省杭州建德市新安东路 427 号

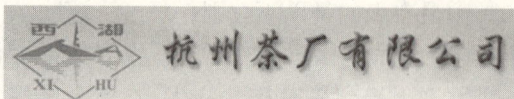

杭州茶厂有限公司   西 湖 牌

"西湖牌"的品牌所有者为杭州茶厂有限公司,其前身是浙江省杭州茶厂,创建于 1949 年。

杭州茶厂主要产品有龙井茶、花茶、红茶、杭白菊等,"西湖"是企业拥有的著名商标,茶叶原料来自国家原产地保护区,芽叶细嫩,茶味浓郁,品质优异,素以"色翠、香郁、味甘、形美"而享誉中外,不仅在国内市场上享有较高的声誉,还远销东南亚、非洲等国家和地区。

西湖龙井一直是居于中国名茶之首的。拥有多年专业生产经验的杭州茶厂有限公司在龙井茶加工、质量保证、品牌塑造、销售网络等方面都具有较强的实力,优势在同行业中也是非常明显的。公司经营网点较多,如延安路门市部、西湖茶社、绿茗茶社、灵隐门市部等,另外还和一些实力很强的饭店、宾馆、超市等建立了良好的合作关系。"西湖牌"特级龙井茶曾两度荣膺金质奖,这是国家茶叶类产品的最高奖,同时还多次荣获省部级优质产品称号。"西湖"牌是首批使用"龙井茶原产地域产品"专用标志的品牌。

戎 彦 摄

"西湖"牌获得了很多的奖项和权威认证。2001 年,"西湖"牌龙井茶被批准成为杭州市首批西湖龙井茶专卖品牌。2002年,杭州市政府授予杭州茶厂有限公司门市部、西湖茶社杭州市首批"购物放心店"称号。也是在这一年,经过浙江省龙井茶原产地域产品保护办公室和国家质量监督检验检疫总局的批准,"西湖"牌成为杭州七家第一批使用龙井茶原产地域产品专用标志的保护品牌之一。2003年,"西湖"牌龙井荣获"杭州市名牌产品"称号,同时还受到了市政府的表彰。2004年,消协授予西湖茶社和门市部"消费者信得过单位"称号。2005年公司产品通过ISO9001：2000质量体系认证。2006年,成为茶叶行业首批获得QS即全国工业产品生产许可证的企业之一。2010年上海世博会之前,西湖牌龙井顺利通过世博会的层层审核,成为上海世博会的特供名茶。

地址：浙江省杭州市凯旋路58号

工美

工美是工艺美术的简称,通常指的是美化生活的用品和造型艺术,把美巧妙融入实用性中,实用为主,但具有很强的审美价值。工艺美术有日用工艺和陈设工艺之分,日用工艺是经过装饰加工的生活实用品,陈设工艺是专供欣赏的陈设品。它是因人们的实际生活需要而产生的,与人们的日常生活有着密切的关系。

杭州市是浙江省乃至全国工艺美术产品的重点生产基地,以技艺精湛、品种丰富、独具民族神韵及地域特色而享誉国内外,是中华工艺美术宝库中的璀璨明珠,也是杭州作为文化名城的一个重要组成部分。

杭州的工艺美术产品在产品结构和服务方向上做了很多工作,产品升级换代,拓展深度和精度,运用新工艺和新材料,增强了市场竞争力,立足为其他行业服务,跳出"自我循环"的模式,面向国内外市场,获得了更大的发展空间。

王星记 ®

王 星 记 [1]

中国扇文化历史悠久,底蕴深厚,一直都被誉为制扇王国。我们的祖先在远古时代炎热时节,用植物叶子或者禽类羽毛等加以简单加工,用来遮挡太阳,引来凉风,所以扇子也有"障日"的称谓,这就是扇子的起源。经过几千年的发展演变,现在我国的扇子已经多达几百种,不过总体来看有不能折叠的平扇和能折叠的折扇这两大类别。

南宋时候,我国扇子制作就已经有了较大的规模,各地也因为材质等的不同而形成了各具特色的扇子,比如川扇、苏扇、岳州扇、奥扇、金陵扇等等,而其中以杭扇最负盛名。杭州一直都是我国制扇的中心,历来就有"杭州雅扇"的说

---

[1] 参考资料来源:王星记官方网站,http://www.wangxingji.com/index.php? lan=gb

法。杭扇还是五杭(杭线、杭剪、杭粉、杭烟、杭扇)之一,与苏州团扇、湖州羽毛扇共誉为中国三大名扇。杭扇在北宋时期就已经非常有名,到了南宋更是获得了空前的发展。宋王朝迁都杭州以后,象征都市繁华的制扇业也如鱼得水,能工巧匠都聚集到这里,形成了蔚为壮观的长达一公里多的扇子巷,制扇作坊和扇子店铺都在这里。吴自牧在《梦粱录》中记载:杭城大街买卖昼夜不绝,扇子品种应有尽有。到了清朝中叶,"杭州经营纸扇者总计有五十多家,工人之数达四五千人"。从那时起,杭州扇子就与杭州丝绸、龙井名茶齐名,号称"杭州三绝"。

杭州兴忠巷有座扇业祖师殿,据扇业会馆碑文记载,祖师殿创建于清光绪十四年(1888年),当时勒名捐助者有139户,祖师殿神位上供奉的先辈以制扇著名的老艺人有462人之多[1],可见清代杭州制扇业的兴盛程度。

素有"扇子总汇"、"中国扇业之王"之称的杭州王星记扇庄,由制扇名匠王星斋创建于清代光绪年间的1875年,初名王星斋扇庄。王星斋出身于三代扇业工匠之家,受家传熏陶,20多岁时就成为杭州制扇业中一砂磨名匠。砂磨是制扇工序中至关重要的一环,这从扇业中的老板百分之八九十是砂磨工出身即可见。学成以后,王星斋在杭州三圣桥河下钱部记扇子作坊做工。作坊附近有一家贴花制扇作坊,店主是陈盖斋,这个作坊当时为非常有名的舒莲记扇庄加工制作高级泥金花扇。手艺好人又勤快的王星斋非常受陈盖斋的喜爱。后来,陈招王星斋为女婿,把长女陈英许配给他。陈英非常擅长泥金扇的贴花洒金,后来王星记的很多花式黑扇珍品多出自她之手。夫妻两人在父亲的帮助下开设了一家小小的扇子作坊,本着"精工出细活、料好夺天工"的原则,他们以精巧的高级产品站稳了脚跟。

之后业务不断扩展,1893年前后,在上海城隍庙开设了一家季节性扇子店,后来迁到了南京路;1901年则在北京开设了扇庄,产品远销京津地区。当时知名度较高的北京荣宝斋、天津华锦成都是王星斋的老顾客。这个时候扇庄职工人数较多,北京的扇庄还设立了批发。此时,扇庄与张子元扇庄、舒莲记扇庄并称为杭州三大扇庄。陈英铲贴的泥金"满斗"式花扇还曾被选为"贡扇",受到很多上层人士的欢迎。

王星斋扇庄蓬勃发展的时候,正好是对手舒莲记扇庄鼎盛时期,舒莲记创始人舒青莲看到王星斋扇子在北京受到达官贵人的青睐,就利用自己名气大、历史久和资金雄厚的优势展开针锋相对的竞争。他一方面利用关系控制杭州几家著名的扇子作坊,另一方面努力取得清朝廷官方的支持,为此经常宴请名

① 赵大川:《杭州老字号系列丛书——百货篇》,浙江大学出版社2008年版,第167页。

浙江老字号

流,还捐银买官,最终确保了官府用扇的垄断地位。王星斋于是不得不改变生产品种,转向普通市民使用的黑纸扇。浸水不变形的黑纸扇非常经久耐用,格外受市场欢迎。当初不曾想到的是,为求生存而生产的这种黑纸扇,后来竟然成为了王星记扇庄传统名扇中的一个最主要的产品。

宣统元年(1909年),王星斋病故,那个时候他的子女都小,陈英带着11岁的儿子王子清去北京料理王星斋后事以及北京的业务。陈英一一拜访了王星斋多年的老顾客如北京的荣宝斋、天津的华锦成等,请他们帮忙,得到应允。等到王子清十四五岁时,就在北京继承了父亲的扇庄业务。

民国以后,供应宫廷和士大夫玩赏的杭州名扇逐渐走向了衰落,又由于日本半机械化扇子的倾销、低价的湖南白纸扇等,杭州扇业整体状况都不乐观,王星斋、舒莲记都很不景气。王星斋扇庄和作坊勉强维持,王子清一度在北京东安市场开了一个王星记小绸庄,在债台高筑、困难重重的情况下,度过了一个艰苦的阶段。

1927年之后,借助工商业复苏的契机,王子清努力重振父业。他研究国际畅销的日本和法国扇子的特色,改进自己的产品,还认真分析国内市场的变化。同时他认为,在国内经济中心南移的情况下,要想重振扇业旗鼓,就必须在著名扇子产地——杭州设立门市,还必须和舒莲记展开竞争并把它压倒,否则业务很难开展。于是,王子清就在杭州太平坊大街租了店面,正对着舒莲记扇庄。店名要避父亲的讳,于是,取名为"王星记",在1929年春天正式营业,以"三星"为注册商标。王星记在店铺布局装潢、广告宣传和服务方面做了很多努力,"王星记"扇子逐渐深入人心,家喻户晓。

1929年,利用杭州西博会的契机,王子清挑选了很多精致的名扇参加西博会,还编印了王星记名扇品种价目专册,扩大宣传,同时采取了雇佣翻译接待国外客户、介绍提佣等很多方式。王星记的扇子不仅在西博会上被抢购一空,还由此打开了外销道路。诸多的措施让王星记生意越来越好,甚至超越了"老大"舒莲记扇庄,有了"扇子总汇"的美誉。这之后,王星记在杭州众多扇庄中脱颖而出,成为杭扇的代表者。

到1936年的时候,王星记扇子已经抢占了大部分市场,杭州从事扇业产销者仅剩11家。抗战爆发以后,很多扇庄停业,王星记部分生产场地迁至绍兴银水桥,之后又迁绍兴柯桥,再把门市部迁到上海,在南京路租了一个门面。因为战争,出口停顿,内销阻滞,王星记巨额亏损。王子清调查了上海各阶层使用扇子的情况,看到女士用扇的单调,就设计制造了各种花色扇子,选料考究,薄利多销,同时销售其他各地的名扇,多种方式克服了资金周转的困难,业务好转。

抗战后期,日本扇子进口少,本是王星记很好的发展机会,但是王子清致力于垄断和投机,囤积了大量檀香,还进行布匹、棉纱等的投机生意,扇庄业务居于次要地位。王子清暴利致富,把全部资产移往香港,上海和杭州扇庄仅留躯壳,交给儿子王雄飞维持。到杭州解放的时候,王星记只剩下五名职工了。

1952年,舒莲记、马学记资不抵债,王星记就成为了杭扇唯一留存的传承者与代表。1956年,王星记公私合营。1958年,成立了王星记扇厂,厂址在义井巷,广泛向社会招收失散的制扇艺人,还在繁华的滨湖路开设了门市,恢复了"三星"商标,王星记扇业得以传承。到1959年的时候,扇子品种增加到10种,恢复了停产多年的几种工艺扇。1965年迁址杭州解放路。"文革"打断了王星记的发展,1966年,王星记改名为杭州东风扇厂,很多传统工艺被归为"封资修",门市被销毁。到1977年才又恢复原名,进入新的发展阶段。

王星记扇庄著名的工艺美术师朱念慈先生以擅长在黑纸扇上写真金粉书而闻名,1982年首创真金微楷《唐诗万字扇》在美国世博会上引起轰动,1983年又创《唐人绝句千首扇》震惊了香港。

1983年,王星记实行全国第一个厂长承包合同制。1990年,和天工艺苑联营。1994年的一场火灾让王星记损失惨重,之后在解放路上消失。因为城市建设需要的几次搬迁,也让这家老字号元气大伤。

2000年,王星记改制成为杭州王星记扇业有限公司,从产品、技术、营销等几个方面进行创新,揭开了企业发展新的篇章。

2005年,王星记位于下城区长板巷的新厂区规划为集生产、演艺、观光、文化交流于一体,以企业文化旅游带动自身和杭扇的发展。

王星记制扇技艺汇集历代工艺和技法,产品种类非常丰富,已经拥有15大类400多个品种3000多个花色,被称为"扇子王国",也是我国唯一一家综合性的扇子生产基地,还被确定为全国首批旅游商品定点生产企业。王星记不仅仅集中于生产,陈列展示、接待演艺等功能都被充分开发出来。王星记在求新求变和丰富扇子文化内涵上一直不懈努力,近几年,每年产品和花色的更新都占到总量的30%,还在包装上加入了很多时尚的元素,扇子更是融入书画、文学、戏曲等元素,极大提升了其文化价值。

值得一提的是扇面书画,这是中国独特的艺术形式。扇子既是日用品,又是工艺品,而一把普通的扇子,上面如果有名人的书画,立刻就身价百倍,雅趣横生。浙江扇面书画历来就非常发达,有不少传世之作。王星记外请名人的同时,自己还拥有数十名书画艺人,这些艺人技艺精湛,诸多元素都可以入画,书法也是各种书体兼具。朱念慈老艺人从20世纪50年代就开始用真金书写扇画,是中国微书纸扇的创始人,他先后在扇面上书写出《千字文》、《金刚经》、《西湖诗词》、《唐诗二百首》,还创作了唐诗万字扇等。青年艺人金岗竟然在一把纸扇上写下"四书"(即《大学》、《中庸》、《论语》、《孟子》)全文,共 57430 个字,是当今世界字体最小、字数最多的纸扇。这样的纸扇文、字、扇融于一体,是扇中极品。

王星记以"中高端路线,纯手工打造"作为自己的定位,实现差异化竞争的同时,也能够保证较为高额的利润,也让王星记这块杭扇和中国扇响当当的招牌更加闪亮。

中国制扇业产量最大、花色最多的王星记所获得的奖项和称号也数不胜数:浙江省首批传统工艺美术保护品种、杭州市首批社会旅游资源访问点、浙江省和国家非物质文化遗产保护名录、浙江省非物质文化传承基地、浙江省著名商标、浙江省名牌产品、浙江省知名商号、"中华老字号"(制扇行业唯一一家"中华老字号")、浙江市场最具活力"老字号"金牌企业、浙江旅游商品金名片等等。

王星记主要产品

王星记以其独特的传统工艺、丰富的产品类别、一百多年的金字招牌构建起了灿烂的"扇子王国":有"一把扇子半把伞"美称的黑纸扇,典雅端庄的白纸扇,清香宜人的檀香扇,气宇非凡的挂扇……数不胜数,让人惊叹扇文化的博大精深。

黑纸扇

这是王星记产品中最有名的,是精品扇中的精品。扇子中本来就有"苏白杭黑"的说法。王星记的创始人王星斋就是制作高档黑纸扇的磨砂高手,他的妻子陈英擅长黑纸扇贴花和洒金,两人携手制作的黑纸扇多次进贡朝廷,所以黑纸扇又有"贡扇"之称。

黑纸扇扇骨取材桂林的棕竹,扇面是浙江天目山纯桑皮纸涂刷数层诸暨产高山柿漆,采用纯手工制作,经过了制骨糊面、摺面、上色、研磨、整形等多达将近 90 道工序,这样制成的成品才能达到雨淋不透,曝晒不翘,纸不破,色不褪的效果。所以黑纸扇有着"一把扇子半把伞"的美誉。

白纸扇

白纸扇是王星记折扇中的重要品种,近年来,王星记不断创新白纸扇技艺,运用了诸如雕刻、镶嵌、镂空等多种方式。当然白纸扇最为精彩的还是扇面书画艺术,曾有无数名人为王星记白纸扇题字作画,比如齐白石、潘天寿、黄宾虹、朱屺瞻、沙孟海、吴弗之、诸乐三、黄胄、程十发、唐云、张宗祥等,有不少佳作传世。

檀香扇

檀香扇是王子清吸收日本和法国扇子的长处,在 1920 年研制成功的,还以西湖风景命名,为王星记扇子创立了一个独立的品种。檀香扇扇面、扇骨都采用檀香木,香味长存。

绢竹扇

这一类别的扇子是王星记在 20 世纪 30 年代为杭州另外一家老字号都锦生所创立的,后来成为王星记产品中重要的一类,可谓是集合了两大杭州精华于一扇。进入 21 世纪后,这类扇子还创新了扇骨绘图,配时装尤其受女孩子的喜爱。

宫团扇

宫团扇又名纨扇、合欢扇,历史比折扇还要长。宫团扇的材料主要是扇面丝绢,形状没有一定的规则,古色古香是其最大的特色,是收藏界较为青睐的品种。

舞台扇

舞台扇属于高级花扇,被称为杭扇一绝。舞台扇分戏剧用扇、舞蹈用扇、评弹用扇及魔术用扇等。除了在扇面上洒金贴花或大柄包漆,务必鲜丽夺目外,也可以根据客户需要或剧情定制。20 世纪 30 年代,梅兰芳大师在《贵妃醉酒》中使用的扇子就是王星记制作的。

扇子一般都是正反两面,而王星记舞台魔术扇则可以呈现三种扇面。这种技艺被用于奥运旅游纪念品的设计,三个扇面分别是京剧脸谱、国宝熊猫和"北京欢迎你",别有情趣。

此外,王星记还有屏风扇、象牙扇、白骨扇、羽毛扇等。

戎 彦 摄

地址:浙江省杭州市下城区长板巷 118 号

朱 府铜艺

中国铜文化也是源远流长的。这种坚硬金属的坚韧品性是最为人称道的：同一时期的铁制品锈迹斑斑甚至已经氧化消失了，铜依然完好，也因此，铜被赋予了富贵、豪华、庄重、温馨等含义，还有着"人类亲善金属"的美誉。

从夏朝开始，中国人便创造了辉煌的青铜文明。历史上就有"大禹铸九鼎"的记载与"问鼎天下"的熟典。在浙江文化史上，春秋时期越王邀请欧冶来越国铸剑，成为闻名天下的越王青铜剑。战国、汉至三国浙江是全国制镜中心，西汉会稽青铜镜远销海外，这些都是青铜文化的代表。南宋时期，大批铜匠进入绍兴、杭州，《康熙会稽志》卷六有盐、茶、锡、铜的记载；据商会统计，民国 34 年，绍兴有锡行、铜锡店 35 家，后增至 40 余家，当时，杭州的铜器店铺和铜匠担星罗棋布，大街小巷随处可见，周边形成了全国铜工艺品集散地。从雷峰塔地宫发掘的铜工艺品来看，当时绍兴、杭州铜手工业发达，市场繁荣。

民国早期电影纪录片资料中，绍兴鲁府嫁女，十里红妆，到处都是铜器的身影，大大小小，应有尽有，成为记录铜的珍贵镜头。

五千年青铜文化最有代表性的传承就是"朱府铜艺"。

"朱府铜艺"的传承与沿革：

第一代：朱雨相，绍兴石灰桥畔开创"朱府义大铜铺"；

第二代：朱宝堂，绍兴北后街开创"朱府瑞昌铜店"；

第三代：朱德源，杭州浣纱路开创杭州第一家个体书画社"西湖字苑"（又称"朱德源书画社"）；

第四代：朱炳仁、朱炳新等办起了杭城最早的铜装饰店之一——金星铜铜字装饰部，并发扬光大为"金星铜世界"，开创了"朱炳仁铜雕"；

第五代：朱军岷掌管杭州金星铜工程有限总公司和浙江朱炳仁铜雕艺术博物馆。

"朱府铜艺"始创于清朝同治末年(1875 年)，发源地是绍兴。

坐落在绍兴光相桥畔的朱家台门是气势显赫的名门大宅，不愿进入仕途的朱雨相和三弟朱庆润在父母的帮助下开设了"义大"铜锡店，店址在绍兴石灰桥下。店铺手工制作铜牌、铜字、铜壶、铜碗、汤锅等各种铜器，朱雨相由此成为"朱府铜艺"第一代传人。据传，朱雨相和当年南浔首富张静江是世交，现在南浔古镇小莲庄博物馆内还收藏着见证他们友谊的铜杆秤。朱庆润则非常喜欢书法，"朱府义大铜铺"招牌就是他写的，后来他成为了有名的书法才子。

朱雨相则一直坚持自己的工艺生涯，完成了很多精美实用的铜制品，店铺秉承诚厚信义的宗旨，方圆数十里嫁娶喜庆的铜器大多来自朱府义大铜铺。

朱保堂从其父朱雨相手中接下铺子，决心发扬光大，店名改为"朱府瑞昌铜铺"，迁址更为热闹的北后街，扩大经营，开设分店。凭借着货真价实，"朱府铜艺"名气越来越大。

第三代传人朱德源在书法方面有着颇深的造诣，杭州著名寺庙和全国很多著名景区都有他题写的书法牌匾，但是，由于时代原因，铜铺已经无法继续经营，恢复朱府铜艺也成了朱德源未了的心愿。朱德源把铜艺和书艺传授给了朱炳仁，后来他们把字做成铜字铜招牌，才重新回归到铜的领域。

朱炳仁从小耳濡目染铜艺真经，在丁当的打铜声中，他度过了自己的童年。随着战乱的来临及铜材的紧缺，铜铺不得不歇业。七岁的时候，朱炳仁随父亲迁居杭州，一直到改革开放以后，才开设了专门做铜字招牌的"金星铜"店，一步步稳步拓展，逐渐发展成为铜装饰业内独树一帜的领军企业。而朱炳仁也从为铜门铜窗设计装饰开始，逐渐成长为一代铜雕艺术大师。

1985年，原有的"金星铜"装饰部规模太小了，于是朱炳新率众人搬到杭州宝石山下，开始了"金星铜"的第二个发展阶段。"金星铜"不注重批量，但注重工艺性和美观性，还解决了铜容易氧化的难关。朱炳新有一手绝活，就是做的铜牌几年后还是光彩照人，找他做铜牌的人络绎不绝。1987年，朱炳新到深圳发展，特区的优势让金星铜世界很快打开了局面，完成了深圳国贸大厦、深圳宾馆等工程之后，也在深圳建立起了很高的知名度。1987年5月4日的《深圳日报》在头版刊登了题为"杭州金星在深圳闪闪发光"的报道。之后，金星铜世界在国内外名气越来越大，被誉为中国铜业第一家。

朱炳仁善于对传统铜雕艺术进行挖掘和研究，打破了铜雕"重刻轻雕"的传统制作方法，并总结出"朱府铜艺"七大祖传绝活，使该工艺突破了书画禁忌，真正做到"书、画、刻、雕、锻、铸"六位一体，开创了杭州铜雕发展的新局面，作为新一代杭州铜雕的传承人，他继承了"朱府铜艺"的铜雕技艺，从工艺和理论两个角度，对发展杭州铜雕工艺起到了积极作用。

朱府铜艺第四代传人朱炳仁除了继承祖辈的技艺和书法外，还把绘画、雕塑、书法综合运用于铜艺，创制了很多传世佳作。

朱炳仁在铜雕技艺领域取得了重大成就，他一人独揽了当代中国十大铜建筑的设计与制作工作，拥有60多项国家专利，参与了几十项大型铜建筑工程，建立了国内唯一的铜建筑艺术标准和体系，作为中国铜建筑的创始人和奠基者闻名海内外，被誉为"中国铜雕王"。2003年，他设计制作了一座精美的全铜单孔实用桥,命名为"涌金桥",由于中外桥梁史上都没有有关铜桥的记载,所以涌金桥被誉为"中华第一铜桥"。朱炳仁铸造了价值连城的中华铜雕文化三宝:杭州灵隐铜殿、无锡灵山的百子弥勒、西安大雁塔唐玄奘求法图,其中杭州灵隐铜殿被载入"吉尼斯世界之最";朱炳仁还创造了世界现代铜雕工艺三经典:北京人民大会堂香港回归铜雕门、上海金茂大厦铜装饰、APEC会场的百幅铜壁画;高达47米的桂林中华第一铜塔、举世无双的杭州雷峰塔、102米高的上海展览中心金铜塔的建造,使朱炳仁赢得了"当代鲁班"、铜建筑之父和铜雕王的称号。杭州灵隐铜殿、桂林铜塔、杭州雷峰塔被称为中国现代铜建筑的三大开山之作。峨眉山金顶、铜殿是国内外最大的铜建筑群;杭州钱王祠铜殿是中国台基面积最大的铜殿;西湖龙凤铜船是中国第一对铜画舫……

以铜为载体的书法壁挂也让人称绝。1996年,朱炳仁为北京人民大会堂制作香港回归铜雕门,他把八幅启功先生的书法制作成高2.5米、宽1米的铜书壁挂,由此开始了自己的铜书壁挂创作历程。朱炳仁在多层次锻刻铜浮雕艺术、紫金刻铜雕艺术、现代铜书艺术等方面都有着开创性的成就,他独创的"熔铜艺术"与"铜书艺术"在当代艺术领域也占据着独特的位置。

朱炳仁倾尽所有在杭州清河坊建造了两千多平方米的中国首座江南铜屋——朱炳仁铜雕艺术博物馆,这成为中华铜文化又一标志性创举。2007年2月15日,这座完全用铜建造的博物馆开馆迎客。

联合国开发计划署在21世纪封面人物论坛专著中称:"人类的事业中,数艺术最为经久不衰;艺术的门类中,数铜雕最为亘古不变;铜雕艺术大师中,朱炳仁先生当之无愧为一代宗师。"

20多年中,朱炳仁家族为中国铜艺术事业开创了无数个第一:

制作了中国首部金属书《共同的心愿》。这是为迎接澳门回归和纪念香港回归两周年而出版的纪念性书籍,书页以0.3毫米薄黄铜制作,镀24K金,全书68页,重量达到9.9千克,配上镀金铜包装盒,全球限量1999部,被称为不朽的"世纪之书"。

完成了中国第一铜塔雷峰塔的重建。雷峰塔高72米,总用铜量达280吨。其中覆瓦全部由青铜铸成,共计3500平方米,色泽是稳定的黑古色;斗拱与梁柱的主体色彩为中国传统富贵红,并用刻铜工艺制成宋式图案花纹,整座建筑中斗拱达350只,由1万3千个部件组成,成为中国甚至世界之最的彩色铜刻雕建筑。

打造了中国第一座铜桥"同源桥"。铜桥长10米,宽2.3米,重达80吨。"同源桥"三字由赵朴初书写,桥上108个罗汉,浮雕奕奕生辉。2007年,由大陆佛教协会代表将其赠送给中台禅寺(西湖灵隐寺与台湾中台禅寺结为同源禅寺)。

一项项的纪录被"金星铜世界"创造了，一个从绍兴走出来的"朱府铜艺"发展成当今国内首屈一指的大型铜艺企业，享誉海内外，作为"中国铜业第一家"的"金星铜世界"用一项项经典杰作构建起魅力四射的铜文化天堂。

　　朱府铜艺——朱炳仁铜雕与都锦生丝织、王星记扇业并称为"杭州三绝"。

　　2006年，"朱府铜艺"因世代传承、历史悠久，具有鲜明的中华民族传统文化背景和深厚的文化底蕴，取得社会广泛认同和良好信誉，成功加冕国家商务部首批"中华老字号"殊荣。"朱府铜艺"也是铜艺领域唯一的"中华老字号"。以"朱府铜艺"和朱炳仁铜雕为核心的"杭州铜雕"，已列入国际和浙江省非物质文化遗产名录。

戎彦摄

地址：浙江省杭州江城路889号香榭商务大厦4E

日用品

日用品是人们日常使用的物品,很多是生活必需品,种类多而杂,这一领域的品牌也非常多,因此日用品领域要做百年老店非常不容易。

张 小 泉

"北有王麻子,南有张小泉",创始人的父亲张思家是徽商,他曾在芜湖学到了精湛的制作剪刀的手艺,后来带着儿子张小泉在黟县开设了一间剪刀铺,自产自销,产品很受欢迎,当时杭州民间使用的很多剪刀都是从皖南贩运来的。

明崇祯年间(1628年左右),张小泉带儿子张近高逃难来到杭州,在吴山北麓大井巷一块空地挂出"张大隆"招牌,选用龙泉、云和等地的好钢打造刀剪。当时这里是杭州的商业中心,张小泉制作的刀剪锋利耐用,生意十分兴隆,于是就有人冒用"张大隆"的牌子。清康熙二年(1663年),张小泉把"张大隆"牌子改成自己的名字"张小泉","张小泉"即由此而来。丁立诚《武林市肆吟》有诗:"利似春风二月天,掠波燕子尾涎涎。并州新样张家好,门对吴山第一泉。"不过,使用了"张小泉"以后,仿冒者反倒更多了。

张小泉去世以后,儿子张近高继承父业,面对猖獗的仿冒,张近高在"张小泉"三个字下面又加上了"近记"两个字,以示区别,维护自身利益,但是仍然没有办法遏制仿冒。

张近高的儿子张树庭继承以后,乾隆南巡到杭州,微服私访,到剪刀店买了剪刀,事后责成浙江专办贡品的织造衙门进贡张小泉近记的剪刀作为宫廷用剪,此后生意更加兴隆,而仿冒也日趋严重。之后,张树庭家业传给儿子张载勋,张载勋的儿子张利川以及张祖盈的父亲张永年时期,同业仿冒遍及全市。"张小泉"从创始一直到张利川都是子承父业,店主也都是师傅、工头、业主三位一体的。

张利川在光绪二年(1876年)的时候去世,当时儿子张永年年幼,企业由母亲孙氏掌管,这时候店铺员工学徒共有七八十人。当时炉灶师傅经常出次品,孙氏解雇了炉灶工徒。这些人有的自设炉灶和工场,有的转投别家,张小泉近记则向各炉坊收购坯剪,自己店里出去的工徒作坊优先收购,这些工徒作坊的刀剪都是先由张小泉挑选,剩下的再给别家,张小泉由此稳定了质量和来源。孙氏在光绪十六年(1890年)趁钱塘县正堂束允泰每月初一和十五例行到城隍山进香之时,拦轿控告别人冒牌,之后,得到官府批准,在"张小泉"招牌上加"泉进"两个字,钱塘知县还颁布告"永禁冒用",刻石碑立于店门。到了宣统元年(1909年),张祖盈把"云海浴日"的商标送到知县衙门,转报"农商部"注册,有"泉近"字样,这应该是杭州最早的商标轶事了。只是,尽管有诸多努力,但不断有人以同音不同字打出招牌。

民国时期,在大井巷一带,冠有"张小泉"的剪刀号居然达到了9家,除了近记外,还有大荆记、鑫记、阴记、丁记、鼎记、靖记、锦记、长记,很多家都标榜自己是正宗。就连上海、南京、苏州等地也有很多"张小泉"剪刀号。

张小泉的传人张祖盈,1890年生于杭州,1910年执掌张小泉近记,此时张小泉已经成为杭州响当当的品牌。1910年,张小泉剪刀在南洋第一次劝业会上获得银奖。1915年,在美国旧金山举办的太平洋万国博览会上获得铜牌奖。从此,张小泉剪刀不仅在南洋一带生意年年增加,还畅销国内赣皖湘鄂川等省,甚至远销欧美。当时平均每月门市销售达一万多把。1917年,张祖盈在上海发现理发剪镀镍非常美观,就和师傅积极研究,还把坯剪脚由原来的细方形改为粗圆形,外观更为美观,非常受欢迎,还得到了当时北洋政府农商部第68号褒状。张祖盈在大井巷修建了镀镍工坊。1925年,邻家一场大火烧毁了店堂和工场,后修复,但已经元气大伤。

1926年,张小泉近记剪刀在美国费城的世界博览会获得银奖章,为了迎接1929年杭州的西湖博览会,张祖盈大做广告,除了报刊外,还有很多户外广告,有霓虹灯广告、市内公共汽车广告牌、郊外长途汽车广告牌等,张祖盈还继续推行剪刀包退、包换、包修的"三包"制度。1929年,在首届西博会上,张小泉剪刀非常抢手,中外客商争相订购,产品荣获首届西博会特等奖的最高荣誉。当年张小泉剪刀产量达到160万把,创历史最高记录。

1937年,日军侵占杭州,张小泉被迫停业。抗战胜利后重新开业,但规模只有1930年以前的三分之一。又由于国民政府发行的"金圆券"不断贬值,很快就亏损了五万把剪刀,不得不宣告停业。据1947年的《浙江经济年鉴》,张祖盈在改组后的杭州商业剪刀同业公会中担任负责人,下辖31个商号,会员人数有122人。

　　1949年1月，张祖盈的张小泉近记全部租给张小泉双井记老板许子耕，两个竞争数十年的对手开始为张小泉共同努力，可惜复业仅四个月就又陷入绝境。杭州解放后，1949年11月1日，杭州市工商业联合会筹备会成立，张祖盈是成员之一，他因为年龄原因慢慢淡出剪刀业，直到1979年病逝。解放后，由于人民政府给予低息贷款、供应原料、订购包销等帮助，张小泉获得新的发展。

　　1952年5月，杭州市政府以"张小泉"为基础，把分散的作坊组建成五个制剪社。毛泽东主席在《加快手工业的社会主义改造》一文中特别指出："提醒你们，手工业中有许多好东西，不要搞掉了。王麻子、张小泉的剪刀一万年也不要搞掉。我们民族好的东西，搞掉了的，一定要来一个恢复，而且要搞得更好一些。"1956年，筹建杭州张小泉剪刀厂，厂址在杭州大关路33号，也就是现在张小泉集团有限公司所在地点。

　　"文革"期间，张小泉改名为"杭州剪刀厂"，被视为"四旧"，受到破坏，产量急剧下降。

　　到了20世纪八九十年代，张小泉和许多老企业一样面临着很多问题，机制、观念、设备、技术、品牌等等，企业的发展在此时进入艰难的阶段。

　　到了1999年，企业销售业绩严重萎缩，资金周转困难，现任掌门丁成红来到了张小泉。他从销售入手，一家家跑，整改混乱的市场，统一了价格，收回应收款项，还调整了销售人员结构，查处假冒伪劣。近半年，销售额就增长了30%。丁成红新官上任的三把火是：用回流款还清了拖欠职工的住房公积金近百万元；为每一位在职职工加工资一级；对租用张小泉房屋多年却没有支付过一分钱租金还白用水电的大酒店进行了起诉，法院判决酒店逐月还清欠款。

　　2000年，张小泉改制成为有限责任公司，为向现代企业制度转变走出了关键性的一步。这中间遇到了很多困难，曾经的改制方案职工代表基本没有人举手赞成，后来丁成红请教了很多改制成功的同行和专家，最终方案全票通过。敬业的丁成红有着先进的管理经验，任人唯贤，把职工利益放在首位，不断为保护这个老字号品牌做着不懈的努力，他以最高得票蝉联两任董事长、总经理。

　　虽然张小泉在国内市场覆盖率达到90%以上，市场占有率40%以上，每年有36%的产品出口，位居同行首位，进驻了很多知名大卖场，品牌身价高涨，但是丁成红还是吸取很多老字号的前车之鉴，不断进行着技术革新、开发新产品，以跟上市场的发展。

　　2007年，富春集团战略控股张小泉，这家拥有350年历史的"中华老字号"企业正式成为富春控股集团旗下的子公司。公司大力着手销售通道建设、品牌整合、国外设备引进、流程再造、人才招聘等方面的工作，使张小泉向更持续、快速、健康的方向发展。之后几年，张小泉以资本运作的手段，整合国内外有效资源,迅速提高自身实力,形成核心竞争力,提升产品档次,增加产品门类和提高国内外的市场占有率;在品牌建设上,以优秀的品牌形象设计、品牌推广规划为突破,以整合国内"张小泉"资源为契机,重塑"张小泉"形象;在制造上,以提高核心竞争力为中心,建造一流的生产厂区,引进国际一流的生产设备,培养一流的员工,导入一流的管理模式,生产出一流的刀剪五金产品;在市场营销上,以建立一流的营销策划部门为先导,以提升渠道价值为目的,以终端直销为突破,创建一流的营销体系;在研发上,以打造国内第一刀剪五金企业为目的,建立一流的刀剪五金研发中心;在管理上,结合本企业实际,导入先进的管理方法,建立高效低耗的运营体系。

"厚重的历史与灵活的机制嫁接,将创造出怎样的局面? 控股集团之后,在杭州周边征地300~500亩,建立一个以'张小泉'为龙头的五金产业园区;并通过3~5年的时间,力争在地级市开办300~500家'张小泉'专卖店。"①

对于收购张小泉,张国标是这样认为的②:"随着企业的发展,我越来越感到,目前我们的产业太依赖大自然资源,太依赖于城市建设提供的机会。这些行业随着政策的调整、资源环境的变化而变化。富春的宗旨是要做'百年老店',因而必然关注人类永远需求、行业永远朝阳的产业。"新任董事长张国标承诺了三件事情:建好张小泉的先进生产基地,完成整体搬迁事宜;把剪刀博物馆办好;把张小泉做强做大,成为国际一流的刀剪生产基地。

另外值得一提的是,张小泉在发展历程中,一直面临着打击假冒伪劣的艰苦工作,张小泉的发展历程也是一贯的品牌保护历程。而品牌保护是我国很多老字号比较薄弱的环节,亟待加强。从1997年开始,"张小泉"就已经申请了各类设计专利80多件;"张小泉"还在国内进行了包括图案、拼音缩写、英文、汉字组合等多类别系统注册,在法律上保证了对"张小泉"商标的所有权和专用权。而从1993年开始,张小泉也先后在其他国家申请注册了"KOTT/张小泉"组合商标,受到国际法律的保护。2002年,"张小泉"商标获原产地注册保护,这也是全国刀剪行业唯一的原产地保护品牌。

张小泉的辉煌有无数的荣誉可以印证:1965—1988年,"张小泉"剪刀在全国剪刀质量评比中都摘得桂冠,成为中国刀剪业唯一的"五连冠";1979年,"张小泉"获国家质量银奖奖章,同年还被评为轻工业部部优产品。之后,"张小泉"被陆续认定为中国著名品牌、全国消费者信得过产品等。张小泉荣获的国家金

---

① 《"张小泉":百年老店梦续富春》,原载《浙商》,转引自浙商网,http://www.zjol.com.cn/05zjman/system/2008/04/11/009404701.shtml

② 《"张小泉":百年老店梦续富春》,原载《浙商》,转引自浙商网,http://www.zjol.com.cn/05zjman/system/2008/04/11/009404701.shtml

银奖就有十多次,而系统和地区的奖项更是多达 600 多次。1997 年,"张小泉"品牌荣获中国刀剪行业第一个驰名商标。2006 年,"张小泉"被重新认定为第一批"中华老字号",同年,"张小泉"剪刀锻制技艺被国家文化部列为第一批国家级非物质文化遗产。

有着 340 多年历史的"张小泉",如今活得还挺滋润,很重要的一点就是与时俱进,在继承传统技艺基础上不断创新。如今的张小泉已经成为我国剪刀行业中产量、品种、质量、销路都堪称"之最"的企业。张小泉剪刀有工业剪、农业剪、民用剪、旅游剪四个大类,规格多达 200 多种,多种不同用途、不同工艺、不同装饰的剪刀都能在张小泉找到。最大的料剪长达三尺六寸,最小的绣花剪只有一寸多长,很多上面都刻着精美图案。

张小泉品牌价值高达 4.31 亿元,浙商研究会有关人士认为[1],浙商是做品牌的高手,无论中国驰名商标还是中国名牌,浙商手里都最多。但是浙商创业毕竟才十几二十几年,这些品牌不缺知名度或者美誉度,缺的就是百年老店深厚的内在文化积累。如果老字号几代人讲述的"老故事"和浙商现代化的品牌经营理念结合起来,当代浙商成为老字号的新传人,相信会演绎出一个个比原版更传奇的新故事。

张小泉立下的"良钢精作"家训,300 余年来由其后人身体力行,成为张小泉企业文化的核心理念。张小泉曾有一句广告语:"三百年,唯有情感剪不断。"著名剧作家田汉也曾写诗赞美张小泉:"快似风走润如油,钢铁分明品种稠。裁剪江山成锦绣,杭州何止如并州。"张小泉有独特的文化内涵就是这家老店的核心竞争力。

"张小泉"年产量最高的时候曾达到过 4200 万把。半个多世纪以来,张小泉共生产刀剪达 8.5 亿把。

记录不尽的精彩

远在宋代,杭州剪刀就已经闻名遐迩,被列为"五杭"之一,即杭剪、杭扇、杭粉、杭烟、杭线。杭州地方清代风俗文献《杭风遗俗》里有记载,杭州特产有杭扇、杭线、杭烟、杭粉以及杭剪,前四件都有多种品牌,"剪刀店则唯张小全(应为泉,原文为此)而已"。传统民用剪刀是张小泉的起家产品,有"信花、山郎、五虎、圆头、长头"五款,靠镶钢均匀、钢铁分明、磨工精细、刃口锋利、销钉牢固、开合和顺、式样精巧、刻花新颖、经久耐用、物美价廉等十大特点称雄制剪业。张小泉发展历程中有着太多讲不完的故事、记录不尽的精彩,从中我们都能解读

---

[1]《"张小泉"欲打造国际品牌,1.2 亿易主富春集团》,原载《今日早报》,转引自中国经济网,http://zhlzh.ce.cn/news/lzhdt/200801/24/t20080124_14349672_1.shtml

出这家老字号独有的魅力。

张小泉剪刀制作共有 72 道工序,前面的 36 道工序是向其他炉灶收购质量上乘的胚剪。当年收购之后,张小泉会向对方发放金折儿、货款或是直接支付现洋,值得一提的是还可以发放钱庄软支票,上面盖有剪刀店和张祖盈私章,凭借这样的票就可到煤行、米行购物,张小泉店的信誉之高由此可见。

张小泉剪刀非常锋利,有剪绸不带丝、剪布干净利落的效果,曾有过两次知名度非常高的当众演示,一次是在全省刀剪产品质量评比会上,张小泉一号民用剪把叠在一起的五十层白细布整整齐齐剪开五次,每次都获得了成功,刀口毫发无损;另外一次则被香港一家广播电视公司用镜头记录了下来,仍然是张小泉一号民用剪,一次剪断 70 层白布无损之后又剪单层薄绸不带丝,足见其刀口的锋利程度。

2007 年 7 月 10 日,张小泉推出了"08 动感"奥运剪刀,剪刀把形似两个运动员争夺一只球,非常有动感和现代感,寓意着"举世欢腾庆奥运"。

"08 动感"奥运剪刀

张小泉剪刀的传说

传说有个张铁匠,为人耿直,因而开罪了村里的恶霸,只好举家搬到杭州谋生。一天,怀孕的妻子到泉边提水,不慎摔了一跤,产下男婴。因在泉边出生,便取名"张小泉"。

张小泉刚会走路的时候,就帮忙拉风箱,八九岁比砧子高出一点点的时候,就学习打小锤了。父亲把所有的技艺都传授给他,张小泉不仅全部掌握了,还有非常多的创新。他铸造的犁尖、锄头、菜刀等铁器都非常好用。

出生就和水结缘的张小泉每天都在火炉边出一身汗,所以少不了天天去河里洗澡,这也让他练就了极高的游水本领。

20 岁的张小泉娶妻生子,三个儿子长大之后都成了他的好帮手,全家人不仅手艺好,待人也很实诚,因此生意一直不错。

张家不远处有一口号称"钱塘第一泉"的深井,井水清澈甘甜,附近的人都靠这里的水生活。有一天,井水却突然浑浊,还散发着臭气,打上来的水又黑又浑,人们都不知道发生了什么。

一位百岁老人说起了小时候听老辈人讲过,这口井通钱塘江,江里有两条乌蛇,一千年来这里一次,在这里生小蛇。这次井水变浑浊,可能就是它们来到了这里。人们听了更觉得手足无措。

张小泉听了,想要去会一会乌蛇。他喝了雄黄酒,拿上大锤,系上绳子跳到了井里。井下角落里见到了两条乌黑发亮的像人的手臂那么粗的盘绕在一起的蛇,眼明手快的张小泉拿起大锤,直击蛇的七寸,把它们的脖颈砸得扁扁的。张小泉拎着蛇爬出了井,把它们往地上一摔,谁知发出一声巨响,原来经过千年修炼的蛇已经成了钢筋铁骨,因为交缠在一起才如此轻易地被除掉。没有了乌蛇的井水恢复了原样。

张小泉看着两条缠绕在一起的死蛇,受到了启发,绘制了图样,之后依照图样铸造剪刀,在蛇颈相交的地方安上一枚钉子,蛇尾弯过来做成把手,把蛇颈上面的一段敲扁,这把大剪刀被挂在店铺门前做了招牌。张小泉后来还依照这种方式打造出很多好用的剪刀出售。

张小泉除掉乌蛇制作剪刀的事很快传开了,剪刀有了防身辟邪的含义。后来人们发现剪刀在日常生活中非常好用,比如剪布料得心应手,后来就成为生活中不可缺少的日用品了。

地处钱塘的杭州有很多和龙蛇有关的传说,张小泉剪刀来历的故事也寄予着人们对张小泉勇敢和高超技艺的赞赏。

乾隆为张小泉"做广告"

民间传说张小泉最早出名是和乾隆南巡有关。据说清乾隆四十六年(1781年),乾隆皇帝第二次下江南到杭州,乔装游览的时候,不巧突然下起雨来,匆忙中走进了挂着"祖传张小泉剪刀"字样招牌的作坊。乾隆拿过剪刀,只见剪刀寒光闪烁,无比锋利,就买了一把带回皇宫,使用之后非常满意,亲自题写了"张小泉"三个字赐给张小泉剪刀铺。张小泉由此名声大振,以至于打出"张小泉"牌号的曾在同一时间多达86家,正是"青山映碧湖,小泉满街巷"。

传承人讲述300多年的手艺[①]

中国剪刀素有"北有王麻子,南有张小泉"之说,杭州"张小泉"剪刀的秘密在于历经340多年流传至今的72道传统手工锻造技艺。这项工艺被列入中国非物质文化遗产保护项目,"张小泉"手工锻造师施金水和徐祖兴被确定为遗产传承人。

"打铁摇船磨豆腐",在旧时杭州这三个行当是最苦的。施金水和徐祖兴都是因为小时候家里贫困才到剪刀铺做伙计,十几岁从学徒开始,吃了很多苦,经历了"三肩、死下手、活下手"几个等级,之后到了钳工才算学成出师。两人都成为了杭州剪刀业小有名气的人。

徐祖兴回忆,张小泉传统手工锻造工艺共有72道工序,其中第7道工序"镶钢"是张小泉独创。之前的剪刀都只用铁打成,张小泉则在剪刀的铁槽上嵌

---

① 参考资料:《"三百年"剪刀传奇的见证人》,转引自浙江在线新闻网站,http://www.zjol.com.cn/05culture/system/2007/07/06/008585829.shtml

进了"钢刃"，结合了铁的柔软和钢的锋利。这也成为了我国两千多年剪刀历史的一个重大革新。

施金水说，每一道手工工序都经过千锤百炼，制作人都付出了巨大的心血，比如钳手一天到晚都要用一只手钳牢剪刀，另一只则紧握榔头不停地敲打，敲"缝道"讲究更多。自己现在的肩周炎就是过去留下的老毛病。

据他们回忆，20世纪60年代，手工锻打被机械弹簧锤取代；20世纪80年代，张小泉剪刀90%以上的生产工序实现了机械化和自动化，"一只风箱一把锤，一块磨石一只盆，一把锉刀一条凳"的小作坊时代一去不返。

老师傅认为，传统手工锻造工艺应该被当作典范传承，没有传统工艺的张小泉剪刀会失去"根"。施金水举例说，在整把剪刀上面，有三个工艺是最重要的，一个是镶钢，一个是缝道，还有一个是热处理。现在这套老工艺已经不大有了。

据统计，目前还掌握张小泉传统锻造工艺的师傅只剩下40多人，年龄最小的也已经74岁高龄，很多人还都是体弱多病。他们想把自己的绝活传人，但是没有合适的接班人，对于技艺的传承，老师傅有着很多的担忧。幸好张小泉集团着手开展了传统手工锻制工艺抢救性保护，一方面收集整理传承人的技艺，编撰书籍；另一方面利用现有生产线培养人才，让他们学习完整的传统工艺，恢复72道古法工艺流程。

正在装修中的张小泉店铺　戎　彦　摄

地址：浙江省杭州市拱墅区大关路33号

潘永泰始创于清光绪二十四年(1898年),是目前杭州城最后一间弹棉花的作坊,创始人是永嘉县昆阳人氏潘统印。

民国初年的时候,潘统印的父亲就背着弹弓、磨盘、弹花槌和牵纱篾,在江浙皖三省交界的地方,走街串巷招揽生意。碰到生意,他就拿主人家的门板搭个临时的弹床,收工后自己就在弹床上睡觉,生活非常不稳定。1919年,19岁的潘统印开始跟着父亲外出弹棉花,他们先后到过太仓、宜兴、建德等地。经过杭州温州同乡会会人的帮助,最终在河坊街一带落下脚。

河坊街历来是杭州最为繁华的地方之一,宋朝时候就是御街,明清也是主要的商业街,到了近代,其繁华程度可以和上海城隍庙、南京夫子庙相匹敌。温州弹棉谋生的人看中了这里的繁华,纷纷在此开店,到20世纪中期的时候,已经有200多家在这里谋生。在杭州弹棉的温州人大多数是永嘉人士,这些同乡之间非常团结,共同提高了河坊街弹棉业的声誉。这个时候,"杭胎"较之其他地方的棉胎更受欢迎,而"杭胎"就是出自这些温州永嘉人之手。潘统印家的生意也越来越好,他们的棉胎还在1929年首届西博会上获了奖,奖品是一架木橱式的弹棉机,一直沿用到现在,被视为传家之宝。同乡的关怀和自身的发展让潘统印有了定居杭州的愿望。1946年,潘统印在河坊街开设了"潘永泰棉花店",这家店一直在这里开到现在,有人称其为杭州最风光的店铺。20世纪50年代初,潘永泰棉花店曾接受政府的委托,制作棉胎供应部队和机关。

潘统印的儿子潘文彪是在弹棉机的声音中出生和成长的,刚会走路的他就敢上弹棉机踩踏板,经常以此为乐。少年的潘文彪就学会了弹棉花的所有技艺,而在棉胎压图案方面他也是颇得赞誉。1962年,潘文彪继承了棉花店,20世纪80年代,又把店面从拱墅区的瓜山迁到了河坊街。改革开放以来,潘永泰棉花店生意和信誉都越来越好,有很多远方的客人慕名而来,潘永泰棉花店一度成为河坊街上唯一门庭若市的店铺。

潘统印的孙子潘肃剑也钟情于弹棉业,他向国家商标局申请注册了商标,还另外建立了加工厂,扩大生产。更为重要的是,潘肃剑把老店作为一个文化窗口,通过种种努力期冀传统行业作为文化遗产发挥更大的社会效益。

每年，潘永泰棉花店弹出的棉胎都有一两千条，不管是重达五千克的大棉被还是轻至八两的婴儿被子，都薄厚均匀，四角坚挺。店里最有名的产品是一千克棉胎，曾在西博会上一抢而光，有着极高的知名度，经常有外国客人光顾购买。

潘永泰确立了传统手工棉胎工艺的典范，32道工序是纯手工完成的，还有彩色的棉花加上传统的吉祥图案字画，都让潘永泰的产品成为极富民族特色的手工制品。潘永泰的棉花种类多达60余种，包括喜庆、精制、点缀、儿童等系列，其中喜庆系列是历史最长也是最受欢迎的，有双喜、麒麟送子等婚庆专用类别。

如今，古朴的"潘永泰号"静静地伫立在河坊街原址，传统棉胎制作技艺经常吸引着国内外的游人，尽管很少看到门庭若市的盛况，但潘永泰号绝对是河坊街不能缺少的一家店铺，这家小小的店铺是传统手工技艺记录、传承和发扬者，也是杭州最具特色的民俗文化载体之一。

戎彦 摄

地址：浙江省杭州市上城区河坊街113号

船 牌

1943年5月，东南化学皂厂成立，同年8月，诞生了第一块船牌肥皂。

1943年初，上海东亚皂厂老板吴常仁怀有实业救国的胸怀，一心想发展中国的制皂业。上海外商制皂公司实力强大，难谋发展，经过调研，选定生产原料资源丰富、无像样制皂厂的杭州，吴常仁与朋友包耕莪、钟樵桐等共同筹措资金开办了"东南化学皂厂"。第一年仅勉强保本，包、钟撤出，吴常仁筹措资金，扩大产销规模，盈利逐步增多。1945年，企业产销量占到杭城的50%～60%，船牌还销到省内各地及安徽、江西一带。1947年，船牌肥皂的产销量不断上升，占到全市的70%以上，把大名鼎鼎的上海祥茂肥皂挤出了杭州。

借助公私合营,1949 年到 1957 年,东南化学皂厂规模迅速扩大。之后的自然灾害、极左思潮以及"文革"给东南带来了较大影响,粉碎"四人帮"后,东南进行了一系列的恢复整顿工作,技术改造、市场开拓、规模扩大等努力让东南的生产快速发展。

"七五"、"八五"、"九五"期间,东南各项工作全面推进,研发了很多新产品,引进了先进的技术和设备,装备一跃为全国同行业领先水平。东南还坚持以市场为导向,从生产经营型转变为经营生产型,设立市场部,加强了市场应对和产品结构调整。船牌半透明皂在 1997—1999 年连续三年产销量居全国同行业之首。2000 年,东南实行了产权制度改革。进入 21 世纪以后,全国洗涤用品行业整合,东南提出了新一轮发展构想并迈出了坚实的步伐。

船牌很多的营销举措都是敢为人先的。

东南人一直十分注重船牌良好形象的塑造,早在创业时期,就派出员工到杭州所有售卖船牌肥皂的店中,帮助店家把船牌肥皂在柜台上码整齐叠放好,让顾客远远就能看到船牌肥皂,这成了当时杭城一道独特的风景线,不出半年船牌肥皂在杭城就家喻户晓。

借助媒体提升船牌声誉也是东南人的得意之笔。1946 年,建厂三周年之际,东南在当时的浙江省省报——《东南日报》上连续做了三天广告。广告声称:船牌肥皂三周年纪念,举办大优惠(意外便宜)大馈赠展卖活动,轰动了杭城,门市部顾客盈门,热闹非凡,甚至挤碎了门市部的柜台玻璃。东南在第二天的广告上趁机加上一句"轧碎玻璃,注意安全",将吸引力进一步扩大。

促销活动也被东南搞得有声有色。1946 年农历年关,东南在杭城西湖边的平湖秋月搞了一次船牌肥皂的有奖销售活动,仅这次活动,就销售出相当于半年的产量。

注重企业精神的培育也是船牌获得成功的经验之一,早在 1950 年 1 月,东南就颁布了《同仁守则》,既是厂纪厂规,也是东南人风貌的体现。

地址:浙江省杭州市上城区宋城路 91 号

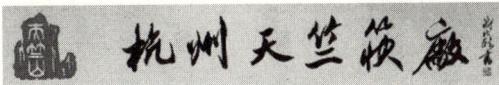

天　竺　筷 [1]

筷子，古称"箸"，是我们的祖先早在三千多年前就发明的餐具，被西方人称为"中华民族的第五大发明"。"西湖天竺筷"是中国十大名筷之一，和杭州的张小泉剪刀、王星记扇子、西湖丝绸并称为"杭州四宝"。

早在春秋时期，西湖天竺一带农民已经就地取材制作竹筷；至清代，灵隐、天竺一带农民将附近山上的小竹截成筷子，并镶上银头，作为商品出售，颇受欢迎。

天竺筷源于清朝乾隆年间，当时地处杭州天竺山的天竺寺佛教胜寺的名声很大，前来朝拜的香客络绎不绝，到了夜晚，寺庙容纳不了这么多投宿的香客，很多香客只好在上山的台阶上席阶而眠，被称为"宿山"。寺内的素食也是供不应求，为应急之用，和尚们只得削竹成筷供香客进餐，因为这种被削成竹筷的小苦竹生长在杭州天竺山，天竺筷因此而得名。

天竺筷不使用油漆，是绿色环保原生态产品，符合人们健康饮食理念，同时，取材于细竹，能够节约大量宝贵的木材资源，是杭州对筷文化的重大贡献。另外，根据使用经验，天竺筷比木质筷方便实惠，放入烧煮的食物中，不容易变形和变黑，即使做油炸食品时，也不会弯曲变色。特别是在天气潮湿的江南地区，还不会受潮发霉。

天竺筷种类较多，根据不同的标准可以分为不同的类别：按照长短有9寸、9.5寸、10寸和10.5寸四种规格；按照粗细则有粗、中、细三种；以花纹来分类，种类就更多了，比如佛像、山水、花卉、西湖风景等；按照筷头进行分类，则有银头、珠头、铅头、铁头、骨头等。每一支天竺筷都要由多名工匠经过二十多道工序才能完成，成品精致美观，价廉物美，不仅是日常生活用品，更是杭州手工艺品中的瑰宝。

天竺筷有着深厚的文化底蕴，除了是中华筷子文化的奇葩外，与佛教相关的吉祥文化及与竹子相关的竹文化，都让天竺筷文化价值倍增。西湖天竺筷产自佛门，与博大精深的佛教文化有着密切关系，其筷身饰有云纹，雕有佛像，来自佛教圣地的天竺筷于是就有了"佛祖心中留"的虔诚以及"增口福，带好运"的吉祥象征，也因为这个原因，天竺筷极受各地香客游人和东南亚一带佛教国家

---

① 部分参考资料来源：杭州天竺筷厂网站，http://www.hztzk.cn

的欢迎。而天竺筷的材质是被称为"四君子"之一的竹,"宁可食无肉,不可居无竹","岁寒三友",这也让天竺筷魅力更为独特。

民国时期,宋美龄访问杭州,在天竺、灵隐进香以后,她购买了不少天竺筷回南京、上海,赠送给了各国使节夫人。

"天竺山"品牌所有者是杭州天竺筷厂,老字号申报年份是 1875 年。这是一家专业研究、开发、生产西湖天竺筷的企业,坐落在风景秀丽的杭州拱墅区京杭大运河西侧。企业宗旨是:传承宗脉、生态优先、弘扬国粹、文化为魂、独具匠心、凝视细节,持续不断改进,创新不离其本。

经过二十多道精湛手工工艺而又融入了杭州人文景观和地域特色的"天竺山"牌天竺筷,连续多年荣膺优秀旅游商品金奖、优秀旅游纪念品金奖,被列为传统工艺保护品种,企业还是非物质文化遗产保护基地。

地址:浙江省杭州市拱墅区景苑路 4-1-602 号

服务业

服务业的概念尚存一定的争议性，却是现代经济的一个重要产业。服务业是在商业之后产生的一个行业，最早是为商品流通服务，后来逐渐转向为人们的生活服务。

信源

信　源

杭州金银饰历史非常悠久，可以远溯及五代吴越国。吴越归宋的时候，供奉物品中就有很多金银器，而近年雷峰塔地宫出土的吴越时期鎏金纯银佛像也是最好的证明。南宋迁都杭州以后，为皇室服务的大批能工巧匠都聚集杭州，杭州的金银珠宝技艺发展到集南北之大成的高度。到了清末民初，经济的繁荣进一步促进了金银作坊的发展。

信源银楼创立于清末(1865年)，当时经济逐渐复苏，杭州金银业有进一步发展，此时珠宝巷已成为杭州金银饰品交易中心，据民国35年(1946年)《浙江工商年鉴》载，当时有大小银楼49家，清泰街就有19家之多。当时大银楼有信源、乾源、义源三家，但纵观实力，应推信源为最。它重信誉、讲成色、工艺精、树品牌，曾一度成为江浙民间黄金饰品的代名词，一提到金银首饰就会直接联想到信源。

1865年的时候，上海人方某在清泰街的珠宝巷口投资开设了信源银楼，规模是当时杭州最大的，但由于经营不善，后由胡雪岩的外甥范越丰接办，但生意仍然没有好转。到1890年，胡雪岩侄子接手银楼，从多方面着手进行改进：为了让金银饰品质量有所改观，他大力采用民间传统工艺，保证采用赤金，不含杂质；出售的所有金银首饰都附有成色说明以及银楼的"叶金"硬印；在分量方面，银楼对所出售的商品加放千分之三，让利于民，使顾客感到在信源买东西不吃亏；从外地来的客人，都招待一餐一宿，不另外收取费用；如果是为人代买，还赠

浙江老字号

以千分之一的报酬。另外，还在首饰保证上刊印如下文字："货真价实，童叟无欺，本楼开张百有余年，自炼十足条银、金叶，自制金银首饰，经营珠宝玉器，精工镶、嵌饰品，顾客售去，如发现成色不足情况，请到本楼调换，退货还样，来往费用由本楼负责。"①多方面的努力让信源声誉卓著，远近闻名。而这个时候，上海的姚氏也在杭州珠宝巷开了乾源银楼；1918 年，绍兴盐商鲍氏在杭州开了义源银楼。此时也是信源业务最好的时候，每天生产首饰 300 两左右，规模居于杭州金银楼之首。

抗战前夕，信源的职工加上工人有百余人。抗战以后，金银业比较萧条。据 1946 年《浙江工商年鉴》的记载，杭州市金银业一览还有信源晋记等 49 家，经理是吴文臣，地址在上珠宝巷 1 号。1948 年 6 月 1 日编选的《杭州市银楼业商号清册》中，信源是杭州最大的金银首饰商店，开设地址在清泰路 446 号②。

1949 年杭州解放，6 月 12 日公布金银管理条例，禁止金条、银元自由买卖，银楼就此全部停业。1972 年重新组建了杭州金银饰品厂，杭州金银饰品厂首批恢复生产加工金银首饰业务，之后为了提高知名度，恢复传统工艺，注册了"信源"商标，老字号信源得以恢复。1983 年，国内黄金市场禁令放开，很多人排队购买，信源的生意一下子就好了起来，甚至连大门都被购买的人挤破了。之后由于大量贷款和经营不善，业务又一度下滑。1995 年，经过杭州工商局批准，由杭州金银饰品厂投资成立"杭州信源首饰店"，独立核算。2000 年，杭州信源首饰店进行改制，成立杭州信源首饰店有限公司，扩大了经营面积，在保持传统特色的基础上不断创新，严把质量关。

信源留任的传人凭借精湛的首饰制作技艺和新颖的设计、多样的款式，让产品深受欢迎，特别是其造型纹饰，采用了很多有吉祥喜庆意味的图案，比如龙、凤、蝙蝠、竹节、牡丹、寿桃、梅、竹、回纹、福、寿、喜等，吻合了人们内心美好的愿望，更为难能可贵的是，这样独特的民族风格信源一直坚持着，还不断进行着创新。独特的风格再加上精湛技艺，制品往往经过拍打挤压使材料分子结构更紧密，表现在产品强度上，大大优于浇铸工艺品，它显得坚实，不易脱焊断裂，韧性好，产品使用寿命长。

2004 年 11 月 8 日，"金银摆件（信源）"被杭州市经委批准认定为杭州市首批传统工艺美术品种的重点保护项目。

其历年代表作品有：

银质六和塔，高 55 厘米，宽 26 厘米，一共有 13 层，每一层有八个挑角，角坠银铃，有风吹来会伴随着悦耳动听的声音，飞檐斗拱和门窗等都用像纸一

---

① 赵大川：《杭州老字号系列丛书——百货篇》，浙江大学出版社 2008 年版，第 208 页。
② 赵大川：《杭州老字号系列丛书——百货篇》，浙江大学出版社 2008 年版，第 208—209 页。

样薄的银皮经过抬压錾刻制成,曾经在 1979 年全国博览会上得到中外人士的高度赞赏,当时人民日报还进行了刊登,2005 年获杭州市首届工艺美术精品金奖;铜质镀银鹤顶香炉,高 34.5 厘米,宽 21 厘米,顶端有一只展翅的仙鹤,动感十足;以酒精为燃料的铜质镀银双龙戏珠暖锅,高 37 厘米,宽 45 厘米,直径29.7厘米,采用抬压、雕刻工艺,造型优美,2005 年获杭州市首届工艺美术精品银奖;铜质镀银宝顶香炉,高 36 厘米、宽 23 厘米,香炉上半部类似亭阁,亭角坠铃,香炉顶端有一只宝葫芦,美曰宝顶香炉;铜质镀银狮顶香炉,高 27 厘米,宽 23 厘米,香炉顶端有一只小狮子立在镂空的花纹盖上,古朴而大气,2005 年获杭州市首届工艺美术精品银奖;还有端庄古朴的银盘,华贵、精致而又耐看。

银质六和塔[①]

铜质镀银狮顶香炉[②]

信源有多名老艺人,如俞守康、许镐生、卢连成、陈仁山等;信源金银首饰种类繁多,有戒指、耳插、挂件、手镯、手链、胸针、领夹、袖钮等八大类,款式更是多达数百种。但杭州金银饰艺几经兴衰,前辈艺人大多谢世,后继乏人,如不抢救保护,有濒临失传之忧。

为了改变传统手工艺日渐消逝的不乐观局面,信源聘请有较好传统技艺特

[①] 图片来源:浙江在线新闻网站,http://world.zjol.com.cn/05world/system/2007/09/01/008759617_03.shtml

[②] 图片来源:浙江在线新闻网站,http://world.zjol.com.cn/05world/system/2007/09/01/008759617_02.shtml

长的师傅来厂从业献艺,成立杭州金银饰艺研发中心,还和中国美院艺术设计职业技术学院进行了合作,着力培养一批技术人员。信源还在努力解决比如老职工观念转变、迎合市场需求的新变化等问题。

2007年,信源首饰的"金银饰品生产工艺"被列入省级非物质文化遗产名录。

地址:浙江省杭州市上城区中山中路40号

杭州解百 HANGZHOU JIEBAI

解 百

杭州解放路沿线曾被称为"旗下",这里住着很多做官的人,不少有钱的人也来这里买东西。1918年,杭州解百的前身"浙江省商品陈列馆"就开设在这里。1928年,该馆进行了扩建,并改名为"国货陈列馆"。陈列馆长期展出国货产品和农副产品,目的在于通过对国货的倡导,唤起民众的爱国热忱,从而振兴实业。1950年,陈列馆成为杭州市最早建立的国营零售企业,曾名为"百货公司营业部",1958年4月,正式命名为杭州解放路百货商店。解放路百货商店这个名字有着深刻的时代印记,就像新中国刚成立的时候,很多出生的孩子的名字是"建国"、"国庆"、"卫东"等,解放路在当时也是一个比较时尚的名词,里面还蕴含着老百姓在解放之后生活水平提高的意味。在很多老杭州的眼里,百货公司就等于解百。1992年改制为股份有限公司,1994年1月在上海证券交易所挂牌上市,成为浙江省第一批向社会公开发行股票的两家企业之一;1996年组建集团公司。考虑到随着时代的变迁,"解放路百货商店"的名称过于传统了,于是在成立集团的时候,把"解放路百货商店"改为了"解百集团股份有限公司"。后来在老解百东侧建有一个解百新世纪,这也是从时代变迁角度出发的,赋予品牌更多的时尚性。

深厚的历史和文化加上崭新的现代形象,老字号解百焕发出蓬勃生机。解百是浙江省第一家国营百货零售企业,很长一段时间都是以"浙江省第一店"的身份屹立浙江商界的,而解百的变革历程也是杭州商业变迁典型的见证者和实践者,解百已经由一家单一百货零售店发展成为集购物、餐饮、休闲、娱乐等于一体的大型购物中心。

在计划经济时代,杭州解百凭借着良好的信誉和大店优势,可获得较大的商品配额,当时从该店分配出去的商品占到杭州市的 40% 左右。[①] 不仅杭州本地人喜欢解百,外地游客到杭州也是必去解百,许多老杭州人对于人们在解百排队争相抢购紧俏商品的壮观场景至今还是记忆犹新。

改革开放以后,解百的进货渠道多了,经营规模也就不断扩大了。根据当时的规定,老解百卖的东西是有政策要求的,有小商品必备目录,像是灯泡、火柴、针线等生活必需品都要卖,这也就形成了老解百在百姓心目中的形象是大而全的,什么都有,讲究诚信,价格合理。随着市场经济的发展,诸多新商场崛起,解百一枝独秀的局面被打破,同时,流通走向细分化,超市从百货业分离出去,百货业也就面临重新寻找自己的定位和发展方向的任务,另外,杭州的商业中心也在北移……诸多的因素让解百从 1995 年下半年开始步入了艰难的调整期。

高档精,中档全,低档保必需,是老解百的特点,"诚信、品牌、实惠"是老解百的定位。在发展中,解百始终秉承"诚则兴,变则通"的经营哲学,与时俱进,锐意创新,实现了由传统百货向现代百货的成功转型。结合杭州"生活品质之城"的城市品牌、消费需求的变化和解百所处的地理位置,公司确立了"精致生活、休闲人生"的经营定位,以具有一定消费能力、追求生活品质的中青年白领为主力消费群,实施品牌经营战略,创新营销服务,改进布局和硬件设置,全力打造品牌经营氛围浓郁、市场活力强劲的现代百货商场。以当时的一些创意营销活动为例,"时尚新解百、休闲新世纪"的休闲购物节曾在黄金周打破了杭州商场最长营业时间的记录,推出了极具轰动效应的"18 小时激情购物"活动,实现销售 1486 万元,刷新了解百单日销售的最高记录[②];2004 年推出的"真人漫画秀"活动,通过电视剧情节来选取演员、表演才艺、自选服装等趣味活动,将动漫、选秀等多种流行元素组合起来,对公司重塑新形象起到了很好的宣传作用;2004 年 11 月,解百公司又与中国顶级服装设计师吴海燕合作,联手推出了"解百 WHY 流行趋势发布中心",并进行了首次的流行趋势发布活动,在杭州商界开创了先河。"满就减"的促销活动也是解百首创。

解百的商品营销始终与企业形象推广相结合,贯穿"名品、名人、名店"的营销思路,推出"WHY 流行趋势发布"、"休闲男女魅力行"、"服饰文化节"等活动,推广现代百货形象;商品营销结合体验式营销也是解百突出的特色,给消费者以良好的消费体验和购物享受。解百还十分注重展示和推广的作用,通过现

① 杭网会客厅:《献礼祖国之解百老总抚今忆昔一席谈》,杭州网,http://news.hangzhou.com.cn/content/2009-09/25/content_2785107.html

②《时尚解百,战略筑基》,原载《市场周报》,转引自中国商报网站,http://www.cb-h.com/2008/shshshow.asp?n_id=21700

场演示、搭配如服饰化妆品、家居用品等,让消费者直接领略到现代的生活,从而引导消费。

解百改变了"大而全"的经营方式,把重点放在化妆品、服饰、鞋包、休闲运动类等现代百货主导品类上;解百还注重品牌的调整和高端品牌的引进,满足消费者的需求;对杭州解百来说,"把服务做到消费者心坎上去"这一观念早已深入人心;解百还在企业管理、企业文化等方面做了很多工作,让这家老字号焕发出了新的活力,成为"高品质休闲购物中心"。

2009年,解百收购了元华,营业面积扩大了一倍,这一大规模的动作让解百又步入了一个新的发展阶段。

在2006年11月份商务部公布的第一批"中华老字号"名单中,有430家企业被评为"中华老字号",而其中仅有五家百货公司,分别是北京的王府井百货、西单百货、南京新街口百货、南宁百货大楼和杭州解百。而解百集团股份有限公司是浙江省历史最久、规模最大的"中华老字号"商业企业集团。在商务部公布的名单中,目前效益较好的老字号中,有一大半都是传统食品、书画、瓷器等,零售企业则相当稀有,解百可以说是为零售企业树立了一个榜样。

解百 CAP 服务①

随着杭州打造"东方休闲之都"城市的推进,消费者在购物过程中,日益注重购物情趣的享受。为了满足消费者的这种精神需求,解百积极创新服务理念,推出 CAP 服务。

CAP 服务是 Cordial Attentive Professional 的英文缩写,即为顾客提供亲切、周到、专业的服务以及舒适、休闲的购物环境,服务模式充分体现人与人之间、人与环境之间的和谐关系。

C—Cordial 亲切　　A—Attentive 周到　　P—Professional 专业

Cordial,亲切是 CAP 服务的第一层次,通从员工的仪容仪表、沟通技巧及商场环境布置等方面,给消费者带来良好的第一印象,增进相互之间的心灵交流。

Attentive,周到是 CAP 服务的第二层次,要求服务者换位思考,通过服务的每个环节和程序的规范,实现"您的满意,我的追求"的服务理念。

Professional,专业是 CAP 服务的第三层次,有了专业的技能、职业的精神作为基础才能提供专家式的服务。

地址:浙江省杭州市解放路 251 号

---

① 资料来源,杭州解百网站,www.jiebai.com

小　吕　宋

　　小吕宋是杭州市一家信誉卓著的百年老店,民国 26 年(1937 年)5 月开设,原为上海小吕宋百货商店的分店,店址在清泰街。货源来自上海总店,商品种类繁多,款式新颖,是当时杭州独具特色的商店。1956 年迁至延安路,以经营妇女用品为主,同时兼并了十多家小商店,成为当时市区第二大百货店。

　　在 20 世纪 60 年代的时候,小吕宋推出了一系列便民服务项目,如:缺货登记、电话购货、函购业务、代办托运、代办邮寄、送货上门、代订特殊规格服装、夜间小窗口服务、出租雨鞋、雨伞等。

　　"文革"期间,小吕宋曾更名为湖光百货商店,1984 年恢复原店名。改革开放后,除保留妇女用品的特色以外,还引进了全国名优新特商品及部分进口商品,开展综合经营,顾客日流量曾经高达 5 万人左右。1994 年改制为股份制企业。

　　现今的小吕宋转型成了经营运动时尚用品的专营店,耐克、阿迪达斯、李宁、波特成了小吕宋的当家花旦。

　　以质量兴店,以服务取胜是小吕宋始终坚持的经营宗旨,企业多次获得省市级文明企业、商品质量、物价、计量、服务先进单位称号。企业处于西子湖畔繁华的延安路上,可谓兼具天、地、人三重优势。

地址:浙江省杭州市上城区延安路 207 号

广　合　顺[1]

　　"广合顺"创始于民国 5 年(1916 年),创始人任文华。

　　晚清以来,杭州鞋业发展兴旺,除了贫民小户自制土布鞋以外,士绅商贾以及中产阶层都买鞋穿。鞋店样式新颖,种类较多,尺码齐全。特别是上海设立租界以及沪杭铁路通车以后,皮革靴鞋也盛行起来。杭州鞋业更加繁盛,出现

---

　　[1] 参考资料来源:赵大川:《杭州老字号系列丛书——百货篇》,浙江大学出版社 2008 年版,第 30—37 页。

了边福茂、广合顺等名店,杭州的鞋也远销周边省份。

当时流行的是红皮底的鞋,红牛皮都是从南洋和东南亚进口,由上海的广东帮商人操纵推销。杭州的鞋店很难直接进料,都从上海采购转销的红牛皮。做双层皮底出身的任文华对皮质的优劣、用料的选择都有非常丰富的经验,他的师兄又在经营恒又新皮号,生意兴旺。当时的一些规模较大的鞋店比如美华、美利等,看到皮业兴旺的发展势头,就集资与任文华合股,由任文华负责,最初名为"任文记",店址在西牌楼灰团巷内,专营红皮业务。初创之时,从上海进货都是借用美华鞋店的牌子。

1918年,迁至扇子巷,改用广合顺皮号招牌。任文华的外甥吴炳坤于1919年到了广合顺。之后,吴炳坤感觉只经营红牛皮业务单一,扩大经营并不容易,加上几家老店实力雄厚,赶超困难,但是广合顺的股东都是当时鞋业中有影响的人,如果能够利用这个有利条件,扩大经营范围,兼做各种鞋用底面材料,包括零星配料的业务,备货齐全,做到人无我有,那么一定可以打开局面。这一想法得到了股东的支持,于是广合顺开始扩大经营范围。

1920年,上海合昌兴鞋料店主汤志亭来杭州推销鞋料,由他带领,任文华派吴炳坤到上海直接进货,广合顺的经营范围扩大到纳鞋用的缝线、铜钉、皮鞋带、鞋油等,业务扩大的同时也增加了人员,于1921年再迁到保佑桥弄,开始打出广合顺皮革鞋料号的招牌,业务日渐兴旺,比之前扩展了近10倍。

当时杭州皮号以清河坊恒又新最为兴盛,还有就是皮市巷叶正茂和同茂丰以及老店裕号,实力都比较雄厚。而广合顺从上海进货仍然需要依靠美华的牌子。广合顺从调查货源入手,经常到城站查看到货、卸货情况,弄清货物牌号、货源和数量,然后考虑抢先销售的计划。有时候打通搬运工人环节,提前送到并销售。当时交易结账是按照端午、中秋、年终三次,广合顺也是抢先一步收好账款,做足节后的供货任务,都比同行快一步。恒又新业务骤减,叶正茂和同茂丰因为急于扩大业务滥放账款而亏损严重,叶正茂停业,裕号也负债累累,同茂丰收缩专做帽圈小件。这时的任文华已经年老体衰,广合顺实际由吴炳坤掌权,独霸一方,称雄杭州城。

广合顺当时承接着很多大厂的鞋件任务,还兼营人力车、自行车胎,每年仅橡胶类产品的营业额就达到三四十万元。之后,扩充经营毛料、直贡呢、花纹、驼绒等各种面料,备货甚至超过了当时杭州最大的布号高义泰。当时有人戏言:"高义泰出个名,广合顺赚煞人。"之后陆续备齐了鞋店需要的所有材料,年营业额上升到百万左右,抗战爆发前更是超过了120万元。由于极高的营业额,广合顺股东的分红数额之高在杭州也是不多见的。

广合顺的扩大除了得益于注重信誉、方便顾客外,还和内部管理有方密不可分,用人从简从严,职工工资由职务高低决定,职工也有和年工资数额差不多的分红,如果遇到特殊情况,可以预支工资,年终再扣还,安定和人性化的管理都保证了广合顺的顺利发展。

1936 年,广合顺在绍兴开了分店,1937 年因杭州形势店业部分转移到金华,还在金华办了皮厂,之后又在兰溪设分店。杭州沦陷以后,金华、兰溪已经成为浙赣线重要的商业地区,广合顺当时的鞋料业务趋于衰落,除了皮革和橡胶鞋外,代销棉纱,兼营棉布绸缎批发,在兰溪和金华的四年,营业额仍然超过百万。

1942 年的时候,金华、兰溪经常遭受敌机轰炸,部分绸布运到长沙销售,却遭到轰炸而损毁千匹布,运到长沙的货也全部烧毁,损失严重。广合顺打算在早有业务基础的上饶和浦城经营,转移中又出现了一些问题,损失巨额,幸因实力雄厚才得以勉强维持。上饶分店改营百货,浦城总店改用“正和商行”名义销售存货,之后又开了寄售商店“公平商行”。抗战胜利以后都迁回杭州。

战后,广合顺的栈房已经夷为平地,营业店屋由朱尧阶留守,得以保存,朱尧阶和十多个店工继续经营,为广合顺复业立下了功劳。复业以后,为了扩大业务,在秋涛路建立皮厂,自制皮革,还加工人力车和自行车的钢丝。1948 年的《浙江工商年鉴》记载,广合顺鞋革店设在保佑桥 16 号。

1955 年 10 月,广合顺所属的皮厂参加公私合营,制作车件和钢丝的业务,划归自行车业。

现在广合顺品牌归属杭州广合顺皮塑鞋材公司,经营品种多达 5000 余种,囊括了家私、服装、制鞋、箱包等行业的多种原辅材料,一向以“用户至上,信誉第一”作为自己的经营理念,已经和全国多家知名的企业建立了稳固的合作关系,成为其产品在杭州地区的总经销或者特约经销。

地址:浙江省杭州市中山中路 255 号

亨 达 利[1]

亨达利是我国钟表行业创办最早、牌子最老的一家,总店开设在上海,全国很多大城市都设有分店,杭州亨达利也是分店之一。

---

① 部分参考资料来源:赵大川:《杭州老字号系列丛书——百货篇》,浙江大学出版社 2008 年版,第 226—231 页。

宁波人孙梅堂于民国 3 年(1914 年)在杭州城站开设了杭州亨达利,原是上海"茂华利"、"亨达利"两家的分店。1929 年,店铺迁址羊坝头三层洋楼二楼临街,这个时候才正式取名为杭州亨达利钟表店。

孙梅堂的父亲孙延源对中国钟表事业贡献颇大。他于光绪二年(1876 年)在宁波东门街百岁坊开设了鸿仪斋钟表店;光绪二十八年(1902 年)又到上海棋盘街马路口开设了美华利钟表店;光绪三十一年(1905 年)在宁波工办制钟工厂,召集一批能工巧匠首创了国产时钟,以插屏钟(俗称屏风钟)为主,也建造门楼大钟等。1915 年,美利华中国时钟在巴拿马万国博览会上荣获金质奖章及优等奖状,让我国在世界钟表界有了一席之地。

清同治三年(1864 年),法国人霍普在上海洋泾浜三茅阁桥(今延安东路江西中路口)开设店铺,英文名称是霍普兄弟公司(Hope Brother's & Co),中文招牌为"亨达利",意为亨通、发达、盈利,以经营钟表为主,兼营欧美侨民的生活必需品。19 世纪末更换主人,亨达利由德商礼和洋行经营,迁到英租界南京路抛球场(今南京东路河南路口)营业。民国 3 年(1914 年),又转让给礼和洋行买办虞乡山等经营,改名为"亨达利钟表总公司"。民国 6 年,虞乡山再将"亨达利"转让给"美华利"的孙梅堂,孙梅堂买进后把业务并入"美华利",对外沿用"亨达利"店名,取消了洋酒杂货业务,专门营高级钟表。

借助与洋商密切的关系,亨达利货源非常充足,生意十分兴隆。一战结束的时候,德国马克和法国法郎贬值,亨达利于是趁机低价购进数十万只手表,获利丰厚,极大增强了企业的实力。后来又在全国各地开设二十多家分店,成为首屈一指的"钟表大王"。

自从孙梅堂接办亨达利之后,连同美华利,掌管着两块著名的招牌。1919 年,亨达利从三洋泾桥迁到南京路抛球场拐角四层楼大厦,业务受美华利管理。孙梅堂担任总经理,经理则由他的得意门生周亭荪担任。这个时候,孙梅堂还投资了宁绍轮船公司、宁波保险公司、恒裕丰地产公司、嘉兴民丰造纸厂、杭州华丰造纸厂、明星电影制片公司、大陆饭店,成为上海工商界的名人之一。

上海美华利为了在杭州设立分店,在当时建筑最为雄伟的城站旅馆选址。孙梅堂委派娄仙林出任杭州美华利经理,1914 年,杭州美华利开张,招牌上"美华利"写在正面,"亨达利钟表"用五个木雕大字嵌在一侧的墩子上,另外一侧有木雕的"上海分址"四个字。由于亨达利钟表维修业务在杭州还是空白,就由美华利负责。之后杭州商业中心西移,于是 1920 年的时候,上海总店又在清泰街开设惠林登钟表店,仍然由娄仙林任经理。

1929 年,在杭州中山中路羊坝头开起杭州亨达利钟表店,自建了三层楼洋房,和天津、南京等地模式大致相同。娄仙林任监理,费耀风为经理。建筑二层北侧有一特制的双面大钟作为标记,南侧则有一只高 2.5 米,宽近 1 米的霓虹灯广告,造型别致,不断变换字样,还利用了幻灯投影,把一只挂表机芯走动情况从三楼直射到路面,吸引了很多人的目光。开张的时候,顾客盈门,学生挂表每只 0.8 元,赠送表链,矾石小钟每只 0.7 元,双铃闹钟每只 1.2 元。之后正好是西湖博览会,亨达利做了多种宣传:扎了大型钟表模型的彩灯,缀满五色小电灯,放在湖中;把几百只荷花灯放入湖中,灯里是介绍亨达利经营品种、商品知识、修理的宣传品,如果宣传品上有店号图章,则可以到亨达利换纪念品,纪念品有表、钟、化妆品、香皂等,极大提高了知名度。

杭州亨达利开张一年多,由于经营管理不严,费耀风被撤销经理职务,由朱远香接替其职,经营仍然不理想,随即朱远香被免职,娄仙林兼任亨达利经理。娄仙林订立工作守则,带头执行,服务做到"商品货真价实,修理质量第一,处处为客着想,路远送货到家",营业部和修理部各司其职,奖罚分明,一年即已渐入佳境。

孙梅堂除了经营钟表外,还热衷于地产,将绝大部分事业作价抵押,全部压在上海闸北地产上,却因"一·二八"事变损失惨重,经理周亭荪患病去世,孙梅堂只能将他的事业宣告清理。上海亨达利改组为股份有限公司,毛文荣担任总经理,保留孙梅堂董事一席,美华利招牌仍然由孙梅堂保留使用。亨达利和美华利也就此分家。

孙梅堂把各地分店出盘,杭州的惠林登由上海太平洋钟表店盘去,娄仙林则盘进了亨达利,惠林登的大部分人员转到亨达利。修理钟表出身的娄仙林能够做到任人唯贤,他委任陈桐年为修理部主任,陈桐年懂得理论和实践的结合,能阅读日文版钟表机械理论书籍;而修理部第一把手汤纯洲则兼具修理的"软硬"功夫,有精湛的锉刀硬功夫和凭借经验判断故障的软功夫。

亨达利货源仍然和总行保持联系。娄仙林在 1933 年把儿子送到上海亨达利总店当练习生,1937 年回杭州协助店务。此时亨得利也有较强实力,亨达利则经常探听亨得利的销售情况和顾客反映,不断改进自己的不足,经过一年多的激烈竞争,亨达利仍然领先。

抗日战争的时候,亨达利往长沙、万源绸庄新建住宅地窖、羊坝头九刀庙寄放的寿材里转移了商品,这些都在杭州沦陷以后遭到洗劫,存放在后市街货房内的木钟也因为邻居失火而损失惨重。为了保护店基,亨达利让邻居暂时在店内设置旧货摊,后来逐渐恢复业务,但遭到日伪多次勒索。

新中国成立以后,钟表业成立了同业公会,成立了联购组,亨达利也改变过去高人一等的作风,经营管理和服务都达到新高度,开始机械化操作,大大提高了产品质量。

经过 1956 年的公私合营,成立了钟表总店,1957 年就开始在亨达利钟表店试制钟表,这就是以后杭州表厂、钟厂的前身。1966 年的时候改名为利民钟表店,到 1979 年恢复原名。进入 20 世纪 80 年代,率先引进很多世界著名手表,如以引导潮流著称的日本西铁城,还有康斯坦汀、派克、菲利普、伯爵、爱彼、劳力士等。亨达利曾经以 132 万元人民币的价格出售了一只名贵的手表,创下中国内地单只手表最高的零售价。自 1992 年起,亨达利销售额连续多年高居全市钟表零售业榜首。重服务,讲质量,销修并重是亨达利的经营特色,企业一贯以质量过硬,信誉卓著而深受顾客信赖。

地址:浙江省杭州市上城区解放路 162 号

采芝斋[①]

采芝斋食品商店(现为采芝斋食品有限公司)创始于民国 17 年(1928 年)7 月13 日,创始人是苏州人金智轩。金智轩原来在长兄金仁辅开设的恒来绸庄任经理,后来又自己经营新新绸缎店。他喜欢和金融界人士交往,擅长经营管理,因为自己比较喜欢零食,经常出入茶点商店,后来萌生了自己开设食品商店的念头。

稻香村的店主是无锡人,店内从业人员大都是无锡帮人。这天,金智轩去稻香村,接待他的袁福达是苏州人,同乡攀谈甚欢,交谈中得知袁和自己的表亲是近邻兼好友,更觉亲密。金智轩于是询问了很多开店的事宜,还邀袁福达做经理,又与亲友磋商,着手筹备开店。

金智轩首先在亲友中解决了资金问题,店名定为采芝斋,得知第二年杭州将在西湖一带举办盛大的西湖博览会,不惜以昂贵的租金在延龄路(今延安路)选定了店址,以 120 元每月的高昂租金租下了双间门店面。店址比较小,又另外在不远处的吴山路找地方作为工场。袁福达任经理,袁又介绍了苏州人钟荣卿任营业部主任,会计由另一股东高开诚担任,金智轩的侄子也在营业部,工场则是苏州人钟荣梁负责,还充实了营业人员。钟荣梁主持工场以后,把生产分为四个部门:面板——制作茶食糕点、蛋糕;小糖——制作苏式糖果;蜜饯,兼制部分卤味;炒货。工场还雇佣了采购、包装、运输、伙房、勤杂人员等共计 60 人,提供食宿。

采芝斋确定的经营方针是专供门市零售,不批发。采芝斋商品种类多,讲

---

① 部分参考资料来源:宋宪章:《杭州老字号系列丛书——美食篇》,浙江大学出版社 2008 年版,第199—205 页。

究质量,价格合理,服务周到,开张之后即门庭若市,成为杭州同业中的后起之秀。采芝斋还采取了发放货折的方式,购买数量较大的顾客可以凭折记账,不需要支付现金,采芝斋会在端午、中秋和春节这三个节日上门收取,极大地便利了顾客。另外,采芝斋还提供送货上门服务,也受到了顾客的欢迎。

当时正值北伐战争之后,军阀连年混战,浙江工商业奄奄一息,幸而当时的省长张静江熟知经济,为了改变财政拮据的状况,准备在杭州举办一个大型博览会,采芝斋就是在这样的背景下创办起来的。

当时采芝斋著名的产品有:苏式小糖如松脆糖、松子软糖、酸梅糖、果仁酥等;茶食点心如肉松眉毛饺、松仁糕、酒酿饼等;蜜饯如翡翠青梅、白糖杨梅等;炒货有椒盐榧肉、椒盐核桃肉、玫瑰瓜子、甘草瓜子,在秋季还有现炒现卖的良乡熟栗、枫桥珠栗等;卤味如生熟鸭肫、醉蚶、醉蟹、糟鱼等,最著名的是每天下午供应的熏鱼,供不应求。在中秋节的时候,采芝斋还推出清沙松仁月饼、榨菜鲜肉饼等,都是在门前现做现卖。

1935年,袁福达积劳成疾去世,年仅34岁,经理一职由掌管店务的金智轩兼任。受日寇的侵扰,采芝斋停业,仅留几个人看管,转移的货物也遭到抢劫,损失惨重。不久,采芝斋将残留的货物加工整理而复业,惨淡经营。金智轩也因为交通隔阻到抗战胜利才绕道返回杭州,受到留守看管的钟荣梁、余味正的责难。这时候采芝斋资金已经相当匮乏,经营非常困难。1947年,钟荣梁携部分货物退出,在清泰街自己经营了天伦饼干店,之后余味正也退出。金智轩重新整顿,但因为时局动荡,终究没有任何起色。1949年以后,采芝斋负债累累,资债仅能相抵。为了偿还债务,把采芝斋的店基、房屋、货物等全部于1950年1月30日出让给五味和茶食老板汪德孚。

采芝斋河坊街店铺 戎彦 摄

汪德孚接盘以后,委派侄子汪天元为经理,重整旗鼓,采芝斋呈现上升趋势。后来又因为频繁更换经理,业务又停滞不前。

采芝斋店名还曾经更换为东方红和益民,十一届三中全会后,恢复原名,遵循顾客第一、坚持特色、诚信服务的宗旨,扩大经营。1987年,在资金并不宽裕的情况下,投入200多万翻造店面,营业面积扩展到1800平方米,四层楼。1996年,企业改制,成立采芝斋商品有限公司。20世纪90年代,购置了很多营业网点,又投资成立了采芝斋食品制造有限公司,保留了部分前店后场的传统,又采用了正规和现代化的加工方式。采芝斋的很多产品都进入了如沃尔玛、家乐福等大型超级市场。特别是采芝斋的藕粉,代表了杭州藕粉制造业的最高水准,获得出口商品许可,远销欧美。发展成为杭州食品零售业佼佼者的采芝斋还在富阳投资建设新厂房,并逐步开设专卖店。

现今采芝斋著名的特色产品有:太史饼、荷叶酥、袜底酥、寿桃、粽子糖等,还有桃酥、酥糖、牛皮糖、藕粉等现代生产设备生产的食品。中秋节的时候依然会推出现做现卖的月饼,仍是颇受欢迎。

地址:浙江省杭州市延安路 217 号

边 福 茂

杭州城流传着一句话:"头顶天,脚踏边",意思是帽子一定要戴"天章"的,鞋子一定要穿"边福茂"的。"天章"的帽子早已经成了历史,但"边福茂"却留存下来,成为西子湖畔闻名遐迩的老字号。

边福茂于清道光二十五年(1845 年)开设于杭州长庆巷五老巷口,创始人是诸暨人边春豪。边春豪很早就掌握了一手制鞋的手艺,他感到在诸暨乡下生意清淡,难有发展,于是就来到繁华的杭州,落户在当时店铺林立的长庆街五老巷的一家茶馆里,在门口设鞋摊做些小本生意,取名"福茂",为顾客绱鞋、制鞋,也卖一些自制的鞋子,制作认真,价格公道,受到顾客欢迎。当时杭州城里鞋摊鳞次栉比,谁也没有想到这家不起眼的小摊位会发展成百年老字号。

边春豪的儿子边启昌随父习艺,善于理财,后来把茶店盘进,买下房屋,鞋摊发展成为鞋店。之后他继承父业,研究制鞋技术,不断提高质量,还增加了品种,把店名改为"福茂鞋店"。

宣统三年(1911 年),边福茂迁址上城太平坊(中山中路)营业。店面为双开间,门前塑以万年青商标,挂出招牌"边福茂鞋庄",前店后场,职工三四十人。顾客凡是反映鞋子有质量问题,都即刻解决。边福茂还有外加工个体户,都严格验收。之后业务蒸蒸日上,每天门店出售达到 100 多双,还在温州设立了代销店,名声很大,远在黑龙江、内蒙古的鞋店也慕名到这里批购。

边福茂采用家族式管理,店主边启昌负总责,财务由长子边宝生管理,边念六、边康生管理发料、绱鞋、检验,边虎堂、王春源负责生产和经营,各司其职。

鞋店选料认真,精工细作,注重质量,货真价实。边启昌曾说过:"帮料要富庶,宁可少划几双,不能影响质量、有损牌子。"对于绱鞋的手艺,边启昌总结了"十字诀":"宽蹬一字平,穷鞋富后跟",意思是脚尖部分宽紧平整,蹬部帮身略宽,腰部紧凑,后跟部分略宽,这样做出来的鞋必然舒适,这是在多年的实践中总结出来的经验。边福茂还用全新的布制作鞋底,所以老顾客都说,边福茂的鞋子,鞋面穿旧不走样,鞋底磨破不毛边。

边福茂制鞋有"五讲究":第一是鞋面选料讲究。料子以英货直贡呢、羊毛呢为主,还有国产的贡缎、毛葛、纱等,有强大的经济实力做后盾,可以整箱购进外货面料。第二是制帮讲究,排料富庶,留有余地。第三是制底讲究。鞋底都是用全新布制作的,这是一种创新。规定使用 16 磅粗布填足 18 层,斜角取料,牢度高,底边不会起毛。鞋底切线最早是绍兴师傅手工扎的,底线圈数有规定,不能间隔大;针脚间距、底线过疏过密都不符合要求。第四是鞋底边缘的讲究。烫粉上浆以后,用一定热度的烙铁烫边缘,烫之后不能有黄色斑点。底皮有单双两种,单底用进口花旗皮做,双层底用国产牛皮双层麻线扎合制成,针距和圈数都有规定,针眼不能过大,夹层中间衬上新布,外圈沿条,以增加鞋底牢度,还能防止走路发出声音。第五是品种讲究多样化。边福茂产品有棉、夹、单、呢、葛、纱、绣等几十种,以贡缎双梁男鞋最负盛名,挺括轻巧。当时流行的缎帮及直贡呢鞋子,边福茂就有适合年轻人的"浅元"、适合中年人的"新忍"和适合老年人的"歪忍"。缎帮鞋容易从鞋口中间部分开裂,俗称"开天门",为了防止这种情况发生,边福茂贴小方形缎料加固,以横丝绺贴在鞋口里层两侧,用 12 磅新布上浆做里衬,最后用定织双线布做里子。边福茂的单鞋实际是由三层制成。店主边启昌亲自检验,目测予以鉴定。如果绱鞋不合规又返修不好,则绱鞋工要赔偿成本费用,在计件工资中扣除。即使客人鞋子已经上脚,如果发生了"开天门",则立即进行分析,是因为质量问题则予以退换。边福茂的男女缎鞋和皮鞋在 1929 年西湖博览会上获得优特奖状。

边福茂在积累了一定的经济基础以后,曾陆续买进大批房产,中山中路、清河坊、太平坊、延龄路、庆春路等都有,抗战之前月租金达到 2000 银元左右,可以用来充实店铺资金,逐渐发展成为实力雄厚而又名气很大的店铺。

民国 10 年(1921 年)在羊坝头设分店,取名达尔文皮鞋店,专门经营皮鞋;1932 年在上海山西路开设分店。达尔文鞋店业务不理想,不久即结束,边福茂调派边虎堂担任上海分店的经理,王春源则管理杭州边福茂的业务。抗战爆发以后,边福茂业务中心转移到上海,上海分店财权由边宝生掌管,杭州的店务也由他负责。1938 年,边宝生去世,杭州边福茂由王春源代理,兼管地产事宜。

1945 年 8 月抗战胜利以后,边福茂重整旗鼓,在延龄路开设万善皮鞋店,商品由上海运到杭州,注册商标为"帆船",取一帆风顺的意思,营业员要穿着规定的制服迎接客人。但是,由于运输费用过高、皮鞋款式过于洋气、招牌没有号召力等原因,大量亏本,房租收入也拖欠严重。曾投资绸厂、花巨款买进风景区地皮,均不成功。最后关闭万善皮鞋店,沪杭两店也暂停营业,清理账目。大约半年之后,重新开业,但已经元气大伤,只能缩小范围,惨淡经营。

新中国成立初期,边福茂仍然处于困境中,太平坊原店生意清淡,1951年迁址中山中路羊坝头,职工有王春源、陈嘉贤等大约16人,因为维持困难,遣散半数人员。

1956年实行公私合营,进入新的发展阶段。经过几代手艺人的改进和创新,很多人都以穿边福茂布鞋为荣,成为身份的象征。解放之后,很多名人都在边福茂定制过布鞋,比如毛泽东、周恩来、谭震林等党和国家领导人以及梅兰芳、盖叫天等艺苑名流等。

从1991年到2008年,17年中,边福茂五次迁址。1991年傅建强刚进边福茂的时候,皮鞋、塑胶鞋已经遍布城市,此时边福茂刚刚从中山中路搬到平海路100号,在西湖电影院对面,搬迁之后,顾客明显减少。傅建强做了很多努力,不断改进鞋的款式,还和老顾客联络感情,每年送一批布鞋给他们,拉回了不少顾客。生意有了起色之后,1994年,边福茂又搬家了,这次搬到了庆春路209号,新华书店旁边。五年之后,边福茂又出现在了中山中路302号。2001年,边福茂再次迁回中山中路110号。之后生意渐渐红火,最多一天能够卖出近100双布鞋。很多老杭州对边福茂布鞋有着非常深厚的感情,是他们家里必备的鞋。中山中路是老字号一条街,有着良好的商业氛围,边福茂在这里站稳脚跟以后,却在2008年5月因为中山路综合保护与有机更新工程的实施,再一次搬家。停业了两个多月之后,2008年7月18日,在中山中路338号,奎元馆后面重新开张,很多老顾客都不熟悉,搬过来的一个星期,每天最多卖出十双布鞋,少的时候只有两三双,在店里做了十多年老营业员的穆立强说,如此冷清的生意自己还是第一次碰到。老店搬迁原因无外乎是道路整治或者其他项目的开发,这也是很多老字号消失的重要原因之一。我们的城市在快速发展过程中,必须要关注到这些城市的地标,不能因为发展而带来无法弥补的遗憾,造成城市永远的痛。

边福茂故事

边春豪为人憨厚,手艺精湛又勤劳认真,"肉刀斩布鞋"的故事让边福茂声名鹊起。当时的布鞋底多是采用破旧的布制作而成的,边春豪总结了这种布鞋的缺点,买来了新的龙头粗布,裁剪、填纳成鞋底,用上过蜡的苎麻线纳底,再配上直贡呢、羊毛呢等制成的鞋面,托熟人写了块"全新布底鞋"的牌子放在摊头。这种用新布纳底的鞋子,挺括、耐磨而又平整,不过价格也要贵一点,所以销量不好。边春豪所在的五老巷靠近贡院和盐桥,很多赶考的人经常要从这里经过。一天,几位来省城赶考的秀才路过,见到摊头上的牌子,表示了质疑,边春豪拿了一双鞋去附近的肉店,请卖肉的帮忙。卖肉人手起刀落,鞋子一分为二,露出层层整齐的全新的布,当即就有几位秀才买了布鞋。"肉刀斩布鞋"的故事不胫而走,传遍杭城。

关于边福茂,还有著名的西行追驾边福茂的故事,叙述了边福茂鞋子的正宗特色及其声名之远播,虽不乏虚构的成分,却着实反映了边福茂的特色。据传,清光绪二十六年(1900年),八国联军攻破通州(天津),向北京进逼,慈禧太后召见百官,商量离宫西幸的事。官员几乎都忙着逃命了,只有王文韶、刚毅、赵舒翘三个人到了。时任军机处大臣的王文韶先回到军机处取印匣子,这时慈禧已和光绪出德胜门向西逃走了。王文韶和儿子想要乘轿子追赶,无奈已经找不到轿子。他们走了三天三夜,才到了怀来县,才追上了慈禧和光绪。据说王文韶当时年事已高,两只脚都走肿了,幸亏穿的是杭州"边福茂"的鞋子,鞋底是用新布垫的,不破边,不穿孔,脚也没有扎破。后来,王文韶就把这双细布鞋作为"西行追驾"的纪念品保存起来。王文韶穿边福茂步行追驾而不破损的事越传越广,边福茂的生意也更加兴旺了。

边福茂旧址①

地址:浙江省杭州市上城区中山中路 110 号

---

① 图片来源:浙江在线新闻网站,http://www.zjol.com.cn/05culture/system/2008/07/28/009778798.shtml

太 极茶道

太极茶道苑是中国知名度最高的茶馆之一,也是全国六万多家茶馆中唯一被授予"中华老字号"称号的茶馆,坐落在杭州繁华的清河坊。

太极茶道是郑家茶人家族经营,当年郑家人从江西上饶一带出发,沿着婺源、祁门做茶和贩运茶叶,一路到了上海。家族茶叶经营始于1765年,茶馆得字号于1885年。1938年的时候,因为战乱,郑家迁居杭州。

在创业过程中,有郑家人拾金不昧的故事为人称道。郑祥栋在上海苏州河边一家小茶馆做帮徒,他诚实、勤劳、厚道,泡茶手艺也非常好。有一次,老板遗失了巨额当票,郑祥栋拾金不昧,完璧归赵。老板当即承诺,日后将把茶馆赠送给他。后来,老板去别处开大茶馆,将小茶馆送给郑祥栋,郑家就此创立了"太极"字号。

雨水泡茶,丰俭由人;茶品规范,行茶精湛,这是太极一直为人称道的。现在的太极茶道仍然保持着晚清时期的风格:房檐挂着茶幌,门口立有一尊"老茶倌"铜像,店堂内的桌凳是板桌板凳,还有烟熏老墙和始终余韵不绝的评弹小调;茶博士头戴瓜皮小帽,身着蓝布长衫,穿梭顾客中间,提壶续水,很多技艺让人称绝。

在中国和世界茶推广方面,太极茶道有以下贡献:将历史茶器还原再造并推向茶馆服务,很多器具已经成为茶馆界流行器具,如东坡提梁壶、粗陶水盂、侧柄壶等;将家族行茶技艺要点编排成礼序流程,"凤凰三点头"、"细水长流"、"九曲流芳"、"梅花三弄"等等行茶手法广为称道;将传统茶馆许多服务模式,规范整合推向市场,如"迎客茶"、"民俗茶食"、"送客礼节"等;将家族手工茶拼配技术,结合市场新需求,加工出十几种独家特色茶,如"冷迎霜"、"真金八宝茶"、"水丹青"、"阳韵乌龙"、"阴韵乌龙"、"随便茶"等,迎合了不同茶客的喜好;太极茶道的水质也是其成功的关键秘诀之一,其中"雨水泡茶"、"雨水收集"、"水品鉴别"、"冷水泡茶"、"雨水储藏"等不仅提高了品质,也提高了茶馆的文化内涵;另外,在管理方面的金木水火土"五行法则"以及遵循祖辈"不做纯商"惯例,推行"流派加盟"模式等,都是太极茶道成功的法则。

太极茶道素以"浓缩茶道精华,弘扬中华本色"为宗旨,从1995年初开始,以流派加盟为特色,太极茶道迄今累计接收并筹建560多家茶馆加盟店,累计招募和培训了7000多位茶道弟子,把中国茶和太极茶道流派积极推广到海外,为太极茶道走向世界做出了重要贡献。有媒体对此评价说："一家小茶馆,引出了一个新行业。"

戎 彦 摄

地址:浙江省杭州市上城区河坊街184号

九芝斋

九芝斋始创于民国14年(1925年),最初店址在中山中路羊坝头,是杭城茶食领域著名的"三斋二和"(九芝斋、采芝斋、颐香斋、叶受和、五味和)中的一家,是杭州历史最悠久的综合食品商行之一,在杭州无人不知无人不晓,主要生产苏式蜜饯、糕点、月饼等,品种齐全。

进入新世纪,杭州三家老字号企业江南春、九芝斋、老大房实行联营,为老字号经营开辟了一条新路。

九芝斋的很多产品为人称道,如榨菜月饼、松子糖等。

解放前九芝斋就开始做榨菜月饼,一直持续到现在,销售期从中秋前两个月到中秋结束,每天现做现卖两万个,而中秋节当天可以卖到十几万个。九芝斋的榨菜月饼始终保持着传统口味,原材料是精选的四川涪陵优质榨菜和新鲜猪前腿夹心肉,非常受欢迎。

　　九芝斋的松子糖里,能清晰地看见粒粒白的松子仁,糖入口融化后,能品尝到松树的清香。

　　王旭烽的文学著作《茶人三部曲·下·筑草为城》中还提到了九芝斋的椒桃片:"做工那才叫讲究。先把糕蒸熟了,再裹上山核桃肉,然后入模子,一压,就成了长方条。然后呢,再把它切成极薄的片,再烘干。白里透黄,用梅红纸包好。这个好东西,是要就着茶,才能吃出品味来的……"

地址:浙江省杭州市上城区中山中路 228 号

制造业

制造业是国民经济的支柱产业,是我国经济增长的主导部门和经济转型的基础,也是我国城镇就业的主要渠道和国际竞争力的集中体现。制造业是按照市场需求,把各种资源通过制造转化为人们可以使用或者利用的工业品与消费品的行业。

毛 源 昌

毛源昌创始于清同治元年(1862年),是我国眼镜行业的百年老店。毛源昌以"高品质、讲信用、货真价实"作为经营风格,以"真心、真价、真服务"为经营理念,以"品质、技术、价格、满意"为四大保证,成就了眼镜行业"眼镜=毛源昌"的盛誉。

咸丰年间,杭州太平坊一带(现在中山中路上)有一家詹志飞开设的詹源昌号,经营玉器和眼镜,后来由于玉器生意萧条而无力维持,濒临破产。同一时候,绍兴人毛四发托盘提篮沿街出售眼镜,有了一定的积蓄,看到詹源昌号的处境之后,就盘了过来。毛四发喜欢店名中的"源昌"两个字,就只改了姓,挂出了"毛源昌号"的招牌,这一年就是清同治元年(1862年),毛源昌眼镜正式诞生,由此开始了迄今接近150年的发展历程。

盘下了店铺以后,在维持玉器经营的基础上,又增加了钟表和眼镜两种商品。不久,毛四发发现玉器生意远远不及眼镜和钟表,于是就有意减少玉器,增加眼镜和钟表销售,慢慢地,毛源昌成为了眼镜的专营店,完成了定位的重要变革。当时是前店后场形式,毛四发自己主管生产,请人来掌管店铺事务。

毛源昌号的第二代传人毛守安去世后,由其学生赵光源、顾叔明等协助其子毛蓉莆管理店务。工人实行计件工资,每磨镜片一只,视镜片的深浅,得洋四角到八角,装配片架的工作由店员担任,月薪九至十余元。其经营方式灵活多样,除在店中接待顾客外,还叫店员提篮托盘上街叫卖,或赴考场兜售,甚至送货上门,服务十分周到,因此日益兴隆,盈利非常可观。年底结算时实行店主拿利润、职工分花红的分配方法。

当时眼镜尚属比较珍贵的物品,只是一些官宦、盐商等有钱人用来装饰或养目使用,市场十分狭窄。眼镜品种也比较少,只有铜边眼镜、茶晶眼镜和水晶眼镜。随着时代的发展,眼镜逐渐走向普及化,不再只是少数文人墨客的饰品。毛源昌号为了适应市场的需求,增加了产品品种,除生产传统的品种外,还生产科学眼镜、用玳瑁镜框装配的平光、散光和近光眼镜(即今平光、老花和近视眼镜),毛源昌还以出售真水晶眼镜出名。

在晚清时期,毛源昌以讲究信用、货真价实、童叟无欺为消费者所认可,凭借"真心、真价、真服务"驰誉浙、赣、闽、皖、苏等省。

毛四发的曾孙毛鉴永(1911—1983)出生之后不久,伴随反袁风暴和丧权辱国的 21 条,全国开展了抵制日货运动。1927 年,16 岁的毛鉴永赴上海兴华眼镜公司学习,当时实业救国的热潮极大地影响了他,三年之后回到杭州执掌店业,他开始了大胆的革新,主要进行了以下几方面的改革[①]:

一是改革祖辈历来聘请代理人管店的做法,由自己亲自掌握商店的财务权、人事权和经营管理权,从而做到大权在握。

二是改变手工作坊操作模式,购置一些先进的设备。因为当时近视眼大量增加,近视眼镜的需求大增,原先落后的手工操作方法已跟不上社会需求发展速度。1930 年在美国 AOC 厂订购验光仪一台以及磨光设备一套,从此结束了该号使用脚踏木制砂轮磨镜的时代。在镜片制作上,毛源昌以其技术精湛,质量上乘,被誉为杭城一绝。

三是改善服务质量,要求店员和学徒对顾客诚恳热情,老少无欺。毛源昌眼镜号的镜片都刻有暗号,以作识别。凡属店中卖出去的眼镜,如遇顾客提出不适,只要不是人为的损坏,一概负责调换修理,服务十分周到,树立了良好的口碑。

四是加强舆论宣传。当时《东南日报》、《浙江工商报》、《浙江工商年鉴》上刊登的毛源昌的广告有:"别家没有的眼镜我有,别家没有的设备我备","光线绝对正确,式样自然美观","毛源昌验光最准,毛源昌货色最好,毛源昌价格最便宜,毛源昌交货最及时"等,极大地提高了毛源昌的知名度。

五是开展批发业务。毛源昌与各地较小的眼镜兼营者建立批零关系,还拥有一批托盘设摊的小贩,每年营业在春、秋两季最为兴旺。

---

① 参考资料来源:《光明使者毛源昌》,杭州图书馆网站,http://trs.hzlib.net:8080/was40/detail?record=18&channelid=42812&searchword=%CF%E0%B9%D8%BE%B0%C7%F8%3D%D6%D0%C9%BD%C2%B7

六是在店内对职工分配实行"柜川制",营业盈利多,大家就提成多,水涨船高,以鼓励职工的积极性。

由于毛鉴永实行了这一系列的改革,毛源昌在激烈的竞争中逐渐登上同行之首。在20世纪30年代初期,它的资产已占当时杭城共六家眼镜店号资产总额的44%。当时报上的一则广告中说:"毛源昌是浙江眼镜业的领袖",已绝非夸大其词。

1937年7月7日抗战爆发,12月杭城沦陷,毛鉴永将店迁往金华,当时仅有职工8人,木制脚踏砂轮1台,经营验光配镜。1942年日寇流窜金华,毛源昌又迁往松溪、浦城、龙泉等地,最后在龙泉立足。这一阶段经营十分艰苦,靠微薄的收入生活。由于战争及生活困难,店员不断减少,濒临倒闭。

1945年8月,日寇宣布无条件投降,毛源昌即于当月迁回杭州,筹集资本,装修门面,添置机器设备。店内设立验光室,专为老花、近视的购镜者验光,以求光度正确,又加强宣传重新树立形象。此时,毛源昌号无论是备货、设备、售价、工艺乃至服务都具备相当实力,为杭城眼镜业(当时杭州的眼镜业尚有四家:毛源昌、明远、可明、晶益)之首。

杭州解放后,毛鉴永于1950年10月向人民政府注册登记,当时毛源昌号的资本总额为7300万元(旧币),有职工11人,勤工1人,经理为毛鉴永,股东为曹麦华、毛鉴永、毛鉴清。

1956年公私合营时,由瞿晋耜任公方代表,毛鉴永、吴元墩为资方代表,同年,明远、可明、晶益眼镜店合并改为毛源昌眼镜厂,仍设在中山中路毛源昌眼镜号原址,由杭州市中百公司领导。毛源昌眼镜厂成立后,抽调工作人员,招收学徒工,那时全厂职工发展到100人。

1958年4月,杭州毛源昌眼镜厂改名为杭州眼镜厂,在庆春街、井亭桥、中山中路设立三个门市部,在教仁街设批发部。杭州眼镜厂为了改变只能磨制镜片、不能生产镜架的落后状况,增设玳瑁作坊(镜架车间前身),自制玳瑁架,既解决了采购困难的问题,又降低了成本,减轻了消费者的负担。眼镜架的生产还结束了本省不能生产,只依赖上海、苏州等地供应的历史。同时对磨镜的劳动组织进行调整,集中生产,还添置磨片车四部,产量明显提高。镜片产量从1月份的1200副,提高到12月份的4100副,满足了市场的供需要求。工厂也进到了全盛时期。

1958年9月改组为杭州光学仪器厂,划归杭州市轻工业局领导。后来又几经拆并,至1984年10月,杭州市人民政府根据对外开放的需要和杭州城市的特点,决定恢复建立杭州毛源昌眼镜厂,委任李祖录为厂长。首先依靠科技进步,实行技术改造,翻建磨片车间,修复和改装了一大批长期处于瘫痪的机器设备,引进高速出坯机,提高磨片能力,淘汰了磨片工人长期抱怨的氧化铁红抛光材料,净化生产环境,改善劳动条件,从而提高了劳动生产率。然后对市场进行仔细的调查和分析,淘汰了单调落后的赛璐珞架生产线,跃过二代醋酸纤维架生产,在国内较早地建立起金属架生产线。金属架产品的试制成功,受到社会各界的好评,被省轻工业厅列为 1986 年名、优、新、特产品,授给"金鹰奖"。1987、1988、1989 年又被授予省市优秀"四新产品"奖。

1987 年,杭州毛源昌眼镜厂实行行业归口,工厂建立起以厂长为中心的行政指挥体系,精简了机构,实行两级经济承包责任制,从而有效地保证了国民经济计划的完成。1989 年生产总值为 141 万元,实现税利 107 万元。

20 世纪 80 年代,毛源昌凭借精湛的技艺、优良的服务再次确立了自己眼镜行业的龙头地位,在浙江眼镜行业中再次卫冕了"眼镜＝毛源昌"的美名,再现了百年品牌的璀璨光芒。

1992 年,杭州毛源昌眼镜厂和新加坡信义光学(私人)有限公司共同出资成立了中外合资杭州毛源昌信义光学眼镜有限公司,当时其湖滨门市部是杭州最大的眼镜店,营业厅内经常人头攒动,达到历史的高潮。

随着眼镜市场的竞争日趋激烈,新兴了很多品牌,比如本土的大光明、台湾的宝岛,还有平价的菲狐等等,毛源昌受到了严峻的挑战。"毛源昌"选择坚持走中高端路线,和主打平价的菲狐形成了差异,从而在杭州确立了毛源昌、宝岛、大光明三大高端品牌并立的局面;为了迎合年轻一代对眼镜时尚特性和价格上的需求,"毛源昌"推出款式新颖时尚的镜架,以争取未来的消费群体;毛源昌还进行了几次大规模的技术改造和设备更新,让自身的生产能力和产品质量都有了质的提升。经过眼镜行业质检最高权威机构——国家眼镜质量监督检验中心的严格抽检,毛源昌是唯一一家连续七年所有指标全部合格的眼镜企业。毛源昌在杭州市区开设了十多家连锁店,经营很多世界品牌的眼镜和毛源昌产品,全国有近 70 家企业加盟了毛源昌,毛源昌品牌效应得到了充分的展现,企业规模在浙江省眼镜行业中名列第一。

毛源昌的技师、设备、产品都是出类拔萃的,拥有杭州唯一的国家一级高级验光师,还有数名国家级高级验光师,同时毛源昌还拥有很多国内先进的设备,比如电脑综合验光仪、红外线验光仪、自动割边机等设备,毛源昌还有品种齐全的镜架、镜片和隐形眼镜产品。

毛源昌连续多年被浙江眼镜质检站和杭州市质量监督检测院评为推荐产品,是浙江省眼镜行业唯一一家通过省二级计量水平确认的企业。毛源昌眼镜产品还被评为杭州市和浙江省名牌产品,毛源昌获得了"浙江省知名商号"的称号,还是商业部首批认定的"中华老字号"企业。

毛源昌经营理念

经营基础:百年精湛技艺 优良商业信誉

经营风格：高品质、讲信用、货真价实

经营理念：真心、真价、真服务

经营保证：品质、技术、价格、满意

经营宗旨：认真做眼镜 品质毛源昌

毛源昌完美验光 12 步法

毛源昌独家推出了完美验光 12 步法,确保验光准确可靠,让顾客配到称心如意的眼镜:

第一步：问诊

第二步：电脑验光

第三步：裸眼视力检查

第四步：插片视力校正检查

第五部：散光检验

第六步：红绿对比测试

第七步：双眼平衡

第八步：眼底检查

第九步：电子测量瞳孔

第十步：适应性测试

第十一步：阅读视力检查

第十二步：确定处方

戎彦 摄

地址：浙江省杭州市上城区南山路新民村 3 号

邵 芝岩笔庄

清同治元年（1862年）①，慈溪人邵芝岩在杭州三元坊开设笔店粲花室，后以店主名为店名。邵芝岩非常喜欢兰花，用500两纹银的高价购买了一株稀世珍兰，作为"镇店之宝"陈列在自己的笔庄里。名贵的兰花吸引了众多的观赏者，特别是很多文人雅士，笔庄也因为名贵兰花而名声大振。邵芝岩于是从此入手以"芝兰图"作为商标，商标左边是花瓶里插"灵芝"，在于寓邵芝岩的"芝"，右边则是一盆"绿云"兰花，寓意笔庄的笔非常名贵。而且，为了感谢兰花对笔庄生意的帮助，以后邵家女子的名字中都带蕙字。

邵芝岩之后，邵小岩、邵仁山、邵克文祖孙几代都精心经营笔庄，秉承"选毫必精、加工必严"的宗旨，产品深受历代文人的赞誉，在清代时还被列为贡品。笔庄自产自销各种档次的毛笔，有羊毫、狼毫、紫毫、兼毫等400多种，各具特色。羊毫按照锋颖长短分为长锋、中锋和短锋，长锋颖长腹软贮墨多，书写可以顺笔婉转，一气呵成；中锋羊毫是普及型；短锋羊毫最适合绘画。精选黄鼠狼毛制作而成的狼毫，无论书写还是绘画都遒劲有力。紫毫则是选用山兔脊背上一小撮最硬也是弹性最好的毛制作而成，锋颖坚挺。兼毫是用多种毛混合制作

创始人：邵芝岩②

的，多用山兔和山羊毛，由于用料有软硬，所以形成了刚柔并济的特点。邵芝岩笔庄的上品有特制玉兰芯、福禄寿喜庆、极品冬紫毫、北狼毫等，具有"尖、齐、圆、健"四大特色，被誉为"四绝"。此外，笔庄还供应各种名贵和实用的砚台、宣纸、徽墨、笔架等。

到了邵仁山的时候，店面虽然还比较大，但是笔庄的生意已经不太好了。店铺当时的格局是老式的，沿街店面，店后是近700平方米的工场，100多人，每天吃饭要开十几桌。邵芝岩造笔的师傅都是湖州聘请的，而制笔过程中最为重要的工序都是由大师傅严格把关。

---

① 据邵芝岩笔庄相关负责人以及邵芝岩后代举资料证明，邵芝岩笔庄创建年代应该为清道光年间，大概在1834—1839年，而非现在所记载的1862年。

② 图片来源：《与邵芝岩笔庄相关的一些人和事》，原载《杭州日报·西湖副刊》，转引自杭州日报网站，http://hzdaily.hangzhou.com.cn/hzrb/html/2010-01/14/content_810595.htm

1945 年抗战胜利之后,邵家人从绍兴回到杭州,第二年在中山中路 216 号开设了分店,分店交由刚二十出头的二儿子邵克文经营。邵克文虽然不亲自制笔,但从小对笔耳濡目染,1943 年从上海南洋中学毕业以后,就被召回杭州作为接班人培养。父亲邵仁山去世以后,有些贵客来买笔的时候,还会请邵克文帮忙挑选。

1956 年公私合营之后,邵芝岩笔庄和石爱文笔庄合并,后来又并入了隆泰昌文具店。1964 年笔庄更名为文光笔店,之后并入涌金笔店,萎缩至一个卖笔的专柜,笔庄从并入涌金笔店以后就不再是邵家人经营了。"文革"中,涌金笔店更名为勇进,1979 年在此基础上恢复了邵芝岩笔庄字号。

笔庄秉承"重质量、守信誉、善经营"的精神,在延续传统工艺和产品的基础上,不断开拓创新。

邵芝岩笔庄重新发掘和创新制笔工艺,毛笔选料和做工都非常讲究,每支笔要经过选毫、梳毛、造型、结头、装套、刻字等 70 多道工序,道道工序严格按标准检验。1983 年,被商业部定为全国六大名笔之一。

早在 1985 年的时候,邵芝岩笔庄就开始积极开拓国外市场,目前,邵芝岩笔庄的产品有七成销往国外,比如日本及东南亚各国,成为我国传统笔业海外市场开拓最为成功的企业。

不断关注市场的新变化,开发新产品,开创新的设计风格,让邵芝岩笔庄一直跟随着需求的变迁。邵芝岩笔庄陆续创新形成了油画笔系列、水粉笔系列和水彩笔系列等新品。笔庄在笔头保持传统特色的基础上,不断美化笔杆、笔盒和挂件等,让笔更能满足消费者的新需求。比如较为新颖的用男女头发制作而成的鸳鸯笔,寓意白头偕老;用婴儿第一次脱落的头发特制的胎发笔,寄予聪慧的美好愿望等等,都赋予传统的毛笔新的含义,也吻合我国消费者的消费心理。

邵芝岩笔庄产品本来属于实用品,而沿袭至今的老字号尽管时迁境移仍保留了很多传统工艺的色彩,其文化价值、艺术价值和收藏价值已经超越了实用价值,笔庄也非常关注这样的转型变迁。

现在的邵芝岩笔庄仍然位于中山中路,并且还保持前店后场的格局,店面不大,有数十平方米,门前悬挂的"邵芝岩笔庄"五个字是赵朴初题写的。走进店堂就像进入毛笔的博物馆和展览会:各种材质,各式规格的毛笔,精彩纷呈,琳琅满目。中堂高悬严济慈题的"粲花室"三字,匾额后面是工场及库房。杭州邵芝岩笔庄现在已经被列入杭州市历史建筑保护单位。邵芝岩笔庄保留着民国时期灰木结构建筑,分上下两层,占地面积接近 500 平方米。进入一楼大厅橱窗里有一支长达 1 米,直径达 14 厘米的巨型毛笔,笔头有碗口大小,非常有气场。二楼是环境幽雅的雅室,接待一些贵客。

邵芝岩笔庄所获的奖项数不胜数。笔庄自创业以来,曾在国内外 12 次中外会展上获奖。从 1983 年起,"芝兰图"牌毛笔历年被商务部定为中国六大名牌毛笔之一;"芝兰图"牌毛笔还在 1987 年被评为浙江省商办企业名、特、优新产品"玉兔奖",其中新试制的纯光锋毛笔被评为新产品"优质奖";1993 年邵芝岩笔庄被国内贸易部认定为"中华老字号"企业;1994 年邵芝岩笔庄的"芝兰图牌"商标被评为浙江省著名商标,一直延续至今;1994 年"芝兰图牌"毛笔,"紫竹丰颖、墨趣",获国际亚太博览会"金奖";1999 年被中国文房四宝协会评为全国文房四宝著名品牌;2003 年又获杭州西湖博览会暨第四届工艺美术大师国际艺术精品博览会"作品奖"和"铜奖";2004 年"芝兰图牌"毛笔获杭州市旅游商品"铜奖";2006 年邵芝岩笔庄又被国家商务部重新认定为第一批"中华老字号"企业。

邵芝岩笔庄创始传说

相传清末杭州有一个年轻人,一天,他背着竹篓花锄来到五云山中的一个小山谷——大青里,想挖一些兰蕙换几升米奉养多病的老母亲。一阵清风吹过,吹来沁人心脾的清香,他顺着香味找去,荆棘刺伤了手,划破了衣裳,终于在一棵梅树边找到了一支盛开的兰花,就轻轻挖了出来。神奇的是这竟然是一株并蒂兰花,绿如翡翠般晶莹,焕发着奇光异彩。这花仅开了一对并蒂花,而且是叶枯以后才发芽,后来载入花谱,名为"绿云"。这即是后来邵芝岩以 500 两纹银买下的名贵兰花。

邵芝岩笔庄与名人

著名书法家唐驼当年曾来店定制毛笔。他对毛笔的要求非常高,要求笔头垂桌面下揿至笔头散开,再提起笔来笔头仍能紧拢。多天之后,笔制成了,唐驼试用之后却不满意,笔庄于是一次次重新制作,经过了一年多,重制了多达八次才让唐驼满意,笔也因此命名为"唐驼八次改定屏联笔"。

周恩来总理访日时,曾挥毫写下"雨中岚山"四字,邵芝岩笔庄据此精心制作了一套"雨中岚山"笔,颇受客户欢迎。

沙孟海老先生曾在一部纪录片中使用一支拐杖一般大的毛笔挥写了大大的"龙"字,这支长达一米的椽笔就是邵芝岩笔庄的老师傅精心制作的。

邵芝岩的笔还博得赵朴初、沙孟海、启功、陆俨少、钱陶君、郭仲选、常书鸿、潘洁兹等著名书画家的赏识,他们都有墨宝相赠,很多都可谓稀世珍品,不但增添了老店的文化气质,更提升了笔庄产品在人们心目中的价值。

书法家蔡云超谈邵芝岩笔庄[①]

蔡云超曾经说，邵芝岩笔庄里有一种氛围，无论是店堂陈设，还是店内物品的摆放都契合这样的氛围，而只有内心具备了儒雅之气的人，才走得进这样的店。

蔡云超还谈到了邵芝岩笔庄独特的开票收银方式：会计坐在一楼到二楼半层的地方，楼下开好发票的伙计把发票和钱夹在夹子上，顺着丝带转动，夹子就到了会计那里，会计再把发票和零钱用同样的方式传到楼下。这种比较古老的收银方式曾被一些百货店和布店使用，电脑收银普及化的今天，杭州保留这种收银方式的也仅邵芝岩一家。当然，邵芝岩笔庄也曾经几次想要换成现代化收银方式，后来在市民的强烈要求下才保留了下来，很多人觉得，这样才更有老店的感觉。

蔡云超最喜欢楷书，而楷书非常讲究笔画头尾的变化，这样的变化只是瞬息的心中一动，靠运转笔锋体现出来，所以他对毛笔的"随手"要求非常高。他曾说："不要小看'随手'这两字，不是随随便便的随，这个随的意思是笔要跟得上心，跟得上手，心到手到笔到，对书法家来说，笔是心手的延伸。"

蔡云超买的第一支毛笔就是邵芝岩笔庄的笔，他选择的是最适合写楷书的锋长颖长的笔，开合运转余地比较大。他尤其对邵芝岩笔庄的"清水长锋"情有独钟，经常一次买几十支，不仅自己使用，还赠送给其他人。

丁肃君：一支笔用了 60 多年[②]

90 多岁的丁肃君老人有一支收藏了几十年的毛笔，他和这支笔有着非常深厚的感情。这支笔是在抗战胜利邵芝岩重新开张的时候购买的，是一支纯羊毫笔。用了几十年的笔，修了几次，笔锋秃了，笔管也有了裂痕。老先生可惜上面一丝不苟的刻字，为了防止笔再坏下去，就在笔管尾串了线，把笔挂了起来，当作宝贝收藏。

1979 年的时候，浙江古籍部为了重新誊抄《浙江通志》，向社会招收会写蝇头小楷的人，刚刚退休的丁肃君路过浙江图书馆孤山古籍部门口，正好碰到几个正在写字的老先生，喜欢蝇头小楷的他就坐下来写了《赤壁赋》中的一段，被选中誊抄。这之后，他每天都去孤山古籍部，一天写一两张纸，每张四五百字，写的时候不能有一个错字，错了一个就要整张重新来过。丁老写的是"太平天国犯浙"这个章节，差不多写了一年多，后来笔就写秃了。丁老的这支笔是由邵

---

① 参考资料：《与邵芝岩笔庄相关的一些人和事》，原载《杭州日报·西湖副刊》，转引自杭州日报网站，http://hzdaily.hangzhou.com.cn/hzrb/html/2010-01/14/content_810595.html

② 参考资料：《与邵芝岩笔庄相关的一些人和事》，原载《杭州日报·西湖副刊》，转引自杭州日报网站，http://hzdaily.hangzhou.com.cn/hzrb/html/2010-01/14/content_810595.html

芝岩一位修笔的王师傅修的,这位师傅手艺非常好,任何经过他手的笔都像是新的一样,至今丁老先生还惦记着这位王师傅。

地址:浙江省杭州市上城区中山中路 298 号

杭州利民中式服装厂老字号申报的创立年份为 1932 年,是我国第一家,也是目前全国唯一悬挂中式服装招牌的专业企业。杭州利民中式服装厂还是浙江省丝绸公司首家生产外销著名品牌中式服装的定点生产厂家。

杭州利民中式服装厂承袭了中华民族服装传统工艺的精华,如镶、嵌、滚、宕、盘、钉、勾、绣等,又不断挖掘、开发、整理中华民族服饰文化宝藏,不断继承和发展传统的中式传统服装,还在这一基础上进行创新,把中西服饰文化精髓融合在一起,推出适应时代审美需求的新款时装。

企业于 1998 年改制成股份合作制企业后,不断加强管理和科技开发,现在国内中式服装生产领域占据绝对的领先地位。主要生产"红楼"、"大丽菊"牌传统及改良中式服装。产品具有浓厚的民族特色,也符合现代审美情趣,在国际中式服装市场上占有相当大的份额,特别是"红楼"品牌在美国和日本市场的知名度非常高,前景广阔。

利民服装厂以质量第一为宗旨,以优良服务、按时交货为信誉,加上独特而持久的定位,牢牢占据着自己的市场。

地址:浙江省杭州市上城区解放路 139 号

"大桥牌油漆"隶属于杭州油漆有限公司(原名杭州油漆厂),创建于 1958 年。

1958 年的时候,生产油墨的公私合营杭州油墨厂添置了颜料合成树脂和溶剂等设备和原料,开始生产油漆,企业也由此改名为"杭州油墨油漆厂"。到了

1988 年的时候,杭州油墨油漆厂分为杭州油漆厂和杭州油墨厂两个部分,其中杭州油漆厂整体搬迁到了北大桥化工区。2000 年,杭州油漆厂改制为杭州油漆有限公司,确立了"三年调整,三年积累,三年发展"的战略,调整产品结构,转变增长方式,让企业获得了蓬勃的生命力。

大桥牌油漆是杭州油漆有限公司的领军品牌,荣膺国家免检产品、浙江省名牌产品、浙江省著名商标、中国油漆市场用户购物十佳信誉品牌等荣誉称号,2009 年,大桥牌油漆还获得了"中国十大工业涂料品牌"称号。杭州油漆有限公司先后有十几种产品被评为国家、部、省优质产品。

杭州油漆有限公司是全国涂料行业重点生产企业、中国涂料工业协会副理事长单位、浙江省涂料协会会长单位、浙江省省级技术中心、浙江省五个一批重点企业、浙江省诚信示范企业、浙江省绿色企业、全国"安康杯"优胜单位、全国石油和化工行业先进集体。公司主要生产重防腐漆系列、钢结构漆系列、地坪漆系列、装饰漆系列、建筑漆系列、玩具漆系列及其他工业漆,品种齐全,其中高档漆占 75％,年生产能力达 5 万吨。

公司工艺和设备先进,获得了行业很多资格认证。公司秉承"技术成就卓越,领先源自创新"的发展理念,本着"企业以诚信为荣,诚信以质量为本"的宗旨,锐意进取,不断进步。

地址:浙江省杭州市拱墅区登云路 555 号

文化艺术

　　杭州的文化艺术历史悠久,有着较为明显的地域特色,自史前的良渚文化起,历经春秋末期的吴越文化、秦汉之后的六朝文化、唐和五代时期的吴越国文化、宋元明清文化①,一直延续至今,留下了无数的文化艺术遗产。杭州的文化艺术还具有浓郁的江南韵味,洋溢着江南水乡的秀美,可与西湖山色相媲美,孕育了一代又一代艺术大师。这些都让文化之邦杭州在中国历史文化长河中占有重要的位置。

西泠印社　　西泠印社　　西 泠印社②

　　我国的印和书法、绘画一起构成了"金石书画",是中华民族文化艺术三件珍宝。

　　提及中国的印文化,杭州是绝对不能忽略的城市,这里刻印、赏印、藏印、品印历史悠久,自成一派,"西泠八家"和"浙派"印学都是以杭州为中心的,我国印社始祖——西泠印社、国家投资兴建的我国第一个印学博物馆都在杭州,所以杭州有着"印学之城"的美誉。

　　西泠印社创始于清末的光绪三十年(1904 年),当时对金石的研究处于鼎盛期,立志于弘扬印文化的丁仁、王褆、吴隐、叶铭等篆刻家在杭州发起创建"西泠印社",印社以"保存金石、研究印学、兼及书画"为宗旨。西泠印社是我国第一家全国印学社团,同时也是国内外研究金石篆刻历史最久、成就最大、影响最广泛的印学社团,以篆刻书画的辉煌成就和成果而享有盛誉,被誉为"印学研究中心",更有"天下第一名社"的美称。

---

① 《杭州市文化艺术概览》,杭州网,http://www.hangzhou.com.cn/20030101/ca312859.html
② 参考资料:杭州网,西泠印社百年庆典专题,http://www.hangzhou.com.cn/xiling/index.html

西泠印社得名于印社所处的位置,即杭州西湖景区西泠桥附近,可谓"社杰地灵",印社的创立和得名有"人以印集,社以地名"的说法。

1904—1913年,是西泠印社初创的十年,四位创始人团结同仁集资和规划,"买山立社",先后建造了九处园林建筑,印社初步形成了规模。这十年中,印社辑集的印谱非常多,印谱和印学书籍的整理出版,为西泠印社奠定了坚实的学术基础。到1913年的时候,西泠印社举行了创建十周年纪念大会,撰写了西泠印社成立启,订立了西泠印社社约,发展社员,公推艺术大师吴昌硕先生为首任社长,还开展了集会、展览、收藏、出版等一系列活动。大会之前由中日双方共同举办"兰亭纪念会",则被视为西泠印社以集体形象对外交流的开始。

1914—1923年,印社得到快速发展,完成了很多后续建设,基础设置突飞猛进;印社文献整理、印谱编辑又有很多作品问世。这一时期还有很多对外活动:康有为为印社手书"湖山最胜";日本长崎、大阪首次展出吴昌硕书画;日本雕塑家朝仓文夫赠吴昌硕铜像(后由吴转赠印社);王国维题咏《西泠印社图》;社员长尾甲在日本举办"赤壁会";泰戈尔访问西泠印社等。1923年是印社创立20周年,举行了隆重的纪念活动,举办了规模盛大的金石书画展览。

1924—1933年是印社的兴盛成熟时期。除了基础建设、印谱和印学书籍编辑外,此时,西泠印社的声望日隆,吸引了很多名人前来游览,比如1928年鲁迅游览西泠印社、1931年张大千等游览西泠印社。文化名人为这家文化名社增光添彩,扩大了印社的声誉。1927年,吴昌硕逝世,故宫博物院院长、著名的金石考古学家马衡继任社长。

1933—1949年是较为特殊的时期,受到战乱的影响,印社活动曾停止了长达十多年,但社员仍旧努力在1933、1946、1947、1948年举行了西泠印社成立30周年纪念、恢复社务活动、重阳节补行印社40周年纪念、戊子题名雅集等规模较大的活动。《西泠印社30周年纪念册》、《西泠印社30周年纪念刊》的编纂,对印社建立30年来的概况进行了一次较为全面的总结。1947年重阳节补行印社40周年纪念活动是为充实印社资金而举行的,获得了极大的成功,展品全部定购完毕,"丁亥重九题名"者达到80人,这次活动是西泠印社再现当年风采和恢复印社的新起点。1948年,西泠印社举行戊子雅集活动,"戊子题名"者达到百人,为发展印社又增添了新的力量。这一阶段西泠印社成员还合力编印了大型的印谱。值得一提的是,战乱纷扰的年代,西泠印社社员个人活动非常活跃,成为这一时期比较突出的特征。

从1949年新中国成立到20世纪70年代末的30年间,西泠印社的发展历经了很大的起伏变化。1949—1955年,西泠印社由政府接管,社团性质发生了由私到公的根本转变。50年代初期,印社活动比较沉寂,此时社员个人活动,特别是印社四创始人之一的王福庵,为印社做了一些总结性的工作,保存了很多珍贵的史料。1956—1966年"文革"前,印社进入恢复、筹备阶段,渐渐显出生机。1956年,省人大代表的张宗祥提议恢复西泠印社,第二年即成立印社筹备委员会。1957年《西泠印社志稿》印行,这是目前有关新中国成立之前印社历史最为详实的资料。1962年12月,印社召开了新中国成立以后第一次社员大会,1963年举行了建社60周年纪念大会。会议通过新社章,选举张宗祥为第三任社长。这一阶段,印社在征集文物、举办展览等方面成绩突出。另外,和日本方面的对外交流也有所加强。1966年印社活动被迫停止,1966—1976年,印社再次跌入历史低谷。"文革"结束到1979年,印社进入重新发展期。1977年整修了社址,1978年重建落成吴昌硕等三人造像,1979年维修了全部建筑物。1979年召开了纪念75周年大会,书坛巨匠沙孟海当选为第四任社长。著述出版、与日本交往等方面在这一时期也有很多建树。

1979年以后,社团活动步入正轨,学术研究、对外交流、组织建设、人才培养等方面都取得了长足进步,文化影响扩大,规模空前繁荣。延续传统文人结社方式,西泠印社每年在清明、重阳前后举办雅集,公祭印学先贤,编辑出版金石书画书籍,举办社员作品和藏品展览,还开展鉴赏和研讨等活动。每年印社还邀请外地社员来杭州进行研讨交流和创作观赏等活动。逢五周年和十周年庆典的时候,印社都会举办大型的纪念活动。西泠印社还广泛搜集各种和印相关的事物,并设印学图书馆,收集一切考论金石、古器、书画等的书籍,以供人赏鉴研究之用。西泠印社搜辑、考订、出版了大量印谱、碑帖和印学研究著作,刊行海内外。

西泠印社于1978、1983、1988、1993、1998年分别召开了建社75、80、85、90、95周年纪念活动。在1993年建社90周年大会上,著名学者、书法家、全国政协副主席赵朴初当选为第五任社长。

1999年,印学博物馆建成,正式对外开放。

2003年,西泠印社迎来百年华诞。西泠印社社委会筹划了"八大展览"(北京中国美术馆·西泠印社百年华诞特展、西泠印社百年史展、西泠印社社员作品展、西泠印社社员学术成果展、国际印学社团精品博览、海外书法社团作品交流展、祝贺西泠印社百年华诞作品展、西泠印社藏品特展)、"四大盛会"(建社百年庆祝大会、"百年名社·千秋印学"国际印学研讨会、百年社庆篆刻书画名家雅集、第十一届社员大会)、"一个仪式"(建社百年纪念碑揭碑仪式),同时推出《西泠印社社员作品精选》、《西泠印社藏品集》、《西泠印社社史图录和资料长编》、《国际印学研讨会论文集》、《国际印学社团精品集》五本纪念出版物。

2003年,西泠印社六届五次理事会在杭州召开,启功先生当选为西泠印社第六任社长。

2008年,西泠印社举行建社105周年庆祝大会。

通过几辈印社人的不懈努力,西泠印社在注重社会效益的同时,努力提高经济效益,坚持以文养文,不断开发资源和提升内涵,现在已经发展成为兼具学术研究、编辑出版、文物收藏、展览交流、篆刻创作、印泥制作和经营文房四宝、石章、印泥、字画、装裱等于一身的文化经济实体。西泠印社拥有西泠印社出版社、杭州书画社、中国印学博物馆、艺术品商场等文化交流、印学研究、字画观赏及购物场所。西泠印社出版发行的印谱、碑帖、篆刻、书画作品等深受欢迎,西泠的印泥远销海外,金石篆刻独具匠心,字画装裱也是技艺精湛。印社与海内外文化艺术领域的沟通交流也在不断地扩大中,影响力日益增强。

为了保持自身的生命力和竞争力,印社确立了"企业化定位、品牌化经营、市场化运作、产业化发展、国际化合作"的发展战略,不断进行资源整合,逐步涉足教育培训、艺术鉴定、展览收藏等领域,还围绕旅游产品、文化礼品、装饰装潢、文房四宝等方向定牌生产,为这家文化艺术领域的老字号注入新的活力。

1961年,西泠印社被浙江省人民政府认定为浙江省重点文物保护单位。2001年,西泠印社又被国务院命名为全国重点文物保护单位。2006年,"金石篆刻(西泠印社)"被列入首批国家级非物质文化遗产代表作名录,西泠印社被确认为中国篆刻的综合保护、传承、交流和研究中心。西泠印社还入选了2009人类非物质文化遗产名录。

西泠印社虽地处杭州,但是影响遍及海内外,说其是海内外研究印学兼书画的中心,并不为过。而且,据专家考证,迄今世界上共有印社400多个,都是西泠印社一籽落地后萌发的结果。

西泠印社四大创始人

吴隐(1867—1922),字石泉,后改石潜,号遁庵,浙江绍兴人。他财力强而又干练,社会活动能力也很强,还工书画,精篆刻。他以西泠印社的名义制作"潜泉印泥",出版印谱,都获得了极大的成功。著有《遁庵印存》等。

叶铭(1867—1948),名为铭,字品三,号叶舟,祖籍歙县。他擅长篆隶,能镌碑,最为关心印人传和西泠印社的文献,所以印学著作非常多。

丁仁(1874—1949),原名仁友,字辅之,号鹤庐,浙江杭州人。他对印章"嗜之成癖,抚之无虚日",篆刻讲究规矩方圆,有龙泓遗韵,刀法精细,印风淡雅简。他还以研究西泠八家最为有名,能画,擅长书甲骨文,著有《西泠八家印选》等。

王禔(1880—1960),原名寿祺,字福庵,号印傭,浙江杭州人。他是四大创始人中书法和篆刻作品最多,也是最为精妙的,同时弟子也是最多的。他一生刻印两万余方,深得浙派八家神髓,兼收吴熙载、赵之谦、徐三庚之长,刀法凝练,精细流畅,典雅安详,被推崇为民国印坛巨擘,著有《麋砚斋印存》、《作篆通假》等。

戎彦摄

地址:浙江省杭州市西湖区孤山西南西泠桥畔

胜利剧院

胜利剧院创建于1934年,这一年,上海联华影业公司与杭州几位商人共同投资创建了联华大戏院,除了放映电影外,还经常演出戏文。经过了一年的试运营之后,在1935年初正式营业。开业的时候,著名影星阮玲玉、香港"电影之父"黎民伟之子黎铿担当了剪彩嘉宾。

胜利剧院地理位置优越,处于杭州繁华的延安路中段,临近西湖,经常有名家汇集,很快就发展成为了"文化重镇"。20世纪30年代的时候,胜利剧院就是杭州设备和环境最好的影院,到现在仍然是浙江省历史最久,也是在原址保存最为完整的省级剧院,同时还是浙江唯一一家老字号剧院。在丰富杭州百姓文化生活方面,胜利剧院在很长时间内都发挥了重要作用。

胜利剧院的名称曾经几次随着政局更换,抗日战争时期,日军称其为"东和剧院"，日伪政府改名为"中华大戏院"，抗日战争胜利后，国民政府又将其改称为"国际大戏院"，后来为了庆祝杭州解放，又被改为"胜利大戏院"，胜利剧院的名称一致沿用至今。虽然名称几经变化，但是原址一直没有变化过，在老杭州人心目中的地位也一直没有变过。

胜利剧院舞台上曾经留下了无数著名表演艺术家的足迹，如盖叫天、马连良、荀慧生、尚小云、尹桂芳、马金凤、侯宝林等；胜利剧院的观众席上也曾经出现过很多熟悉的身影，朱德、周恩来、陈云、邓小平等都先后光顾这里观看演出。

现在，胜利剧院根据市场情况和自身特点，准确定位于主要演出传统戏曲和儿童剧，以弘扬传统民族戏剧文化、传播大众文化为重任，面向基层和大众。剧院利用节假日与浙江越剧团联合举办质优价廉的"老年越剧周"演出活动；每年还推出儿童剧"亲子专场"，主要上演皮影戏、木偶剧和童话剧；剧院还成功接待了如"七艺节"、"戏剧节"等省市重大文化活动，充分发挥了这家老字号剧院文化阵地的作用。

地址：浙江省杭州市上城区延安路279号

外贸

塔牌①

从绍兴黄酒说起

世界三大古酒之一——黄酒,发源于中国,是我国最古老的酒种,且为中国独有。黄酒的黄,不仅仅是指酒的颜色,其内涵也是相当广泛:我们的母亲河——黄河,炎黄子孙赖以生存的黄土地和我们的肤色等。可以说,黄酒伴随着华夏五千年的文明史,是中华文化对世界文化的重要贡献之一。

我国有很多地方出产黄酒,黄酒的品种也非常多,但在国内外知名度最高的、最受欢迎的黄酒则是绍兴酒,很多人提起中国酒,提及黄酒,说的就是绍兴酒。

绍兴酒起源的时间已经难以考证,根据河姆渡文化出土的大量水稻和类似酒器的陶器初步推断,绍兴酒应该起源于 6000 多年前的河姆渡文化时期。而关于绍兴酒正式的文字记载则是在越王勾践的时候,公元前 492 年,为吴国所败的越王勾践带着妻子到吴国做奴仆,《吴越春秋》中有大夫文仲两次敬酒的记载,"臣请荐脯,行酒二觞","觞酒暨升,请称万岁"。这是关于绍兴酒第一次正式的文字记载。

三年之后,受尽屈辱的勾践回到越国,为了增加劳动力和兵力,采取奖励生育的政策,《国语·越语》记载:"生丈夫(男孩),二壶酒,一犬;生女子,二壶酒,一豚。"酒作为了奖励品之一。成书于公元前 239 年的《吕氏春秋·顺民篇》记载:"越王苦会稽之耻,欲深得民心……有酒流之江与民同之",即越王勾践出师伐吴,父老乡亲敬酒,勾践把酒倒在河的上游,和将士共饮,士气大振,史称"箪醪劳师"。宋代嘉泰年间的《会稽志》记载,这条河就是现在绍兴的投醪河。醪是当时很普遍的一种米酒,是现在绍兴酒的滥觞。从这些记载中可以看出,春

---

① 部分内容据网络资料,来源不详。

秋时期,酒在绍兴已经非常普遍了。

　　东汉永和五年(140年),会稽太守马臻带领民众把会稽山山泉汇集在湖内,形成鉴湖,由此为绍兴酒奠定了优质的水源基础。

　　魏晋时期,争权夺利的政治现实让很多名士纵酒佯狂,此时,酿酒和饮酒之风极为盛行,留下了很多传颂千古的佳话。穆帝永和九年(353年)三月初三,王羲之与名士谢安、孙绰等在会稽山阴兰亭举行"曲水流觞"的盛会,饮酒对诗,写下了千古珍品《兰亭集序》,这是绍兴酒史中熠熠生辉的一页。

　　到了南北朝,绍兴地方所产的酒,已由越王勾践时的浊醪演变成为"山阴甜酒"。南朝梁元帝萧绎在所著《金缕子》一书中说,他少年读书时有"银瓯一枚,贮山阴甜酒,时复进之。"清人梁章矩在《浪迹三谈》中认为,后来的绍兴酒就始自这种"山阴甜酒",并说:"彼时即名为甜酒,其醇美可知。"由此可见,绍兴酒的特色在南朝的时候就已经形成。

　　在唐宋时期,绍兴城内酒肆林立,当时,有钱人家、文人雅士、衙门官员及其他各社会阶层的人在空闲时间都到酒店里喝酒听乐,对酒当歌,吟诗作画,一片兴旺,作为政府重要的财政收入来源,官府也大加鼓励,正如陆游说的,"城中酒垆千百家","倾家酿酒三千石",酒业在此时达到了空前的繁荣。很多著名诗人的诗篇中,都有绍兴酒的身影。

　　大量酿酒使得原材料糯米的价格上涨,《宋会要辑稿》中记载,南宋初绍兴的糯米价格比粳米高出一倍,农民纷纷种植糯米。南宋理宗宝庆年间的《会稽续志》引孙因《越问》,当时绍兴农田糯米种植占到了五分之三,甚至到了连吃饭的粮食都不顾的地步。绍兴酒也逐渐发展出了一些名品,比如瑞露酒、蓬莱春等等,清梁章钜在《浪迹三谈》引《名酒记》说:"越州蓬莱春,盖即今之绍兴酒,今人鲜有能举其名者矣。"

　　明朝时期,绍兴酒业进一步发展,有了新的花色品种。有用绿豆为曲酿制的豆酒,还有地黄酒、鲫鱼酒等。万历《绍兴府志》:"府城酿者甚多,而豆酒特佳。京师盛行,近省地每多用之。"

　　明末清初之际,伴随着资本主义的萌芽阶段,绍兴的酿酒业登上了新的高峰,重要标志就是大酿坊的陆续出现。当时有名的大酒坊,资金雄厚,场地宽大,技术力量强大,无论从生产规模、生产能力以及经营方法等方面,都是过去一家一户的家酿和零星小作坊所望尘莫及的。清朝初期,绍兴酒的销售已经遍及全国各地,康熙《会稽县志》有"越酒行天下"的说法。梁章矩在《浪迹续谈》中说:"今绍兴酒通行海内,可谓酒之正宗,……至酒之通行,则实无他酒足以相抗。"此时,绍兴酒的风格、工艺、包装、名品等基本固定,比如有状元红、加饭、花雕、善酿等。

新中国成立后,绍兴酿酒工业又获得了新的发展机遇。20 世纪 50 年代初,周恩来总理就批准了《绍兴酒工艺总结与提高》项目,列入国家十二年科学规划,为古老的传统工艺插上现代科技的翅膀;国家还拨巨款、建基地、培养人才,大力发展绍兴酿酒业,极大地提高了绍兴酒的质量和产量,不但满足了国内需求,而且成为重要的出口产品。

改革开放以来,绍兴酒加大技术革新力度,引进先进的技术装备和质量检测仪器,成立研究所,使黄酒酿造技术更趋科学化、规范化,进一步促进和提高了绍兴酒的产品质量,绍兴酒在国际市场上的声誉越来越高,销量进一步扩大,市场前景非常广阔。

有关绍兴黄酒的节庆活动也是由来已久,元代绍兴路总管泰不华就曾在绍兴县东浦镇附近的薛渎村"饮乡酒,赛龙舟,与民同乐",东浦镇现在还有保存完好的镌刻着《酒仙神诞演庆碑记》的石碑,碑文中除了记载绍兴酒的酿造和经营状况外,还详细地记载了清咸丰七年旧历七月初七祀酒神的盛况。据传,每年旧历七月初六至初八,东浦都要举行酒业会市,内容包括祀神、演社戏、赛龙舟等文化活动以及很多经营活动,商贩云集于此,热闹非凡。现代的"中国绍兴黄酒节"开始于 1990 年,之后基本上每年一届,延续至今。

塔牌酒——黄酒之王,东方名酒之冠

塔牌绍兴酒的主要酿造原料为:得天独厚的鉴湖水,上等精白糯米和优良小麦,人们称这三者分别为"酒中血"、"酒中肉"、"酒中骨"。

俗话说"水为酒之血",好水是好酒的基础,但凡出产佳酿的地方必有名泉,这也是定律,鉴湖水是塔牌绍兴酒成为酒中珍品的重要保证。

上古的绍兴还是一片泽地,南有会稽山洪水,北有杭州湾海潮,《越绝书》记载,越王勾践的时候,这里还是"西侧通江,东侧薄海,水属苍天,不知所止",勾践为吴国所败之后才开始零星地围堤筑塘。东汉顺帝时期,会稽山太守马臻率领民众大规模围堤筑湖,湖面非常大,狭长形状,所以有"大湖"、"长湖"之称,湖水清澈如镜,所以又称为"照湖"、"镜湖"或者"鉴湖"。

20 世纪 80 年代初,一些科研单位曾对鉴湖水作过一次全面、深入的调查研究,研究得出如下结论:水体所含对人体有害的重金属元素很少,同时却含有适量的矿物质和有益的微量元素;水的硬度适中;水流经过沙石岩土层层过滤及良好的植被净化,水源清洁;湖水的自净能力比较强,比一般河流快了大约三倍,超越了许多淤积的湖泊;因为上游集雨面积较大,雨量充沛,山水补给量多,故水体常年更换频繁,使得鉴湖水能保持长年常新、常清;湖区有上下两层泥煤,能够有效吸附水中的金属离子和有害污染物,其吸附能力远远超过一般的

土壤……正是这样得天独厚、无法复制的鉴湖水为塔牌绍兴酒的独特品质提供了最佳保障。清人梁章钜在《浪迹三谈》中曾说过："盖山阴，会稽山之间，水最宜酒，易地则不能因良，故他府皆有绍兴人如法制酿，而水既不同，味即远逊。"

鉴湖水水质最佳季节是在当年 10 月到第二年 2 月之间，农闲季节使得农田很少有污水排入湖中，之前台风雨季的山水流入又让水体达到最佳状态，加之冬季水质稳定，杂菌少，所以这个时候是酿酒的最佳季节，这也是千百年来民间智慧的宝贵结晶。

除了鉴湖水外，用料考究、工艺精湛也是塔牌的"独门绝技"：

用料方面：精白糯米和优质新鲜小麦保证了酒的醇厚甘甜，自然培养的、含有多种微生物的白药作为菌种，酒味独特丰厚。

工艺方面：第一，塔牌绍兴酒完全延续了传统工艺，一年一个生产周期，严格按照节气生产，三伏天制作白药，农历八月踏制生麦曲，立冬投料发酵，立春开榨煎酒。投料之前大米先浸泡 18 天，进行乳酸发酵，然后蒸饭开耙发酵，发酵之后的酒醅装入酒坛，放置于露天低温长时间冬酿 90 天，保证酒香。第二，技艺高超的酿酒师傅云集塔牌绍兴酒厂，很多人出自酿酒世家，虔诚而又精心地酿制每一缸酒，温度、酒度、酸度、糖度等控制严格。第三，酿制出的酒经过长期陶坛贮存，平均酒龄至少三年才出售，这是因为刚酿出的酒口味比较粗糙，香气不足，经过长时间储存，酒精分子越来越少，酒香也就越来越浓郁，正所谓"至酒者，无酒味也"。

正是因为以上诸多条件，塔牌绍兴酒有着"黄酒之王"和"东方名酒之冠"的盛誉。

塔牌绍兴酒在 1958 年就进入了国际市场，畅销 30 多个国家和地区，尤其是在日本，占到了同类产品市场份额的六成。根据相关数据，塔牌绍兴酒的出口量和出口创汇占到了全国黄酒一半以上，为国家做出了巨大的贡献。

塔牌绍兴酒 1993 年被指定为中南海、人民大会堂特制国宴专用酒；1994 年"塔牌"被评为杭州市和浙江省著名商标，1997 年分别通过重新认定；1997 年被浙江省技术监督局评为免检产品；1999 年获"中华老字号"称号；2000 年起获准使用原产地域产品专用标志；2005 年获得国家质检总局免检产品、黄酒工业协会质量安全诚信品牌；2007 年获得"中国名牌"和"中国驰名商标"殊荣。塔牌绍兴酒还多次获得国家级金奖和国际金奖。现在的塔牌绍兴酒已发展成为兼具高中低各种档次和规格，花雕、加饭、元红等多品种系列产品，是名副其实的国际名牌和中国名酒。

邓小平与绍兴黄酒①

1989 年春天，现任全国黄酒评委、浙江省粮油食品进出口股份有限公司塔牌绍兴酒厂副厂长的潘兴祥去北京开会，听说邓小平喜欢喝酒，回厂以后就和其他领导商量，大家一致同意把塔牌酒送给邓小平品尝。潘兴祥从厂里选了最好的黄酒，亲手灌装、包装好，还亲自送到了北京，这一送就一直送到了邓小平逝世。当时邓小平已经 85 岁高龄，喝了以后赞叹不已，之后，他每天晚上都要喝几盅黄酒。

开酿节

塔牌绍兴酒在立冬还会举办"开酿节"，展示绍兴黄酒的文化，演绎绍兴黄酒的魅力。开酿节要祭拜"酒神菩萨"，"酒神菩萨"相传是夏禹时期的酿酒祖师夷狄，又称仪狄，和杜康齐名，这个仪式之后才正式开始冬酿。

绍兴黄酒非物质文化遗产继承人、国家级评酒大师王阿牛在中国黄酒业界是"国宝级"人物，王老提起开酿节，回忆和感慨无限。解放前，17 岁的他还只是酒坊的小学徒，没有资格参加拜"酒神菩萨"，能够参加的都是上了年纪的"酒头脑"(即开耙师傅)，学徒想要成为"酒头脑"，必须要有 20 年以上丰富的酿酒经验。经过刻苦钻研，27 岁的阿牛成为了"酒头脑"，是当时有资格参加开酿仪式的人中年纪最轻的。

解放之后，由于"破四旧"等运动，黄酒开酿祭拜"酒神菩萨"被当作迷信加以废止，私下里，酿酒师傅仍然在立冬举办一个简单的仪式，流传至今。

进入 21 世纪以后，经过浙江大学民俗学教授的考证，黄酒开酿仪式并非迷信，而是酿制黄酒的"誓师大会"，也是酿制人员对质量的一次集体承诺。从古至今的黄酒开酿仪式经过发掘整理，去掉了其中的迷信色彩，成为黄酒文化集中展示的盛会，浓缩了黄酒文化的所有精华。

受日本青睐的塔牌绍兴酒

说起来，日本的清酒和中国的绍兴黄酒是同宗同源。早在唐朝，就有日本使团来中国学习先进文化和技术，将绍兴黄酒的酿造工艺带回了日本，在黄酒的酿造工艺基础上，经过几百年发展演变后，成为现在的日本清酒。

抗日战争时期，日军占领绍兴后，大肆掠夺当地物质。当时有一位日本军官对中国的历史颇有研究，也久闻绍兴黄酒之名，他本人也很喜欢喝绍兴黄酒。为此，他特地派了一支小分队在当地搜寻绍兴黄酒。当时为了抵制日寇，绍兴地区早已全部停止了黄酒的酿制，但是，那些被贮存多年的好酒，还是被日寇掠

---

① 资料来源：宋宪章《杭州老字号系列丛书——美食篇》，浙江大学出版社 2008 年版，第 231 页。

夺和搜刮了不少,运回日本,供日本高级场所饮用。抗战结束后,回国的日本士兵念念不忘绍兴酒的味道。

新中国成立以后,绍兴黄酒有了对日本的出口业务,但是规模不大。1972 年,中日邦交正常化后,日方组织了一批经济、文化界人士到绍兴考察、交流,其中有一家新生贸易公司的负责人石附先生对绍兴黄酒慕名已久,这和他整个家族都喜欢饮用绍兴黄酒的经历分不开,于是他想将赫赫有名的绍兴黄酒推销到日本。浙江省粮油进出口公司的范本贤经理和焦瑞英女士亲历了这件事,他们曾代表公司接待了石附先生,还和他商谈了与新生贸易公司合作的各项事宜。后来又经石附先生的介绍,公司与日本著名的酒业公司——宝酒造株式会社经过一系列的商议与谈判,终于达成合作,将塔牌绍兴黄酒全面推广到了日本。这之后,塔牌绍兴酒就源源不断地出口到日本,受到日本民众的欢迎。

地址:浙江省杭州富阳市义盛镇迎宾路 78 号(萧山义盛分店)

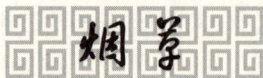

烟草

利群 *Liqun*

利 群

　　国家商务部公布的首批通过认定的"中华老字号"名单中,浙江省共有 38 家企业的老字号上榜。"利群"品牌名列其中,这也是烟草行业唯一通过认定的"中华老字号"品牌。

　　利群品牌始于 1960 年,初名利群卷烟厂,1964 年更名为杭州卷烟厂。杭州卷烟厂是从三间破庙中起家的,秉承军需企业严格的军事化管理方略,逐步发展成为浙江省初具规模的卷烟厂,也为全国烟草业树立了学习的榜样。

　　曾是军需企业的"利群"创立于建设新中国的年代,也因此命名为"利群",赋予它"部队为人民谋幸福"之意。而"利群"确实也没有辜负这个名字的寓意,企业在发展中时刻恪守"报效国家、回报社会"的宗旨,不仅历来是浙江省利税大户,为国家经济建设贡献了力量,还将"利群"做成了一个众口称赞的公益品牌。

　　20 世纪 90 年代初,随着全社会品牌意识的形成,烟草行业品牌意识也开始萌芽。杭州卷烟厂根据卷烟消费升级的发展态势,确立了以中高层次消费群体为主,推出了 10 元/包以上的主打产品,老利群完成了品牌的升级,形成了独特的清新、醇和、淡雅的风格,获得了市场的认可和赞誉。

　　2004 年"利群"被认定为"中国驰名商标",2005 年被评为"中国名牌"产品,2006 年被国家商务部首批公布为"中华老字号"。"利群"还进入了 2009 年度的"中国最有价值品牌排行榜",这个排行榜是睿富全球排行榜与北京名牌资产评估有限公司共同进行的一项研究,已经连续发布了 15 年,2009 年有 100 个中国消费类品牌进入榜单,浙江中烟工业有限责任公司的"利群"以 130.49 亿元的品牌价值名列其中。

平和的利群

杭烟曾将产品诉求点定位为"利群，永远利于群众"，后来为"永远利群，永远追求"，再到后来是大众耳熟能详的"让心灵去旅行"，利群始终以平和的姿态发展着，进步着。

2003 年，发展态势良好的利群为了进一步提升品牌的竞争力，进行了重新的调研和探索，经过对调查结果的分析，利群品牌的个性是不张扬的，恬淡的，高档而又高品质的。在此基础上，提炼出利群的品牌核心价值是"平和"，品牌承诺是"让每一个有利群的地方都充满平和"。这种平和的拟人化表现就是开朗、宽容、自信、豁达，是积极进取的精神状态，利群的人格化特质就是"亲切祥和、进取、稳健"，所描述的目标群体"他"是一位成熟稳健、不急功近利、充满爱心的成功者。

基于品牌核心价值、品牌人格化特质、品牌形象这三个要素，利群开始了对消费者的品牌传播："人生就像一次旅行，不必在乎目的地，在乎的是沿途的风景和看风景的心情。利群——让心灵去旅行"，蓝天白云、辽阔大地、奔驰的列车，行者平和地注视着经过的风景，令人心旷神怡。如果说"永远利于群众"和"永远利群，永远追求"是站在企业的角度，那么这次的品牌形象传播则完全站在消费者角度，在品牌内涵挖掘上完成了从企业文化到消费者文化的转变，生动体现了利群"平和"的核心价值，触动了消费者的心弦。尤其是在压力日益增大的生活状态下，人们内心都渴望休闲的生活，利群给了消费者一次表达和体验的机会，蕴含人生哲理的解说词，让人体悟出平静而又深远的一种人生境界。所以，利群不是在说自己，而是在说消费者，说的不是产品的特征，而是消费者的一种生活态度，踏实、深邃而又温和，契合利群香烟给予消费者的醇和淡雅的感受。而这种特质也是利群品牌的所有者浙江中烟一贯的追求，不浮躁，不急功近利，沉稳而又平和。

公益的利群

利群的公益形象也是全社会有目共睹的，已经成为企业文化重要的内核。

1998 年的时候，杭烟捐资 20 万元兴建了"利群希望小学"，助学活动就一直伴随着利群的发展。2001 年，杭烟和《都市快报》合作，资助 100 名优秀应届高中毕业特困生进入大学学习，帮助他们圆了大学梦。2002 年至今，利群阳光助学行动逐渐推广开来，以捐资助学的方式帮助品学兼优的贫困生。利群阳光的定位是"帮助每一个有追求的青年"，活动主题是"只要追求，就有阳光"，弘扬的是面对困境的自信、豁达、乐观的人生态度和身处逆境的自强、进取、爱心的人文素质，即"利群阳光精神"。不仅局限于自身的奉献，利群希望通过自己的努力，让更多的人加入到爱心队伍中，让更多的寒门学子受益，共同营造互助友爱的和谐社会。2009年,"利群阳光·助学行动"又在全国13省份开展,1300多名寒门学子成为了直接的受益者。

利群阳光以积极健康的公益主题,广泛、深入、持续地执行,承担起社会责任回报社会的同时,更为自己的品牌打造了良好的社会公益形象,与品牌平和的核心价值互为映衬,在和谐社会的主旋律下,体现出自身的分量和价值。2008年汶川特大地震发生以后,浙江中烟除了公司和员工高额捐款外,"2008利群阳光助学行动"还在四川灾区追加了100个定向资助的名额,为灾区更多地贡献了自己的一份力量。

2007年,利群阳光助学行动获得中华慈善事业突出贡献奖项目奖。

"2007中国营销盛典"中,利群阳光·助学行动因为独特而又富有成效的营销方式获得"2007中国品牌营销创新奖"。中国企业营销创新奖是2003年由中国营销领袖期刊《销售与市场》联合中央电视台共同发起主办的,评委会是由国内著名商学院教授、权威市场营销专家和传媒领袖组成,对当年的中国企业营销进行综合评判。这一奖项是国内营销领域的最高奖项,代表了国内营销领域的最高成就。利群公益能够摘得这一奖项,是对利群阳光商业与公益并举的最高褒奖。

利群还独家赞助了全国烟标火花博览会、烟标火花专题收藏展("利群"杯纪念抗战及世界反法西斯战争胜利60周年收藏专题展),这也是企业文化厚积薄发的体现,企业在让大众了解烟标火花历史和文化价值的同时,也让企业实现了经济效益和社会效益的双重收获。

地址:浙江省杭州市上城区建国南路288号

化妆品

孔 凤 春

　　孔凤春香粉店,即现今杭州孔凤春化妆品厂前身,创建于清同治元年(1862年)①,创始人是萧山人孔传鸿,这是中国历史上有记载的第一家化妆品企业。

　　孔传鸿曾经背着木箱走街串巷,高声叫"卖刨花"。"刨花"是榆树木刨下来的薄片,含有丰富的胶汁,用清水浸泡之后则成为粘而不腻的"刨花水",是过去妇女梳头时候的必需品。后来看到上城隍山烧香的人很多,于是就在大井巷环翠楼边摆了个摊儿,专门卖刨花、香粉、丝线等。几年下来,有了一点积蓄,孔传鸿觉得做香粉生意能赚大钱,于是拿出积蓄,又向亲朋借了一些,在清河坊四拐角租了一间房子,开起了孔记香粉店,生产和出售香粉、胭脂、刨花等。有人提出店铺的名字太俗气,和闺阁中的雅物不相称,孔传鸿于是请教了很多人,但一直没有满意的店名。一天,伏案午睡的孔传鸿梦见凤凰飞来店中翩翩起舞,于是就把店名改为"孔凤春香粉店"。

　　孔传鸿香粉制作技艺高超,能制作鹅蛋粉、扑粉、雪花粉等十来种,其中鹅蛋粉最拿手。鹅蛋粉是因其形状和鹅蛋相似而得名,基本原料是产自太湖边的"吴兴石",加入一定比例的钛白粉,再加入清水搅拌,之后经过数次漂洗、沉淀、过滤、除去杂质,然后在纯净的粉中加入蛋清,再按照不同香型加入不同的经过高温蒸煮的鲜花露水,搅拌均匀之后入模型,在阳光下晒干,最后一道工序就是手工修整成为鹅蛋型。鹅蛋粉香气非常持久。

　　孔凤春香粉随着参加科举的考生以及进京做官的人等逐渐流传开来。科举的时候,杭州会聚集来很多参加省会考试的各地考生,他们在结束考试以后

---

　　① 据专家称,这一年份有待考证,因为1862年正值太平军攻占杭城,不太可能在此时开店,目前还无定论。

回乡,都喜欢到清河坊选一些礼物带给亲朋好友,这些礼物集中在杭州比较有名的剪刀、丝线、香粉等日用品上。据说,秋瑾到杭州会见革命党人时,也曾光顾孔凤春购买香粉。后来随着一些浙江人进京做官并携带家眷,孔凤春香粉进一步"深入"京城,逐渐进入到皇室和官员内眷绣房。

孔凤春的鹅蛋粉还受到了慈禧太后的青睐,被列入了贡品。曾有这样一个典故,有一次,鹅蛋粉用完了,慈禧太后大发脾气,宫女、太监个个吓得大气都不敢出,李莲英连夜电谕专门负责皇宫用品的杭州制造局,十万火急地把鹅蛋粉送到,才平息了这件事。

清光绪年间,孔凤春总号迁至官巷口寿安坊,清河坊老店改为分号,还在宁波东门设立香粉号分号,从那时开始到 20 世纪 30 年代,孔凤春一直牢牢坐着中国化妆品第一品牌的交椅。

20 世纪初的二三十年里,孔凤春发展到了它历史上最辉煌的时代。"据当时的调查资料显示,杭城的大小化妆品店业计 16 家,而孔凤春资本数就占总资本数的 55% 左右,营业额也占到总数的 50% 左右,可以说独占鳌头,垄断了化妆品市场"。[①] 杭州的五大名产"杭剪、杭粉、杭烟、杭锦、杭扇"中,杭粉指的就是孔凤春,其地位可见一斑。

1929 年,孔凤春参加了第一届西湖博览会,获得了八项大奖,迎来了其品牌发展的第一个高峰。当时使用孔凤春的多是上流社会的人,孔凤春产品也可谓是身份和地位的象征物。

抗日战争爆发后,1939 年,孔凤春移居上海;1956 年成立了"公私合营孔凤春化妆品厂";1957 年,并入东南化工厂;1966 年,孔凤春再次独立运营,成立了"杭州前进日用化工厂",后又改名为"杭州日用化工厂"。十一届三中全会以后,建造了大型厂房,进行了整体搬迁,成为化妆品行业中占地面积最大、厂房条件最好的厂家,更成为国内少数具有一定规模的先进厂家之一。当时社会上广泛流传着一个故事:南极考察队的蒋加仑工程师,因使用了孔凤春珍珠霜而抢救回原已冻伤需要截肢的手脚,这一佳话是对孔凤春的最好赞誉。

现今,被广东飘影集团收购后的杭州孔凤春化妆品有限公司坐落于杭州下沙经济开发区内,产品主要有两类,一类是孔凤春的老产品,以珍珠霜、白玉霜为主;另外一类则是抗衰老系列,都受到了顾客的喜爱和好评。2008 年 8 月 18 日,孔凤春第一家专卖店——西湖专卖店隆重开业,"孔凤春回来了"的喜讯立刻传遍了杭州城,专卖店第一个月的销售量就超过了 30 万。除了以"调、理、和"中医护肤理念为支撑的"一品三颜"系列以新面貌出现外,让人称奇的是,零

---

① 资料来源:孔凤春官方网站,http://www.kfch.net/? article-28.html

拷的珍珠霜、白玉霜也受到消费者的追捧。20多年前,零拷很流行,即顾客自带瓶瓶罐罐去买散装护肤品,而在化妆品品牌如此丰富、产品不断升级的今天,孔凤春2元50克的白玉霜、4元50克的珍珠霜零拷,居然很快卖光,而不得不从下沙工厂重新进货。

孔凤春化妆品有限公司的总经理江宏波曾自豪地说,按照创建历史,世界化妆品排第一的是高露洁(1806年),第二是宝洁(1837年),第三是英国旁氏(1846年),而位居第四的就是1862年的孔凤春。作为中国化妆品行业的第一个品牌,公司将孔凤春的品牌精髓定位为"百年品牌、美丽流传、皇家贡品、经典尊贵",在国外诸多知名品牌已经深入中国的今天,老字号孔凤春依然任重道远。

地址:浙江省杭州市经济技术开发区8号大街13号北标准厂房西区2幢2楼

保健品

目前市场上的保健品大致可以划分为保健食品、保健药品、保健化妆品、保健用品等几大类。中国保健品行业的起步较晚,大约在 20 世纪 80 年代,随着人们对自身健康的日益关注和生活水平的提高,保健品行业获得了较为迅速的发展,保健品消费也日益普及化。保健品老字号品牌多集中于中药保健药品领域。

李 宝赢堂

李宝赢堂的前身是创始于清光绪九年(1883 年)的"宝致堂",迄今已有 120 多年历史。

"宝致堂"创建人是李致高(1849—1927)。李致高出生于浙江省浦江县岩头镇许村,16 岁开始进县城浦阳镇东门姓黄的亲戚家中药铺当学徒。天赋极高的李致高勤奋刻苦,很快就熟练掌握了认药、采药、晒干、加工、药理和望、闻、问、切的诊疗方法,另外还研制出了祛瘟丸、解毒散、清热丹等中成药。后来,李致高成为了黄家的女婿。岳父一家相继去世之后,李致高继承了药铺,以"济世宁人"为宗旨,形成了闻名浦阳镇的"宝致堂"。凭借精湛的医术和井井有条的管理,"宝致堂"在李致高的带领下,发展迅速,名气越来越大。浦阳江发源地特有的原始森林灵气决定了这里是采集中草药的好地方,在缺医少药的年代,"宝致堂"用自然之物和自然的方法,医治了很多自然之疾,曾拯救了数不清的生命。

1922 年,李致高的小儿子李邦明继承了"宝致堂",成为"宝致堂"第二代传人。专注于治病救人的李邦明对父亲多有超越。李邦明非常重视明代杰出医药家李时珍的医术著作,曾数次拜读《本草纲目》食疗重于药疗的理论,研制出了"人参活血丸"、"李时再造丸"、"回春宝和散"、"参蛇酒"等等,用于滋阴补肾、益气活血。

李邦明还受到了西医的很大影响，把小儿子李兴进送到了金华卫校，李兴进改名为李乾正，毕业后李乾正成为了"宝致堂"第三代传人。后来，他又到浙江医科大学营养系进行了深造，并在杭州成家立业，从此"宝致堂"也扎根杭州。

20世纪90年代，李乾正的大儿子李赢成为了"宝致堂"的第四代传人。1992年6月18日，李赢改"宝致堂"为"李宝赢堂"，致力于研制营养滋补品。李赢根据"生命在于平衡"的理论，将平衡营养、调节机体的营养滋补保健食品供应给大众。

在21世纪，出现了越来越多的城市"文明病"，如高血压、高血脂、慢性疲劳综合征、免疫功能低下等等，李宝赢堂致力于"文明病"克星产品的开发，比如调节血脂改善胃肠道功能的轻捷快乐胶囊、免疫调节产品铁皮石斛西洋参胶囊和银耳燕窝胶囊、抗疲劳的参茸酒等等，很好地迎合了市场需求。

李赢亲自书写的"野山高丽洋参皆上等，鱼翅官燕鹿茸赠贵人"就是对公司产品的最好介绍。目前，公司经营品种多达1000余种，主要分为十大系列产品，即：野山参系列、高丽参系列、花旗参系列、鱼翅系列、燕窝系列、鹿茸系列、虫草系列、海味系列、补酒系列、汤包等。

自古以来，中药就有"道地药材"的概念，"李宝赢堂"自创立以来，始终坚持从原产地采购原材料，进货时宁可高价格，也要确保进货原料的质量，绝不掺假。比如野山参，李宝赢堂就只卖纯货和已有检验的。李宝赢堂的产品有一个显著的特色，就是原料一目了然，比如野山参、虫草、鹿茸等，都可以直接看到，这也成为原料地道最为权威的佐证。坚持"采小务真，修制务精"的祖训，李宝赢堂已经发展成一个有自己的中药生产基地、年产值逾亿的中药集团。

李宝赢堂一直走直营专卖之路，避免了特许经营模式可能在渠道上带来的假冒伪劣。李宝赢堂选择在全国的中高档商场建立专营店，还是国内第一家成功运作参茸保健专营的企业，这种模式至今在同行中仍然处于领先地位。李宝赢堂全国的专营店现在已经有100多家。

品牌传播方面，李宝赢堂坚持本土化模式，如参加西湖博览会、举办参茸文化节、冠名电视节目、参与美食栏目，还建立了专业网站为参茸酒全国招商搭建了平台。李宝赢堂选择世界旅游小姐旗袍冠军作为自己的形象代言人，还赞助了环球国际小姐的选评，协办了第二届韩国正官庄杯世界女子围棋赛，逐步扩大了品牌在全国的影响力。

李宝赢堂现有产品走中高档路线，定位是：优质营养滋补品选购、服务专家。现在李宝赢堂这块老字号招牌越擦越亮，几乎成了高档滋补品的代名词，也成为了活得最滋润的老字号之一。

江仲夏　摄

地址：浙江省杭州市庆春路9号6层B

寅 丰参行①

　　寅丰参行品牌归属于杭州市拱墅区艾克保健品经营部，老字号申报创始年份为1923年。

　　参茸业由于消费者群体相对局限，所以对这一领域的熟悉程度和提及频率远远低于普及的医药行业。杭州人素有滋补的习俗，特别是家境较好的人家，所以很多大的药店也会出售一些较为昂贵的滋补药材，有些药店还专门设立了专柜。一些精明的商家看到了这一领域的商机和利润空间，于是，就出现了专营这些滋补药品的店铺。20世纪40年代初的时候，杭州从清河坊到鼓楼附近，还有大井巷、珠宝巷一带，有包括"益元"、"寅丰"等20多家参店开业，杭州参茸业在这一时期达到了鼎盛，成为杭州商业重要的一支。

　　寅丰参行又名寅丰参号、寅丰燕参行，坐落在参行最为集中的清河坊，主营人参、鹿茸、银耳、燕窝等滋补品。

　　寅丰参行的掌柜是王筱芳，绍兴人，年轻的时候他曾经在亲戚的药店帮工，

---

　　① 寅丰参行资料由寅丰参行负责人提供。

对中药材非常熟悉。开设寅丰参行的时候，王筱芳只有30来岁，没有雄厚资本的他看中了有参茸基础和极高人气的清河坊，大胆向朋友借贷租下昂贵的店面，开起了这家参行。

没有基础，规模和品种都不及同行的寅丰参行，在开业之初生意很冷清，有些时候营业额甚至是零，王筱芳于是在经营上下工夫，努力打造自身的特色。

据一些医药界的老人回忆，寅丰参行当时在店堂正中悬挂着清代名医徐大椿《医学源流论》中600字的"人参论"，这一人参论在论述人参功效的基础上，也奉劝大家不要迷信人参，对症下药，而且指出使用不当也会产生恶性的后果。这种不唯利是图的方式让寅丰参行赢得了很多人的信任。

严把货源，确保货真，为寅丰参行的发展奠定了坚实的基础。当时有些参茸店为了获取高额利润，遇到不识货的顾客会以次充好，比如有些店家会用红参冒充较为昂贵的别直参，有些店家则把其他人参冠以"吉林人参"的名号。寅丰参行则坚持严把货源，人参和鹿茸一定是来自关东的，银耳必须是四川的，燕窝则采自于暹罗(泰国)，这就从根源上保证了产品的质量。由于对质量要求非常严格，加上进货量不大，寅丰参行需要支付给客商高昂的费用，即使这样，寅丰参行绝对不降低对于质量的要求。进回来的药材，寅丰参行还要进行再次加工，比如银耳要进行仔细的外形修剪，品相不好的人参按照档次分类加工。可以说，"货真"就是寅丰参行发展至今的看家法宝。

销售方面，寅丰参行手段非常灵活，极大地便利了顾客。寅丰参行的产品根据质量和规格分为高中低三个档次，高档产品定价和大药店持平或者略低，中档产品价格和市场通行价格保持一致，而低档产品则采用薄利多销的策略。另外，寅丰参行还不像一些大店只接待大客，无论顾客整买还是单买，甚至就买一点参须，寅丰参行都诚恳而热情地接待。

王筱芳对店员的业务和技术要求非常高，如人参鉴别的"五形六体"是什么、如何识别假冒鹿茸等等，店员必须熟知，并且还要热情、耐心地解答顾客的所有疑问。无论顾客最后是否购买了产品，店员都要始终如一地微笑待客。这使得很多人都愿意光顾寅丰参行。

寅丰参行在社会上广告意识还不强的时候，就非常注重终端本身的广告效应了。寅丰参行店面两旁悬挂着"货真价实比三家，寿长福深如四海"的楹联，店内陈设的产品整齐有序，贵重的产品还配以精美的包装。寅丰参行还特别印制了标有"寅丰参燕号　专售参燕银耳各类补品"字样的包装纸，顾客带走的包装纸也起到了很好的广告作用。

寅丰参行还抓住每年正月十五杭州"香市"的黄金商机，备足产品。这个时候，浙江本省和周边一些省份的香客都要到杭州烧香拜佛，也就为商家带来了充足的客源,形成了杭城商家的黄金时节,当时有句谚语"夏秋冬敌不过春香一市旺"。每到这个时候,寅丰参行都准备充足,上乘的质量加上公道的价格,产品销量极好,寅丰参行迅速跻身杭城参茸业前列。

1936年,为了扩大经营,王筱芳邀请好友俞韵九入股,由俞韵九担任经理,合伙经营。

俞韵九也本着寅丰参行一贯重质量、重宣传的经营思路,使得店铺名气直逼当时最大的益元参店。除了参燕的零售外,寅丰参行还加工一些以人参为主要原料的中成药,比如人参再造丸、参茸卫生丸、妇科白凤丸等。为了增加业务,寅丰参行还设立了批发和邮购部门,从事批发和外地的销售业务,逐渐扩大了自己的规模。

民国时期,货币管理不健全,很多商家都喜欢在钞票上加盖自己商号的名称,视作一种免费的广告形式,王筱芳、俞韵九也在货币上为寅丰参行做起了广告。

抗日战争爆发以后,俞韵九离开杭州,王筱芳一人独自支撑,寅丰参行仅保留了零售业务,生意非常萧条,这种状况一直持续到抗战胜利。

抗战胜利以后,寅丰参行扩大了店铺的规模和经营品种,还恢复了人参再造丸、参茸卫生丸的制作。延续传统,寅丰参行还在报纸和杂志上大做广告。种种措施让寅丰参行很快超越了抗战之前的水平,达到了寅丰参行发展的鼎盛时期。

1950年3月14日,杭州规模最大的益元参号、寅丰参行等几家参茸店在《当代日报》(今《杭州日报》)第4版上刊登"杭州市参燕业六家联合大廉价"公告,联合推出"照码八折",在全社会产生了轰动效应。

1956年公私合营,寅丰参行并入杭州市中药公司,之后杭州市中药公司几经更名和变迁,寅丰参行的招牌消失在大众视线中。

寅丰参行的重出江湖要感谢金华艾克医院院长孙尚见先生,他是王筱芳的远房亲戚,小时候孙尚见就听同族兄长讲述过寅丰参行的事情,自己手上还有上辈留下的一张盖有"寅丰参行"印章的交通银行民国16年发行的五元币,他内心深处一直就有恢复寅丰参行的情结。2004年,在杭州艾克中医肿瘤门诊部建立之初,孙尚见就专门设立了寅丰参行经营场地,进行恢复筹备。艾克发展壮大之后,寅丰参行终于恢复营业,重新进入杭城人的生活。

今天的寅丰参行仍然奉行货真价实、诚信戒欺的理念,这一质朴的理念曾伴随店铺创立和发展壮大,而在保健品市场良莠不齐的今天,这一理念就更显珍贵了。

地址:浙江省杭州市石桥路559号艾克保健品经营部

丝　绸

　　杭州有"丝绸之府"之称，距今 4700 年的良渚出土丝织物就已揭示了杭州丝绸的历史之久，唐代诗人白居易"丝袖织绫夸柿蒂，青旗沽酒趁梨花"的诗句生动描写出了杭州丝绸非常高的水准，而曾经清河坊林立的绸庄更是印证了杭州丝绸的繁盛。丝绸之府杭州的丝绸之冠当推都锦生，都锦生同时也是我国现代四大名锦之一。

都　锦　生[①]

　　"都锦生"既是人名，又是工厂名，更特指一种工艺及其制品，同时，也是一种精神。

　　都锦生，人如其名，就是一个为织锦而生的人。

　　都锦生（1897—1943），号鲁滨，杭州人。1919 年，机织专业毕业的他留校任教。当时社会掀起了抵制日货、振兴民族工业的热潮，都锦生也努力钻研，以实现实业救国之愿。经过数不清的试验，1921 年，都锦生终于织出了世界上第一幅风景织锦画"九溪十八涧"，之后他决定辞职办厂，迈出了实业救国的第一步。

　　1922 年 5 月 15 日，都锦生在茅家埠都宅门口挂起了"都锦生丝织厂"的招牌，当时只有一台机器和一位师傅。起初，产品在家门口摆放样品，吸引顾客。由于很多从城里去灵隐、天竺的人都喜欢坐船先到茅家埠，都

创始人：都锦生

---

　　① 部分参考资料来源：赵大川：《杭州老字号系列丛书——百货篇》，浙江大学出版社 2008 年版，第182—197 页。

浙江老字号

锦生家就在船埠的旁边,人们上岸一抬头就能看见这块牌子。从来没有见过丝织风景画的人们纷纷驻足,观赏、赞赏并购买留作纪念。

为了扩大销售,都锦生又在中山公园租亭设摊,之后还在人流量大的花市街设立营业所。1925年的时候,都锦生就在上海开设了以批发为主的营业所,打开了产品的销路,为产品立足国内市场奠定基础的同时,更为跨入国际市场搭建了一块跳板。1926年,都锦生已经拥有一百多名职工和百台左右的机器,成为一家初具规模的工厂了。1927年到1930年,是都锦生发展的高峰,无论是生产规模、技术、花色、品种,还是销售,都达到了新中国成立前最高。

1926年,美国费城国际博览会上,都锦生产品引起轰动并获金奖,特别是丝织唐伯虎名画《宫妃夜游图》,被誉为"东方艺术之花"。都锦生的风景织锦成为了中华民族工艺的珍宝,被赞誉为"天上云霞,地上鲜花,中国工艺品的一朵奇葩"。都锦生的产品远销欧美,闻名中外。

都锦生的产品一般要经过将近60道手工工序才能完成,难能可贵的就在于始终坚持传统手工工艺。在坚持传统的基础上,都锦生还不断创新,突破以黑白丝织造的传统方式,采用黑白丝和五彩丝织造;试制五彩台毯,质量甚至超过了著名的南京云锦,还试制其他日常用品,从织造领带缎到织造内衣布等;销售方面,说服华北的旅店使用丝织画作装饰,为都锦生带来了大量订单。

在坚持传统与努力创新的同时,都锦生还不断到国外取经,学习更多的宝贵经验。民间流传着都锦生"东天取经"的趣味故事,说的是他去日本考察,发现日本女孩子手里撑着的阳伞非常精致,就一路跟踪仔细观察着伞的构造,结果却被误会成品行不端正而入狱,在房东的保释下才出来。回国以后,他就地取材,改用浙江淡竹筒劈成32根伞骨,顶上装饰有"西湖风景"的图案,晴雨两用,轻巧便携,又具有极强的观赏价值。这样的伞销往国外之后,订单像雪片一样飞来,"西湖绸伞"由此开始闻名天下。除了去日本,都锦生还去了菲律宾。在菲律宾,都锦生受到了国王和王后的接见,这在当时算是最高规格的礼遇了。

都锦生菲律宾之行的收获,民间有这样的说法:都锦生带了很多丝织风景画和国画漂洋过海到菲律宾,精美的丝织品让国王和王后惊叹不已。他在菲律宾住了三四个月,没有签订一份合同,却自称是"满载而归"。回国之后,他决定开办一所都锦生职工义校,原来,在马尼拉期间,他受到陈嘉庚热心办学培养人才的启发,认定只有培养出一流的设计织造人才,中国的丝绸业才能跻身世界先进之列,这正是他此行"满载而归"之处。都锦生牢记着自己学生时代日本老师在教室里公然说出的一番话:"今天,诸位看到丝绸工业在贵国这般落后。贵国机业发达,必吾国诱导。贵国只能出低廉普通下品,日本才出优等高档之物。若日本之提携,占领市场,则黄色人种所制白色绢丝之织物,必压倒白色人种所制黄色绢丝之织物。"日本老师这段话对于都锦生无异于民族耻辱。

1927年，已经发展到中等规模企业的都锦生的丝织厂从茅家埠搬迁到艮山门，艮山门在当时不仅是丝绸云集的地方，也是杭州水陆交通的枢纽，迁址为都锦生带来了更大的发展空间。1931年的时候，全国13个大城市都有都锦生的门市部。

1931年九·一八事变后，都锦生为了抵制日货，停止购买日本产人造丝，改用意大利和法国的人造丝。1937年8月，日本飞机轰炸了杭州，都锦生丝织厂被迫停工，12台手拉机转移到上海法租界，仅维持小规模的生产。12月的时候，日军占领了杭州，想要委任都锦生为伪杭州市政府科长，遭到了都锦生的严词拒绝，日军恼羞成怒，洗劫了茅家埠都锦生住宅，放火烧毁了都锦生丝织厂。之后，都锦生到上海建造厂房，继续生产。1941底太平洋战争爆发以后，日本占领上海租界，都锦生丝织厂倒闭，此时重庆、广州等地的门市都已经先后被日军炸毁。悲愤交集的都锦生在1943年5月于上海病逝，年仅46岁。在人生最后的岁月里，都锦生时刻记挂的就是等抗战胜利以后，再把丝织厂重新开起来。

都锦生去世以后，子女都年幼，夫人宋剑虹请弟弟宋永基接管该厂。1933年的时候，刚从宁波高级商科职业学校毕业的宋永基就在都锦生丝织厂担任稽核部主任，1940年又在上海大厦大学商学院会计系学习，都锦生去世后，终止学业，管理工厂。1944年，有杭州、上海两处营业所。1945年，抗战胜利以后，丝织厂勉强维持，靠借贷度日。

1949年，杭州解放以后，据现存的档案，当时都锦生在杭州艮山门火车站旁，有杭州、上海两处营业所，手拉机34台。这段时期，工厂还曾一度宣告停产，后来在党和政府的支持下重现生机，但仍时好时坏。

1954年，都锦生丝织厂公私合营；"文革"期间，企业改名为东方红丝织厂；1972年，根据周总理的指示，企业改名为杭州织锦厂；1977年，企业做了一些必要的改革，建立了正常的生产秩序；1980年，调整了产品方向，设计和生产了很多旅游产品，满足旅游事业的需要；1983年，企业恢复了杭州都锦生丝织厂的名称；2001年，企业改制为杭州都锦生实业有限公司。现在，都锦生已经成为中国生产规模最大、花色品种最多、工艺最复杂的名锦之一。

由于都锦生的产品工艺精细，又能体现中华民族的文化特色，很快成为旅游品市场和礼品市场的首选。党和国家领导人多次把都锦生产品作为国礼赠送外宾，美国总统克林顿收到都锦生为其织造的织锦肖像后，曾亲笔写信表示感谢；中美乒乓外交也以庄则栋赠送美国运动员都锦生风景织锦而拉开友好序幕。

1995年，企业自筹百万余元，建立了国内第一家织锦专题博物馆——都锦生织锦博物馆,织锦博物馆共设六大展厅,分别是织锦历史厅、工艺流程厅、像景织锦厅、装饰织锦厅、都锦生织锦过程与现场示范和参与、古代织锦实物,都锦生织锦博物馆让都锦生在世界、中国、杭州丝织业写下了浓墨重彩的一笔,成为杭州丝绸的重要标识。

企业转制以后,都锦生进入了新的发展时期。都锦生的产品不断推陈出新,目前已形成以景织锦、装饰织锦、服用织锦为代表的三大系列,1600余种花色品种;都锦生还创新地结合起丝织装饰工艺品和现代生活,让自己的品牌成为杭州高档丝绸的代名词,在杭州丝绸消费者中,"买高档丝绸到都锦生"已成为一种消费习惯。都锦生每一道工序都有自己独特的工艺,还不断融入现代信息技术,研制出新的工艺,带领产品不断进步。现在,都锦生已经发展成为国内最大的丝织工艺品生产出口企业,同时也是我国规模最大的丝织生产基地。都锦生织锦被列入了"浙江省非物质文化遗产代表作名录"和"杭州市传统工艺美术企业保护品种和技艺名录",这是对都锦生最好的肯定和褒奖。

克林顿与都锦生

1998年,美国总统克林顿来华访问,都锦生丝织厂接受了赶制外事礼品的任务,都锦生的设计人员精心创作了名为《克林顿总统和夫人》的织锦肖像画。克林顿收到以后,非常高兴,分两次给都锦生寄来了亲笔感谢信和亲笔签名的与夫人的合影。感谢信和合影现存于都锦生丝绸博物馆中,另外《都锦生和夫人》的织锦肖像画复制品也存于博物馆中。

都锦生织锦和中美乒乓外交

中美关系中乒乓球"小球推动大球"举世皆知,这是在1971年第31届世界乒乓球锦标赛的时候,一次比赛结束,运动员乘车返回驻地,美国运动员格伦·科恩掉了队,无意搭上了中国乒乓球队的班车,当时正在车上的我国著名运动员庄则栋主动向格伦·科恩问好并赠送了一幅随身带的杭州都锦生西湖织锦画。由于这是发生在中美隔绝20多年的背景下两国运动员在公共场合第一次友好交往,因此被当时各大媒体大加报道,引起了全世界的轰动。美国代表团提出访华要求并立即向美国报告。"乒乓外交"就由都锦生西湖织锦拉开。

地址:浙江省杭州市凤起路519号

轻工

富 泉 牌

富泉牌品牌所有者是杭州富春江宣纸有限公司,其老字号申报的创建年份为 1927 年。

杭州富春江宣纸有限公司董事长庄富泉是浙江富阳人,他所在的庄家村是竹纸制作的主要村落之一。富阳素有"土纸之乡"的称号,自唐五代起,富阳就开始用嫩竹为原料生产土纸,名为"竹纸"。到了宋代,当地竹纸更是以"制作精良、品质精粹、光滑不蠹、洁白莹润"而被誉为"纸中上品",是当时朝廷奏章和科举考试首选用纸,和井亭、赤亭纸并称为"三大名纸"。

庄富泉从 15 岁起就开始拜师学习手工竹纸制作技艺,他非常勤奋,经常趁师傅休息的时候,偷偷加练"抄纸"(俗称"捞纸")的技术。手工造纸的三四十道工序中,这是难度最大的工序,全凭感觉和手上功夫,才能"抄"出高质量的纸张。冬天纸槽结冰,冰冷刺骨,而到了三伏天,专用烘房内温度则高达 80 至 100 摄氏度,可以说,这门技艺要经历"严寒酷暑"的考验。

庄富泉在继承和发扬传统技艺的同时,还不断进行着改革和创新,并且取得了卓越的成就:由于竹纸原料比较少,这也一直是困扰竹纸生产的难题,庄富泉成功地用龙须草生产出了优良的宣纸,解决了这一大难题;庄富泉还第一个使用机械化方式制造宣纸,被称为机械化造宣纸"第一人";他还在生产中加入了防蛀原料,让机器宣纸保存时间长于手工宣纸,另外,四色套、八色套等技术也让宣纸色泽更为丰富,更受欢迎。

机械制造宣纸目前占到了公司总销量的八成,但是庄富泉最钟爱的仍然是手工技艺,在他看来,手工竹纸的质量绝对是机械造纸所无法比拟的。他的厂房里至今还保留了纸槽、石磨、竹帘等最原始的传统造纸工具,另外还有"人尿发酵"、"荡纸打浪"等富阳传统竹纸制作技艺。

2006年5月20日,竹纸制作技艺经国务院批准列入第一批国家级非物质文化遗产名录。2007年6月5日,经国家文化部确定,庄富泉为竹纸制作技艺文化遗产项目代表性传承人。

庄富泉现在的目标是在2010年后建成中国土纸艺术博物馆,他希望重现中国古代的造纸风貌,营造"邑人率造纸为业,老少勤作,昼夜不休"的纸乡特色,推动手工造纸的继承与发扬。他设想的博物馆是集生产、展示和销售于一体的,接待国内外学者和游客,在挖掘和发扬古代文化艺术的基础上,发展旅游服务业,以"工业旅游＋文化旅游"的运营模式,推动区域经济发展。在他的项目可行性报告中[1],项目总体格局是以"中国加工——中国制造——中国创造——中国文化"为起点,通过"中国土纸艺术博物馆"弘扬造纸文化,以纸养博,以文促商,用强大的行业实力推动文化产业发展,实现产业战略转型与品牌文化营销,将形成三大产业格局:高档纸品——艺术、收藏,研发中心——研发、培训,文化旅游——展示、营销。竹料纸、黄纸类、草料纸、皮料纸、富阳书画纸等各种品种的原料处理、制造方法等,每道工序都将一一再现在世人面前。庄富泉说,他要让现代人"触摸"到纸张的演变历史。

庄富泉还打算恢复用竹料做仿古元书纸,通过仿古路线,恢复传统品种的同时,更能以高品位占领市场,他还和西泠印社达成了初步的合作意向。

庄富泉计划把自己毕生的技艺和经验,通过手把手带徒弟的方式,传承下去。

杭州富春江宣纸有限公司内设有机械造纸和传统手工造纸两大部分,产品种类非常丰富,有机械画心纸、古籍印刷书画纸、仿古画印刷挂历纸,传统手工生产国画画心纸、书法宣纸、裱画宣纸、高级扇子纸、钞带纸、高强度纱管裱画纸、镜片洁净纸、化妆吸油纸、白纸、育果保鲜袋纸等等。公司产品以优质、洁白、光滑不蛀而被誉为"纸中上品",享誉国内外,手工制品远销日本、韩国、东南亚等地。

地址:浙江省杭州富阳市大源镇庄家村方家地1号

---

[1] 《大源庄富泉欲建中国土纸艺术博物馆》,富阳新闻网,2008－3－5,http://www.fynews.com.cn/html/200803/05/093357742.html

绍兴

"东方威尼斯"绍兴素有水乡、桥乡、酒乡、书法之乡、名士之乡的美誉,是首批国家级历史文化名城、首批中国优秀旅游城市,是一座拥有 2500 年历史的文化古城,是"没有围墙的博物馆"。"悠悠鉴湖水,浓浓古越情",这座创造和拥有着许许多多世界之最、中国之最的城市,也孕育了很多这个城市引以为傲的老字号,一起组成了这座"金牌城市"、"中国最具幸福感城市"、"中国最美的城市"……

食品加工

沈 永 和

　　传统的绍兴工业素以"三缸"著称，这就是酒缸、酱缸、染缸，其中以酒缸为最。

　　沈永和酒厂的前身是创建于清康熙三年(1664 年)的沈永和酒坊，现在是绍兴酒业中历史最长的酒厂，同时也是中国黄酒业单产量最大的。沈永和是为绍兴酒业争得第一枚金奖的酒坊，其金字招牌很早就已经闻名中外了，到现在仍然是绍兴著名的酿酒基地。

　　沈永和的创始人是沈良衡，他年轻的时候就在绍兴沿街挑担贩卖老酒和酱油。沈良衡待人诚恳，所出售的东西分量足，价格公道，非常受顾客欢迎，生意一直很好。有了一定的积蓄之后，1664 年，沈良衡在绍兴新河弄妙明寺三号创办了一家小的酿酒作坊，除了酿酒外，还兼制作酱油。他从"永远和气生财"中为自己的作坊取名为"沈永和酿坊"，这也是作坊一直奉行的宗旨。沈永和酿坊坚持质量第一、信誉至上、薄利多销、服务周到的经营理念，并在实践中很好地贯彻执行，让生意越来越兴旺，规模也日渐扩大。

　　酿坊传承到第五代传人沈酉山的时候，不再酿制酱油，成为专门的酿酒作坊，名称也改为"沈永和酒坊"。沈酉山从祖传的母子酱油的酿造方法中获得启发，在 1892 年的时候，以优质糯米为原料，采用元红酒代水的独特酿造方法，成功酿制出甘醇的美酒。沈酉山邀请了很多绍兴的社会名流和同行共品美酒，美酒得到了大家的绝口称赞，"沈永和善酿、善酿，如此好酒，真是绝品！"沈酉山从人们的赞扬中得到灵感，善酿有称赞技艺高超的意思，也非常契合祖训"和气生财、行善积德"，于是就把新酿出的美酒命名为"善酿酒"，这也形成了绍兴酒的又一名品。

　　沈永和的第六代传人沈墨臣继承祖业以后，扩大了经营范围，把酒坊改名为"沈永和墨记酒坊",还在绍兴城内的闹市区日晖弄口和县西桥边开设了"沈永和墨记北号"和"沈永和墨记南号"两家酒店,在外埠建立了广泛的销售网络。沈墨臣重视人才,还不惜工本改进善酿酒的配方。清宣统二年(1910年),沈永和墨记酒坊的善酿酒在"南洋劝业会"展览中获得清政府颁发的特等金牌和优等奖状,这是绍兴酒赢得的第一枚金牌。1929年,杭州西博会上,沈永和善酿酒再次荣膺金奖。沈永和在国际上的声誉日隆,特别是在日本,善酿酒是黄酒之王和酒中极品。

沈墨臣还具有很强的广告意识,他曾花费重金为自己的酒印制精美的瓶贴。新近在绍兴发现的瓶贴系彩色套印,长12.8厘米,宽8.8厘米。左上方双圆圈内系一寿星,留有长须,和蔼可亲,笑容可掬,右手捧托一寿桃,左手执持拐杖。圆圈外上方左右各书一字:"商"、"标"。右上方分五行自右至左印有"浙绍"、"沈永和酒厂"、"南洋劝业会超等褒奖"、"美国巴拿玛赛会一等奖章"和"西湖博览会超等奖状"等字样,中间以较大字体自右至左印有"真正本色太雕"六字。下面是沈永和酒厂厂主沈墨臣的启事(其实是广告词):"此酒由本厂研究所得,质醇厚,气清香,色淡味甘。功能补气活血,助兴趣,无口干头痛等弊,久为中外所推许,装贮精致,极宜宴会及婚寿礼品。赐顾者请认明寿星商标,庶不致误。本主人:沈墨臣启。"最下面则是沈永和酒厂发行太雕酒的场所和电话。①

1937年,沈墨臣病故,随后到来的抗日战争中,沈永和酒坊被日军飞机轰炸成废墟。

抗战胜利以后,看中沈永和金字招牌的绍兴巨源钱庄老板邱叔良开始和沈家合作经营,但由于经济萧条、通货膨胀等,不得不再次停业。

1956年,绍兴酒业全行业公私合营中,绍兴城区14家酒坊和沈永和两家酒店联合。沈墨臣的长媳陈翠婷无偿捐献出沈永和曾经获得的奖章、奖状以及"沈永和"字号、寿星商标,还推荐了开耙头脑鲁廿七师傅。1956年8月5日,公私合营的"沈永和酒厂"正式成立,厂址从市区迁到了绍兴偏门外的鉴湖旁。这之后,沈永和重获新生,迎来了新的发展。1980年,沈永和酒厂改为绍兴市沈永和酒厂。

1994年8月,以绍兴市酿酒总公司和绍兴市沈永和酒厂为核心成立了中国绍兴黄酒集团公司,沈永和老字号仍保留为旗下子公司,一直延续至今。现在,中国绍兴黄酒集团不仅是绍兴黄酒业的领军企业,在整个中国黄酒届也是鼎鼎大名。

中国品牌研究院公布的《首届"中华老字号"品牌价值百强榜》中,"沈永和"以

① 《绍兴新近发现沈永和酒厂太雕酒瓶贴》,《天天商报》数字报纸,2008-1-25,http://epaper. shaoxing.com.cn/ttsb/html/2008-01/25/content_79022.html

1.83亿元品牌价值位列第48位。2006年,"沈永和"被首批认定为"中华老字号"。

沈永和酒厂一九二八年的坊单

绍兴酒坊在销售自己的酒的时候,创立了独特的宣传方式:酒封坛的时候,坛口放一张图文并茂的坊单,之后再加盖封泥。酒启封的时候,就能够看见介绍黄酒的坊单。

20世纪70年代,绍兴酿酒总公司在厂区扩建时发现了一批1928年沈永和酿造的绍兴酒,酒坛就有坊单。坊单全文如下[①]:

浙江绍兴自汤、马(注:即兴建绍兴水利工程三江闸的汤绍恩太守和建造绍兴鉴湖的马臻太守)二先贤续大禹未竟之功,建堤、塘、堰、坝,壅海水在三江大闸之外,导青甸、鉴湖于五湖三经以内,用斯水而酿黄酒,世称独步,实赖水利之功。近今酒税,绍兴独重,比较别区,数逾五倍。有避重税之酿商,迁酿坊于苏属,仿造绍酒,充盈于市。质式与绍酿无异,惟饮后常渴,由于水利非宜。更有唯利是图之售商,仿绍则利重,售绍酿则利轻,每使陶、李(注:陶即陶渊明,李即李白)之雅士有难购真货之势。本坊章鸿记,在绍兴阮社,自清初创始坊址(注:即清康熙三年,1664年)逐渐扩充酿缸,随时增设陈酒,按年贮存。世业于世,未便更易。明知利薄,欲罢不能。幸承京津各埠大商,暨东西各国侨商,不计重税,委为定酿,预订远年,直觉争先恐后。本主人惟有自加勉励,将向售之远年花雕、真陈善酿,加料京装,竹青陈酒,精益求精,以副雅望。恐被仿冒不明,坛外特盖用月泉小印泥盖,内并封入此单,务请大雅君子购时认明,庶不致误。本坊章鸿记主人谨述。

现在,这批酒的价值之高已难估量,而坊单所折射的商道至今仍为人们所运用。

地址:浙江省绍兴市越城区北海路北海桥

会 稽 山

绍兴曾以会稽为名,会稽山是於越民族文明的发祥地,是大禹治水成功之后庆功封爵的地方,曾被列入中国九大名山,还是五大镇山之首,绍兴的历史就

---

① 浙江古越龙山绍兴酒股份有限公司,http://tg.online.sh.cn/auction/proddesc/gt75-62/75-62.html

是会稽山的历史。

发源于会稽山的鉴湖一直被称为绍兴的母亲河,同时在酿酒领域,鉴湖也是绍兴黄酒之母,那么,作为鉴湖水源头的会稽山有绍兴"父亲山"和黄酒之父的说法,自然也就在情理之中了。而且众多史料文献都可以证明:会稽山是中国黄酒的发祥地。

公元前 22 世纪,舜就在会稽山间造福于民,那时原始农业已显雏形。"有饭不尽,委之空桑,郁结成味,久蓄气芳"应该就是从这一时期开始,以"饭"为原料所酿的酒应该就是黄酒。公元前 21 世纪,大禹治水成功,在会稽山摆酒庆功,会稽山也声名大振。公元前 490 年前,越王勾践卧薪尝胆于会稽山下,历经十年终于复国雪耻。勾践在举兵出师之时,会稽山父老敬献给他家酿美酒,勾践把酒倒入河水中,和出征的将士共饮,士气大振,一举灭吴,成为传颂千古的佳话。这些都足以证明:会稽山是黄酒的发源地。

"会稽山"的创始人是周佳木,1743 年,他在绍兴东浦创办了"云集酒坊",会稽山黄酒大幕由此拉开。1915 年,云集酒坊的产品代表绍兴酒参加了在美国旧金山举办的"巴拿马太平洋万国博览会",一举荣获国际金质奖章,声名大振。在此后的发展历程中,会稽山获奖无数。

1928 年的时候,酒坊第五代传人、绍兴酒第一枚国际金奖得主周清写的《绍兴酒酿造法之研究》出版之后,日本人马上翻译并依照书酿造,但酿造出来的酒存放不到一年就酸败了。周清一语就道破了其中的奥妙,"他处之难仿制者,水质之不同也。"

1951 年 12 月 12 日,酒坊被人民政府接管,改名为"云集酒厂",这是当时全县酿酒业中第一家地方国营酒厂;1955 年,云集酒厂迁址柯桥阮社;1969 年的时候,酒厂更名为绍兴东风酒厂;1993 年,酒厂和香港益通食品工业有限公司合资组建成立东风绍兴酒有限公司,酒厂迈出了走向国际的步伐;1994 年,东风绍兴酒有限公司的"中国绍兴黄酒城"奠基兴建,谱写下了绍兴黄酒灿烂辉煌的新篇章;1998 年,企业和上市公司中国轻纺城集团股份有限公司强强联合;2002 年,中国精功集团成为中国轻纺城集团股份有限公司的最大股东,东风绍兴酒有限公司也就成为中国精功集团旗下企业;2005 年 12 月 12 日,公司正式更名为会稽山绍兴酒有限公司;2007 年 9 月 29 日,公司启动股份制,再次更名为会稽山绍兴酒股份有限公司。

1998 年,"会稽山"牌绍兴酒被北京人民大会堂指定为唯一国宴专用黄酒;1999 年,"会稽山"商标被列为国家重点保护商标;2000 年 4 月,"会稽山"绍兴酒被国务院列入首批原产地域保护产品;2001 年又获得全国黄酒业首批"绿色产品"的殊荣和 ISO14001 环保认证;2005 年 6 月,"会稽山"被评为"中国驰名商标";"会稽山"牌绍兴酒被国家质检总局授予"国家免检产品"称号;2006年,"会稽山"被国家商务部评定为第一批"中华老字号";2007年,会稽山黄酒获"中国名牌"产品称号;"会稽山"还是"绍兴黄酒酿制技艺"国家非物质文化遗产传承基地。会稽山公司除了是中国黄酒业中历史最为悠久、底蕴最为深邃、品质最为卓著的企业之一,还是中国黄酒业中唯一集中国驰名商标、中国名牌产品、"中华老字号"、国家地理标志保护产品等国家级荣誉于一身的企业。公司先后获得全国酿酒行业AAA级信用企业、中国黄酒制造行业排头兵企业、中国酒业最具竞争力创新企业、中国酿酒传统工艺传承企业、浙江食品龙头企业、2008浙江食品工业百强企业、绍兴市重点农业龙头企业、绍兴市节能工作先进单位、绍兴出入境检验检疫协会先进集体、绍兴市环境友好企业等荣誉称号。"会稽山"不仅在国内很畅销,还远销日本、新加坡以及欧美等多个国家。

不断加快技术创新、开发新产品,遵循"精酿绍兴酒、持续创名优、诚心待顾客"的方针,狠抓质量,以向消费者奉献绿色、健康、安全的饮品为己任,"会稽山"一直奉献着名优产品给大众;同时,公司也不断创新营销传播方式,借力体育、借势奥运以及强势媒体,"会稽山"改变了受众的黄酒理念,日益提升了品牌的知名度,有效促进了销售。

一边做酒,一边做文化,是"会稽山"最为显著的特色。

1996年,会稽山首家推出了酒文化珍藏卡,该卡十年升值六倍;1999年,会稽山开创了中国黄酒拍卖的先河,其中1949年酿制的一坛"共和国同龄酒"以五万元高价拍卖;2007年,会稽山又开启了陈年绍兴酒回购的创举,以每坛五千元回购会稽山1986年冬酿大坛加饭,有38坛酒被购回,会稽山用事实向世人印证了绍兴酒是越陈越好;2008年,会稽山又掀开国内黄酒业"酒庄"营销先河,依托百年历史积淀以及多位酿酒大师——创始人周佳木,国际金奖得主周清,"绍兴黄酒酿制技艺"国家非物质文化遗产项目唯一传承人王阿牛,以及陈德意、徐金宝、陈德昌、王荣明、沈锡荣、鲁吉生等奠定的实力基础,会稽山首次推出的500个"会稽山酒庄"五万坛老酒不到一年便销售一空。"会稽山酒庄"把黄酒销售做成可品、可观、可游的模式,获得了商界人士和大众的追捧。

作为黄酒业的巨擘,会稽山构建的文化营销工程并未仅仅局限于自身品牌的建设,而把眼光放到了整个黄酒文化上。20世纪90年代末,会稽山召开了首届"会稽山与绍兴酒文化学术研讨会",后来还出巨资打造了《酿酒世家》电视剧,编撰并出版了多部黄酒文化书籍,如《绍兴酒鉴赏》、《情醉会稽山》、《黄酒之源会稽山》等,会稽山还和阳光卫视联手拍摄了纪录电影《水客》……会稽山一直努力地传播和普及着黄酒文化,让消费者通过多种方式走进黄酒历史,体验黄酒魅力,从而强化了会稽山品牌的文化基因,有效提升了会稽山品牌的价值,同时也为黄酒进一步走向大众打下了坚实基础。

品质立厂,品牌为基,文化弘扬,内外兼修,遵循着这样一条主线,老字号会稽山的脚步会越走越稳健。

地址:浙江省绍兴县柯桥鉴湖路 1053 号

同 兴

同兴的前身是同泰茶食店,创始于清道光三十年(1850 年),创始人是新昌本地人吕瑞占,创立的时候位于新昌城关鹅行街,前店后场形式,主要生产和销售四季传统糕点,兼营南北果品。同泰字号的寓意是同享康泰。

1902 年,第二代传人吕炽昌开始经营同泰,除了延续自己特色外,吕炽昌还不断引进新技术,提高产品质量,还聘请了两位绍兴茶食师傅。这个时候,店铺主营的产品有月饼、酥枣、腰月等十几个品种。1941 年,日本飞机轰炸新昌,同泰化为了灰烬。吕炽昌避难乡下,他终日痛心于祖业被毁,不久就病逝了。

1942 年,第三代传人吕福广恢复了同泰,同泰在原址重新开业,经过苦心经营后逐渐有了起色。为了渡过难关,吕福广携手三家同行成立了新昌县茶食业同业理事会,自己担任理事长。经过各种努力,同泰逐渐发展成为新昌县主要的茶食店。

1956 年公私合营过程中,以同泰为基础,联合同裕和、俞治和等茶食店,成立了新昌茶食商店,朱金生任经理。

1980 年,为了庆祝同泰成立 130 周年,同泰改名为新昌同兴茶食商店,寓意兴旺发达。

1984 年,朱金生退休,全体职工民主推荐青年职工陈万隆当选经理。接过第五代掌门人的大旗后,凭借着"出生牛犊不怕虎"的闯劲,陈万隆大刀阔斧实施改革,第二年的经济效益就翻了一番。

1988 年,同兴改为新昌同兴食品厂,由陈万隆任厂长。1993 年,同兴作为新昌第一批转制试点单位之一,率先完成了转制,企业更名为"浙江新昌同兴食品实业有限公司",仍然由陈万隆执掌帅印。虽然经历了多次变革,但是同兴的特色仍然没有变,也成为这个不断变迁的城市保留下的让人回味的老味道和温暖的记忆。

同兴创业一百多年来,虽然经历多次改朝换代、多次的战乱、多次的拆并变动,但是有几点始终不变:前店后场的特色不变;企业的经营地址不变;视产品质量为企业生命的经营战略不变。

新老同兴①

同兴食品实业有限公司拥有四家食品商店、一家批发部和一家食品加工厂,其产品主要是各种传统名点,如芝麻小酥糖、酥京枣、金薯片、小京生(明清贡品)、桃酥、乐口酥、冰雪糕、萨其马等。其中芝麻小酥糖、酥京枣、桃酥等是从清代一直延续至今的传统食品,让今天的消费者依然能够品尝到过去的老味道。同兴的产品历史悠久、选料考究、加工精细、配方特独、质量上乘,产品深受各地消费者欢迎,中秋月饼更是供不应求

公司高度重视产品质量,牢固树立"质量第一、顾客至上"的经营理念,在质量管理、市场营销和产品创新上做了很多努力。公司每年都会进行员工培训,还开展岗位练兵、技术比武等,不断提高员工的素质。公司还努力开拓市场,增加销售网点,不断扩大销售网络,提高了销售业绩。为了让传统的食品更适合现代人的口味,公司在不断对产品进行革新的基础上,还加快了新产品开发的步伐。

在金融风暴冲击的2008年,同兴的效益不降反升,依靠的就是产品质量和创新、销售市场的开拓以及老字号品牌形象的树立。产品质量是企业的生命,也是企业的立足之本。经过提升改造,同兴食品顺利通过了浙江省质监局专家组的考核,获得了食品生产 QS 认证证书,同兴是绍兴市第一家获得糕点 QS 认证的企业;同兴还被中国食品工业协会认定为"国家质量卫生安全全面达标食品"。在提高产品质量的同时,同兴公司开发了苔菜芝麻饼、枣肉饼、一口香、苔菜条等新产品,还对传统食品进行科学包装,受到消费者的青睐。公司还不断开拓销售市场,增加销售网点。一方面,在新昌本地及周边县市(地区)开设同

---

①《见证山城变化中的老味道》,新昌新闻网,http://xcnews.zjol.com.cn/xcnews/system/2009/08/18/011361710.shtml

兴加盟店、专卖店,在各高速公路服务区设立同兴老字号专柜;另一方面,与上海等大城市的商场超市联营销售,使同兴产品延伸到更广的区域,让更多的消费者便于购买同兴产品。从 2008 年的营销业绩来看,同兴的品牌起到了关键的作用。同兴公司充分做足做好老字号文章,在消费者心目中有着极高的知名度和美誉度。①

同兴食品实业有限公司先后荣获了"浙江名店"、"浙江省商业系统先进企业"、"全国商业质量管理优秀企业"、"绍兴名牌产品"、"绍兴著名商标"、"绍兴知名商品"、"浙江省食品行业十佳优秀企业"、"浙江省重质量守承诺创品牌三满意单位"等称号。公司总经理还荣获了"中国诚信优秀企业家"称号。2006 年公司被中国商务部首批认定为"中华老字号",而能够荣获这一殊荣的县级企业在全国都是少之又少的,这足以证明同兴金字招牌的分量。

地址:浙江省绍兴市新昌县城关镇人民中路 148 号

女 儿 红

在公元 304 年的晋代,上虞人稽含著的《南方草木状》中就有"女酒、女儿红酒为旧时富家生女嫁女必备之物"的记载,可见,女儿红的故事历史是非常悠久了。

关于女儿红的起源,民间有一个流传很广的传说:很久以前,东关街上有一个裁缝,他非常喜欢儿子,于是在妻子怀孕的时候就请师傅酿了多坛酒,准备给未来的儿子作为满月剃头酒。谁知妻子生了女儿,裁缝一气之下就把酒都埋入了地下。18 年之后,女儿长大了,聪明伶俐的女儿不仅精通裁缝的所有手艺,绣花也非常出色,这让裁缝店的生意非常兴隆。裁缝很高兴,决定把女儿嫁给自己最得意的徒弟,兴高采烈地操办起女儿的婚事。大喜的日子,裁缝突然想起自己埋在地下的酒,于是叫人挖出酒宴请宾客,只见这酒色如琥珀,品尝起来味如醴酪,宾客一致赞不绝口,正是"地埋陈酒十八年,二九佳女出闺阁"。之后,这里有人家生了女儿就酿酒埋于地下,等到女儿长成出嫁之时,以酒宴宾客,逐渐形成了特别的风俗。后来,有人生了儿子,也仿照酿酒和埋酒,等儿子日后高中状元庆贺之用,于是又有了"状元红"。

---

① 参考资料:《"同兴食品"逆势而上创辉煌》,新昌新闻网,2009 - 2 - 24,http://xcnews.zjol.com.cn/xcnews/system/2009/02/24/010923584.shtml

这一风俗在发展中还在不断丰富着：取出的酒请当地民间艺人在酒坛外刷上大红色，再写上一个大的"喜"字，作为陪嫁送到夫家，这种酒坛被称为"女儿酒坛"；绍兴还有这样的老规矩：酒坛中盛出的头三碗酒分别敬献给女儿的公公、父亲和自己的丈夫，寓意着家人幸福安康，家运昌盛。这些美好的习俗一直沿袭和发展着，成为绍兴婚俗中最有特色的内容之一。

发展到明清，女儿酒坛上出现了彩墨绘画，也就是"画花酒坛"，精美的绘画非常受欢迎。清代《浪迹续谈》中有"绍兴酒，最佳者名女儿酒，相传富家养女，初弥月，开酿数坛，直至此女出门，即以此酒陪嫁。其坛常以彩绘，名曰花雕"的记载。所以，女儿红又被称为"花雕酒"。晚清的时候，绍兴籍著名画家任伯年父子把《水浒》中"武松打虎"的故事用连环画形式绘制于酒坛上，这以后，花雕酒坛上的内容就被极大地拓展了，历史和典故中的人物相继出现，由此，花雕酒的应用范围也相应扩大，除了婚嫁外，祭祀、祝寿、开业典礼、建房造屋等喜庆活动都都可以用。随着需求的增多，出现了一些以酒坛绘画为业、为生的民间画工，一些酿酒作坊也专门提供这样的服务。20世纪40年代初，绍兴鹅行街的黄阿源把油坭堆塑彩绘装饰技巧运用到酒坛上，花雕开始了和浮雕的结合。

传说、风俗、艺术化的发展让女儿红有了无可比拟的天赋神韵，成为绍兴黄酒中的精华。女儿红的发展还有很多名人为其增光添彩，更有很多以女儿红为题材的文学艺术作品，这都极大地提高了女儿红的文化价值，在这方面，女儿红在黄酒界也是无可企及的。

据说，谢安隐居东山的时候每天都要喝女儿红；谢玄喝了女儿红之后指挥将士作战，取得了"淝水大捷"；《清稗类钞》中有这样一首有关女儿红的诗："越女作酒酒如雨，不重生男重生女。女儿家住东湖东，春糟夜滴珍珠红。"陆游品尝了女儿红之后作诗"移家只欲东关住，夜夜湖中看月生"……名人、名篇，难以尽数。

1994年，著名导演谢晋之子谢衍执导的电影《女儿红》在女儿红酿酒有限公司举行了开机仪式，《女儿红》讲述的是20世纪30—80年代三代酿酒人的悲欢离合，电影上映以后，女儿红品牌的知名度有了极大的提升。

杭州电视台曾经拍摄了电视艺术片《女儿红》，片子洋溢着浓浓的江南水乡风情，这一电视艺术片被列入了全国五个一工程项目，1996年的时候曾在中央电视台播出。

舞蹈《女儿红》生动地展现了绍兴酿酒和婚嫁风俗，曾在文化部春节晚会上表演并获得全国群星银奖。

女儿红还多次出现在热播的电视连续剧《京华烟云》中，加起来有15分钟之多。

脍炙人口的女儿红歌曲也有着广泛的影响力,这其中传唱度最高的当属陈少华的《九九女儿红》,香港著名歌星梅艳芳也有一首《女儿红》,感动了无数人。

现在,女儿红已经成为了绍兴的标志,成为绍兴一张重要的名片,也是绍兴在世界上极具文化含量和地域特色的标识之一,更是绍兴最为人熟知的一个关键词。

现在的绍兴女儿红酿酒有限公司创建于1918年,公司沿袭女儿红典故,以传统工艺、优质原料和现代科技相结合打造自己的产品,产品经过多年贮藏陈化,是黄酒中的精品。女儿红酒有三大特点:陈、醇、真,即酿造时间长,风味独特;原料考究,口味醇正;属于独家开发酿造,"女儿红"经过国家商标局核准注册,拥有专用权。

女儿红酿酒有限公司拥有自营进出口权,是我国黄酒业的骨干企业之一,同时也是中国酿酒工业协会黄酒分会常务理事单位,公司年生产黄酒可以达到五万吨,产品畅销国内外。

女儿红产品和品牌曾屡次获得国家级、省市级各种奖项,女儿红商标还是中国驰名商标、浙江省著名商标和绍兴市著名商标,同时还荣膺中国最具有潜力商标称号。女儿红还作为中国原产地域保护品牌而驰誉世界。

2008年,女儿红入选奥运菜单,这也是国内唯一入选的黄酒品牌,这次入选是对女儿红品牌建设的最好肯定,同时更为女儿红提供了走向世界的最佳机遇。

歌曲《女儿红》 高寒

你带着落地的第一声啼哭/降临在江南的一座老屋/我取来湖水把喜事酝酿/深深埋藏在后院的桂花树/待到你出落十八岁的洞房花烛/开坛舀出尘封琼浆两壶/斟满阿爹手中这醇酿/满堂的美酒映红了百年府/挚情挚真挚爱的女儿红/它沉淀了我的祝福/风雨无阻/辛辛苦苦/摇起乌篷船顺风又顺路/挚深挚厚挚浓的女儿红/它弥漫了我的祝福/细心呵护/朝朝暮暮/摇起乌篷船顺风又顺路/耳边还是你儿时的一声啼哭/依然飘香的是那桂花树/转眼挥挥手送你这一步/洒下的女儿红是我心的倾注

歌曲《九九女儿红》 陈少华

摇起了乌篷船/顺水又顺风/你十八岁的脸上/像映日荷花别样红/穿过了青石巷/点起了红灯笼/你十八年的等待/是纯真的笑容/斟满了女儿红/情总是那样浓/十八里的长亭/再不必长相送/掀起你的红盖头/看满堂烛影摇红/十八年的相思/尽在不言中/九九女儿红/埋藏了十八个冬/九九女儿红/酿一个十八年的梦/九九女儿红/洒向那南北西东/九九女儿红/永远醉在我心中

歌曲《女儿红》 梅艳芳

谁在我第一个秋/为我埋下一个梦/一坛酒酿多久/才有幸福的时候/一路上往事如风/半生情谁来左右/女人呐别无他求/贪一次真的永久/喝一口女儿红/解两颗心的冻/有三个字没说出口/哪一个人肯到老厮守/我陪他干了这杯酒/再一口女儿红/暖一双冷的手/有七分醉心被谁偷/记忆伴着泪水/一同滚落了喉/杯中酸苦的滋味/女人才会懂

地址：浙江省绍兴上虞市东关镇

咸 亨（食品）

绍兴有句民谚，"绍酒行天下，酱园遍全国"，绍兴人极为钟爱酱制品。据考证，绍兴酱园业始于魏晋时期，有文字记载的绍兴最早的酱园开业于明崇祯十六年（1644年）。从清朝光绪年间开始，绍兴酱园业就以亲友互助的方式，在全国20多个省陆续开设了四五百家酱园，绍兴酱园逐渐遍及全国。由于这些酱园都非常注重原料和产品质量，所以声誉很高，这也让绍兴酱园业发展得枝繁叶茂。

绍兴咸亨食品有限公司的前身——咸亨酱园始建于清乾隆元年（1736年），迄今已有270多年历史，酿造并销售腐乳、酱油、酱菜、黄酒等食品。咸亨酱园的店名取自《周易》中的"至哉坤立，万物滋生。含泓光大，品物咸亨"，寓意为万事咸通。

咸亨酱园采用传统作坊前店后坊的形式，酱园精选原料，高薪聘请师傅，精心酿造的产品超越同行，声誉极高。咸亨酱园的腐乳还向清政府注册了"无敌"商标，专攻外贸，垄断了绍兴腐乳的出口市场。咸亨的腐乳屡次获得大奖，比如1910年的南洋劝业会金牌，1915年的美国巴拿马太平洋万国博览会奖状，1929年的西湖博览会金奖等。

20世纪三四十年代，咸亨进入迅猛拓展时期，先后在各地开设20多家酱园，远至我国港澳地区。

1956年，咸亨酱园和老顺泰酱园等13家私营酱园合并，成为公私合营咸亨酱园。1958年，酱园更名为国营绍兴咸亨食品厂，成为国家腐乳出口的定点生产企业。1994年，企业实行股份合作制改造，更名为绍兴咸亨食品制造公司。1998年，改制成为有限责任公司，更名为绍兴咸亨食品有限公司。2000年，公

浙江老字号

司投资 4000 万元,开始易地新建改造。

如今的咸亨以"传承千年神韵,酿制天下美味"为经营理念,以天然绿色、自然发酵为酿造特色,已经发展成为专业化和规模化的现代化公司。企业通过了HACCP 食品安全体系认证,咸亨商标被评为中国驰名商标和浙江省著名商标,企业和产品还荣获了"浙江老字号"、绍兴老字号、浙江名牌产品等称号。咸亨的腐乳是绍兴腐乳中唯一获得原产地理认证标志的,企业是全国腐乳业最大的生产企业之一,也是全国腐乳出口量最大的企业,在全国腐乳业的综合排名中位居前列。公司产品在多个城市建立起了稳固的销售网络,还与很多国内知名大型超市建立了合作伙伴关系,有三分之一的产品销往我国港澳地区、东南亚及欧美等十多个国家和地区,成为国内腐乳行业最具竞争力和影响力的腐乳专业公司。

地址:浙江省绍兴市绍三线永仁路

古越龙山

古越龙山品牌的所有者为中国绍兴黄酒集团浙江古越龙山绍兴酒股份有限公司,其老字号申报的创立年份为 1952 年。"古越龙山"的商标是以 2400 多年前越国勾践伐吴时总将台城门和卧薪尝胆的龙山为背景,体现了黄酒的历史源远流长。

中国绍兴黄酒集团拥有全国唯一的省级黄酒技术中心和多位国家级品酒大师,产生工艺和设备非常先进,年生产能力达到 10 万吨以上。

古越龙山的前身是绍兴酒厂,这是在新中国成立初期,由不到 20 个创业者租用民房开始的基业。后来因为诸多原因,几次分合更名。后来在自己的基础上联合沈永和组建了中国绍兴黄酒集团有限公司。

古越龙山的黄酒全部来自于中国黄酒原产地域的绍兴,拥有世界上最大的黄酒陈酒的储藏量和中国黄酒城,是中国黄酒业的标志性品牌,也是黄酒行业的领跑者。"古越龙山"是中国驰名商标、黄酒行业中首个中国名牌产品和唯一国宴专用黄酒,也是黄酒行业唯一集中国名牌、中国驰名商标、国宴专用黄酒于一身的品牌。

1988 年,国家改革国宴礼宾,用温和的黄酒代替了白酒,古越龙山成为钓鱼台国宾馆唯一国宴专用黄酒。到现在,古越龙山仍然独家为外交部及各驻外使馆提供招待用酒。

中国绍兴黄酒集团经过多年努力,已经建立了遍及全国省会城市和直辖市的国内最大的黄酒销售网络。20世纪90年代,古越龙山在行业内第一个倡导年份酒概念,引领产品和行业升级。2004年起,公司与央视签订了战略合作伙伴协议,聘请著名影视明星陈宝国作为形象代言人,以"数风流人物,品古越龙山"为古越龙山现代化营销传播写下了精彩的一笔。2005年,古越龙山携手法国干邑世家卡慕(CA-MUS),古越龙山作为三种顶级佳酿之一在全球免税店里开设了"酒中之王,王者之酒"的中华国酒销售专区。古越龙山的诸多举措,都完成了自身品牌的升级,让古越龙山逐渐成为高端黄酒的代表,也赋予了古老的黄酒很多时尚的气息和活力。

古越龙山在黄酒中是第一个上市的,曾被国家质量监督检验检疫总局评定为中国名牌产品,入选了中国制造行业内最具成长力自主品牌企业和中国黄酒行业标志品牌。古越龙山和其他绍兴黄酒品牌一样,致力于弘扬和推广绍兴黄酒文化,为绍兴黄酒走向世界做出了卓越的贡献。

地址:浙江省绍兴市越城区北海路北海桥

仁昌记[1]

位于千年古镇安昌的绍兴仁昌酱园有限公司创始于清光绪十八年(1892年),其前身是仁昌酱园,字号始终未变。

仁昌酱园以生产酱油、米醋等调味品为主,产品畅销全国10多个省市,近几年生产量以年均20%的速度递增。酱园的产品在绍兴本地拥有大批的忠诚顾客,在整个江浙沪一带都有着较高的知名度和美誉度。

这家百年老厂虽几经易主,但传统的制作工艺——天然酿造方式却始终保持不变。公司以传统手工制作,配以天然独特小舜江水,酿造成独具风味的调味品,这曾被多家媒体报道。

公司在发展生产中,曾遇到了晒制场地不足的问题。为此,公司投资近50万元,建成了一座集采光、集热、保湿、贮能等功能于一体的太阳能暖房,房内可放置300只酱缸。如果按照传统的露天晒制,一年只能晾晒一季,而放在暖房

---

① 仁昌记所有数据来源:《仁昌酱园一年节约原煤780吨》,绍兴县报电子版,2007-5-28,http://oldepaper.zgkqw.com/html/2007-05/28/content_77395.html

里,一年就可以晾晒三季,产量增加到原来的三倍。

仁昌酱园在酿制酱油过程中,每年都有三千吨废弃酱糟。公司投资建造了容积为 120 立方米的沼气池,将废酱糟作为沼气池的原料,用沼气加热生产酱油,充分做好了循环经济的文章,这样,仁昌酱园每年可以节约原煤 780 吨。

仁昌酱园是绍兴市著名商标、绍兴市老字号、绍兴市农业龙头企业,产品被评为浙江省绿色放心营养标志产品、省名优特畅销农产品、中国放心食品信誉品牌等。

地址:浙江绍兴安昌东市七号

鉴 湖①

鉴湖酿酒厂始建于 1951 年,厂区倚靠被称为"绍兴母亲湖"的鉴湖,南大门开门即见湖,是绍兴所有酒厂中位置最好的。

鉴湖酿酒厂创建时名为国营绍兴酒厂,后来接收了"云集酒厂"等私营大户,名称经历了多次变更:鉴湖长春酒厂、鉴湖酿酒公司、鉴湖酿酒总厂等,是国内最早的黄酒专业生产企业之一。1989 年企业被浙江省人民政府定为黄酒生产重点骨干企业。1998 年,企业回到中国绍兴黄酒集团公司,成为古越龙山上市公司的一个全资子公司,现在的全称是中国绍兴黄酒集团公司鉴湖酿酒厂。

"鉴湖"是绍兴黄酒之源,鉴湖酿酒厂有酿制绍兴酒得天独厚的有利条件,酒厂精选优质糯米、小麦和鉴湖水为原料,全部采用传统工艺,手工精酿而成,是绍兴酒中公认的精品。产品合格率一直保持 100%,20 世纪 50 年代就被评为全国八大名酒之一,曾经历过"外销塔牌,内销鉴湖"的辉煌年代,后又连续被评为浙江省优质产品、轻工业部优质产品、中华国产精品金奖、亚太地区国际食品博览会金奖、中国黄酒节金奖等。鉴湖酒厂是国内最早拥有自主知识产权品牌的黄酒生产企业。"鉴湖"品牌是绍兴黄酒第一只注册商标、浙江省著名商标、首批绍兴酒原产地保护品牌、浙江省名牌产品、国家免检产品等。产品远销全国各地,还出口到日本、欧洲、东南亚等国家和地区。

地址:浙江省绍兴上虞市湖塘镇新华村

---

① 部分参考资料来源:《一汪"鉴湖"酿名醇》,湖州日报电子版,2010 - 6 - 11,http://hzrb.hz66.com/hzrb/html/2010 - 06/11/content_20179152.htm

历史文化名城、水乡绍兴一贯就有酒缸、酱缸、染缸的"三缸文化"之称,而"三缸"中历史最悠久的则是酱缸,绍兴的酱醋酿造起源于六千多年前,民谚有"绍酒行天下,酱园遍全国"的说法。绍兴酱缸文化具有悠久的历史,至清代晚期,达到鼎盛,有"天下酱业无人不说绍,九州之内司厨鲜有不知绍"一说。始创于清同治元年(1862年)的浙江绍兴新昌县天姥食品有限公司也是绍兴酱缸中著名的一家。

新昌县天姥食品有限公司主要生产"天姥春"牌系列调味食品,包括酱油、米醋、腐乳、酱菜、黄(白)酒等六大类百余个品种,是浙江省酱油和米醋的定点生产企业,也是新昌县唯一的专业生产调味品的商办企业,公司拥有进出口自主权,是浙江省生产出口腐乳的企业之一。天姥食品有限公司的产品销往上海、杭州、南昌、宁波、温州等大城市,同时还出口美国、加拿大、新加坡、英国等国家。

新昌县天姥食品有限公司在1997年转制为股份制企业,也是在这一年,公司与香港嘉达(顾问)有限公司合资成立了中外合资浙江新昌嘉达食品有限公司。

公司曾被中国国内贸易部授予"中华老字号"企业,获得国家质检总局颁发的全国工业产品生产许可证和绍兴市首家酱油、米醋QS市场准入证,还通过了ISO9001质量管理体系认证、美国FDA食品安全认证。早在民国18年(1929年)的时候,天姥生产的酱油就获得了西湖博览会金奖,此后研制开发的纯天然特制酱油获国家商业部优质产品奖,糖醋荞头获省商办工业首届四新产品奖,精制富豪特级酱油获国家科技成果金奖,平菇营养酱油获国家"中华科技精品"奖,母子酱油获得轻工业部优质产品称号等。2005年,天姥春酿造酱油获得绍兴市名牌产品认定和浙江省农业博览会金奖。

天姥食品有限公司还一直从事黄豆、大米、蔬菜等农产品深加工,建有种植基地,为产品提供原材料保证,公司集加工、科技、贸易于一体,实行产业化经营,被绍兴市人民政府列为重点农业龙头企业。

地址:浙江省绍兴市新昌县江南南路43号

根据《上虞县志》的记载,上虞市同仁酿造有限公司的前身,也就是"协和酱园",创办于清道光十年(1830年),创始人是连仲愚。

连仲愚[①],字乐川,清代上虞崧厦镇上湖头村人。他为人热心,相邻有困难都尽力接济。连仲愚还非常喜欢读书和藏书,平生收藏图书约六万卷,于"沈湖楼"中收藏。连仲愚曾任上海县训导,1830年返乡后在崧厦创办了"协和酱园"。当时,虞北经常遭受水害,他为筑堤、救灾日夜奔波,不辞辛劳。道光十三年(1833年)八月,前江塘决口17处,连仲愚主持修筑。咸丰三年(1853年)六月、咸丰四年(1854年)七月,江海堤塘连出险情,连仲愚均参与抢修,前后经办堤塘近30年。他还撰写了《塘工记略》及续编,保存了大量上虞北乡江堤海塘的珍贵资料。同治四年(1865年),连仲愚年届花甲,却仍然倾心水利,邀请别人一起成立"管塘会",又带头捐田200余亩,创建"众擎会",在孙家渡建"捍海楼"23间,作管塘堆物之用。他还设立了连氏义庄救济乡邻。他去世后,他的儿子继续办义庄,又捐田25亩设曹娥江赵村义渡。光绪十三年(1887年),他受到清廷礼部行文褒奖。国学大师俞樾撰写的《连氏义庄记》记录了此事。

协和酱园原址在崧厦同仁桥畔。据史书记载,占地达29市亩,盖有厂房百余间,资本达四万银元,可以想见当时的规模和兴旺气势。创建之初,协和酱园主要产品有酱油、腐乳、仙醋、元红酱、酱瓜等产品。产品除供应本地外,还在国内各地经销,并出口日本和新加坡。协和酱园在20世纪初达到鼎盛。[②]

20世纪60年代之前,协和的生产工艺一直采用传统作坊式,后来随着发酵技术的引进,工艺得到改进。80年代以后,酱油的生产采用了两种发酵工艺,一种是新的保温发酵法,另外一种则是传统的晒露法,两种工艺并行,沿用至今。特别是以晒露法生产的母子酱油,酱香浓郁,味道鲜美,是其他工艺生产的酱油所不可取代的。

协和的发展并非一帆风顺,和很多百年老店一样,协和也经历了战乱、体制、产权等诸多问题,名称也曾不断更换。但是,企业注重工艺、原料、质量和诚

---

① 参考资料来源:崧厦镇人民政府网站,http://www.zgsx.gov.cn/Html/sxmr/200511212319566.html

② 《传承"协和"百年经典》,上虞日报电子版,2009-2-14,http://www.shangyuribao.cn/html/2009-02/14/content_106709.html

信的理念始终不变。

企业在坚持传统工艺的同时,也不断引入有价值的现代工艺。比如同仁酿造厂的传统产品乳黄瓜,一直深受市场欢迎,乳黄瓜的制作就在保留传统方法的同时,还在 20 世纪 80 年代采用了现代保鲜技术,解决了保质期短对产品运输造成的障碍问题。现在,这个产品已经成为同仁酿造厂的当家产品之一。而除了传统酱香型的乳黄瓜外,公司还研制了各种新的口味,以迎合消费者的新需求和新消费者的需求。

同仁还在原料上下工夫,从而确保并提高产品品质。比如一种名为"荷兰小瓜"的酱菜,这种酱菜的原料是引进的,还没有被广泛栽种。企业花了很大的力气,终于在海宁找到了种植基地,但这一基地的原料已经被别家大企业垄断。之后尝试在其他地方建立种植基地,还从别的国家引进,但效果均不理想。于是企业仍旧返回海宁找到种植地,但每年的收购量有限,而且收购这种原料的成本远远高于普通的品种。但同仁坚信,只有好的原料才能保证好的品质。

讲求质量和诚信,是同仁始终不变的宗旨。2003 年,协和酱油生产获得 QS 认证。2005 年,乳黄瓜被评为绍兴市名牌产品。2007 年 9 月,同仁酿造有限公司还经受住了来自国家食品卫生专家的检验和抽查,有专家在检验结果反馈会上对这家小企业翘起了大拇指:"这样规模不大的传统食品加工企业能在食品卫生、质量上做到如此规范,令人非常满意。"①

协和目前主要的销售市场在浙江省内,在稳扎稳打的基础上,同仁也知道,打响"协和"品牌,做大做强,还有很长的路要走。

地址:浙江省绍兴上虞市经济开发区聚英路 188 号

善 元 泰

善元泰是绍兴赫赫有名的黄酒企业中的一家,老字号申报年份为 1920 年,属于绍兴县唐宋酒业有限公司。公司坐落在国家级非物质文化遗产、绍兴黄酒酿制技艺传承基地——沉酿村。

相传公元 83 年,在鉴湖水系的上游有一个"沉酿村",汉太尉郑弘应举赴洛,亲友饯于此,以钱投水,依价量水饮之,各醉而去,故名"沉酿",南宋诗人陆

---

① 《传承"协和"百年经典》,上虞日报电子版,2009 - 2 - 14,http://www.shangyuribao.cn/html/2009 - 02/14/content_106709.html

游、清代诗人李慈铭均曾在此长住,邀友雅集,留下千古诗篇。①

从唐宋时期到现在,沉酿村村内家家户户以酿酒、修缸、补坛为主业,且代代相传,闻名于世。晚清文史大师李慈铭曾有《鉴湖柳枝词》赞曰:沉酿村前柳色新,柳花争趁瓮头春。红阑桥外青旗影,一色清阴覆酒人。

绍兴黄酒历史非常悠久,到清代逐渐形成了一批大酿酒坊,比如沈永和、章东明、王宝和、高长兴、汤元元、谦豫萃、潘大兴等,善元泰也是其中的一家。这些作坊不是过去一家一户的小作坊可以比拟的,一般都资金雄厚、规模大、技术力量集中,无论是生产规模、能力,还是销售方式等都已经非常成熟。在清朝初期,绍兴酒的销售范围就已经遍及全国,康熙《会稽县志》有"越酒行天下"之说。

2001年,绍兴酒开始原产地保护后,唐宋酒业是第一批获准使用"绍兴酒"原产地证明商标的企业。当时,100多家绍兴黄酒企业中首批仅有10家可以使用"绍兴酒"标志。

随着绍兴黄酒知名度日益提高,其营养保健功能得到认可和普及,唐宋酒业国内市场由原来的江浙沪区域性销售发展到逐渐辐射全国,国际市场则从原来的日本、东南亚为主导,向欧美发展。

唐宋酒业在黄酒品牌探索上也做出了很多努力,比如唐宋酒的标志之一——"唐宋瓶"的设计就是重要的创新。在2009年绍兴黄酒酿造技艺传承典礼《鉴水魂》上,"唐宋瓶"模型惊艳亮相,花雕艺术家在"唐宋瓶"上绘制绝美图章,将整个仪式推向了最高潮。"唐宋瓶"已经应用于婚庆用酒上,将极大地提升唐宋黄酒的品牌价值。

地址:浙江省绍兴市绍兴县柯岩

咸 亨(酒业)

绍兴县咸亨酒业有限公司老字号申报创立年份为1946年,公司成立的年份是1980年,企业以唐高宗年号及鲁迅先生笔下的咸亨为名称和注册商标。公司位于风景秀丽的兰渚山下,书法圣地兰亭边,紧傍省级公路绍大线,与104国道线及沪杭甬高速公路相连。

绍兴县咸亨酒业有限公司拥有丰富的酿酒经验,有一批优秀的酿酒专业技

①《唐宋酒业:百年沉酿村传奇》,绍兴日报数字报纸,2010-6-9,http://epaper.shaoxing.com.cn/sxrb/html/2010-06/09/content_399973.html

术人员,以优质糯米、小麦和鉴湖源头水为主要原料,采用传统工艺酿制。主要产品有:"咸亨"牌加饭酒、花雕酒、善酿酒、香雪酒、糟烧、工艺彩雕、咸亨太子、咸亨老酒、咸亨贡酒、咸亨黄酒、咸亨元红、咸亨通宝等系列产品,以及三年陈、五年陈、八年陈、十年陈、十五年陈、二十年陈等系列各档包装酒。产品以橙黄、清澈、芳香馥郁、甘鲜醇厚而扬名海内外。[①]

"咸亨"商标已经连续多年被认定为浙江省著名商标。随着"咸亨"知名度的不断提升,企业的无形资产也得以大幅度升值。公司以人为本,依靠科技和规模优势,实现科学管理,不断发展着自身的品牌,"人才、品牌、科技、经济规模"即企业的四大战略。2003年,公司通过ISO9002:2000国际标准质量管理体系认证。"咸亨"商标于2004年被认定为中国驰名商标。企业先后被评为中国优秀企业、2006年度中国糖酒业十大企业、全国酒文化优秀企业、重质量守信用优秀示范单位等。"咸亨"系列黄酒产品先后荣获部优、省优、美国国际金奖、全国黄酒行业优质产品奖、中国名优品牌、中国驰名品牌、中国黄酒著名畅销品牌等荣誉。

秉承"人诚品真"的理念,凭借雄厚的资本、先进的技术、优质的服务网络和庞大的客户资源,企业不断开拓进取,着力打造先进的黄酒制造业基地,实现企业价值和客户价值的共同成长。

地址:浙江省绍兴县兰亭镇阮江

松 盛 园

俗语说,味以酱为帅,食以醋总管;孔夫子说过,不得其酱不食;绍兴有句民谚,绍酒行天下,酱园遍全国,绍兴"三缸"中与生活最为密切的当属酱了。绍兴人很喜欢吃酱制品,比如酱瓜、酱萝卜、酱姜、酱鸡鸭鹅、酱肉、红酱、酱油、酱菜、腐乳等等,几乎能酱的东西都要酱制过再吃。绍兴一带把这种菜称为家乡菜。

绍兴酱园起于民间,据考证,魏晋时期就开始生产。绍兴历史上出现过非常多有名的酱园,据文字记载,绍兴最早的酱园开业于明崇祯十七年(1644年),酱园名字为俞合兴。绍兴酱园的鼎盛期是20世纪30年代,酱缸文化远播四方也主要是在这一时期,当时绍兴年产腐乳30万坛,酱5万多缸。老字号松盛酱

① 参考资料来源:绍兴县咸亨酒业有限公司官方网站,http://xianhengwine.com/xh/about.asp

园即创始于这一鼎盛时期。

今天的绍兴至味食品有限公司的前身就是创始于1928年的松盛酱园，公司坐落在绍兴县平水镇，是一家传统食品现代化酿造与加工企业，生产规模和生产能力都位居省内同行前茅。公司有30多种产品，主打"松盛园"牌母子酱油和玫瑰米醋。

为了确保生产高品质的健康产品，公司从规划选址、布局设计、工艺确定、设备造型、原料采购，到生产各道工序、成品销售都严格把关。公司拥有一大批业内专家，拥有国际领先的高盐稀态发酵工艺和国内领先的低盐固态淋浇发酵工艺、母子酱油机械化生产工艺、玫瑰米醋机械化生产工艺等，拥有先进的设备，同时车间内封闭运行，设员工更衣消毒室，自动通风、空气净化和温控装置，并建有专用参观通道，保障了安全卫生的生产环境。

公司通过了ISO9001、ISO14001、HACCP三项国际管理体系认证，拥有自行出口资质。先后获得了中国食文化优秀企业、省农业科技企业、市重点农业龙头企业、首批省老字号、绍兴老字号、食品行业十佳领先企业、市科技企业、消费者信得过企业、重合同守信用企业、清洁生产型示范企业、县级重点骨干农业龙头企业等荣誉，产品获省食品博览会金奖、绍兴名牌产品，商标获市著名商标等称号。公司研发中心被评为省级企业科技研发中心、省农业龙头企业科技研发中心、绍兴市级企业科技研发中心。[1]

至味食品有限公司的宗旨是挖掘传统酱缸文化，打造现代健康食品，以"诚信、平等、合作、分享"为经营理念，以"勤勉踏实，不找借口"的务实作风，追求"至善至美"与"味中品味"的企业价值。

在致力于食品酿造的同时，公司还投资兴建了中国酱文化博物馆，填补了国内的一项空白。博物馆在深入挖掘绍兴酱缸文化和中国酱文化的基础上，收集了历史上很多和酱醋产业有关的文化载体，包括生产工具和产品实物、酱醋老字号等。中国酱文化博物馆站在"两千年酱文化，十三亿中国人"的高度进行布展设计，布展分为中国酱文化、酱油文化、醋文化、腐乳与酱制品文化、酱园文化、绍兴酱缸文化、世界酱文化、信息中心等，实物、图片、影像、雕塑、动画等形式兼具，系统而又全面地记录了中华民族酱文化的历史与现实，还对中国和世界酱文化的发展做出了展望。

绍兴"三缸"中，酒缸、染缸享誉全球，酱缸相形之下却逊色许多。绍兴工业旅游中黄酒工业游和轻纺工业游已经成为两张响当当的名片，而酱文化工业游却是一个空白。绍兴中国酱文化博物馆工业旅游使得绍兴工业旅游终于"三

---

① 参考资料来源：绍兴至味食品有限公司官方网站，http://www.zhiweifood.com/gsjj.asp

缸"齐备。"酱文化"工业游主要内容有：参观中国酱文化博物馆、参观先进的现代化生产流水线、酱醋产品采购游三个部分。其中，全国最大的传统天然晒场无疑是一大亮点，2000多只晒缸会让游客对传统的酱文化有一个更为全面的了解。

地址：浙江省绍兴县平水镇新桥村

丁大兴

　　年糕又称"年年糕"，与"年年高"谐音，意寓一年比一年好，在我国很多地区都有春节吃年糕的习俗。明崇祯年间刊刻的《帝京景物略》一文中记载当时的北京人每于"正月元旦，啖黍糕，曰年年糕"。清末一首诗中这样说："人心多好高，谐声制食品，义取年胜年，籍以祈岁谂。"我国年糕种类很多，比如北方的白糕、塞北农家的黄米糕、江南水乡的水磨年糕、台湾的红龟糕等，南方年糕多用糯米磨粉制成。1974年，考古工作者在余姚河姆渡遗址中发现了可以用于制作年糕的稻谷。汉代就有了对米糕的多种称呼，如"稻饼"、"饵"、"糍"等。古人对米糕的制作是从米粒糕开始，之后发展到米粉糕的。古代饮食著作《食次》中记载有年糕"白茧糖"的制作方法。将米磨粉制糕的方法很早就出现了，这一点可从北魏贾思勰的《齐民要术》中得到证明。

　　与年糕有关的传说，知名度最高的当属伍子胥糯米筑城了。春秋时期，战火连年，吴王阖闾为防敌国进袭，命伍子胥修筑了一道坚固的城墙，自认为由此便可高枕无忧了。伍子胥嘱咐随从："满朝文武如今都认为高墙可保吴国太平。城墙固然可以阻挡敌兵，但里边的人要想出去也同样受制；如果敌兵围而不打，吴国岂不是作茧自缚吗？忘乎所以，必致祸乱。倘若我有不测，吴国受困，粮草不济，你可去相门城下掘地三尺取粮。"之后不久，阖闾驾崩，夫差继承王位，听信谗言，赐伍子胥自刎。越王勾践得知伍子胥已死，便举兵伐吴，将吴国都城团团围住，城中断粮。告病还家的随从想起伍子胥的话，就召集邻里一起来到相门掘地，挖至城墙脚下三尺深时，才发现城砖是用糯米粉做的，救了全城百姓。之后，每到过年，各家各户都用糯米粉做成"城砖"，供奉伍子胥，久而久之，便被称作"年糕"了。

　　"丁大兴"始创于清光绪年间(1882年)，是以生产我国传统食品年糕而闻名的老字号。清末，绍兴八字桥直街老浯桥陈家有一佃家，名叫丁大兴，梅山乡澄湾人,他向陈家店主租借轩亭口的一家店面,开设了丁大兴年糕店。光绪十八年(1892年),丁大兴次子丁高升自立门户,开设丁大兴升记年糕店,由于丁高升精明能干,产品用料、工艺都非常讲究,因此年糕生意非常兴隆。

丁大兴一度在绍兴沉寂的时候,却在异地上饶兴旺起来,说起来还有一段故事。上饶丁大兴第一代传人万云龙1906年出生在浙江绍兴,不到10岁的他父母就先后去世,他10岁左右就进入绍兴丁大兴做童工。聪明的万云龙非常勤奋,深得老店真传,他不仅掌握了年糕配比和制作工艺,还学会了百余种米制糕点的制作。抗日战争爆发以后,万云龙和家人逃难来到了江西上饶。1941年,万云龙在上饶以丁大兴的名号制作、出售年糕和以糯米为主料的米制品。精湛的工艺,极佳的口感,让丁大兴在上饶一炮而红,成为当地人餐桌上不可缺少的美食,来丁大兴买东西排队是常事,去晚了还不一定有货。丁大兴是老一代上饶城人记忆中抹不去的印记。

据上饶丁大兴第二代传人万良华回忆,1979年,在改革开放的东风吹拂下,这个一度沉默了十几年的老字号迎来了它的第二个春天。万氏兄弟在母亲的带领下,重整旗鼓,以家庭为生产基地,通过走街串巷的传统方式,迅速恢复了"丁大兴"品牌,丁大兴年糕、条头糕、汤圆等产品成为了饶城市民餐桌上的"常客"。"上个世纪70年代,一块条头糕才卖5分钱,可是每天的营业额却做到了300元以上,足可见上饶城市民对'丁大兴'的喜爱。"①

2000年,慈溪人阮新华买下"丁大兴"的品牌,丁大兴年糕在浙江重新开始了自己的发展。2008年,上饶丁大兴第三代传人万云龙之孙万静敏注册了上饶市丁大兴食品有限公司,两个丁大兴品牌的持有者还多次接触,商谈合作,以共同振兴这家老字号。

阮新华从选料抓起,他和当地农民签定协议,确定近万亩良田作为"丁大兴"年糕的优质大米生产基地。在保留传统设备基础上,阮新华还新增流水线,配套添置了大型储备冷库。阮新华还不断根据新原料、新加工技术、新配方创新传统产品,在保留手工年糕的基础上,陆续开发出年糕丝、年糕条、年糕片等,除散装外,成功开发出真空包装系列等便于长途运输、延长保质期限的年糕新品。他还从方便面中得到启示,研制出方便年糕,运输到各地。

2008年,席卷全球的金融危机使得很多企业倒闭、裁员,阮新华见自己的年糕厂销量只涨不跌,立即发布招工启事,以解决他们的生活困境,但是受惠的人数非常有限。阮新华想,何不在全国各地开年糕馆,一来让大家都可以品尝到新鲜出炉的年糕,二来又可以在全国帮助失业的人创业,何乐而不为呢?他立

①《"丁大兴"这三十年》,上饶之窗网站,http://www.srzc.com/news/szjj/0811218746.html

即投资百万元,研究年糕新口味,并在绍兴市区开设了"丁大兴年糕馆",短短一个月的时间,"丁大兴年糕馆"利润就达两万多,这更加坚定了阮新华的想法。为了让更多的老百姓开得起这样的年糕馆,他将开店的成本降到最低,甚至免费教烹饪技术,免费提供经营理念和设计,帮助大家快速将店面开起来。

上饶的丁大兴米制品小吃融合了南北特色,非常受欢迎的有汤圆、条头糕、方糕、宋代定胜糕、松花糕、猪油年糕等。

同样是在 2008 年,上饶丁大兴传人万氏兄弟投资百余万元,融入现代管理和经营理念,打造了丁大兴美食店,让祖传秘制产品以全新的快餐形式出现在上饶城,既吸引了年轻一代,又让年长的一代得以重新品味曾伴随他们成长的美味。

2004 年春节,中央电视台《一年又一年》栏目曾对"丁大兴"年糕进行了重点推介。

地址:浙江省绍兴市人民东路底吼山路口

餐饮

咸 亨酒店

　　"窃书不能算偷"、"多乎哉,不多也!"、茴香豆……鲁迅笔下的孔乙己和咸亨酒店给人们留下了非常深刻的印象。而现实中,咸亨酒店也是确有其店。到绍兴,咸亨酒店是必去之处。

　　咸亨酒店开设于清光绪甲午年(1894年),是由鲁迅的本家堂叔周仲翔等合伙创立的,和鲁迅故居仅隔着一条石板路。酒店的格局和旧时绍兴别家小酒店完全一样:面对街面是一个曲尺形大柜台,靠店堂里面的柜台上放着一些烧酒,都是蓝布包小沙袋盖口的瓷彩瓶,上面写着酒的名字;临街的柜台设有栅栏,里面放着俗称"过酒坯"的下酒菜,有茴香豆、花生、豆腐干、糟鸡、扎肉等等;柜台下放着盛有绍兴名酒的酒坛,上面压着沙袋,坛边摆放着舀酒和温酒工具。

　　当时来咸亨酒店的顾客数量少,一般都是下层人,也就是鲁迅笔下的,站在柜台外喝酒的"短衣帮",而有身份地位的人都选择去谢姓人所开的"德兴酒店",鲁迅的塾师寿镜吾就是德兴的常客。来咸亨酒店的只有一位穿着长衫的客人,人称"孟夫子",他是周家邻居,屡次考试而不中,穷愁潦倒却又嗜酒如命。他曾到别人家书房去偷书,被抓到之后辩解"窃书不能算偷",结果被打折了腿,只能靠双手支撑挪动身体行走。绍兴城里还有一个人人都知道的"亦然"先生,穷困潦倒无以为生,于是拎着篮子去卖烧饼油条,他不肯脱掉身上的长衫,又无法开口大声叫卖,只能跟在别的小贩身后,当别人大声吆喝着烧饼油条的时候,他轻轻附和一声"亦然"。这两个人物经过鲁迅先生的提炼和加工,和咸亨酒店一起形成了鲁迅先生小说的主要人物和场景。

　　咸亨之名出自《易经·坤卦》之《象传》"含弘广大,品物咸亨"句,"品物咸亨"的意思是"万物得以皆美",咸亨的"咸"是"都"的意思,"亨"则是通达和顺利的意思。"咸亨"的含义就是万事亨通,生意兴隆。

咸亨酒店的创始人周仲翔和他的哥哥周伯文都对生意没有什么兴趣,只热衷于功名,所以咸亨酒店开业两三年之后就关门了。

1918年,鲁迅先生的著名小说《孔乙己》问世,咸亨酒店由此名扬海内外。

直到鲁迅先生诞辰一百周年的1981年,尘封的咸亨酒店才重新开业,酒店选址在现在的鲁迅路中段。酒店格局质朴,三间平房,没有窗户和分隔的墙,中间门楣正上方悬挂着白底黑字"咸亨酒店"招牌。西边曲尺型柜台有"太白遗风"的青龙牌,横柜栅栏里面是各种下酒菜;东间和中间是大堂,桌子是三尺长、二尺宽的条桌,每张桌子配有两个长条凳,桌凳都是茬色。墙壁上有多副对联,"鉴湖酿造名扬四海,古越烹调香飘九州"、"小店名气大,老酒醉人多"等,昭示着老店的文化底蕴。店门一边立着一尊铜像,身形瘦长,着长衫,脸上有一些伤痕,左臂倚靠着柜台,右手捏着一颗茴香豆,这个人就是鲁迅笔下的孔乙己。在柜台的后面有酒店的后半间,摆着桌凳,供长衫顾客坐着慢慢喝酒,算是"内设雅座"了。

鲁迅的小说成就了咸亨酒店的名气,给咸亨酒店带来财气的要属宋金才了。20世纪90年代前,咸亨酒店处于亏损的状态。1990年,宋金才接手,把咸亨酒店并入了市综合商业公司(咸亨集团的前身),从此改变了咸亨酒店的命运。

咸亨集团是我国第一批申报服务商标的企业,也是浙江唯一进入全国申报前十名的企业。1994年,咸亨商标被批准注册后,咸亨集团又相继在我国香港、澳门地区及十多个国家和地区注册了"咸亨"国际服务商标,扩大品牌保护的范围。这一举动不仅保护了自身,也为其他商标和品牌保护不力的老字号树立了榜样。

文化成就了咸亨酒店,咸亨酒店也时刻不忘回报绍兴的文化事业,很多看似与酒店毫无关联的行为,恰恰是咸亨品牌内涵的具体体现:咸亨先后18次协办和承办绍兴书法节;出资百万把《孔乙己》搬上舞台和电视银幕;出资50万在大禹陵设立冠名纪念鼎;积极参与和支持越文化研究;与绍兴市对外友好协会共同向泰戈尔的故乡加尔各答市捐赠了重达一吨的鲁迅铜像……这些行为既丰富了咸亨的企业文化,同时又体现了老字号以社会责任为己任的高度承担意识。

咸亨酒店浓郁的文化内涵是很多同业无法比拟的,古越的渊源、绍兴历史文化的特色、鲁迅文化的精髓等融为一体,正如宋金才说的,鲁迅文化、越文化、黄酒文化是咸亨酒店的经营亮点和文化软实力,经营咸亨酒店就是要传播鲁迅文化、越文化和黄酒文化,不仅要传承,更要发展,展现现代时尚,这才是咸亨的努力方向。①

咸亨集团在餐饮文化和酒文化的推广中做了很多努力。集团挖掘和创新了很多绍兴地方特色菜肴,为越菜文化和绍兴餐饮文化做出了自己的贡献,咸亨酒店推出的"咸亨宴"被评为浙江名宴,另外还有十多道菜品和点心被评为省名菜和名点。咸亨集团还创新性研发传统黄酒,依托黄酒文化典故,形成了独创的"太雕"系列黄酒,这也是咸亨酒店最具代表性的产品之一。现在,去咸亨酒店喝"太雕"酒已经成为一种文化旅游现象。借助品牌优势,咸亨酒店已在国内开设了30多家连锁店,不断扩展着咸亨的影响力。

1993年,咸亨酒店被认定为"中华老字号"企业;2001年,咸亨酒店被评为中华餐饮名店;2002年1月,"咸亨"被认定为中国驰名商标;2003年,咸亨酒店被认定为浙江省首届知名商号,同年,太雕牌黄酒被认定为浙江省著名商标;2006年,咸亨酒店被重新认定为"中华老字号"企业。拥有多项殊荣,融名城、名士、名酒于一身的咸亨酒店,还有绍兴酒俗博物馆的美称。

2009年世界品牌大会上,"咸亨"品牌荣登"中国500强最具价值品牌榜",以41.22亿元的品牌价值在500强的总排行榜中位列第204位,这也是"咸亨"连续六年进入该榜单。不久后,在北京召开的中国餐饮业发展大会上,咸亨酒店荣获2008年度"中国餐饮百强企业",位居百强中的第36位,成为绍兴地区唯一入选的餐饮企业。

由于不能满足游客接待需求,1998年咸亨酒店进行了扩建,餐位扩大,还增加了宾馆住宿功能。但是随着鲁迅故里被修葺一新重新对外开放和旅游热的持续升温,咸亨酒店的接待能力再次受到了挑战。为进一步提升"咸亨"的品牌价值,提高企业的核心竞争力,一个全新的"咸亨新天地"项目正在稳步推进。"咸亨新天地"项目总投资6亿元人民币,占地55亩,建筑面积75000平方米,项目将咸亨酒店扩建成五星级鲁迅文化主题酒店,同时开发建设文化旅游休闲街区。对于这次咸亨酒店的华丽转身,社会上的反对意见远多于赞成,大家都担心"咸亨"会变味。宋金才认为,传承和发展是一致的,扩建是为了更好地传承文化。据悉,咸亨酒店的主体——"堂吃"部分和孔乙己的雕像会被永久保留,建筑形态和装修仍然会沿袭之前的明清风格,堂吃的条桌条凳也保留,同时还增加走马廊和八仙桌,餐饮仍将是咸亨酒店的中心,咸亨酒店也会继续贯彻其大众化的品牌路线,传承历史文脉会被放在第一位。百年咸亨老店会以崭新的面貌出现在我们面前,但其文化灵魂并不会改变,我们依然可以和以前一样

---

① 参考资料来源:《走一条脚踏实地的品牌建设之路》,天天商报数字报纸,2009/08/07,http://epaper.shaoxing.com.cn/ttsb/html/2009/08/07/content_281446.html

走进咸亨酒店的堂吃老楼，"温一碗醇香的黄酒，来一碟入味的茴香豆"，体验绍兴奉献给世界的这份独特文化。

地址：浙江省绍兴市越城区鲁迅中路 179 号

浙江老字号

医药

震王元
ZHENYUAN

震 元 堂[1]

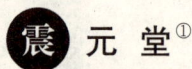

　　绍兴震元堂初创于清乾隆十七年(1752年),创始人是慈溪杜家桥人杜景湘。据说杜景湘原来是在水澄桥摆药摊的,因为经营得法生意兴隆,社会声誉也极高,于是得以创下震元堂坚实的根基。到现在,震元堂已经有接近260年的历史,被誉为"店运昌隆三百载,誉满江南数一家"。

　　杜景湘有八个儿子,在乾隆中期的时候,他把总资本平分八份给每个儿子。杜景湘去世以后,长子杜一微继承了父业。清乾隆五十八年(1793年)杜一微扩大了药店的规模。清道光中期,震元堂和大江桥天宝堂、新河弄上寿堂并称为药业三大家,震元堂居三大家之首。

　　经过100多年的发展,震元堂在咸丰初年的时候进入到鼎盛时期,先后开设了五家分店,分别是:陛门的慈和震、临浦的义大震、柯桥的春元震、东浦天宁震和天宁元。杜家经营震元堂有180多年的历史,一直到民国30年(1941年)3月结束。

　　1945年的时候,由宁波元利药材余楚生、绍兴升大药材行张树藩等九人组成的震元堂新董事会接替营业,余楚生担任董事长。余楚生委任自己的得意门生王培卿担任经理。王培卿悉心经营,重视质量、特色和信誉,还采取有效的措施避免震元堂在经济大动荡时期遭受大的损失。

　　新中国成立后,震元堂逐渐过渡为国营企业,业务蒸蒸日上。1956年公私合营后,扩大了经营,增加了产品,职工人数也有了增加,业务获得了较大的发展。

---

　　[1] 参考资料及图片来源:浙江震元医药连锁有限公司网站,http://www.zyls.cn/zygw/index.asp

1958 年大跃进中,震元堂的人员、设备、工具、场地等全部划归绍兴中药厂。之后,县医药公司在震元堂栈屋建立了全县饮片统一切制工场,增添了设备和人员,震元堂则成为单一中药配方零售商店。

十年动乱给震元堂带来了很大的创伤,店名改为"永强",店堂富有传统色彩的物品都被破坏了,一些产品因为没有原料也被迫停止销售,特色砖墙和门楼都被拆除。

1979 年以后,震元堂走上了新的发展道路。恢复先前已使用了两个多世纪的震元堂的店名;购进精制中药,恢复了传统产品震元堂大补药的经营业务;增加了传统膏药的经营品种,做大了传统膏药的门市销量;增加了坐堂医,并开设了坐堂医夜门诊业务,中药饮片配方业务蒸蒸日上;变坐商为行商,经常性地组织商店职工去马山、皋埠、王坛等地开展送药下乡活动;每年冬季,都要组织筹办一次冬令滋补商品展销会,这一展会活动一直沿袭到 1992 年震元堂技改而易地经营为止。震元堂在此期间还不断创新,花大力气抓药品质量和服务质量。在质量方面,建立了多层次的商品质量管理网络,重视继承和发扬中药传统技艺,通过以师带徒、专业练兵、技术比武、培训考核等形式,培养了一支专业技术过硬的职工队伍。在服务方面,特色最为鲜明的就是持续地开展了"中药配方万帖无差错"活动,活动产生了很多"万帖无差错"获胜者,最高记录则创下了"三万帖无差错"。

1992 年,震元堂进行大规模技术改造,拆迁并易地经营。1995 年,震元堂在旧址老店重开,新落成的大楼有古典的风貌和现代化的购物环境,设计师根据"震元"出典,结合周易和阴阳五行学说等完成的整体设计。新店营业面积接近 600 平方米,有上下两层。震元堂还改变了单一经营国药的格局,增设了西药、医疗器械、化学试剂、玻璃仪器等项目。震元堂还把原来的中医坐堂诊疗点扩展成为震元堂中医馆,聘请了很多名医坐堂施诊。

1997 年,"浙江震元"上市。2001 年,以震元堂为龙头,组建了绍兴市第一家医药零售连锁企业——浙江震元医药连锁有限公司,震元堂进入了新一轮的发展。震元堂从单店经营的老字号扩展到拥有数十家门店的医药零售连锁公司,门店发展速度堪称全省医药零售行业之最。

2006 年,震元堂进行了整体装修,仿红木柜台、古式格栅、楹联牌匾、仿古水晶吊灯等等,整体和细节都无不突显浓郁的历史感和独特的中式味道。

2009 年 5 月 3 日,震元堂老药铺和展馆在仓桥直街隆重开业。其中,一楼是震元堂营业的老药铺,还恢复了老中医坐堂门诊传统,定期开展中医义诊活动;二楼为展馆,实物、药方、照片等集中展示了震元堂悠久的历史。震元堂老药铺和展馆所在的仓桥直街地理位置优越,是绍兴有名的文化旅游一条街,是外地游客来绍兴必去之地。这家绍兴中药业唯一的"中华老字号"成为了仓桥直街一道独特的风景,其经济效益和社会效益都不可低估。

根据浙江震元的说法,震元堂药店是中国每平方米产生效益最高的单体药店,这还真的契合了杜景湘选择的"震元"两个字所具有的"东方第一"的寓意。

新老震元堂

震元堂自始创至今,其"有方皆法古,无物不藏真"的立业思想、"配合功通圣,阴阳炼入神"的严谨的治药精神、"震本位乎东独含生气,元乃善之本长凤人心"的高远意境等经营理念的贯彻与运用,不仅使业务兴盛不衰,而且也使它赢得了广泛的社会声誉。绍兴历史上有句口头禅:"生病勿看胡宝书(早期绍兴名医)的医,勿吃震元堂的药,死了口眼也勿闭";《绍兴文史》一书有这样的记载:"由于震元堂名实质优,当时名医何廉臣、邵兰荪、杨质安、金古清、严绍岐等配方用药都介绍到震元堂来。"

2006年,中国品牌研究院推出了"首届'中华老字号'品牌价值百强榜",震元堂当时的排名是第33位,品牌价值是3.63亿元。2007年7月,中国品牌研究院公布了"第二届'中华老字号'品牌价值百强榜",在全国1600多家老字号当中,震元堂以6.35亿元的品牌价值名列第28位,而在浙江省上榜的11家老字号当中,更是排名第二。近年来,震元堂先后被授予中国服务业500强企业、中国100强医药企业、"中华老字号"品牌价值百强企业、省服务业80强企业、省医药商业 10 强企业、省级文明单位、绍兴市首批劳动关系和谐企业等荣誉，震元堂被国家商务部认定为首批"中华老字号"，"震元"品牌被评为亚洲名优品牌奖，"震元"商标为浙江省著名商标。

震元堂轶事

松鹤为记

在《震元堂主人谨识》一文中有这样一句话："仕商光顾者须识明绍城水澄桥下北首石库门内松鹤为记庶不致误。"当时，只要是震元堂的商品，包装纸上就都盖着松鹤为记的印章，这一印章有三个作用：一是品质保证的承诺；二相当于购物凭证，顾客对所买的商品如果存有质疑，可以凭借这一标记无条件退货；三是一种美好的祝愿，祝福顾客益寿延年。可见，震元堂在早期就十分讲究商业信誉，尤其是在社会还没有进步到激光与信息防伪技术的时代，震元堂的理念显得尤为先进，尤为难能可贵，她用这种原始与朴实的方法自觉地承担着社会责任，在民间留下了良好的口碑。

开铺取商号

"震元"二字出自于《周易》，相传为创始人占卜所得。"震"为八卦中的震卦，方位在东，主利于经营山林产品，"元"出自《周易》卦辞、爻辞之"元亨利贞"，含义为善、为仁，两个字合起来既表现出了震元堂国药店的定位，包含了"东方第一"和以仁为本、与人为善的宗旨。叶种德堂曾经赠给震元堂楹联"震生则万物俱备，元善乃众美所归"，"震本位乎东独含生气，元乃善之本长凤人心"，这正说明了震元堂店名的含义。

金字招牌

震元堂的经营特色是货真价实，真不二价。旧时很多大小药店都挂着"朔望九扣、逐日九五"的牌子，震元堂却从不折扣，民间有"金字招牌"之称。震元堂产品原料务求其真，务求地道，务求最佳，制作工艺流程也非常严格，"有方皆法古"。这些共同铸造了这块沉甸甸的招牌。

刀工管理

震元堂的管理也很有特色，比如中药材的加工切制，在管理上分"必""有""我""师""业""精""于""勤"八个代号。"必"是头刀，"有"是二刀，依次下去，分工不同，各司其职。而这八个代号组合在一起又具有特定的含义，是对每一位员工的一种提醒和激励。正是这样的管理，铸就了震元堂"槟榔一百廿八片、附子飞上天"这独一无二的精湛刀艺。

地址：浙江省绍兴市解放北路 289 号

光 裕 堂^①

光裕堂是清朝乾隆年间创办的药店,创办人是浙江慈溪人士,原址在绍兴城内闹市区大云桥狮子街口,也就是绍兴府城大云桥西北首,具体的创办年份以及创始人还有待进一步考证。

绍兴市志中有对光裕堂的记载:"宣统三年(1911 年)绍兴府城有瑞堂、天芝堂、光裕堂、天宝堂等中药店(铺)95 家。""明清及民国时期,境内中成药,均有各大药店加工自制……绍兴城区震元堂、天宝堂和'十大家'(天芝堂、存仁堂、光裕堂……)等药铺,都'前店后场',自制中成药。"光裕堂前店后场,前厅零售,经营中药饮片、丸散膏丹、参茸燕耳等品种,后场制作药材、拆兑批发。

早期的光裕堂,最大的经营特色是"不二价"。当时城乡大小药店都挂着"朔望九扣,逐日九五"的牌子,即平时买药可以打九五折,初一、十五则可打九折,而光裕堂却没有折扣,这在当时是很少见的。镶嵌着"不二价"三个大字的牌匾仍然完好地悬挂在今天光裕堂的中药柜上面。

药材地道也是光裕堂的突出特色。民间收藏的光裕堂历史器物"清汁滤药器"上有如下文字:"本堂采办川广云贵各省道地药材,内栈批发精制饮片虔修丸散膏丹,自运吉林人参佛兰洋参官燕银耳毛角鹿茸胶脚趾玉桂,杜煎虎鹿龟驴诸胶,四时沙甄各种花露药酒,名目繁多不及细载,如蒙赐顾无任欢迎。"

在药材制作和饮片炮制上光裕堂也是精益求精,对饮片的净选、浸冷、炒炙、煅剔、研磨以及接方、配方、校对、发药等都有着严格的规矩,店员要能够熟练操作。以刀工为例,刀切工分为头刀、二刀,二刀要胜任头刀的工作,则需要多年的磨炼和严格的考核。

光裕堂很早就意识到服务的重要性,设身处地为顾客着想,做好特色服务,这从民间有人收藏的早期光裕堂的清汁滤药器包装上就可以看出来,包装上有如下字样:本家因感病家煎出药汁每有细碎药渣混入其中不但难以下咽……为此特备滤器随药附送……

光裕堂的另一个特色是药店内设坐堂中医,而且都是本地著名的老中医。这和当时很多药店只是患者拿来药方抓药不同,病人先看病,之后再抓药。现在,这一传统仍然传承着。

---

① 参考资料来源:《光裕堂:鲁迅笔下原汁原味的店铺》,震元堂网站,http://www.zyls.cn/zygw/news.asp? id=111

光裕堂早期自作膏散丹丸，现在还有两块相关牌匾留存，一块上面写着"八宝红灵丹·治暑热除秽四肢厥冷晕腹痛痧气"，另一块上面写"局方紫雪丹·治阴阳反错佯狂发班小儿发热惊厥内闭等症"，同样保存下来的还有"丸散膏丹概不退换"的经营规则牌匾。

光裕堂不仅因为这些经营特色赢得广泛的社会声誉，更由于其是大文豪鲁迅笔下的店铺，而在国内外享有很高的知名度。鲁迅在《呐喊·自序》中有这样一段记述："我有四年多，曾经常常，——几乎是每天，出入于质铺和药店……因为开方的医生是最有名的，所以，所用药引也奇特：冬天的芦根，经霜三年的甘蔗，蟋蟀要原对的，结子的平地木……多不是容易办到的东西。"鲁迅为父亲抓药的药店就是光裕堂。

现在的光裕堂归属浙江震元医药连锁有限公司，位于大云桥西南首的解放南路上，光裕堂的店址始终在大云桥周围，这使得光裕堂可以更好地分享鲁迅文化的氛围。光裕堂现今的顾客，已经不局限于本地，其他城市和海外也有很多顾客，旅游消费占据了一定的比例。

光裕堂走出了早期国药店的定位，经营商品已从当初的中药材及其饮片拓展至目前的中药材、中药饮片、中成药、化学药制剂、抗生素、生化药品、生物制品、医疗器械等八大类医药商品。承袭一贯周到的服务传统，光裕堂先后设立了名老中医坐堂、代客煎药送药、夜间售药、缺货预约登记、药品邮购邮寄、24小时售药、中药切片加工、小伤包扎、小病问讯、提供老花眼镜等多项便民服务措施，还设立投诉举报电话，接受社会的监督。

"买药到光裕"是很多市民的共识，光裕堂的经济效益连年翻番。光裕堂也先后荣获全国医药行业先进集体、文明示范店、药品质量信得过单位、消费者信得过单位、放心药店等称号。

地址：浙江省绍兴市解放北路289号

鹤 年 堂[1]

鹤年堂创始于清乾隆二十三年(1758年)，创始人是余姚人罗嘉会，他与人合资创办了鹤年堂中药店。

---

[1] 主要参考资料来源：《绍兴市志》，中国绍兴网站，http://www.sx.gov.cn/20050411001869/

鹤年堂总店位于嵊州城关西前街,经营中药批发和零售业务,下面还设立了两家分店,一家是位于化龙门内的林鹤堂,另一家是位于市山弄的瑞元堂,都做中药零售。鹤年堂职工最多的时候达到了 50 人。鹤年堂自制成药 200 多种,包括急救用局方牛黄清心丸、安宫牛黄丸、紫雪丹等名贵药。鹤年堂还聘请了名医任燮侯坐堂接诊。由于药店精选地道药材,尊古炮制,服务周到,疗效显著,因此享有极高的声誉,逐渐发展成为浙东著名的中药店。

1941 年 5 月 17 日,鹤年堂总店和瑞元堂分店损毁于日军的炮火下,幸免的林鹤堂分店于是承担起了鹤年堂的职能。

抗战胜利以后,鹤年堂经理吕萃和创始人罗嘉会裔孙罗乾章等集资,重建了鹤年堂,鹤年堂在 1949 年 2 月恢复营业。

1956 年公私合营,鹤年堂改名为城关镇国新药店,1960 年又改为嵊县(注:嵊州,原名嵊县)中西药公司中药门市部,使用鹤年堂名。"文革"中,鹤年堂招牌被毁,到 1983 年才恢复鹤年堂原名。

鹤年堂延续原有传统,提供多项细致周到的服务,如代客煎药、邮寄药品、预约订货、送药上门,还常年备有供顾客服药的开水,当时平均每天接待的顾客有 300 人左右。到 20 世纪 90 年代,鹤年堂有 17 名职工,经营品种非常丰富,包括中药、中成药、西药、滋补药品等 1500 余种,一些珍贵的蛤士蟆油、燕窝等药品也时有供应。

鹤年堂现在归属于嵊州市医药药材总公司,这是嵊州市最大的医药公司。

历经 250 多年风雨的鹤年堂已成为嵊州一块饮誉省内外、具有浓烈乡土特色的金字招牌。

地址:浙江省绍兴市嵊州市西后街 58 号

服务业

越　王 [1]

越王珠宝始创于清光绪二十七年(1901年)，这家百年老店的前身是陈氏银楼。

明末清初，江南银匠师傅就已经声名鹊起，江浙一带出现了大量的银铺和金店。清光绪二十七年，绍兴宝珠桥边的仓桥直街上挂起了一块"陈氏银楼"的招牌，店主是陈增耀，他学习金银珠宝饰品制作已经很多年了。选址宝珠桥是因为这里有一个传说，相传当年乾隆下江南的时候，经过这座桥，不小心把一颗珠宝掉落到桥下的河里，"宝珠桥"也正是得名于此。

陈增耀设定了"不短缺，不欺人，天诚人"的祖训，尽管身为老板，但他时刻没有忘记自己是手艺人出身，他每天都亲自为顾客挑选款式，也亲自为顾客量尺寸。当时光顾银楼的除了一些达官显贵外，还有很多平民，有些人是把自己多年的积蓄拿出来，打一两件金银器物，留给儿女，遇到危难的时候可以解燃眉之急。陈氏银楼打造的许多器物，都带上了某种家族的印记，有了不同寻常的感情色彩。

由于工艺精湛加上恪守信誉，仅几年的时间，陈氏银楼就闻名绍兴了。到1911年，陈氏银楼的规模已经在会稽县40家首饰铺中位居前列。值得一提的是，民国年间，陈氏银楼就开始有针对性地刊登报纸商业广告，为其以后的发展打下了坚实的基础。1918年前后，陈氏银楼规模逐渐扩大，发展成为前店后场的形式，订单更是遍及江浙沪。

---

① 部分参考资料来源：《越王珠宝：老字号也要会"放风筝"》，天下浙商网，http://www.zjsr.com/news/6970.html

1935 年,陈增耀把陈氏银楼传给了儿子陈来法,陈来法把祖训挂在店中最醒目的位置,时刻提醒和鞭策自己,要更加注重产品质量和加工工艺。

1938 年,抗日战争爆发,1941 年 4 月,绍兴城沦陷。战乱中,绍兴的金店和银楼都纷纷倒闭了,陈来法苦心经营守住了家业。到了 1945 年,绍兴的银楼、金店还有十多家,陈氏银楼规模最大。1947 年,陈来法把打金工艺必需的"四件套"——榔头、锉刀、剪刀、吹筒交给了年仅九岁的儿子陈炎富,陈炎富就是陈氏银楼的第三代传人,同时他也是新中国成立后浙江省珠宝行业唯一的工艺美术大师。

1955 年,陈氏银楼并入了绍兴城区新光五金社,但陈炎富仍然继承和光大了陈氏工艺。1965 年,民间金银来料加工首饰业务得以恢复,陈氏银楼祖传手艺有了用武之地,陈来发成为新光五金社的主要工匠。1972 年,陈炎富受命以原新光五金社为基础,组建绍兴金属工艺厂,成为全国少数几家可以生产制造金银首饰的央行定点生产厂家之一。1982 年,中国开放黄金内销市场,绍兴金属工艺厂更名为绍兴金银饰品厂,陈炎富有了极大的施展技艺的舞台。

1991 年,陈炎富被授予"工艺美术大师"称号。同年,陈炎富设计和制造的纯手工"六和珍宝塔",作为国礼远赠泰国国王。

而这个时候,陈炎富的小儿子陈宝芳创办"越王珠宝"已有三年时间了。陈宝芳多年跟随父亲学艺,想要自己创一番事业,父亲送给他"越王"两个字作为商号,父亲认为"越王"是一种精神,卧薪尝胆,期待复兴,这不仅是对陈宝芳的激励,也是对整个行业的激励。1992 年,以"越王"为品牌的第一家门店在绍兴府横街开业。

陈宝芳来到了珠宝工艺发达的深圳,由于当时黄金还属于中国人民银行专控,因此他选择了做人造首饰,也因此成为了中国第一家做仿金首饰的珠宝企业。最红火的时候,全国 600 多家商场都有"越王"的身影。

20 世纪 90 年代初,我国珠宝行业打破国有局面之后,陈宝芳把主要业务转移到金银珠宝上。而此时,内地珠宝业以作坊式加工工厂为主,到香港考察的陈宝芳发现,香港珠宝业还是遵循着老祖宗设立的前店后场的模式,这种模式最大的优势在于客户信息反馈非常及时。前店后场模式不仅关注生产,也同时关注销售终端,当然此时这种实践在内地属于非常大胆的创新。

陈宝芳正式注册了"越王"商标,成为内地最早从事玉石珠宝生产和销售的企业之一。1996 年,越王珠宝开了第一家连锁店,成为内地第一家连锁模式的珠宝企业。越王还在业内率先完善了对顾客的服务标准、行业的服务标准,比如推出了"珠宝终身保值无限免费调换新款"服务,解决了消费者购买昂贵珠宝产品的后顾之忧,这一创举在业内引起了轰动,有多个品牌仿效。越王还加强了对上游钻石贸易环节的掌控，整合资源。

世纪之交，陈宝芳斥资4000万元收购了父亲所在的绍兴金银饰品厂，希望光大祖辈、父辈的事业。还在深圳建立了生产基地和设计中心，走上了原料控制、生产设计、终端销售为一体的发展道路。依托强大的生产和设计能力，加上直营连锁的方式(每一家连锁分店的所有权都属于同一主体)，越王的路越走越宽阔。2006年，越王珠宝获得中国名牌的称号，成为浙江省第一个获此殊荣的玉器品牌。

越王在2006年市场非常红火的时候，就有远见地停止了扩张，转而苦练内功，打造品牌。2008年，越王珠宝启用全新品牌标识，以"悦人·越己"作为品牌诉求，很好地契合了现代女性对美和对自身内心的追求，全新品牌形象邀请瞿颖代言。

"越王"企业文化的核心用四个字可以概括，那就是：真善美爱。四个字，既关乎产品又关乎人，多项公益事业更是丰富了"越王"的品牌文化内涵。

地址：浙江省绍兴市越城区解放北路378号

一百①

"一百"即"第一百货"，全称是浙江诸暨第一百货有限公司，创始于1950年，前身是国有商业诸暨第一百货商店，是专业从事商贸流通的服务企业。2007年企业改制之后，隶属富润控股集团有限公司。

第一百货始终坚持的经营方针是"质量兴店，诚信经营"，面对激烈的市场竞争，一百在巩固原有阵地的基础上，拓展思路，进行市场细分、发展定位和策略调整，探索出了一条适合自身发展特色的道路——第一百货定位于"品质生活，时尚享受"，走的是中高档时尚百货品牌经营道路，一百超市定位于"深入社区，便民连锁"，走的是规模化道路，百货经营和超市连锁双管齐下，构建起了遍布城乡各阶层的销售网络，为企业发展注入了活力和动力，有效增强了企业的实力。

一百是浙江省的重点商贸流通企业，是浙江省商贸服务业百强企业，绍兴市十强商贸流通企业，诸暨市十强三产规模企业。第一百货下设一百超市有限

---

① 部分参考资料来源：诸暨一百官方网站，http://www.zj100.cn

公司、一百仓储商场有限公司、一百购物中心有限公司、一百商贸有限公司、一百广告有限公司等,公司拥有专业经营店、多家连锁店、大型物流中心,400多家农村"放心店"等,直营店、加盟店、放心店三位一体的多元化连锁体系已经初步形成,占据了市区和重点乡镇很大部分的消费份额。

2008年12月27日,一百新大楼全新开业,大楼拥有35000平方米的经营面积,地下一层是星级市场,地上一至五层是现代百货和顶层停车场,第一百货由此实现了从传统百货向现代时尚百货的华丽升级,同时也奠定了其在诸暨商界举足轻重的地位。

第一百货连续六届被评为"浙江省消费者信得过单位",连续七届被评为"浙江省执行物价计量信得过单位",是"国家商务部'万村千乡市场工程'承办企业"、"浙江省千镇连锁超市龙头企业"、"绍兴市经营业绩突出商贸企业"、"绍兴市文明单位"和"诸暨市十佳商贸流通企业"。第一百货在全市商贸流通企业中首家申报并通过了ISO9001:2000质量管理体系认证。

对内,公司非常注重员工的培训,设立了专门的职工再教育培训工作小组,还开展了各种活动,如"亲情关怀"、"当月之星"评比、"季度劳动竞赛"、"员工技能比武"、"老员工传、帮、带"、"企业扶贫帮困机制——职工医疗扶助基金会"等,为员工创设了良好的工作环境和发展空间,奠定了公司稳定发展的基础。

对外,一百有很多为人称道的特色服务,比如"顾客意见、建议留言"、"商品缺货预约登记"、"购物较多或整箱商品送货上车"、"大宗物品送货上门"、"雨衣、雨伞即时租借"、"自行车、电瓶车免费充气"、"免费书报阅览"、"小灵通、手机充值卡售卖"、"免费钟表修理"、"免费黄铂金清洗抛光"等细致贴心的便民服务,深得百姓好评。

地址:浙江省绍兴诸暨市市区丰南路30号

嘉兴

　　"鱼米之乡,丝绸之府"嘉兴地理位置极其优越,东西南北四方分别是东海、天目湖、钱塘江和太湖,还有纵贯境内的大运河,可谓江河湖海兼具,和上海、杭州、苏州、湖州等城市的距离都不到100公里,特别以居于人间天堂苏杭之间而著称。

　　春秋的时候,嘉兴地跨吴越,曾有"吴头越尾"之称,因此被认为兼有吴"泰伯辞让"之遗风与越"夏禹勤俭"之余习。唐代的时候有"嘉禾一穰,江淮为之康;嘉禾一歉,江淮为之俭"的说法。宋元时,嘉兴经济较发达,被称为"百工技艺与苏杭等","生齿蕃而货财阜,为浙西最"。明弘治《嘉兴府志》记载:"嘉兴为浙西大府","江东一都会也"。

<h1>食品加工</h1>

五 芳 斋[①]

　　嘉兴是世界上稻米的发祥地之一,马家浜文化(中国长江下游地区的新石器时代文化,因浙江嘉兴马家浜遗址而得名)的罗家角遗址考古中就曾挖掘出大量的籼稻和粳稻遗粒,这是世界上迄今发现的最早的栽培水稻。由此可见,早在7000多年前,稻米的种植在嘉兴一带就已经具有相当规模了。两汉至三国时期嘉兴就已经成为生产粮食的"嘉禾之区",明清时期更有"鱼米之乡"、"天下粮仓"的美誉。唐朝李翰《嘉兴屯田纪绩记并序》一文中记载:"浙西有三屯,嘉禾为大……且扬州在九州岛之地最广,全吴在扬州之域最大,嘉禾在全吴之壤最腴。故嘉禾一穰,江淮为之康;嘉禾一歉,江淮为之俭。"

　　盛产稻米加之商业发达,"嘉湖细点"在明代就已经驰名中华大地了,其中声誉最高的当属粽子。据说隋炀帝杨广生性好玩,早就仰慕江南的美景和美食,不惜财力人力修筑大运河,龙船到扬州就吩咐大臣呈上最好吃的江南美食,其中就有嘉兴的粽子。杨广吃了之后赞不绝口,即刻下旨以后每年把杭嘉湖的点心作为进贡之物,送到洛阳,并且还把一大批当时有名的点心师都带到洛阳,让他们开店经营。从此以后,江南美食闻名全国。之后的朝代,很多皇帝都把粽子纳入浙江的贡品中。到了明朝中叶,点心师把原料和技巧都进行了改进和创新,逐步形成了具有精致细巧风格的"嘉湖细点"。传说清朝乾隆皇帝六次驾临嘉兴,每次都要钦点嘉兴粽子作为膳食。据清代《嘉兴府志》记载,到19世纪中叶,嘉兴府所产的可用于裹粽的糯米品种就有30多个,为粽子的发展提供了充足而又优质的原料。

---

　　① 主要参考资料及图片来源:五芳斋集团网站,http://www.wufangzhai.com/

浙江老字号

现在的嘉兴点心王非粽子莫属,而嘉兴粽子的代表首推五芳斋。

"五芳斋"起源地是苏州,时间是在清咸丰年间,创始人是吴县陆墓采莲沈姓人。他在齐门外开了一家甜食店,用苏州人喜爱的玫瑰、桂花、莲心、薄荷、芝麻等作为原料,制作桂花圆子、赤豆糖粥焐酥豆、莲心羹、冰雪酥、玫瑰糕等甜点。沈氏有五个女儿,分别名为玫芳、桂芳、莲芳、荷芳和芝芳,这正好和店里经常使用的原料文字上相通,街坊们戏称店铺为"五芳斋",沈氏干脆把"五芳斋"作为正式字号。这是关于五芳斋字号来源的民间色彩和情感味道比较浓厚的一种说法。还有另外一种说法,"五芳"是粽子的原材料。清乾隆年间《古禾杂谈》中有这样的记载:嘉兴粽子,昔日有白水粽、红枣粽、赤豆粽、豆板粽和碱水粽,俗称"五芳"。

苏州的五芳斋生意非常红火,后来在上海、北京等地相继开设五芳斋,都很受欢迎。民国时期,江浙沪一带出现了许多五芳斋字号的店铺。

嘉兴五芳斋的创始年份是 1921 年,创始人是浙江兰溪人张锦泉。民国初年,以弹棉花为生的张锦泉在春夏生意淡季的时候,就在嘉兴北大街孩儿桥堍设摊卖粽子。他的粽子沿用兰溪一带四角交叉立体长方枕头形,选料和制作也非常讲究,十分受欢迎。民国 10 年(1921 年),张锦泉召集兰溪老乡,在嘉兴当时最热闹张家弄口 6 号开起一家粽子店。由于五芳斋名号很响,于是就把店名取为五芳斋(荣记五芳斋),还悬挂了"雄鸡"锦旗作为标志,经营火腿鸡肉粽、重油夹沙粽等粽子。

创始人:张锦泉

五芳斋店内老照片

过了些年,嘉兴人冯昌年和朱庆堂分别在张家弄开设了"合记"和"庆记"两家五芳斋,三家五芳斋呈品字形分布,成为嘉兴当时一道独特的风景。为了赢得更多顾客,三家各显神通,在选料、包裹技艺、烧煮方式等方面精益求精。比如馅料,原来肉粽包一精一肥两块肉,现增加到两精一肥三块,由于三角粽、枕头粽容不下这么多馅料,粽子的形状逐渐演变为四角粽,这就是嘉兴五芳斋粽子独特外形的由来。激烈的竞争让嘉兴粽子选料、口味、质量都越来越趋于完善,形成了"糯而不糊,肥而不腻,香糯可口,咸甜适中"的鲜明特色,嘉兴张家弄"五芳斋"驰誉江南。

张锦泉要求自己和员工都做到诚信待客、精益求精、持之以恒、学无止境,还专门请人题写了"诚、精、恒、学"四字,这也成为五芳斋的祖训。

抗日战争、解放战争等多年的战乱,让三家五芳斋受到很大的影响,到解放初期的时候,这几家店铺只是勉强维持。

1956年,社会主义改造中,荣记、庆记、合记等几家粽子店合并,成为"公私合营五芳斋粽子店"。之后张家弄改造,五芳斋粽子店成为综合性饮食店。1958年,勤俭路扩建,五芳斋迁往建国路271号。

三年自然灾害时期,五芳斋几乎到了停业边缘,为了渡过难关,五芳斋在嘉兴火车站开辟了粽子工场,现做现卖,吸引南来北往的旅客。此举一出,果然收到奇效,不但粽子销量大增,而且起到了良好的宣传效果。五芳斋粽子的名气也随之传遍了大江南北。

"文革"时期,五芳斋被改名为"人民饮食店",幸而牌号仍然保留。到1978年,五芳斋店名才重新恢复。

1985年,国家为了扶植传统名牌产品,发展老字号特色名店,出资对五芳斋粽子店进行了有史以来第一次较大规模的翻新改造,并请著名书法家任政题写了"五芳斋"、"粽子大王"两块牌匾,同时对陈旧的生产设备进行了改造。粽子品种增多,质量和口感也逐渐稳定。1988年,五芳斋粽子荣获首届中国食品博览会金奖,标志着五芳斋已经成为同行业之翘楚。在产量节节上升的同时,五芳斋粽子也开始大步走出嘉兴,相继在外地开设分店或经销店,五芳斋品牌的知名度与日俱增。

1992年,组建了嘉兴五芳斋粽子公司;1993年10月,五芳斋被国内贸易部命名为"中华老字号"。1994年,公司易地建造了五芳斋粽子厂,成为全国首家粽子专业生产厂。自此,五芳斋摆脱了前店后坊的传统经营模式,走上规模化工厂化发展之路,成为粽子行业的领头羊。1994年,继五芳斋在上海外滩成功开设了专卖店以后,周边很多城市成立了五芳斋销售分公司。1998年,五芳斋实业股份有限公司成立,标志着传统的国有老企业转换机制,构筑起现代企业制度的框架。2004年,浙江五芳斋集团成立,企业由单一食品经营发展到以食品、农副产品加工与销售为核心,兼具科研、生产、销售、服务等综合功能的民营企业集团,为五芳斋的发展打造了全新的集团化的平台。2005年,五芳斋产业园竣工投产。2008年,浙江五芳斋集团更名为五芳斋集团,标志着五芳斋走出区域,面向全国发展。五芳斋全国市场战略布局的第一步就是2008年3月投产的成都五芳斋产业园,这是西南市场生产、销售和配送的基地。2009年9月,五芳斋华南食品产业基地落户广东东莞道滘镇,这一基地的生产和销售不仅覆盖华南,还辐射港澳台地区。

如今,五芳斋粽子集合南北口味之大成,已经发展到近百种。江浙一带的粽子口味、形状已经被五芳斋同质化。另外,公司还利用自己的品牌优势开发了中式点心、卤味等100多个品种,也深受欢迎。

走过近百年风雨的"五芳斋"造就了中国饮食界的一个传奇,粽子原本是一种时节性与地域性都很强的传统小吃,现在突破了时节的局限走向了全世界。嘉兴成为公认的"粽子之乡",嘉兴粽子的领军品牌五芳斋更是无愧于"天下第一粽"的称号。五芳斋集团又成功地打入2010上海世博会,代表浙江名点入驻世博会园区,成为全世界瞩目的美食。

精选原料,绝活造就

在主要原料糯米的选取上,五芳斋最初选择的是本地糯米,后来随着生产规模的日益扩大,加上对品质的要求也不断提升,五芳斋开始在全国选择稻米基地,尝试了订单农业的方式。五芳斋先后在苏北、安徽等地都建立过糯米基地。五芳斋还选择了历史上出产贡米的黑龙江五常市,在东北五常、宝清、方正、延寿建立了四个基地,还获得了有机产品认证。五常稻米不仅色泽极好,口感也绝佳,以其作为原料生产的粽子自然就是上品了。

五芳斋的肉粽也是非常有名,这和一丝不苟地选择猪肉密不可分。五芳斋选择的瘦肉一定是肉质鲜嫩的猪后腿精肉,肥肉则选用加热之后容易融化的脊膘,这样肉粽才鲜香可口。

五芳斋的产品广受欢迎除了粽子原料、祖传秘方外,其使用的优质野生箬叶也起到了很大作用。五芳斋对包粽子的箬叶选择的严格绝对不亚于糯米,箬叶必须是当年生并且在夏至后到立秋前采摘的"伏箬",鲜叶的长宽和含水量都有严格的规定。公司派专业人员在多个省份进行考察和选择,最后把江西靖安作为箬叶基地。

五芳斋在粽子工艺上吸收了嘉兴几千年的优秀传统和省内外的一些地方特色,形成了一整套的独特工艺和绝活。洗米速度要快,拌肉技术要高,裹粽技巧更称一绝。其制作工艺经过几十年的探索和努力也已经日益成熟,特别是裹粽技巧和速度堪称世界之最。五芳斋裹粽师曾以每分钟包六只粽子,每只重量100%的准确率荣获上海裹粽擂台赛冠军,还荣获了中国电视吉尼斯裹粽最快速度的纪录;重达一吨的五芳斋千禧粽又创造了上海大世界吉尼斯世界纪录,被媒体广为传播。五芳斋粽子以"裹粽最快速度"和"天下第一粽"在人们心目中留下了深刻印记。至于调料配方，只有少数几个负责调料的老师傅知道，这份祖传秘方也就成了五芳斋粽子经典口味不变的核心所在。

有了精选的原料和绝活的保证，五芳斋"江南粽子大王"的称号，确是实至名归了。

粽子文化

"日出百万，名震天下"描述的就是粽子之乡，小小的粽子孕育了大大的产业。粽子在发展的过程中，还形成了独特的粽子文化，2000多年前投入汨罗江的粽子，陆游笔下的"盘中共解青菰粽，衰甚将簪艾一枝"，邓丽君的《烧肉粽》……无不体现着粽子文化的丰富多彩。

五芳斋粽子文化的传递除了在产品、技艺等内在因素上下工夫，还自觉担当起了传播和弘扬中华几千年饮食文明的重任。

别具民族文化特色的五芳斋裹粽技艺表演队在很多大城市进行了多场"绝技绝活"表演，既展示了粽子文化的迷人魅力，同时也树立了五芳斋的时代形象。

1996年，上海大世界基尼斯总部诞生了一项新的吉尼斯世界纪录：五芳斋的传人创下每分钟包裹六只粽子、份量准确率100%的纪录。

1997年，嘉兴南湖民俗文化节上，举办了裹粽子状元赛，状元、榜眼、探花三顶桂冠都稳稳地落到了五芳斋人的头上。

1998年农历端午节前，上海老城隍庙举办裹粽子擂台赛，六家知名粽子企业参赛，五芳斋夺得团体第一名。

1999年端午期间，五芳斋裹粽状元和探花应邀赴新加坡进行绝活表演。炉火纯青的裹粽绝技让人惊叹，而通过媒体的报道，更多人领略到了"天下第一粽"的风采。

五芳斋为了迎接新千年，同时庆祝澳门回归，在1999年11月28日特制了重达一吨、可以同时供2000多人食用的"千禧粽"，被上海大世界基尼斯总部授予"最大的粽子"证书。

2001年5月，五芳斋举行了挑战吉尼斯裹粽子速度赛，魏丽华以20分钟裹134只的成绩，获得中国电视吉尼斯裹粽子速度赛冠军。

2005年5月，浙江五芳斋集团独家承办了首届中国粽子文化节，无论是"盛世江南百粽宴"，吉尼斯"五芳斋大粽子"，还是五芳斋的表演，都吸引了无数的目光。五芳斋杯现代民间绘画比赛作品展、粽子文化研讨会、中国粽子精品博览会暨现场技艺表演、欢乐家庭裹粽大赛等一系列的活动让更多人近距离感受到了粽子的文化气息。

第二届中国粽子文化节在端午吃粽子习俗的发祥地——湖南省汨罗市举办的时候,五芳斋集团又出资在汨罗江畔捐建了"骚坛",还特制了一只高五米的巨型粽子,矗立在"骚坛"旁,陪伴忠烈之魂万世飘香。

第五届中国粽子文化节的开幕式选择了首都北京最繁华的王府井商圈,吸引了全世界的目光。

五芳斋产业园推出了工业旅游新项目,向社会各界充分展示传统食品与现代工业相结合的独特魅力。产业园内开辟了一条粽文化长廊,沿着长长的通道,可以完整地参观五芳斋粽子生产的全过程,让参观者对五芳斋传统手工工艺与现代科技相结合的生产过程留下深刻的印象。长廊墙壁上还挂着许多与五芳斋历史、文化相关的照片、书画等宣传资料,一路走来,五芳斋的企业文化在不知不觉中深入人心。

为了完整再现民族粽子文化的光辉成就,物化五芳斋的精神和理念,五芳斋正在筹划建造中国粽子文化博物馆。

挖掘产品的文化内涵,是五芳斋和嘉兴粽子产业能发展到如今规模的关键,通过一系列极富文化意义的活动,五芳斋和嘉兴粽子在经济效益和社会影响力上实现了双赢。

河坊街附近的五芳斋　戎 彦 摄

地址:浙江省嘉兴市中山路2号

　　浙江著名的乌镇是中国十大历史文化名镇之一,建镇历史非常悠久,迄今已经有 1300 多年的历史了。

　　几百年前《乌程县志》上有如下记载:"乌镇著名骨亦有味桐乡县志云酱鸡名许鸡,出青镇以其姓得其名也,今著名者为三珍斋许姓已无。"由此可以看出,那个时候三珍斋的酱鸡就已经非常有名了。老字号三珍斋成店在清道光年间,其"浙江老字号"申报创立年份为 1848 年。

　　乌镇的饮食文化一直比较有特色,三珍斋秉承乌镇千年饮食文化的积淀,采众家之长,加上自己的探索,形成了独特的工艺和配方,在发展过程中,更是留下了充满神奇色彩的老汤传说。

　　据说,三珍斋食物的鲜美都要归功于老汤,所以民间流传着这样的说法:三珍斋老板的几个儿子在分家的时候不理会万贯家产,而独去争夺那一锅老汤。传说虽然没有办法去考证了,但是三珍斋的酱卤制品味道鲜美独特,是公认的。三珍斋酱卤制品在当地和周边都堪称第一品牌,同时也是当地的著名特产。

　　到了 20 世纪二三十年代,三珍斋几次更换了主人,进入到发展的鼎盛时期。三珍斋有酱鸡、酱鸭、叫花鸡、烧鸡、八宝鸭、腊鸭、盐水鸡、盐水鸭、醉鸡等十多个品种,无愧于自己的牌号,被认为是食品中的珍品。三珍斋选择在当时亚洲最大的都市上海的大陆商场(今汉口路)设立专柜,借助便利的水路交通,每天傍晚由客轮把当天生产的食品运送到上海,第二天一早就上柜供应,产品非常受青睐,声誉极高。

　　茅盾寓居上海的时候,就经常购买每天由轮船运送的新鲜三珍斋食品,除了自己食用外,还馈赠亲朋好友。茅盾的表叔——银行家卢鉴泉每次回北京,必带三珍斋产品。乌镇寓居在上海的徐冠南、卢学博等家族也把三珍斋产品作为居家佳肴和送礼常品。

　　三珍斋的食品具有"盛夏不馊、严寒不冻"的特点,酱卤制品色泽诱人,酥鲜不腻,包装是以竹篮和荷叶包裹,古朴别致,深受国内外顾客赞誉,被誉为"家中三珍"。

　　抗日战争爆发之后,经济萧条,三珍斋也陷入了困境。解放以后,三珍斋进

---

① 主要参考资料来源:《香飘百年"三珍斋"》,嘉兴日报电子版,2008 - 8 - 21,http://jxrb.cnjxol.com/html/2008—08/21/content_163269.htm

行了公私合营,由于多种原因,已经没有了当年的盛况,逐渐被尘封。到了 20 世纪 90 年代的时候,三珍斋只是乌镇食品有限公司下面的一个门市部了,在老街租了三间门面,五位老师傅每天烧制二三十只酱鸡出售。

中国经济进入新时期的 20 世纪 90 年代,时任乌镇食品有限公司副经理的徐春桥敏锐地感觉到三珍斋招牌中蕴含的无限财富和生机,于是他接过两万元流动资金,带着 13 位年老体弱的职工,再立三珍斋招牌。精湛的技艺,三珍斋老品牌的宣传,再加上上下同心的努力,第一年就赢利数十万元,老品牌迅速显现出顽强的生命力。

创业开门红,徐春桥并没有太兴奋,他知道,仅靠七八口锅、十几个人是很难把事业做大的,资金是最大的绊脚石。得到了哥哥的资助和低息贷款之后,三珍斋得以进一步发展。1992 年,嘉兴三珍斋食品有限公司正式挂牌,这也是乌镇第一家中外合资企业,徐春桥任公司董事长兼总经理。1993 年,原国内贸易部授予三珍斋"中华老字号"荣誉称号。

当时卤味销售还非常少,三珍斋把销售区域选择在杭州,联系了几家商场。由于家禽体形和老嫩的差异,因此火候和时间的掌握非常重要,这就离不开三珍斋独特的烧制方法和师傅多年积累的经验了。28 名员工铆足了劲,每一个细节都精益求精。徐春桥全程参与其中。烧制好的酱鸡晚上十二点装船,第二天早晨六点左右到达杭州,而那里等候购买酱鸡的人已经排成了长龙,销售情况好得让人吃惊。

半年之后,三珍斋开始在本地发展,在崇福开了一个门市部,生意极好,早上四点开始就有人排队,只为能抢到每天限量供应的百余只酱鸡。

之后,时隔半个多世纪,三珍斋又一次进入上海市场,仅两年时间就陆续在人流量大的地带开设出 16 家专卖店。总部还专门派去了有经验的老师傅,在上海现烧制现卖,除了改良口味,还增加了如酱鸭、酱牛肉、叉烧、猪头肉等新品种。再次进入上海的三珍斋又一次取得了不错的销售业绩。

散装卤制食品非常容易受到气候的影响,因此销售区域一般就只能在周边,这对三珍斋的发展形成了极大的制约。三珍斋先后尝试了马口铁罐、复合铝箔塑料袋等形式,效果均不理想。1995 年,三珍斋在嘉兴首家采用了软罐头食品真空包装形式,取得了极佳的市场反应,知名度得以迅速提升,为其扩大发展奠定了基础。

进入新世纪以后,卤制品竞争日趋激烈,而国内外连锁零售业巨鳄大卖场的业态和理念也首先进入上海,三珍斋的销售模式受到严重冲击,几十家专营店销量直线下降。徐春桥决定让三珍斋采用新的销售模式,这一二次创业的举措让三珍斋销量当年就翻了一番。

2005年,上海规定停止销售散装熟食,很多超市三珍斋熟食撤柜,三珍斋的一些违规行为还被媒体曝光,这让三珍斋又一次陷入困境,业绩一落千丈。三珍斋迅速进行了包装补救和品牌维护,销售总算有了起色。

　　2006年,上海对外面进入的食品设置的门槛越来越高,三珍斋上海经销商李飒正好接触到淘宝网,于是为三珍斋的销售开辟了全新的渠道。2006年7月,他先以个人名义在淘宝网开设了店铺,但半年内没有卖出一件产品。李飒多方寻找原因,她把网店上的照片全部改成没有包装的产品实物照片,还在论坛上发表帖子,进行促销,网店生意逐渐好起来。2007年年初的时候,网店信誉已经累积到一个钻。之后三珍斋接手了网店,变成了淘宝官方网店。2007年5月,淘宝网推出中华绝铺活动,活动汇集了多家老字号和各地特产,迅速火爆淘宝。正逢端午节,三珍斋的拳头产品八宝鸭走红的同时,粽子也热销起来。2008年端午节的时候,三珍斋的粽子在淘宝上卖断货。

　　许多年轻的消费者通过淘宝网认识和接触到"中华老字号",让老店有了新的顾客群。网店在扩大消费群体的同时,也改变了产品的消费方式。原来卤制品的购买者主要是中老年人,是作为菜肴购买的,而网店购买者主要是年轻人,以白领为主,这些卤制品他们都是作为地方特产小吃和零食而购买的,这也提高了三珍斋食品的消费频率。

　　网店的好处还不局限于此,通过网店,直接接触消费者,还可以获得宝贵的一手数据。同时,三珍斋还把网店作为自己新产品的试验田。2007年,三珍斋在网上试销了肉排宝和雪菜肉丝等新产品,效果非常好。"中华老字号"食品品牌中,三珍斋是较早开始网上零售的。网上销售给老店带来的好处是多方面的,而且网店也成为宣传展示的窗口,对于实体店的销售也非常有帮助。淘宝网评选出的"2008年企业零售(B2C)十大网商"中,三珍斋就名列其中。

　　现在三珍斋在国内的20多个省、市、自治区设有数百个销售网点,产品在很多大中城市的多家大卖场和连锁超市都有销售,部分产品出口美国、韩国、日本和中东等地,在消费者中形成了良好的口碑和品牌影响力。三珍斋产品也发展为六大系列近百个品种,除了传统的酱卤禽类制品外,还有肉类制品罐头、粮食制品、腌腊制品、休闲制品、再制蛋制品、果蔬罐头制品等。

　　2006年中国品牌研究院公布了"首届'中华老字号'品牌价值百强榜",桐乡三珍斋以1.22亿元的品牌价值荣登百强榜,排名第64位。现在公司正努力朝着科、工、农、贸一体化的目标前进,力争把三珍斋建成从事农产品深加工的知名现代化食品企业集团。

地址:浙江省桐乡市乌镇镇环城东路工业园区

西塘品牌所有者是浙江嘉善黄酒股份有限公司,其前身是魏塘、西塘、天凝、杨庙等多家酒坊组成的嘉善酒厂,创建于 1952 年 9 月。而嘉善酒厂的创始则可以追溯到近 400 年之前的明万历四十六年(1618 年)。据《西塘镇志》大事记记载:"明万历四十六年(1618 年)陆美煌槽坊所酿'梅花三白(黄酒)'享盛名,有'陆酒'之誉。"陆美煌槽坊之后,西塘如雨后春笋般出现了很多酒坊。

西塘陆美煌槽坊酿造的"梅花三白"黄酒很快就享誉大江南北,很多文人雅士和喜欢酒的人专程来到西塘品尝当地美酒。到其孙陆景陶时,陆家槽坊已经遍及西塘镇的东南西北。清代的酿酒专家陆炳琦是创始人的七世孙,他曾作诗赞美西塘黄酒:"酒家两字我承当,遗法群师陆美煌。墓侧一潭秋水碧,子孙嗜酒尽高阳。"诗有注曰:"吾镇三白酒,创于我七世美煌公,至我五世祖景陶公而业大盛,生六子,酒坊遍镇之东南西北。为字于坪墓左,有水潭,形有云酒也。故子孙至今多有酒癖云。"

要说西塘黄酒,首先要说的就是西塘。西塘是浙北水乡的千年古镇,早在春秋战国时代,就是吴越两国相争的交界地,故也有"吴根越角"之称。西塘镇上有保存完好的明清建筑群落,廊棚和古弄并称"双绝"。而西塘的特产就要首推黄酒了。

西塘素以产黄酒著称,至少已经有千余年的历史。据考证,春秋战国时期米酒酿制与现在的"杜做酒"如出一辙,都没有"上酱色"这道工序。这里的黄酒最初称为"三白酒",所谓"三白"即:一酿酒的糯米白,二酒不加色自然白,三装酒用的坛子白。酒坛外面涂白色,也是西塘酒的独特标记。

有关黄酒的传说不少,嘉善也流传着一个有关黄酒的故事。相传春秋战国时期,伍子胥曾经驻扎在嘉善一带,建立防线,准备和越国交战,由于嘉善黄酒非常有名,将士们每次出征之前或凯旋之后,都豪饮美酒,天长日久,营外丢弃的酒瓶堆积如山,遂形成瓶山胜景,后被列为"魏塘八景之一"。20 世纪 70 年代,嘉善市河疏浚工程中,水利部门在瓶山遗址附近发现了大批盛酒的陶罐,据考证,确实属于春秋战国时期。

解放前夕,嘉善境内无论大小酒坊都难以为继,嘉兴有关部门选址汾湖下

---

① 部分参考资料来源于西塘官方网站,http://www.xitang1618.com/

游的西塘,在原来杨庙源利、天凝王源顺和西塘的鼎懋新、王公正、李益源等多家百年酒坊的基础上筹建酒厂。1952年,成立了西塘建新土烧酒加工场,在嘉兴率先恢复了酿酒业。1956年,嘉善县酿酒行业合并,组成公私合营嘉善县西塘酒厂。1967年改称地方国营嘉善县酒厂。1972年更名为嘉善县酒厂。

20世纪50年代的时候,酒厂的厂房和设备都十分简陋,酿酒用的是担桶、木勺、畚箕和箩筐等,蒸料和蒸酒用拉风箱、土灶烧,榨酒用杠棒加石块压,整个生产过程全靠肩挑杠抬完成。这个时候更没有什么质量检验设备了,质检完全凭借老师傅们尝味道和看泡沫的经验来评定。

60年代,中国民间文艺家协会会员、研究员金天麟曾参观过嘉善酒厂车间,在他的《酒缘》中曾对嘉善酒厂有过如下描述:

走进车间,就像走进一个简易栅,四周无遮无拦,最显眼的是一只巨大的蒸笼灶,大得至少五六个人才能抱拢。蒸笼灶连地而砌。另外有一排排盛有酿酒原料的"七石缸",就像古书上画的酒坊。……这活儿全是用体力,虽说已近寒冬,但都热得汗流浃背赤着膊,腰间围着一块麻叉袋布,就像电影《红高粱》里看到的模样。

1999年6月19日,企业进行改制,浙江嘉善黄酒股份有限公司宣告成立,从此走上了更加规范化的现代企业运作之路。2005年,公司第二次深化改革,国有股份退出,引进民营资本和先进的经营机制和管理理念,公司真正融入到市场经济的大环境中,实现了新的飞跃。

嘉善黄酒醇香浓郁,色泽晶莹,口感好,与其原料和地理环境有着很大的关系。2005年,嘉善酒厂的前身之一、始建于清道光二十八年(1846年)李益源酒坊的传人李见为老人在向浙江嘉善黄酒股份有限公司赠送西塘"李益源"百年纪念酒瓶仪式上,对嘉善黄酒的成功就总结出了"三个好",即:水好、米好、地理环境好。

从大往圩遗址发掘的稻谷和两面刃石犁可以看出,嘉善先人早在5000多年前就开始了稻作生产,这里土地和气候适宜,人们世代以种植水稻为主业,在历史上被称为"浙北粮仓"。据史料记载,自隋唐,这里就是全国有名的"贡米"产地。解放前,"西塘薄稻"就已经享誉上海,当时全国发行量最大的《申报》定期刊发嘉善"西塘薄稻"的行情。新中国成立后,这里更是全国重点商品粮产区之一。嘉善还曾是全国粮食贡献最大的百家县市之一。历朝历代谷物酿酒,都是以农业的发展为前提的,嘉善黄酒每年大约要消耗两万多吨大米。嘉善黄酒生产所选用的大米原料,不仅口感好,而且营养丰富,这是嘉善黄酒优良品质的基本保证。

嘉善黄酒另一个得天独厚的资源就是汾湖。汾湖也叫做"分湖",原来是古代吴越两国的分界线,湖畔有一个著名景点"胥滩古渡",相传就是伍子胥渡湖作战的地方。据说,汾湖底下有多口泉眼,且泉水常年涌出。

　　嘉善一带比较考究的酒作坊,一贯都选取地下水,也就是泉水酿酒,据李益源酒坊的传人李见伟老人的描述:"当时,李益源酒坊坐落在镇上的许家浜东侧,该坊酿酒取水就在浜里头。此浜长度虽只有百米左右,但浜中水质非常清澈,偶尔有人将漂浮物投入浜里,也会自然流向浜口,入于港河。据说该浜底有泉眼,地下水源源涌出,因而在此处取水制酒,几近矿泉之水。"

　　而据嘉善酒厂保存的资料记载,从 20 世纪 70 年代开始,嘉善黄酒的酿制已全部采用深井汲取的地下优质矿泉水。西塘水质清澈、纯净,地下水资源十分丰富,是酿酒业难得的风水宝地。

　　嘉善的好米、好水、好环境成就了嘉善黄酒,尤其值得一提的是,"汾湖"善酿酒不仅水、曲、米俱佳,而且酿制工艺还别具特色。记者张也平在 1995 年 1月 5 日的《解放日报》上发表的通讯《"汾湖"冬酿》中,对"汾湖"善酿酒作了如下记录:在传统的酿酒车间里,那刚刚淘洗出来的精白大米输进蒸饭机,蒸出来的米饭又香又糯,加上酒药和麦曲,发酵到一定时间,再加上米饭和麦曲继续发酵,并兑入陈酒贮存,存放时间越长,酒味就越醇香浓郁。冬酿时节,每天投料六万千克大米,产酒 100 多吨,仍然供不应求。

　　善酿的背后还有很多人和事为人津津乐道。关于"汾湖善酿"最早的文字记载是在唐代天宝年间,李白写了一首《哭善酿纪叟》的诗,"纪叟黄泉里,还应酿老春。夜台无晓日,沽酒与何人?",以纪念一位在民间酿酒的朋友。当时,在汾湖东南的胥塘集市,有位酿酒师傅的酒色泽呈乳白色,他专用集市东北的"胥塘泉"之水,工序还比别人多,所酿制的酒尤其出众。据说,当时胥塘泉与武水(现魏塘镇)的幽澜泉、丁栅的东泉(即东泉荡)为嘉善一带最有名气的"三泉"。每到冬季酿酒时节,这里方圆几里酒香弥漫,被人称为"香煞人"。但是,酿酒师傅粗通文墨,总觉这个名字不够雅致。一日,他抄得李白《哭善酿纪叟》后,觉得"善酿"两个字非常合心意,既道出了酒的用水和酿造的精心,又包含了嘉善酿制,便给自己的酒取名"善酿酒",又称为"太白酒"。

　　为了突出地方特色,继承传统工艺的基础上提升品牌形象,公司推出了"西塘老酒"等系列高档产品,将嘉善黄酒与西塘古镇更密不可分地联系在了一起。而担纲营销策划任务的凯纳策划更是把两者紧密融合。凯纳策划深入挖掘经典老酒的情景文化,基于西塘老酒的独特优势"流淌了近 400 年的西塘老酒",提炼出了"千年古镇,百年陈酿"的品牌核心口号,包装和各类广告都以古镇、石桥、小河为主要视觉意象,还提出了"烟雨西塘,老酒情长"的广告语。在捆绑古镇文化的基础上,还借助很多公关活动,如中国旅游小姐决赛、"唱响 2008,走进西塘"大型晚会、"2006 浙江丁栅·嘉善田歌节"等,西塘老酒实现了低成本营销。

嘉善黄酒秉承了会稽黄酒卓越的品质,糅合了姑苏(今苏州)、云间(今松江)和嘉禾一带黄酒酿造工艺的精华,形成了自己的独特性,"雕王"和"梅花三白酒"则是"嘉善黄酒"品系中最为传统的"土著"。而今,吴根越角的嘉善黄酒与山阴的绍兴黄酒成了中国黄酒的并蒂之花。

"漫漫村塘水没沙,清明初过已无花。春寒欲雨归心急,懒驻扁舟问酒家。"明代高启的《舟过斜塘》如是说。当时诗人归心如箭,但过斜塘(即西塘)时抵挡不了梅花三白酒的诱惑,想要找酒家一醉方休。从李白的"善酿酒"、高启的诗到斜塘竹枝词和《平川棹歌》,一直到柳亚子、陈巢南、余十眉等人在西塘的诗作,无不沾浸着西塘老酒的醇味。

与西塘和黄酒都有关联的还有坐落在嘉善县西塘镇万安桥与卧龙桥之间椿竹街中段的西塘黄酒陈列馆,这是由一组水乡传统民居改建而成的陈列馆,临河而设,前店后坊式。店面中是嘉善黄酒产品陈列室,展示了当地数十种黄酒系列产品。入内则是传统意义上的槽坊,墙上有一幅"酿酒工艺流程图",展示了传统黄酒生产的过程。传统工艺陈列中,有地灶、盘肠、木榨、风车、量具、石臼、米撬、竹笭、水桶、漏斗、弯子、扁担、酒坛等酿酒实物,加上一只只酿酒发酵用的大缸,真实再现了传统黄酒的生产过程。有关部门还设想恢复生产场景,到时可以见到做酒人在挑火、蒸煮、装缸、封存,真实再现传统生产过程,游客有兴趣还可以一试身手。继续入内是"西塘黄酒史"展,分前言、酒史渊源、槽坊繁荣、公私合营、地方国营、改革春风、继往开来、三次飞跃、五大成果、结束语等十个部分,展示了完整西塘黄酒的发展历程。隔一小天井还有小酒馆,可以让游客品尝到正宗的西塘黄酒。

地址:浙江省嘉兴市嘉善县西塘镇环镇北路 88 号

龙 牌[1]

平湖糟蛋号称"天下第一蛋",生产这一著名特产的平湖市龙牌糟蛋食品有限公司老字号申报的创建年份为 1956 年。

---

[1] 主要参考资料来源:龙牌平湖糟蛋官方网站,http://www.phzd.com/index.html

浙江老字号

平湖糟蛋是挑选新鲜大个鸭蛋,经过优质糯米酒酿糟渍而成,最为独特的地方在于,蛋壳全部脱落或大部分脱落,由壳内薄膜(俗称"蛋衣")包裹,所以又被称为"软壳糟蛋"。软壳的平湖糟蛋蛋白呈乳白色软嫩的胶冻状,蛋黄则是橘红色半凝固状,鲜美甜嫩,有浓郁的酒香,沙香可口,回味悠长,经常让品尝的人赞不绝口。

关于糟蛋起源,有两个传说:

其一:清雍正年间,平湖西门外有一个酒坊老板名叫徐源源,他家的鸭子误把蛋下到一堆糯米里,这一年黄梅时节发大水,把徐老板家的糯米和鸭蛋全淹了,徐老板随手把糯米和鸭蛋放入酒瓮中,过了一段时间才想起来,这时候糯米已经发酵,蛋壳也发软了,尝尝淡而无味,索性再加些酒和盐,用牛皮纸醮猪血密封,几个月后,经过充分发酵的蛋壳脱落,透明的蛋白和橘红色蛋黄凝为一体,香味诱人。

其二:相传清雍正某年清明,徐源源家准备鱼肉去上坟祭祖,有个叫枣倌的年幼学徒,乘机藏了几只鸭蛋,想等老板全家走之后把鸭蛋煮熟吃。谁知老板临上船时改变主意,命枣倌同去祭祖。枣倌怕口袋里的鸭蛋压破露出马脚,慌忙将鸭蛋按入一缸酒糟深处。扫墓回来以后,枣倌把这几枚鸭蛋忘记了。到了中秋,徐老板用酒糟的时候,发现了埋在里面的鸭蛋,已经变得似蛋非蛋,却是香气四溢,见者无不称奇。据说,糟蛋为徐家带来财源的同时,枣倌不但成为了徐家的东床快婿,后来还成了酒坊的掌门人。

平湖糟蛋究竟创始于何时,由何人创始,都没有确切的文字资料佐证。清嘉庆六年(1801年)司能任在《嘉兴县志》中有糟鹅蛋的记载,"糟鹅蛋:'鲍轸糟鹅蛋诗:阳羡笼中化,香糟温酿成,渔于鱼乍压,俊比蟹微生,混沌含真味,胚胎含盛名,不图重下著,但食倍关情。'"制作方法和现在的平湖糟蛋相似,这说明糟蛋的历史至少有200多年了。

根据1991年的《平湖县志》:"为著名传统特产。据传是徐源源糟坊创制,至今已有250多年历史。清乾隆年间被列为贡品,获'乾隆京牌'一道。曾在英国伦敦博览会、南京品物会、巴拿马国际博览会上展示,获巴拿马国际博览会奖牌。"

清道光年间,平湖文人何之鼎著有一首"买糟蛋"诗流传至今:买醉城西结伴行,源源佳酿远驰名。剖来糟蛋好颜色,携到京华美味评。

民国15年(1926年),秀新益、柯培鼎编撰的《民国平湖县续志》中有如下记载:各种精品以徐源源制者最佳,其糟蛋驰名尤远,宣统元年在南洋劝业会获得金牌。

到抗战前十年左右,已有多家店铺经营糟蛋生意,如徐源源、泰兴源、东绿糖果店、老鼎丰酱园店等，年产量 30 万只左右。徐源源仍然是最好的，以牌子老、技术高和品质好而享有盛誉。当时产品的标志是一个手挂龙头拐杖的老寿星，这一形象直到 20 世纪末还在东南亚地区颇有影响。

20 世纪 50 年代，私营企业社会主义改造中，徐源源和其他所有糟坊都归入食品公司名下，成立了平湖市副食品厂。

遵循以质量赢天下的经营理念，龙牌糟蛋食品有限公司才做到了以不变应万变。一枚蛋要经过多道工序，长达几个月才能制成。曾有员工提出增添化学药剂缩短生产周期的想法，但是口感不佳，没有被公司采纳。不变并非故步自封，公司在增加糟蛋的科技含量、改善口感等多方面做了大量的文章，每年公司都选择研究课题并将成果应用于实际。就击蛋的手艺来说，需要经过千锤百炼才行，蛋壳打不破味道很难进去，手重了蛋衣碎了蛋也就废了，公司研究出了全新的击蛋方式，让废蛋率大大降低。公司制作糟蛋的很多手艺 280 多年保持不变，一年只做一个批次的糟蛋，总产量只有 50 万枚到 60 万枚，保证了糟蛋的品质。如今，龙牌糟蛋的销售点已遍布全国各省市。

当然，由于"锁在深闺无人识"以及资金等的限制，平湖糟蛋深挖其文化内涵，仍然是任重而道远。

独特工艺

平湖糟蛋制作工艺独特，首先是制作时间选择一般都在清明前后，产品经过最适宜酵母菌种繁殖发酵的梅雨季和夏天，从入坛到成熟要经过四五个月。经过几代人的探索，糟蛋的制作已经形成了完整的工艺流程，即"浸米——蒸饭——配药——酿酒——发酵成糟"和"洗蛋——晾蛋——击蛋——落蛋——封坛"。最初选用的鸭蛋是著名的高邮鸭蛋，而鸭蛋的大小有非常严格的规定，所有的鸭蛋都要用特制的铁丝圈来测量，鸭蛋从铁丝圈中漏下则属于不合格，一概不用。酒糟选用也很严格，一定是用上等糯米发酵制成的。而制作中最为独特的工序是击裂鸭蛋的表面，让各种醇、酸、糖、盐等成分更容易渗透到蛋内，最初这道工序是由于不小心把有裂纹的蛋放入其中，结果发现这样不但成熟早而且味道浓郁，于是就有了糟渍前先击碎蛋壳的程序和工艺。这道工序非常有难度，为了减少损失，起先是用蛋的大头碰撞，但由于裂纹范围小，会导致糟渍不匀和脱壳不佳，不能够达到要求。经过不断改进，才发展和演变成为用竹片击蛋，看似简单，实则难度非常高，要求既要有龟纹又不能击破蛋膜。

平湖糟蛋与名人

平湖糟蛋曾和很多名人发生过关联。

相传，乾隆微服私访到江南，曾有一次来到浙江海宁陈阁府，说自己是已故陈老太爷在京做官的学生，陈氏晚辈热情款待。乾隆对饭桌上的一碟无壳蛋非常好奇,半透明蛋衣包裹下,凝固状乳白色蛋清和橘红色蛋黄隐约可见。乾隆尝了一口,醇香之气马上溢满口中,别有一番风味。乾隆皇帝非常高兴,食欲大增,美美地饱餐了一顿。没多久,平湖县令就接到一道圣旨,糟蛋列入贡品,同时御授京牌。

全国著名营养学家于若木对平湖糟蛋曾有过如下评述:"鸭蛋在酒糟作用下分解为多种氨基酸,并产生出鲜味,此鲜味与醇香,脂香融合为一种复杂的鲜美滋味。所以糟蛋食之是回味无穷的享受,又具营养滋补之功效。"

全国政协常委胡平在平湖考察时欣然提笔写下"天下第一蛋"[1]五个大字。全国人大副委员长王光英在1994年10月平湖市在北京召开经济发展恳谈会时,开场第一句话就是:我认识平湖是从糟蛋开始的。早年,他在香港的时候,就经常吃平湖糟蛋,也由此开始了解被称为"金平湖"的地方。

天下第一蛋
胡平题

1988年,北京举办全国首届食品博览会,平湖糟蛋参展。日本前首相田中角荣得知后派专人来北京买了50瓶(每瓶6只)糟蛋,《浙江日报》1989年1月13日对此事进行了报道。

地址:浙江省嘉兴平湖市经济开发区

群 欢[2]

平湖市老鼎丰酿造食品有限公司的前身是平湖老鼎丰酱园,创始于同治十年(1871年),迄今已经有近140年的历史。

早在清代道光年间,海盐县望族徐氏在武原镇曲尺弄开设了徐鼎和酱园,生产酱油、酱菜。晚清时候转让给同族人经营,迁址北门,改名北万丰酱园,增加了黄酒、腐乳等的生产,后来又在当地天宁寺和南塘街增设西万丰酱园。徐氏是海盐望族,家族不乏高官,因此酱园一直走官商结合的道路,权势加上经营

---

① 图片来源:龙牌平湖糟蛋网站,http://www.phzd.com/
② 部分资料来源:平湖市老鼎丰酿造食品有限公司网站,http://www.laodingfeng.cn/

得当,业务范围迅速扩大。

平湖的徐鼎丰酱园创设年份的考证来源于光绪十二年的账本《各项付款》,里面有"内园装修"的记载:"同治十年一千五百千,光绪八年二百千,光绪十一年四百廿千,光绪十二年四百千。"同治十年"内园装修"即应为老徐鼎丰酱园开张初期的装修费用,现在就以此年份作为徐鼎丰酱园创设的年份。徐鼎丰创立后,借助地利与人和的优势,业务蒸蒸日上,超越了海盐徐氏本部的酱园。光绪十一年(1885年)在东门外横街设东号,称为"东鼎丰",12年又在西大街设西号,称为"西鼎丰";20年又在西门外设分坊,还在上海永康路46—48号设分店,后来又在奉贤、天津、青岛等地开设酱园,均获得成功,酱油生产几乎成了海盐徐氏的专利品。

老鼎丰的酱油精选原料,采用了最好的安徽西府黄豆,运用传统方法,经过长时间的太阳曝晒、天然发酵制成,色纯味鲜,久存不腐,非常受欢迎。产品曾多次获奖:清宣统二年(1910年)在南洋劝业会上荣获"褒奖"金牌奖章;宣统三年获浙江巡抚发的奖状;民国3年(1914年)获得巴拿马国际博览会"美合味素"匾额一块;1915年获农商部国货展览会二等奖章;1929年在西湖博览会上获得优等奖状及五彩银盾一座。

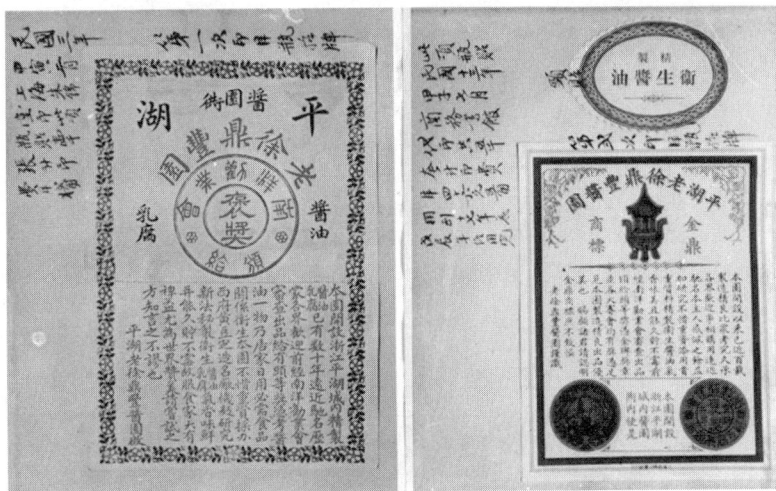

徐鼎丰酱园瓶贴①

值得一提的是,徐鼎丰酱园很早就具有极强的营销意识,其精美的瓶贴就是最好的证明。据现存实物资料,早在1914年,徐鼎丰酱园就使用了精美瓶贴:上部是南洋劝业会上所获的金牌奖章,上面巧妙环放着"老徐鼎丰酱园"字样;下部

---

① 图片来源:平湖市老鼎丰酿造食品有限公司网站,http://www.laodingfeng.cn/

是介绍文字:"本园开设浙江平湖城内,精制酱油、乳腐已有数十年,远近驰名,历蒙各界欢迎。前经南洋劝业会审查出品,给有头等奖凭。考酱油一物,乃居家日用必需食品,关系卫生。本园不惜重资,采办西府黄豆,定造名厂机面(注:机制面粉),研究新法,秘制卫生酱油、乳腐,气香味鲜,并能久贮不霉,故服食大有裨益,尤为世界赞美,请尝试之,方知言之不谬也。平湖老鼎丰酱园启。"

1924年7月开始使用的、由商务印书馆印制的瓶贴更加精美,除介绍文字和之前的大同小异外,还在瓶贴上使用了"金鼎"商标,商标图案是一只造型优美、古朴庄重的三足鼎。在文字的最后写道:"赐顾诸君,请认明金鼎商标,庶不致误",这说明当时酱园的经营者已经具有很强的商标意识。

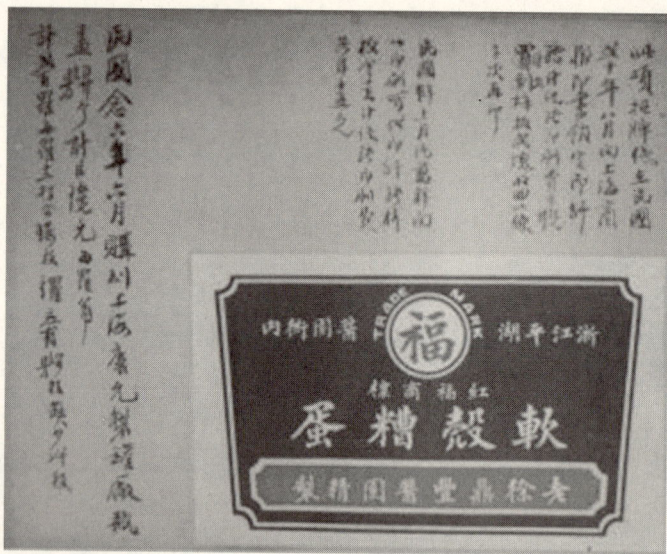

老鼎丰"红福"注册商标①

1928年起,老鼎丰改用"红福"注册商标,瓶贴上印的商标图案是"福"字外加圆圈,上面还印有平湖总店和上海分店的地址及电话号码。

抗日战争和解放战争时期,由于战乱频繁,业务减少,但仍维持经营,直到平湖解放。

1952年,工人消费合作社在城关圣阳弄9号(即原黄祥和酱园作坊址)创办制酱经营组,生产酱油,兼营酱菜业务,不久改名制酱厂,1954年划归城郊区供销社领导。1957年5月,以制酱厂为公方,以老鼎丰酱园、西鼎丰、东鼎丰、黄祥和、鼎新泰酱园等为私方,共同组成平湖县酿造厂,为公私合营性质,厂部设在

---

① 图片来源:浙江档案网,http://www.zjda.gov.cn/archive/platformData/infoplat/pub/archivesi_12/docs/200612/d_68020.html

酱园弄4号原老鼎丰酱园内,隶属县供销合作社领导。酱园弄即因老鼎丰酱园而得名,老鼎丰影响力由此可见一斑。

在由公私合营至全民所有制期间,企业制造酱油的技术有了突破。1959年采用比较先进的固态无盐发酵制酱、保温浸出法,生产周期仅为7天;1968年购进锅炉,取代炉灶;1970年秋取得了用先进的通风制曲代替传统竹匾制曲的重大突破,降低了劳动强度,稳定了产品质量,为大规模生产创造了条件,在浙江省同行业中处于领先地位。

1961年2月,该厂将注册商标更换为"群欢",意为"群众欢喜",图案是一架宫灯,含有喜庆吉祥之意,符合当时的社会时尚和消费者心态。改革开放之后,企业更是迎来了发展的春天。1978年,酿造厂酱油产量达到3000多吨。1981年9月,南门大桥西塊的酱油车间建成,结束了在圣阳弄旧房生产酱油长达29年的历史,生产机械化程度和效率都大大提高。1983年,供销社进行体制改革,酿造厂转为集体所有制。1984年,党支部隶属县供销社党委。1985年至1988年,连续四年被授予平湖县先进集体和平湖县供销社系统先进集体光荣称号。企业所产"泰方"乳腐运销北京、天津等城市,"群欢牌"玫瑰乳腐荣获浙江省1986年新优名特产品"金鹰奖",产品还出口日本、芬兰等国家。

当然,在计划经济向市场经济转型的过程中,企业也遇到不少困难,都被一一克服,企业还提出了《重振老鼎丰百年雄风发展纲要》,所产酱油重新注册"老鼎牌"商标,还与大型调味品生产企业合作,不断研发新产品,满足市场新的需求,奉行"诚信、务实、创新、奉献、发展"的核心理念,老鼎丰仍焕发着勃勃生机。

著名的复旦大学教授、浙江平湖人金通尹曾写过"难忘得酱调乡味,最是徐家老鼎丰"的诗句,现在就在平湖市老鼎丰酿造食品有限公司的网站首页,带领我们感受着老字号独有的文化氛围。

地址:浙江省嘉兴平湖经济开发区城西支路1号

斜 桥

榨菜是中国独有的,与欧洲酸菜、日本酱菜齐名,被誉为国际三大著名腌菜。中国榨菜划分为川式和浙式两宗,浙式榨菜以宁海"斜桥"牌为代表,川式榨菜则以"乌江牌"为代表,两者齐名被列为中国名榨菜之最。斜桥榨菜是海宁市斜桥镇的传统产品,是海宁市的著名特产,有"海宁涌潮天下奇观,斜桥榨菜名扬四海"的说法。斜桥还是袋装榨菜的发源地。斜桥榨菜以色泽鲜绿、脆嫩可口、营养丰富而备受青睐。

海宁的榨菜生产,始于20世纪30年代初期,当时是从四川引种,试种于斜桥镇仲乐村。1953年,斜桥榨菜厂成立,后来改为国营海宁蔬菜厂。1965年1月,注册"斜桥"牌商标。20世纪70年代进行加工技术和机械化设备的革新,使斜桥榨菜达到国家标准。20世纪80年代初推出了100克美味榨菜小包装,斜桥榨菜达到了国内同类产品的先进水平。1990年,企业在全国同行业中率先跨入了国家二级企业行列。为了适应现代人追求的健康标准,斜桥榨菜不断进行着创新,咸度从10.5～12度下调到8～10度,而其休闲产品"海宁潮"牌榨菜咸度更低,只有5～8度。榨菜的包装也在不断调整,从100克到90克,再到28克……企业还不断试制新品,适应着不断变化的需求。

就原料来说,尽管浙江榨菜菜块匀称、质地厚实,但是收获季节是在清明之后,这个时候,处于钱塘江畔的海宁雨水多,榨菜很容易霉烂。经过多年试验,企业提前种植,保证能够在清明前收获,这样不仅解决了霉变问题,也降低了榨菜的含水量,从而让产品更容易加工和保存。

斜桥榨菜最早的商标是"万年青",在上海享有盛誉。20世纪80年代初,海宁蔬菜总厂试创成功的袋装榨菜打开了上海市场的大门,旋即风靡上海。之后,斜桥榨菜不断南下北上,甚至直逼中国榨菜的传统基地四川涪陵。现在,斜桥榨菜不仅牢牢占据着上海市场,而且热销大半个中国,还进入了东南亚和欧美国家。

自2002年起,原海宁翠丰食品有限责任公司更名为浙江斜桥榨菜食品有限公司;2003年,斜桥牌榨菜通过省无公害蔬菜产地认定,并通过省绿色农产品认证;2004年,斜桥牌榨菜、酱菜被嘉兴市人民政府命名为"名牌产品",通过农业部无公害农产品认证、中国绿色食品发展中心绿色食品认证,并再次被浙江省工商行政管理局认定为浙江省著名商标;2005年,斜桥榨菜通过国家质量监督检验检疫总局原产地标记认证;2007年,斜桥商标被认定为中国驰名商标。

公司总经理封益生是公司的创业元老,18岁就进厂做榨菜,从种植、腌制、切片到包装都做过,他还走遍了大半个中国,几乎购买了市场上所有能买得到的袋装榨菜和各类酱菜,进行品尝和比较研究,还多次去日本和欧洲市场考察。

关于封益生还有一个有趣的故事,他逢年过节总要到各地答谢客商,宴请的时候常常让服务员拿一个盘子,打开试制的新品,让大家品尝并提意见。有一次在上海一家豪华大酒店,刚打开榨菜包装,一旁的服务员就被逗笑了,因为这是第一次见到高档宴席上出现榨菜,弄得封益生很尴尬。

地址:浙江省嘉兴海宁市斜桥镇

工美

丰 同 裕 [1]

在我国民间艺术中,蓝印花布是一种蕴含东方神韵的传统工艺品,又称"蓝染或草木染色"。

纺织和印染一直是中华民族所擅长的。根据史料记载,新石器时代的人就会用赤铁矿粉末将麻布染成红色,到了西周时期已经有了专门负责印染纺织的官吏。宋元时期,织布业逐渐发展起来,随之出现了富有浓郁民间美术特色的蓝印花布。元代的时候,黄道婆把棉纺技术从海南带回上海,这之后,江南的蓝印工艺逐渐走向成熟,蓝印花布也就开始在生活中普及。

蓝印花布最早源于秦汉,盛于唐宋,普及于明清。它是从蓝草中提取蓝作染料,把叶子浸放在石潭中,几天后去掉腐枝,用石灰、豆粉等合成灰浆烤蓝,使之中和沉淀,沉淀后的染料似土状,俗称"土靛"。印染时一般要经过十几道染缸反复重染,染好后经清洗,把上面的浮色洗去,经过全手工纺织、刻板、刮浆等多道工序精心制成。土布、染料、工艺等均出自民间,色彩单纯,蓝的浓烈古朴加上白的清纯,线条朴拙醒目,图案吉祥喜庆,几百年来都有着深厚的民众基础。

染纺业一度曾成为地方上的显业,史载宋元时候,桐乡蓝印花业极为繁盛,织机和染坊遍地,河上布船如织,蔚为壮观。其中,石门(古称玉溪)的丰同裕、泰森等染坊店是行业中的翘楚。

丰同裕染坊店是著名漫画家丰子恺家祖上传下来的,创店时间目前尚无定论。据丰子恺回忆,丰同裕是他的祖父丰小康在咸丰十一年(1861年)七月创办

---

① 部分参考资料来源于丰同裕网站,http://www.chinalyhb.com/

的。而丰子恺女儿丰一吟在《潇洒风神——我的父亲丰子恺》一书中说,在丰子恺虚龄约七岁(1904 年)时,丰同裕染坊用的账簿是"菜字元集",据此推算创始大约是在 1846 年左右。

所谓染坊店,就是前店后坊性质,既是印染店又兼有印染作坊。染坊店原设于石门湾(桐乡市石门镇)后河西岸,丰子恺祖居惇德堂前面第一进街面房中。染坊店主要收染四乡农民拿来的自织土布和土绸。

光绪三十二年(1906 年),丰子恺的父亲丰鐄病逝,这时丰子恺只有九岁。染坊店当时管账、司务、店员、学徒加起来也只有五六个人。四乡农民大多付不出现金,而要等到年时才能结账,丰同裕染坊店于是只能变"以店养家"为"以家养店"。不过,染坊店在丰子恺母亲钟云芳的精心经营下,仍然维持,直到抗战中被日军炮火摧毁。

1995 年,一直从事着手绘真丝围巾、有扎实美术基础的哀警卫在绍兴一家商场里看到了蓝印花布,萌生了一个理想。之后三年,他几乎走遍了全国,到各印染企业取经,终于掌握了整套蓝印花布印染工艺。2003 年,哀警卫创建了桐乡市丰同裕蓝印布艺有限公司,复兴了这家百年老店。第二年,公司注册了"丰同裕"商标。

"源于自然,根于传统"是企业的立足之本,公司非常重视品牌的创立,不断开发新品,提升品质,统一形象,完善服务,加强宣传,让百年字号焕发出勃勃生机。公司产品主要有蓝印花布面料、草木染色面料以及几百种蓝印花布制品,如包、台布、画、蓝印花伞、化妆饰盒、小手工艺品、服装、帽子、围巾、围裙、坐垫等等。

为了让更多的人认识桐乡蓝印花布,了解桐乡蓝印花布的历史和特色,哀警卫还在丰同裕公司内开设了蓝印花布陈列馆。公司已经发展成为民间传统工艺印染生产制作、民间工艺博览、旅游观光集于一体的旅游企业。公司还吸收其他艺术形式能够为自己所用之处,比如国画、版画和民间剪纸等,不断丰富蓝印花布技艺。公司引进蜡染、扎染等其他蓝印花布的制作工艺,其蓝印花布制品在很多大中城市旅游景点都有销售,直营店和加盟店都在不断扩大中。

丰同裕自重新创建以来就一直致力于保护和发展传统印染工艺。2003年创作出彩印"国色天香"牡丹图,获得国际民间手工艺品金奖;2004 年"乌镇财神湾"蓝印画获得国际民间手工艺品金奖,双鱼蓝印挂件获得国际民间手工艺品银奖;2005 年作品"狮子滚绣球"获得国际民间手工艺品银奖;2006年,6 件产品已经获得了国家专利,蓝印花布台布《蝶恋花》获国际民间手工艺品展览金奖,蓝印花布《清明上河图》获 2006"百花杯"中国工艺美术精品奖优秀作品奖;2007年,蓝印花布壁挂《金猪》获2007"百花杯"中国工艺美术精品奖优秀作品奖;2008年,蓝印花布桌布《凤戏牡丹》获第43届全国工艺品"金凤凰"铜奖。迎合现代人的环保健康观念,公司致力于草木染色,开发纯天然的植物染料印染制品。

丰同裕蓝印花布艺以中国传统文化中的吉祥图案为元素,深挖文化内涵,创造出如"瑞鹤鸣祥"、"岁寒三友"、"梅开五富"、"榴开百子"等多种寓意深厚的产品。近年来,公司还推出了服装、玩偶、生活工艺品等,老产品日益走向时尚,受到了市场的认可和欢迎。

在丰同裕,每一位员工都把每一件产品当成是艺术品而非普通商品,随着人们精神生活需求的日益提高,作为艺术品的"丰同裕"发展空间必然会越来越大。

蓝印花布图案取材多源自于民间和生活,有动植物组合而成的吉祥图案,也有百姓耳熟能详的民间故事和戏剧人物等,承载和寄托着百姓的美好愿望。常用的吉祥图案有:二龙戏珠、狮子滚绣球、凤栖牡丹、连年有余、天地长春、福禄万代、喜在眼前、太平景象、和合二仙、金玉满堂、福寿双全、三阳开泰、龟鹤齐龄、鸳鸯戏水、青梅竹马、鹤鹿同春、寿居耄耋、梅兰竹菊、富贵满堂、百合万年、麒麟送子、连生贵子、刘海戏金蟾等。

也由此,在民间的传统习俗上,蓝印花布也占有相当的位置。以前,女儿出嫁的时候一定要带上一条用靛蓝布做成的饭单,表示女儿嫁到男家后"上得厅堂,入得厨房"。出嫁时的衣被箱里有蓝印花布被面,图案大都是龙凤呈祥或者凤穿牡丹的"龙凤被",被称为"压箱布",可见,蓝印花布曾是百姓生活中必不可少之物。今天,蓝印花布仍以古朴的风格迎合人们返璞归真的心理,其浓郁的乡土气息和厚重的文化底蕴都昭示着蓝印花布别样的时尚味道。

地址:浙江省嘉兴桐乡市石门镇工贸园区

蓝 茂 丰 [1]

桐乡蓝印花布厂有限公司是百年连续生产手工蓝印花布的老厂,也是浙江省唯一完整保存传统蓝印花布纹样设计、制版、工艺印染、成品制作的专业厂

---

[1] 主要参考资料来源:桐乡蓝印花布阿里巴巴博客,http://lanyinhua.blog.china.alibaba.com

家。其前身是创建于1880年的"蓝茂丰"染坊。1956年,由蓝茂丰、协大等六家合并成立崇福印染小组,1961年更名为崇福印染社。1980年企业改名为桐乡工艺印染厂,进入新的发展时期。1980年,桐乡工艺印染厂的产品就已经出口海外了,这也是桐乡市首批出口海外的工艺面料。

开始,企业生产的产品主要外销和供应涉外商场宾馆,产品从服饰面料发展到工艺壁挂、台布、床单、日式门帘等,工艺日趋规范,质量显著提高。1985年10月,周继明担任厂长,年底接了大宗法国订单,之后效益、人员都显著增加,国内国际市场影响力逐渐增大。

2000年,企业更名为桐乡蓝印花布厂;2001年,转制组建桐乡蓝印花布厂有限公司。现在企业在网上的销售也是红红火火,开辟了老字号现代营销传播的新途径。

蓝印花布早在秦汉便初露端倪,在织物上印上花纹染色的面料称作"缬",据《二仪实录》载"缬,秦汉间始有",先秦荀子有"青取之于蓝,而青于蓝"之说,《周礼·考工记》在记载当时染色工艺时,也有"青与白相间也"的记载。

秦汉的时候,造纸术还没有发明,棉花种植也没有引进,人们在木板两面刻花纹,然后把麻、丝织物夹在中间进行草木染色,这种方式生产的印花布即"夹缬",也可以说是现在蓝印花布的雏形。随着造纸术的发明和7世纪棉花种植的传入,棉花纺织和蓝印花布生产工艺的发展才有了必要的基础。

北宋末年,中国历史上第二次人口大迁徙,北方大量能工巧匠落户江南,手工纺织及印染业逐渐兴旺。元朝非常重视手工业,先后建立了"染局"和"织造局",而此时,江南棉花种植已经十分发达。13世纪,黄道婆把棉纺技术带给江南织农,民间蓝印花布技术有了长足进步,蓝印花布的使用开始普及。宋元时期,蓝印花布被称作"药斑布",明清时期则被称作"浇花布"。

根据清朝崇德县志的记载,当时崇德县就设立了织染局,其中"染匠十九户",可以说,当时是民间蓝印花布发展的繁盛期。

早年,在蓝印花布染坊中都敬奉着梅、葛两神位。据说"梅"是西汉学者梅福,王莽专政时期弃家求仙事炼丹术,"葛"就是晋朝葛洪,他是当时著名的炼丹士。据传,是他们两个人完善了蓝草染色和蓝印花制作工艺。

"蓝蓝牌"蓝印花布和以此为材料制作的各种制品,都是蓝白分明,清丽典雅。公司保持传统工艺的同时,又不断从装饰和实用两个方向上进行创新。1998年,公司生产的蓝印艺术挂轴获得了桐乡市新产品开发奖;1999年,桐乡蓝印《清明上河图》获得中国首届工艺美术大师精品展银奖,同时还获得浙江中国民间艺术展特别金奖;2008年,获得浙江省文化厅颁发的最高奖"天工奖"。2000年,工厂独家申报"桐乡蓝印花布"保护品种,2001年被浙江省经贸会首届认定为浙江省 15 种民间工艺美术保护品种之一,还被载入 2000 年出版的《浙江工艺美术》专著之中。2005 年,"桐乡蓝印花布"被浙江省人民政府认定为非物质文化遗产。2007 年,董事长周继明被授予为"浙江省非物质文化遗传项目桐乡蓝印花布代表性传承人",2008 年又被授予"嘉兴市民间艺术家"称号。

为了保存在唐代就已经兴盛、但随着时代变迁濒临消失的夹缬工艺,公司进行了开发性生产。2004 年,蓝印夹缬《百子图》在杭州第四届国际民间手工艺品展览上荣获金奖。

桐乡蓝印花布的特点在于,整个工艺流程全部为手工操作,图案中细似蛛丝的纹路称为"冰纹",被视作手工印染的灵魂,是现代机械不能代替的。色彩上蓝得浓白得纯,花型轮廓统一,线条清晰,图案充满生活气息而又富有意蕴,既是实用物品,又是艺术品。更值得一提的是,蓝印花布用植物作染料,这是 21 世纪新兴的环保染色工艺,由此给受众一个回归大自然、回归纯朴的体验。

地址:浙江省嘉兴桐乡市崇福镇竹行路 6 号

医药

钟 介 福 ①

钟介福药店创建于清光绪十一年(1885 年),又名"钟介福堂",店名取自于《诗经·楚茨》中"报以介福,万寿无疆"。

钟介福由钟尔墉(字道生,号稻荪)创设,他早年师从姑苏名医马培兰,后来又得到名医马文植悉心指点,精于外科,也擅长内科。回乡以后,他和人合伙开了一家介福堂药店,后来独立出来经营,更名为钟介福。钟介福精制的薄片驴皮胶、八珍糕闻名遐迩,有口皆碑。

钟尔墉医术高明,在江浙沪享有盛誉,甚至赣皖等省份也有患者慕名前来,这也带动了药店的发展。钟介福 120 多年来一直以品种全、质量优、价格低、人性化为经营特色,取信于民。药店一直非常重视药材的质量和精细加工,非地道药材不选,为此先后到宁波、上海等地采办药材。据说抗战之前,药店每年采购真驴皮大约有 1500 张,为提高阿胶的质量,还派专人到无锡惠泉用船运送泉水,作熬煎驴皮胶之用。

钟尔墉还对员工业务技术的培养极为重视,聘请名医、名药师进行医理、药理传授,让员工参加真伪药品辨别讲座,还让老药工以老带新,言传身教,药工分工专业,从而确保质量。

对国药颇有研究的钟尔墉参考明代陈实功所著《外科正宗》的八仙糕处方,结合临床经验,选用山药、芡实、薏仁、白扁豆、莲肉等八味草药,以本地优质糯米粉、白糖精制而成八珍糕,既是药又是糕点,香甜松脆,非常受欢迎。钟介福八珍糕最初以能消解小儿疳积、暑期湿热等症状而走俏,后来因为选料加工考

---

① 主要参考资料来源:高丽华:《西塘(越角吴根又一秋)》,中国林业出版社 2007 年版,第 22—23 页。

究,口感好,健脾胃而成为江南名点。民国 19 年达到销售的鼎盛时期,年销售 1.25 万千克。生产八珍糕所用的糯米每年秋收购进,制成的八珍糕只在小暑到立秋之间供应,不提前也不延迟。

到抗战前夕,钟介福在杭嘉湖一带就已经非常有名了,每年产品的销售总额都在 10 万元左右,业务长盛不衰。

1958 年,钟介福的八珍糕停产。1965 年,西塘食品厂和嘉善县食品厂生产了八珍糕。1988 年,嘉善县年销售总量接近 300 吨。1995 年,西塘食品厂和嘉善县食品厂的八珍糕停产。1996 年,西塘镇中百公司职工顾强注册了"钟福堂",改良了八珍糕配方,把八珍糕作为一种西塘特产和旅游食品加以开发,深受欢迎。2008 年,钟福堂作坊八珍糕的年销量达到两万千克,西塘另有多家作坊也生产八珍糕。1977 年,八珍糕被列入浙江省药品标准;1987 年,获得浙江省"儿童生活用品优秀产品奖";1999 年获"嘉兴市旅游商品优秀奖";2004 年获得"浙江名点"称号;2008 年获"嘉兴市农博会产品优秀奖"。这一钟介福创始的产品目前仍有着广阔的市场。

钟介福现仍开业在西塘塘东街原址,原为三进,第一进已经被毁,第二、三进是中药仓库,南侧的过道是煎药间,紧临第三进的二层小洋楼是切药加工场。2004 年 1 月钟介福药店被列为县级文物保护单位。

地址:浙江省嘉兴市嘉善县西塘镇塘东街 11 号

湖州

"中国毛笔之都"湖州是环太湖地区唯一因湖而得名的城市，有着2300多年的历史。

湖州商人，简称湖商，在中国近代商业史上有着特殊的地位，形成时间是在徽商、晋商之后，和潮州帮、宁波帮同时，对近代中国的政治和经济产生了深远的影响。清末崛起的南浔镇丝商，形成了蔚为壮观的以"四象、八牛、七十二条金狗"为代表的中国近代最大的丝商团体。这一团体和政治有密切的关联，以张静江为主的湖州丝商筹集了孙中山先生革命的绝大部分经费，南浔丝商也是后来民国财政中重要的力量。

太湖水孕育了一个"山水清远、农商并重、崇文重教、柔慧通变"的湖州，使湖州历来就有"丝绸之府、鱼米之乡、清丽之地、文化之邦"的美誉，成为以湖笔文化、赵（赵孟頫）体字和吴（吴昌硕）门画为代表的书画圣地，以陆羽、《茶经》和紫笋茶等为代表的茶文化胜地，以钱山漾遗址为代表的丝绸文化发源地。湖州在发展过程中形成的"明体达用、崇文重教、兼收并蓄、灵秀柔韧"的传统人文精神，使各种文化积淀得到集中体现。

制造业

王 一品斋笔庄

　　湖笔与端砚、宣纸和徽墨并称为"文房四宝",名扬海内外,其中以湖笔居首。

　　湖笔的故乡是湖州的善琏镇,秦大将蒙恬被誉为湖笔的祖师爷。相传蒙恬"用枯木为管,鹿毛为柱,羊毛为被(外衣)",即"披柱法"改进了毛笔。后来蒙恬在善琏改良了毛笔,取兔羊之毫,"纳颖于管"。之后蒙恬就把制作技艺传授给了善琏的百姓,这里户户会制笔,家家有笔工。中国各地笔工都有不同版本的蒙恬故事代代相传,善琏建有蒙恬庙。蒙恬去世以后,善琏笔工捐银在永欣寺旁为其建造了"蒙公祠"。每逢蒙恬生日(相传为农历三月十六)和笔娘娘生日(相传为农历九月十六日),善琏都会举行盛大的纪念活动。千百年来,在善琏集会膜拜笔祖、企盼笔业兴旺这类民俗活动一直延续着。

　　元代以前,在我国宣笔最有名气,王羲之、唐太宗、白居易、黄庭坚等许多人都写下了称赞宣笔的文字,苏东坡和柳公权都很喜欢使用宣笔。宋元在江淮持续40多年的争夺使得宣城凋敝,湖州则幸免于难,成为了南宋遗民聚居的地方。也就是在元代以后,宣笔逐渐为湖笔所取代。南迁湖州的一些笔工逐渐和湖州原有的笔工技艺相结合。毛笔裹上铁皮相传是由于王羲之的七世孙、隋代王法极(智永禅师)在善琏永欣寺写《千字文》八百卷分赠东南诸寺,求书者众多。随着"吴兴三绝"(即钱舜举的画、赵孟頫的字、冯应科的笔)之一的赵孟頫的字称雄海内,赵孟頫那枝终日握在手、日书万字而不败的冯应科"妙笔"就不胫而走了。元代,湖州制笔能工巧匠迭出,冯应科、沈日新、温生、杨显均、陆颖等十余人留名史卷,"湖笔"之名就此奠定,最终取代了"中山笔"(宣笔)的地位居于全国首位。据《湖州府志》记载:"元时冯庆科、陆文宝制笔,其乡习而精之,故湖笔名于世。""湖州冯笔妙无伦,还有能工沈日新。倘遇玉堂挥翰手,不嫌索价如珍珠。"

随着朱元璋建都南京,朱棣再迁北京,湖州笔工也进入北京出售毛笔。当时主修《永乐大典》的解缙等人,对善琏笔工所制的笔赞赏不已,为之赋诗作文。善琏笔工逐渐遍布大江南北,"湖笔"之名也世代相传,在湖州之外也开出了多家湖笔名店,维系着"毛颖绝技甲天下"的胜名。

当然,湖笔取代宣笔的地位,最根本的原因还是在于湖笔的优良品质,湖笔在制作技术和书写效果上有着严格的标准,概括起来就是"三义四德":

"三义"是技术上的标准,指的是:精、纯、美。"精"即每一道工序都一丝不苟,精益求精;"纯"即选料非常严格和仔细,遵循"千万毛中选一毫"的原则;"美"指的是外形、颜色、笔杆、刻书、装潢等的高度统一。

"四德"是书写效果的衡量标准,指的是"齐、锐、圆、健"。"齐"指笔头饱满,吐墨均匀;"锐"是笔锋不开叉,利于书写;"圆"指圆润自如;"健"是指有力耐用。

王一品斋创始于清乾隆六年(1741年),是一家专业制笔社,前店后场形式,边生产边销售。创始人是一位王姓笔工,他的制笔技艺超群,工艺非常复杂,要经过700多道工序,制成的笔锋颖非常好。和其他笔工一样,最初他也是在作坊里制笔,等顾客上门。考虑到本地销量有限,竞争又非常激烈,他决定另辟蹊径。这时有一位准备进京赶考的举人来到了他的作坊,要选购几支上好的毛笔。这件事给了王姓笔工灵感,于是他决定变坐店等客为上门送笔。王姓笔工平日还是照常在作坊中制笔,边制作边出售,同时还留下一批精制的上乘毛笔,等到朝廷大考之年,提前几个月带着这批优质毛笔和进京赶考的考生一起赶赴京城。王姓笔工一路叫卖自己的笔,到京城之后,还去考生居住的地方和考场附近兜售。由于他制作的毛笔写起来得心应手,购买又很方便,秋天会试的日子还没有到,他所带的毛笔就全部卖光了。

为了在下一次大考的时候保证充足的供应,王姓笔工回乡之后加班加点制笔,还让妻子也一起帮忙制作。妻子不太理解王姓笔工卖给考生的笔也是那么精益求精,她认为只要保证书写流利、外观好就可以了,没有必要要求一支笔用很多年。王姓笔工却坚持不能光看眼前利益,质量才是自己长远发展的根本保证。赶考的考生如果落榜,下次还会再考,产品质量如果有问题,肯定会马上传开来,影响笔的销售。

有一年,王笔工又赴京城卖笔,正好有一位考生忘记带笔,王笔工解了他的燃眉之急。这位考生用王笔工的羊毫笔得心应手,妙笔生花,不仅高中进士,还在殿试中夺魁,成为状元郎。人们都说他高中状元是和使用的笔有关,这个消息不胫而走,书生们纷纷抢购王姓笔工的笔,并送给王姓笔工一个雅号"王一品",他的笔也被称为"一品笔"。

清乾隆六年(1741年),王姓笔工在湖州城里开设了笔庄,店名就叫做"王一品",他还在楼顶塑了一个天官金身铜像,这一天官像在他的所有毛笔笔杆上都有出现,天官也就成了王一品的商标,沿用至今。

王家制笔技艺世代相传,盛况一直持续到大约20世纪30年代第七代传人的时候,因为战乱频生,笔庄几易其主,逐渐衰落。经历了抗日战争和解放战争,善琏制笔业一片凋零,传统技艺也几近失传,笔庄业领军的"王一品"也是奄奄一息。

直到新中国成立以后,湖笔才获得了新的发展机遇。"王一品"恢复了自己的传统,一批老艺人承袭传统技艺,老店焕发出新的生机。公私合营之后,钟三益、费莲青、胡仕文等笔庄都并入王一品。"王一品"新建了工厂、商场、门市部、批发部等生产和经营场所。

1961年是"王一品"创立220周年,很多党和国家领导人以及社会知名人士纷纷题诗作画,以示祝贺。董必武题诗:"束毫成颖贯中锋,二百廿年世业工。赖此优良传统在,指挥如意鼓东风。"郭沫若题诗:"湖笔争传王一品,书来墨迹助堂堂。蓼滩碧浪流新韵,空谷幽兰送远香。垂统以还二百二,求精当作强中强。宏文今日超秦汉,妙手千家写报章。"郭沫若还为笔庄新店题写了"王一品斋笔庄"的店名。

随着时代的发展,毛笔作为一般的书写工具不像以前那样具有普遍性了,但作为艺术创作的独特工具还将继续发扬光大,同时,作为艺术收藏品的价值也越来越受到重视。王一品斋树立了创新产品、做精礼品的发展道路,以"重质量、求品种、讲信誉、保名牌"为经营宗旨,在保持传统品种的基础上,开发了大量新品种,形成了羊毫、狼毫、兼毫、紫毫四大类十八个分类500余种,销售网点遍及全国大中城市,还自营出口到很多国家和地区。

王一品斋笔庄历来就与书画艺术家结下了不解之缘。浙江美术学院院长潘天寿曾对王一品笔的制作方法提出过具体的改进建议,还鼓励试制石獾笔;画家傅抱石非常喜欢用王一品的白云笔烘染山水,他称赞王一品的笔是首屈一指;老画师贺天健喜欢用硬笔作画,他在一幅"古梅复春阳"的梅花图上,点评了王一品的石獾笔。

王一品斋还为很多已故的社会名人制作了纪念笔。郭沫若逝世一周年的时候,根据他的别号"鼎堂"和他生前喜爱的长锋白云笔,王一品斋制作了"鼎堂遗爱"。国画大师吴昌硕喜欢用湖州羊毫笔写石鼓文,王一品斋仿照他喜欢的笔,制作了"缶庐妙颖"。这些都为文化气息浓厚的笔庄增光添彩。

为了适应旅游业的发展,王一品斋还专门制造了一批供旅游者观赏的湖笔。如为绍兴特制的兰亭、鹅池、右军书法、金不换等；为广东中山故居制作的翠亨春；为西泠印社制作的西泠汉；等等。这些笔既实用，又具有很强的观赏价值，被视作旅游珍品。

"天官牌"湖笔曾荣获国内贸易部、轻工部、国家对外经贸部荣誉证书；获1994 年亚太国际博览会金、银奖；中国文房四宝"国之宝"十大名笔之一；2000年杭州西湖博览会银奖；全国亿万民众最喜爱的产品（文具类）特级金奖；浙江省著名商标等。2002 年 2 月，湖笔被批准为地理标志保护产品。2006 年，王一品斋笔庄被中华人民共和国商务部重新认定为"中华老字号"。同年，"湖笔制作技艺"被列入首批国家级非物质文化遗产目录，湖笔的保护和传承从此走上了规范、健康的道路。

地址：浙江省湖州市吴兴区红旗路 123 号

食品加工

丁　莲　芳

　　湖州丁莲芳创始于清光绪四年(1878年)，创始人是丁莲芳，他以自己的姓名作为店铺招牌，沿用至今。湖州丁莲芳的千张包子和周生记馄饨、诸老大粽子、震远同酥糖并称为湖州四大风味名点。

　　丁莲芳本来是湖州城一个挑葱卖菜的小商贩，生活十分艰辛。1878年的时候，29岁的他决定另谋生计，以改变窘迫的现状。由于没有本钱，又迫于糊口的压力，于是选择了小吃这一行当，不仅投资少，如果失败转行也快。对于选择什么小吃，丁莲芳也是经过了一番仔细的思考。如果自己也卖市场上已经有的小吃，肯定没有什么竞争力，所以他首先就从售卖的品种上动起了脑筋。看到当时牛肉丝粉汤、油豆腐丝粉汤等的销路很好，他把丝粉汤中的主料换成了千张包子，做成了千张包子丝粉汤。这千张包子的皮儿非常独特，不是米粉也不是面粉，而是湖州非常有名的由黄豆制成的豆制品千张。薄而韧的千张中包裹着严实的肉馅，放入色白汤清的丝粉汤中，味道格外鲜美。丁莲芳一副担子，一口锅，就开始了自己的千张包子丝粉汤生意。

　　由于千张包子必须是白天现买的新鲜千张和肉制成，加上缺少人手，到晚上丁莲芳才能把担子挑出去，不过这倒是和白天品种繁多的点心形成了时间上的差异化。他把担子挑到湖州非常热闹的骆驼桥块鱼行口叫卖，由于产品独特，味道鲜美，每天都能把做好的全部卖完。他的顾客主要是看夜戏的市民和一些嫖赌或者吸食鸦片的游民。经过了一年的时间，有了不少老顾客。这些顾客对吃的东西颇有讲究，经常给丁莲芳提一些有价值的建议，比如家常包子样式不仅普通还容易渗漏，馅儿鲜味不够还偏油腻，细丝粉韧性还需要加强，等等。丁莲芳改良了千张包子的样式、馅料配方和丝粉等。包子样式上，把长形改为方形,后来又改为五厘米见方的三角形。馅料中的改进比较多,首先是增加了开洋、笋衣和干贝等,还把精肉切成一厘米见方的肉粒,拌料的时候加上上好的黄酒和炒熟的芝麻屑,这些都让馅料鲜香倍增。原来使用的长的细丝粉韧性不够,丁莲芳改用本地绿豆订制的短而粗的绿豆粉丝,久煮不烂。改进后的千张包子更受欢迎了,顾客数量翻了一番,丁莲芳的牌子也越来越响了。除了晚间出售外,乡间如庙会等活动的时候也会特别供应。

创始第三年,也就是 1881 年,丁莲芳从挑担叫卖改为设摊出售,地点选择了当时各种小吃摊非常集中的骆驼桥上。丁莲芳搭了一块桌板,还制作了防蚊虫、防尘的玻璃罩。设摊以后,丁莲芳继续改进产品,在原来辣酱调味的基础上,增加了辣油、白胡椒和大蒜叶,让包子的味道更足。固定摊位设立以后,生意更加兴隆,很快就不能满足需求了。有了一定积蓄的丁莲芳于是开始了正式的店铺经营。

清光绪八年(1882 年),丁莲芳在黄沙路(现长江照相馆处)开起了千张包子店铺,"丁莲芳"即招牌。虽然顾客盈门,丁莲芳仍然不断改进自己的产品,让它日趋完善。比如肉馅不仅选择新鲜的纯腿精肉,还要剔除筋、膜、膈和肥肉,保证肉馅口感好,不油腻。他还特制了一口紫铜大暖锅,边做边卖,热气腾腾,走过的人不仅能看见,还能闻到包子的香气。丁莲芳的千张包子店每天都是座无虚席。

1928 年,丁莲芳在外失业的儿子丁焦生回到湖州,开始和父亲一起经营千张包子店。1931 年,丁莲芳病逝,丁焦生子承父业。此时,丁莲芳千张包子已经成为湖州城老少皆知的著名点心了。做过外洋轮船职工的丁焦生知道朝鲜大开洋和日本干贝不仅个头大,味道也更好,就让自己的包子使用了这些原材料,在丁焦生手中,丁莲芳千张包子的味道更加鲜美。1935 年,店铺址迁至黄沙路口,座位增多了,还雇用了职工和学徒各一人,业务有所扩大。

1904 年,有个叫周济相的人看到丁莲芳生意非常红火,就在丁莲芳对面也开了一家千张包子店,想要和丁莲芳竞争。有了一定积累的丁焦生,不惜工本,原料上精益求精,纯精腿肉加上好辅料,还采用薄利多销的策略。几个月之后,周济相败北,放弃了千张包子,改为周生记馄饨店,专营笋衣鲜肉大馄饨,后来也发展成为湖州名点。

新中国成立之后,受到资金和货源的限制,丁莲芳的规模一直没有扩大,店里除了丁焦生夫妻两人外,还有三个工人。公私合营后,丁莲芳并入湖州市饮服公司,丁焦生担任私方经理,管理店内事务,店铺用配给的猪肉继续现做现卖千张包。

"文革"时期是丁莲芳最困难的时期,老店牌子被砸,店名改为"湖州立新千张包子店"。千张包子供应严重不足,一般到下午两三点就卖完了。近一个世纪积累的技艺被废除,经过多次改进的精良配方被否定。"文革"之后,店名再次改为"湖州千张包子店"。直到1980年,老店才恢复了"丁莲芳千张包子店"的原名,也重新获得了发展的生机。

把丁莲芳这一传统名点和名店拯救出困境的人是陈连江。陈连江是丁焦生的好朋友,两个人都在湖州市饮服公司工作。陈连江很了解丁莲芳千张包子店在"文革"中的遭遇,更为瘫痪在家的丁焦生担心。1976年的时候,陈连江调到了立新千张包子店,老店的现状让他很是痛心和惋惜,他决心复兴这一老字号。

千张包子店从丁莲芳开始制作方法和配方就是保密的,手艺不外传,到丁焦生的时候依然如此。饱受"文革"打击的丁焦生心灰意冷,坚持配方绝不外传。陈连江经常去拜访丁焦生,嘘寒问暖,还介绍店里的情况,也请教丁焦生一些经营的问题。老店恢复原名之后,丁焦生看到了家业复兴的希望,于是就把珍藏多年的秘方交给了陈连江。1980年11月,丁焦生老人去世。

陈连江把凝结两代人心血的秘方拿回店里,宣布要按照传统秘方制定产品的质量标准,让生产走向标准化和规范化。面对反对的意见,陈连江召集了店里所有的人,当场进行了试验。严格按照秘方上的材料、分量、比例等制作,一斤肉包32个千张包,做好之后正像秘方中的记录,每个包子分量是5钱7分,丝毫不差,而按照秘方制作的包子味道也是非常鲜美。几乎失传的配方终于重新应用,在此基础上,老店开始发展壮大。

1989年商业部全国点心优质产品评比活动中,丁莲芳千张包子被评为部优"金鼎奖",这一殊荣让"丁莲芳"驰名海内外,成为湖州餐饮的一张名片。

陈连江带领职工不断进行着技术的革新,他们试制成功了切丁机、拌肉机和不锈钢包子定型蒸熟器,实现了切肉和拌肉的机械化、蒸包子的蒸汽化,还开发了真空速冻包装并申请了外观专利。技术革新的同时,还建造了生产车间,这些都为丁莲芳的进一步发展奠定了坚实的基础。

红鹰集团接手丁莲芳以后,对店铺进行了彻底装修,古朴典雅的店堂彰显出老店的独特韵味,集团还着力重塑了丁莲芳的良好形象。传承传统的原料配方和工艺,丁莲芳发展了几十家连锁店,受到越来越多消费者的青睐。

著名书法家费新我是湖州人,他在品尝了丁莲芳千张包子后,曾亲笔写了一个横额,称赞丁莲芳的千张包"鲜而精,名乃扬",丁莲芳千张包子已成为湖州的传统名点,名扬四海。

丁莲芳发展历程中获殊荣无数,仅举近几年的荣誉:2006年8月荣登"首届'中华老字号'品牌价值百强榜";2006年11月再次被商务部认定为"中华老字号";2008年11月,丁莲芳千张包子被中国饭店协会评为"'中华老字号'百年名点";2008年12月,被"中华老字号"精品博览会评为"消费者最喜爱的老字号品牌";2009年2月,被中国商业联合会、"中华老字号"工作委员会评为"'中华老字号'特殊贡献企业"、"消费者最喜爱的老字号品牌"、"'中华老字号'传承创新企业";2009年9月,丁莲芳千张包子荣获首届中国(浙江)非物质文化遗产博览会铜奖;2009年9月,丁莲芳千张包子成功入选2010年上海世博会园区公共区域餐饮服务供应商。

地址:浙江省湖州吴兴区八里店工业园区和谐路358号

震 远 同①

提起湖州,很多人都听过这样的说法:湖州名点四特色,玫瑰酥糖震远同,洗沙粽子诸老大,千张包子丁莲芳,鲜肉馄饨周生记,风味小吃名不虚传。而震远同玫瑰酥糖则名列湖州"四大名点"之冠。

江浙人都熟知三种美味的茶食,即玫瑰酥糖、椒盐桃片和牛皮糖,几乎所有的江南小镇都能生产,但只有震远同的能够脱颖而出,被赋予"茶食三珍"的美称。

酥糖作为一种传统食品,历史非常悠久,通常分为北酥和南酥。根据《辞海》的记载,酥糖是牛羊乳制成的食品,即酥油。《辞海》又载:酥糖系松脆的食品,糕饼之属,如桃酥、酥糖。其中前者是酥油与面粉制成的糕点,一般通称为"北酥";后者一般是用芝麻与面粉制成的食品,俗称"南酥"。震远同的玫瑰酥糖以香气浓郁、食不粘牙、精选原料、加重用麻的特色而驰名中外。椒盐桃片则素以薄松、脆、甜中带咸、清香爽口驰名于世。震远同的牛皮糖由砂糖、淀粉,并辅以桂花、橙皮、芝麻熬煮而成,初入口,软而富有弹性不粘牙,丝丝甜味让人感觉舒心,继续嚼,则品味到芝麻的芳香,再嚼则体会到松子、橙皮的醇香。

1856年,沈震远在湖州菱湖镇开了一间小茶食店,取名为"沈震远茶食作坊",凭借店主的精明能干,几年时间,这家茶食作坊就闻名全湖州,尤其以玫瑰酥糖、椒盐桃片和牛皮糖最为有名。

当时沈震远还在上海开办钱庄,后无暇顾及茶食店,生意慢慢转淡,沈震远

---

① 主要参考资料来源:震远同官方网站,http://www.hzzyt.com/ch/brand.asp

在作坊内物色了一位深得自己宠爱的勤奋学徒方幼时来经营小店的业务,后来又把作坊无偿赠送给了方幼时。

为了重新振兴茶食店,方幼时决定把店铺搬迁到湖州城。1889 年,"震远同茶食商店"在湖州闹市区骆驼桥下开张。取这个店铺名称,方幼时颇费了一番心思,借师傅之名是不忘师恩的意思,"同"既是一种传承,又寄托兴旺发达的美好愿望。

方幼时擅长经营,他在产品的精细、特色和优质三个方面苦下工夫,聘请了不同派别的糕点师傅,取众家之长,还调整了产品的配方,创立了自己独特的工艺和流程。震远同的产品在杭嘉湖市场上独占鳌头,名声大噪。1927 年,震远同的玫瑰酥糖参加了西博会,赢得了极高的赞誉,《大公报》还撰文作了专题报道,震远同的海外知名度由此大增。

1932 年,方幼时把震远同交给儿子方玉麟经营。方玉麟不断扩充股东和生产能力,增加花色品种,如荤油酥糖、薄脆饼等,此时产品已经远销上海、南京、北京等地。

为了让自己的"三珍"有独特的识别,让震远同远震四方,像金钟一样长鸣,方玉麟注册了"金钟"商标。选择金钟是出于这样的考虑:"同"和"铜"谐音,铜是金色,可以铸造大钟,其寓意也较为深远,即金钟高悬天穹,其声洪亮深远,可招来滚滚财源。

沈震远创办"震远茶食作坊"整整 100 年之后的 1956 年,以震远同为主体,湖州多家食品作坊合并成立了"湖州震远同食品商店",后来更名为"湖州震远同食品厂"。1963 年以后,逐渐形成茶食、饼干、糖果、冷制品四大产品结构,茶食比重缩小。到 20 世纪 80 年代中期,茶食中仅保留了玫瑰酥糖、椒盐桃片和牛皮糖三种。

2001 年,湖州震远同食品有限公司正式成立,公司在开发区新建了厂房,完成了搬迁。企业在市场调研的基础上,从改进、增加传统产品品种和开发新品种两个方面入手,不断丰富产品。比如震远同的传统优势产品合桃糕(酥糖、桃片、牛皮糖、合桃糕并称"四珍"),面对消费者对食品健康的需求不断提高,公司相继开发了桂圆、莲蓉、百合合桃糕等,还用名贵阿胶加上桂圆、纯黑麻、枸杞等,制成了独特的阿胶合桃糕,受到消费者的欢迎。

公司还根据消费者普遍具有的怀旧心理,把湖州人记忆中的一些食品加以挖掘,比如绿豆糕、雪饺、桔红糕、姑嫂饼等,还有传统节日食品,如月饼、粽子,不断推陈出新,极大地丰富了震远同的产品品种。

难能可贵的是,震远同坚持着传统的工艺和配方,就酥糖来说,麻屑坚持用石臼打麻,工艺繁琐、人员工资高但产量不高,不过只有这样才能确保地道的老味道和传统手工艺不失传。针对近年来市场上的酥糖产品出现仅放少量芝麻或以花生替代芝麻甚至连花生也没有以降低成本的现象，震远同顶住市场销售的压力，坚持传统配方不变，每年都要选购数十吨的优质芝麻作为配料，仅这一项就要增加成本数十万元。但正是因为保证了 35％的芝麻含量，震远同的酥糖赢得了广大消费者的心，最终一枝独秀于湖州市场。一包只有 68 克重的酥糖，近年来以年均销售增长 10 万包的速度递增。到目前已达到 100 万包的年销售量。①

震远同还开发了种类繁多的新品，生产和销售都年年提升。震远同注重打造自己的品牌，走专卖店销售的道路。以前走亲访友茶食点心类首推震远同的"茶食三珍"，现在企业的努力下，湖州人又重新找回了这种感觉。

震远同还吸引了不少文化名人，著名书法家费新我欣然挥毫为其题写了厂名；原商业部部长胡平曾亲笔写下"百年老店、再展雄风"八个大字；新华社张万舒曾提笔写下"金钟声震远"、"三珍誉四方"等，都见证了这家老店的辉煌。

地址：浙江省湖州市经济开发区梦溪路 188 号

周　生　记②

周生记馄饨与诸老大粽子、丁莲芳千张包子、震远同酥糖同为湖州"四大名点"。煮熟之后的周生记馄饨，白嫩晶莹，外形极佳，有着"水晶元宝"和"双翼鸟"的美誉。老字号周生记创始于 1940 年。

周生记的起源和湖州另外一家老字号丁莲芳有关。周生记的创始人周济相看到丁莲芳千张包子生意非常红火，就在丁莲芳店铺的对面开了一家"周记千张包子店"，想与丁莲芳展开竞争。当时丁莲芳已经病故，由丁焦生掌管店铺。丁焦生不惜工本，还设计应对。丁莲芳千张包子店对外假称停业，周济相以为自己的机会来了，就扩大了原料的采购，提高了产量。过了一段时间，丁莲芳突然重新隆重开业，还以薄利多销占领市场，周济相措手不及，店里积压了很多猪肉都变了质，包子当天卖不出去也变了味儿。丁莲芳千张包子店大获全胜，几乎包揽了九成的生意。

---

① 《创新创业助老字号演绎新篇章》，中国湖州门户网站，http://www.huzhou.gov.cn/view_0.aspx? cid＝260&id＝10333&navindex＝0

② 部分参考资料来源：湖州周生记网站，http://www.huzsj.com/about.asp

周济相和他的千张包子店遭受到了沉重的打击,周济相决定另辟蹊径,重整旗鼓。经过对竞争对手的考量和市场行情分析,周济相决定在当地人视为吉祥美食的馄饨上做文章。馄饨在湖州本来就非常受欢迎,而且这里的人还把馄饨与土地菩萨的"银元宝"相联系,这一食品可谓有着深厚的地域民俗文化基础。不久,周济相仍在老地方亮出"湖城只此一家的鲜肉笋衣传统大馄饨"的牌子,招牌改弦易辙为"周生记馄饨店",这一重新定位让周记揭开了重新崛起的新篇章。

　　吸取之前的经验教训,周济相格外注重产品质量。他选用上等的精肉加上笋衣、开洋、芝麻等,拌以上好的黄酒,制成馅料,再用精白面粉制作成馄饨皮,馄饨汤的原汁是用腿骨、鸡脚骨等以文火煨成,里面还撒入葱花和蛋皮丝。如此多精选的原料,加上突肚、翻角,类似元宝的独特形状,周生记馄饨一炮打响,以"皮薄滑润,馅大饱满,入口汁长,回味久鲜"而著称。

　　有了好的产品还需要好的营销方式,周生记根据湖州"上市"和"落市"的规律进行销售。"上市"的时候,主要顾客是农民,周生记采用挑担设摊的方式,供应汤馄饨;"落市"后顾客则多是城里的商业业主和比较有钱的顾客,他除了供应汤馄饨外,还制作了炒馄饨,满足顾客需求。周生记还根据民风民俗展开销售,比如过去湖州人在农历六月六有讨吉利、吃馄饨的习俗,在这之前,周济相就备足原料,到六月六多包馄饨,敞开供应,店里座无虚席。量大质优的产品颇受市场欢迎,周生记逐渐打响了自己的品牌,成为湖州"四大名点"之一。

　　1956年的社会主义改造中,周生记公私合营。1963年,周生记搬迁到湖州新建的第一批商业网点,老店焕发出新的生机。"文革"期间,"周生记馄饨店"的牌子被取消,取而代之的是"大众馄饨店",传统配方也同时取消,产品质量大幅下降。

　　直到1980年,老店才恢复原来的"湖州周生记馄饨店"字号,企业驶上了发展的快车道。老字号改进了工艺流程,燃料从煤改为煤饼又改为蒸汽,提高了卫生环境,手工拌肉也发展到了机械拌肉。为了提高服务质量,老店制定了很多行之有效的管理制度,取得了经济效益和社会效益双丰收,成为当时湖州餐饮服务系统"四小龙"之一。

　　1982年2月调入周生记馄饨店担任经理近20年、现在已经退休的赵玲玲回忆说:"当时由于加强了企业管理,做到奖罚分明,周生记的社会影响日益扩大,生意也十分兴旺。商店的日营业额从原来的几百元、一两千元,逐步攀升到了一万元左右。特别是春节期间,最高日营业额达到了四五万元。我们职工为了确保节日供应,常常放弃休息时间,加班加点,毫无怨言。每年春节前我都三天三夜不能回家,左邻右舍都办好了年货,而我们为了满足春节市场供应日夜工作。丈夫看我不回家,年三十也来店里帮点馄饨……"

1989年,周生记扩建店面,增加了座位,恢复了传统配方的汤馄饨和炒馄饨,还创新了海鲜肉大馄饨、鱼肉大馄饨等新品种。这一年,汤馄饨、炒馄饨双双评为浙江省商业厅优质产品。

20世纪90年代初,周生记曾制作成了一道"百鸟朝凤"名菜,取一只煮熟的全鸡放入菜盆中央,以鸡当凤,再取周生记形似双羽小鸟的馄饨数十只成圆弧形围在鸡的四周,组成吉祥如意的美丽图景,饱眼福的同时也让人大饱口福。也是在这个时候,周生记开始烹制卤味,鲜香的卤鸡爪一炮打响,风靡湖州,被誉为"江南第一爪",后来还拓展了卤制品的种类。

当然,由于老字号经营体制、管理机制等因素的影响,20世纪末的几年里,周生记也遭遇了危机。浙江红鹰集团股份有限公司董事长虞炳泉有着浓厚的老字号情结,他认为老字号有着深厚的文化底蕴,是城市的历史遗迹,必须要保护和传承,他大胆接手亏损的周生记,当时还在湖州引起了不小的风波。

虞炳泉首先从人入手,妥善解决了400多名原企业职工的再就业,然后着手以品牌意识改革老店。在保护现有建筑的基础上,投入巨资进行了店铺装修和扩建,装修一新的老店古色古香,风格非常契合老字号。管理上,充分利用集团的综合功能,增强自身的竞争力,扩大社会效益。周生记开展了"五查一改"活动,即查质量意识、查质量水平、查现场管理、查质量损耗、查两个管理体系和改进工作中存在的问题,使每个员工理解保护公司品牌就像保护自己的眼睛一样重要,从而付诸行动。公司还把各项工作串联起来,形成流畅的流程。另外,公司还把产品质量和产品卫生作为生命线,建立了完善的食品安全管理保障体系,让老字号日益现代化与规范化。

周生记的产品不断推陈出新,增加了馄饨和卤味的花色品种,馄饨如三鲜、菜花头肉馅、芹菜肉等,卤味则在原来鸡爪、鸡腿、牛肉和酱鸭的基础上,增加了爆鱼、鹌鹑、元宝蛋、状元蹄、红烧狮子头、素鸡、五香豆腐干等等,还有夏季供应的五香兔子肉、扎肉等特色产品。现烧卤味上柜供应时,不仅店内顾客纷纷品尝,还有很多市民蜂拥而至,排队购买的火爆场面成为了湖州市一道独特的风景。

红鹰集团还为周生记确立了"加盟为主体,旗舰做示范"的连锁发展策略,使周生记产品销量持续上升。2005年,周生记扩建升级。2007年,集团在红旗路闹市区租赁了新的营业场所,将周生记和丁莲芳整合在一起经营,强强联手,满足了不同消费者的需求。

周生记的发展一路伴随着数不清的荣誉:1989年周生记传统馄饨和卤味鸡爪双双获得浙江省优质产品奖;1993年周生记被国内贸易部认定为"中华老

字号";1997 年中国烹饪协会确认周生记馄饨为"中华名小吃";2001 年在中国国际农业博览会上再次获得优质产品奖;近几年又分别获得"浙江省优质放心食品"、"全国绿色餐饮企业"、"首届长三角面点大赛金奖"、"全国百家消费者放心单位"、"浙江省知名商号"等荣誉称号。

地址：浙江省湖州市红旗路 43 号

野荸荠[1]

"野荸荠"是古镇南浔一家茶食老店，原来为苏州"野荸荠"的分号，如今总店已经不复存在了，分号却成为了当地著名的食品字号，创建年份为 1885 年。

荸荠是苏州的特产，苏州的荸荠味道非常好，其中有一种有人的虎口那么大，被称为"虎口荸荠"，清朝的时候作为贡品，价格不菲，于是民间就有了"天津鸭儿梨不敌苏州大荸荠"的说法。和苏州荸荠同样出名的是一家名为"野荸荠"的茶食店，老板姓沈。根据清代顾震涛的《吴门表隐》中的有关记载来看，这家茶食店至少在清道光年间就已经声名卓著，特别是其拳头产品饼饺，非常受欢迎。

清乾隆初年，沈氏在苏州城内今临顿路钮家巷北首创建了这家店。据说建造店铺的时候挖地基，曾经挖出一块类似荸荠的石头，而旧时苏州有个风俗，除夕年夜饭里要放几个荸荠，吃的时候挖出来，好比挖到了元宝，以图吉利，店主索性就将荸荠作为店铺牌号了。由于野荸荠茶食店奉行货真价实的经营原则，经过多年经营，名气越来越大，就连当时苏州府进贡的蜜饯也都由野荸荠代办。

名气大生意好，难免会有人仿冒。清同治六年(1867 年)四月，曾开设茶食店的邹阿五冒用野荸荠的牌号开了一家茶食店，店主沈世禄请求官府饬令邹阿五改换招牌，野荸荠打赢了今天称之为"知识产权"的维权官司。为了杜绝此类事情再次发生，沈世禄呈请官府发告示以绝后患，不久苏州知府即发告永远禁止同行冒牌。到了民国 5 年，店铺已经传到沈世禄侄子沈坚志的手里，仿冒者再次出现，店铺再次通过注册、执照、布告等方式禁止其他同行假冒自己牌号。

此时同行业之间的竞争日趋激烈，稻香村、叶受和等茶食店由于开设在观前街，地理位置优越而生意兴隆，相较之下，野荸荠所处位置很冷清。民国 9

① 部分参考资料来源：夏冰：《"野荸荠"茶食》，苏州政协网站，http://www.zx.suzhou.gov.cn/szzx/InfoDetail/? InfoID=73b1287c-2689-43b6-bb75-a051435db03b&CategoryNum=004002006

年,沈坚志把店铺迁到离观前街较近的临顿路萧家巷口。野荸荠制作的产品一向都非常注重品质,比如酒酿饼"以酒酿露发酵,其气芬芳,质松而软,虽隔数天依然其软如绵",其他如鲜肉饺、楂糕、云片糕、猪油糕、熏鱼等也是首屈一指。为了招徕顾客,店主特意做了一个非常大的野荸荠放在柜上作为识别。同行也不甘落后,不断改良品种,尤其是叶受和,在民国18年10月13日新屋落成开张时推出一个丹凤商标,上面绘有凤凰嘴衔稻穗,脚踩荸荠,暗含"吃掉稻香村,脚踏野荸荠"之意,商业竞争之激烈由此即可见。

到了民国19年,野荸荠因为亏本难以为继而被盘给了阊门外马路大亨罗锦堂,店号加上丰记两个字以示区别。罗锦堂把野荸荠迁至阊门马路,于民国19年12月12日重新开张。为了保证所有的人都知道这里就是野荸荠茶食店,罗锦堂在店门口的招牌上塑了三只醒目的大荸荠作为标志。每到中秋时节或者迁址开张周年的日子,罗锦堂都在各报纸刊登广告,用赠券促销的方法吸引顾客。店铺还雇佣名师制作种类繁多的茶点,如各式荤素月饼、绿豆糕、猪油年糕、酥糖等,另外还有糖果瓜子等零食。经过罗锦堂的苦心经营,野荸荠生意逐渐兴旺。而此时罗锦堂非常繁忙,不仅担任了茶食糖果业同业公会执行委员,另外还有紫阳观、凌嘉和茶食店等需要照料。所以在民国22年3月1日将野荸荠所有货物作价转让给丹徒大路李家村人李瑞禄经营,店号丰记被改为义记。民国24年,受到农村经济崩溃影响,野荸荠经营也有所衰落,但尚能维持。但是之后一年1月2日凌晨的一场大火让野荸荠损失惨重,又处于经济萧条时期,所以这家苏州茶食老字号无奈歇业。

野荸荠茶食店只有沈氏19世纪末在湖州南浔开的分店,其他并无分号。湖州野荸荠的桔红糕是老店的当家产品,能与闻名遐迩的南浔香大头菜和号称"味比玉露"的南浔水蜜桃等传统特产媲美。野荸荠桔红糕以存放数年的炒糯米粉为主要原料,色素是取特定地区的新鲜玫瑰花加植物"胭脂"染成的苏双,制作的时候把炒米粉、白砂糖、开水、糖玫瑰花酱按照一定的比例揉制后再冷却切块。桔红糕糯如软玉,甜而不腻,老少皆宜。野荸荠的定胜糕是其另一款拳头产品,同时还有如糖年糕、夹心中式鸡蛋糕、夹沙(或者麻)酥糖、松子云片糕、胡桃云片糕、干菜甜饺等食品。

现在提到桔红糕,最经常见到的一个说法是:"中国十大魅力名镇"之一南浔的传统特产之一。这就不得不提到南浔了。南浔地处苏杭嘉湖的中心点,南宋以来就已经是军事和交通要塞,因为浔溪河而得名浔溪,后来因为浔溪南面商贾云集,屋宇林立,所以又得名南林。1252年建镇,从浔溪和南林两个名字中各取首字,改称南浔。明万历到清中叶是南浔经济鼎盛时期,民间有"湖州一个城,不及南浔半个镇"之说。南浔还是中国近代史上罕见的一个巨富之镇,在这个古镇上,有着号称"四象"的江南四大首富,又有号称"八牯牛"的大富之户,还拥有充满了民间嘲讽意味的、号称"七十二只金黄狗"的豪门、财主。总之,这个魅力古镇有着讲不尽的故事。作为古镇一张名片的野荸荠为古镇增添了一道风景,而野荸荠也将随着南浔古镇走入更多人的视野中。

地址:浙江省湖州市南浔东大街 29 号

诸 老 大

诸老大是一个人,生于 1865 年,卒于 1927 年,名光潮,原籍绍兴,兄弟三人,排行第二,因为身材魁伟,人称"老大",他是湖州诸老大粽子店的创始人。诸老大也是一个品牌,有着"粽子状元"和"湖州粽子大王"的美称,始创于清光绪十三年(1887 年),金庸小说《鹿鼎记》里曾多次提到诸老大粽子。

诸光潮出生在绍兴一个贫困家庭,父亲早亡,由母亲帮佣拉扯长大,胞兄诸光华没有成年之前就来到湖州,进入茶食行业学艺。1878 年,诸光潮 14 岁,母亲患病瘫痪在床,生计十分艰难,于是携母亲来湖州投奔胞兄。经过在震远同茶食店当师傅的诸光华保荐,进入震远同当学徒。诸光潮天赋极高,加上勤奋好学,三年后全优出徒。他 17 岁的时候就学成了一般茶食糕点的制作技艺,21 岁的时候就能独立操作刀功大、难度高的花色云片糕、椒盐桃片、酥糖等细点,成为茶食行业青年师傅中的佼佼者。

1887 年,诸光潮离开了震远同,开始了独立的创业。在没有资金和店面的情况下,他从挑担叫卖小贩开始。抓住很多人喜爱甜食的特点,他精心制作了桔红糕和甜酥油饺,白天的销售地点在茶楼酒肆,晚上则是书剧场,大街小巷都留下了他的足迹。但一段时间下来,生意一般。他通过观察发现,这两种食品大小店铺都有销售,自己根本没有任何特色。一年清明前夕,他看见家家都在裹粽子,就有了灵感,马上裹了一桶赤豆粽子叫卖,一下子卖空,此后生意越来越好。这个经验告诉他,做生意必须投顾客所好,卖出特色。

确定了卖粽为主后,他从两个方面努力:首先是改进裹粽的技术,将民间三角粽改为独特的"长条四角形"粽,经过这样的改进,不仅让自己的粽子外形独特,还能够节省空间,多煮多装,这种形状也能保证粽子馅儿均匀分布,蒸煮和食用都非常方便。除了外形上的改观外,诸光潮还不断创制粽子新品种,当时江南粽子品种比较单一,只有赤豆粽、红枣粽、咸粽等,他大胆把咸粽改进成肉粽,还成功首创了"猪油洗沙甜粽",肉粽和甜粽成为了后来"诸老大粽子"的两大看家产品。

开始卖粽时,上午准备原料,下午裹粽煮粽,之后放在提桶内,手挎提桶走街串巷一路叫卖,晚上一手还提着马灯照明,口中高声喊着"火肉粽子……猪油洗沙粽子……",足迹遍及戏院、书场、作坊等。从晚上八点开始,一般到十点以后卖完回家,风雨无阻,大约历时十年。身材高大的他挎桶叫卖时非常显眼,人们不知道他的姓名,就管他叫"老大",后来知道他的姓氏,就叫他"诸老大",生意越来越红火,"诸老大"这个名称也就从绰号演变成了招牌。可以说,他和他的粽子已经成为当地人生活中重要的一个部分,缺了,就少了味道。

十多年挎桶叫卖,他积累了资金,也积累了信誉。1906年他42岁的时候,决定设立固定摊点营业。固定摊位的选址尤为重要,既要在闹市区,顾及大宗主顾的生意,又要靠近鸦片馆,招揽鸦片客,由于和瑞源珠宝店老板交情很好,他把摊设在彩凤坊瑞源珠宝商店门前(即今人民路五金交电商店处),开始了三四年的固定摊贩生涯。固定设置摊位让他有更多时间研究粽子的技艺,不但改进了甜粽和肉粽,还按照季节不同制作了鸡肉粽、排骨粽、蚕豆粽、豌豆粽等。他还加强了营销意识,包装使用了糙纸包和簧篮,印上了红底黑字"诸老大"三字,他的摊子逐渐具有了小店铺的规模。

1910年,46岁的诸老大开了一家以出售粽子为主,兼营茶食的"诸老大"店铺,店铺招牌就是"诸老大"。除了粽子外,还经营猪油年糕、糖年糕等茶食,全部由自己和家人制作,不外聘员工。

诸老大发家后仍然保持着对劳苦大众的同情心,乞丐上门讨饭时,经常给他们熟饭热菜,不准家人施舍冷饭馊菜,还立下如下规定:农历正月初一和十五上门的乞讨者,一律给铜板一枚,年三十晚八点之后上门的乞讨者,给年糕二两半。

1927年,诸老大卧病在床,告诫他的几个儿子要保持诸老大牌子经久不衰,必须注重质量和信誉。同年农历十月初八,诸老大去世。儿子们遵照他的嘱托,生意越来越好,1931年走上了全盛时期,这一年春天即迁址上太和坊瑞泰南货店对面(即现在的人民路向阳布店处)开设新店,临近鱼巷口闹市区,招牌是黑底金字"诸老大"三个字,两旁有"诸老大粽子茶食店"八个字,店堂后面是制粽作坊。

诸老大还在挎桶叫卖的时候,顾客就多属于比较富裕的中产阶级,也就是"意见领袖",是否能博得他们的喜好决定了诸老大能否占据市场。另外,诸老大粽子使用祖传配方,三伏天存放一星期不变质,冬天放半个月不走味,成了美食奇品。

诸老大最出名的粽子品种是洗沙甜粽和鲜肉咸粽,甜粽甜而糯,咸粽鲜而香。诸老大粽子脍炙人口,主要是源于以下因素:首先是选料认真,选用的糯米要颗颗饱满壮实,做洗沙用的赤豆必用"大红袍",猪油用上好的肥猪板油,裹箬用清香扑鼻的徽州伏箬;裹粽技术要过硬,力度合适,外形挺括,四角密封,打结都要求美观;煮粽子的时候火候的掌握也要恰到好处。成品粽子要在色、香、味三个方面都达到很高的要求,甜粽米白色,里面是乌黑油亮的洗沙,咸粽则是酱黄色;除了地道原料本身的香味外,还有洗沙中自制玫瑰露的玫瑰香;优质而又科学的配方,让粽子美味可口;多样化的品种也给了顾客很大的选择余地。另外,诸老大粽子的制作还采取了很多道消毒措施,保证食品的卫生清洁。

　　早在 20 世纪 20 年代末的西湖博览会上,诸老大粽子就曾获奖,声名大震,供应上海,名噪上海市场。1989年,在全国首届食品博览会展评中,诸老大粽子获得了"金鼎奖"和"部优产品"称号。另外,诸老大粽子还获得了"中华名小吃"、"首届中国粽子文化节金奖"、"中国食品博览会名特优新产品"等荣誉。

　　21 世纪以来,诸老大畅销我国很多城市,还远销日本。2003 年,诸老大生产基地整体搬迁到了湖州菱湖工业园,现代化的生产和经营管理为老字号插上了腾飞的翅膀。诸老大充分发挥自己的品牌优势,以独具特色的餐饮文化为基础,实施精品战略,让老店取得

浙江杭甬高速绍兴服务区店　戎　彦　摄

了傲人的销售业绩。诸老大不仅保持传统风味,还不断进行口味上的创新,以更好地适应市场需求。诸老大还在 2009 年和杭州世纪联华超市进行"双品牌运作",在杭州市场上销售的食品包装上印上联华品牌,希望借助这一渠道争取更大的市场份额。

地址:浙江省湖州市滨河路 826 号

老 恒 和

　　湖州老恒和始创于清光绪元年(1875 年),前身是老元大酱园,创始的时候在湖州北门坛前街,民国 19 年(1930 年)前后迁至耿家汇,取名"老恒和"。老恒和品牌现属于浙江中味酿造有限公司。

　　清代的老恒和下设四个分园,酿制多种调味品,以工艺纯、选料精、风味独特而享誉全城。老恒和的酱油、酱、酱菜都有多个品种,其中酱油有六七种,都有浓郁而又天然的香气;酱则有三四种,霜降酱尤其有名,这种酱选择的原料是东北大豆,制作的时间要求严格,一定要在伏天下缸;而酱菜品种则多达七八种。

　　1952 年,湖州城内酱园、酱酒店几家资金在万元以上的大户中,老恒和居首位,另外还有叙源酱园、乾昌酱园、马祥远酱园等,都是前店后坊的形式,主要酿制酱、酱油、醋、酱菜、腐乳等。1956 年公私合营中,老恒和、叙源、马祥远等酱园合并成立湖州老恒和酿造厂,厂子的生产纳入国家计划。

　　20 世纪 70 年代末到 90 年代初,酱制品行业进行了全面的技术改造,老恒和也改建了厂房,添置了新设备,形成以酱油生产为主体,同时生产腐乳、黄酒、饮料、果酱等九条生产流水线。20 世纪 90 年代的时候,老恒和还被认定为浙江唯一的战备酱腌业物资供应厂家。

　　进入新世纪,老字号由于自身的机制、沉重的负担,加上资金运转困难,面临倒闭。2005 年 3 月,湖州中味酿造有限公司收购了老恒和。中味接手老恒和以来,大刀阔斧地进行资产整合、设备改造、技术创新、人才招募、品牌重塑等,让老恒和重生。传统配方的优势加上现代工艺和营销手段,半年左右的时间老恒和旗下的黄酒、米醋、腐乳等特色产品就纷纷上市。

　　老恒和的黄酒曾经就屡获大奖,比如 1987 年全国黄酒评比优质奖,1992 年国家商业部优质产品奖等,但是到 2005 年的时候,老恒和的黄酒已经停产了。为了抢救非物质文化遗产,公司迅速创建了传统工艺与现代设备相结合的新型黄酒酿造车间,同时将失散在社会上的酿造高手请回公司,保护了湖州传统酿造产品。2009 年,中味全国黄酒招商会上,陈年老恒和黄酒高价拍卖,还签订了6000 万元的订单,老恒和的黄酒重新走红市场。

　　在科研院所专家的帮助下,利用老恒和传统酿造方法,公司还独家研制成功了用太湖鲜鱼酿造的鱼酿酱油,鲜度全国领先,蛋白质、氨基酸的含量大大高于豆酿酱油,使酱油中的植物蛋白升格为动物蛋白,开启了动物酿造的先河,为几千年的酿造史写下了新篇章。"淡水鱼酿营养酱油开发"项目还被列入国家级星火计划。

老恒和的玫瑰腐乳,在江浙一带名气很大,清光绪年间曾是宫廷贡品,在1929年首届西湖博览会上获得了金奖,1986年被评为省优质产品,1987年获部优质产品证书。玫瑰腐乳的起源,根据湖州府志记载,当年在做腐乳的时候,有个工人不小心把一匾玫瑰花瓣打翻到了缸里,没有想到腐乳做成之后,味道格外独特,于是产生了这个新产品。现在的玫瑰腐乳制作有十多道工序:用优质大豆浸、磨、滤、煮,接着二次过滤、点浆、压榨、划块,然后发酵、腌坯,加黄酒、料酒后再发酵,过半年后加白糖、优质玫瑰花等辅料。① 产品不仅有玫瑰芳香,还含多种氨基酸和钙铁等矿物质。

老恒和还不断创新产品,比如利用百年古法秘制配方结合现代加工工艺开发了"春不老"萝卜干,在2010年推向市场。"春不老"在太湖一带非常有名,早在清朝,湖州府志就有这样的记载:太湖萝卜赛过金坛藕。"春不老"的制作是在每年立冬以后,太湖农家把萝卜盐藏缸瓮,过冬不坏,后来"春不老"就成为了腌制萝卜干的代名词。老恒和精选立冬后霜降萝卜进行加工,这种萝卜细嫩多汁,腌制以后脆嫩咸甜鲜集于一身,非常受市场欢迎。

还要说一说的就是老恒和与世博。早在1915年巴拿马万国博览会上,老恒和的玫瑰腐乳就捧回了金奖,这也是继湖丝之后湖州第二个结缘世博的产品。而在时隔近一个世纪之后的2010年,中味集团又成为了世博会生命阳光馆的爱心合作伙伴,这也是继伊利和太太乐之后,第三家与世博合作的食品企业。"生命阳光馆"是世博会历史上首次设立的残疾人展馆,以"消除歧视,摆脱贫穷,关爱生命,共享阳光"为主题,诠释"让关爱的阳光照亮每一个残疾人的心灵"的理念。要成为生命阳光馆的合作伙伴必须经过慎重而严格的筛选,产品质量、行业领先地位、知名度、社会责任等都是考量的标准。

恒以持之,和信为本,这是老恒和创业人立下的祖训,代代相传。百年工艺,独门配方,加上现代科技,年产10万多吨调味品的老恒和在21世纪已经插上了腾飞的翅膀。

地址:浙江省湖州市吴兴区八里店食品工业园区

---

① 《老字号老恒和玫瑰腐乳》,都市快报数字报纸,2009-11-27,http://hzdaily.hangzhou.com.cn/dskb/html/2009—11/27/content_784499.html

乾 昌 ①

湖州乾昌酒业有限责任公司始创于清光绪十六年(1890 年),创始人是沈镜轩。近代四大家族之一陈果夫、陈立夫先生之父陈其业曾任乾昌总账房,1992 年国营湖州酒厂恢复老字号的时候,远在台湾 90 岁高龄的陈立夫先生闻讯挥毫为企业题名。"乾昌"在我国黄酒行业中享有"黄酒极品"的美名。

沈氏家族自明代嘉靖年间沈昂开始,世代居住在湖州府乌程县北门外八十庄荡湾村,自称"苕北荡湾沈氏",长期以经商为业。清朝末年,沈家依靠水上运输积累了资本,传到沈镜轩的时候,已经具有很强的实力。沈镜轩擅长经营实业,他涉足了金融、粮食、酿造等多个行业。在 1910 年的时候,沈镜轩建了沈氏义庄,后来又由他的儿子扩建,也就是今天的"莲花庄"大部。沈镜轩还曾为湖州光复作出了贡献,他曾是湖州尚武分会的发起人之一,还担任了副会长,为革命培养人才和力量。

1890 年,沈镜轩整合自己经营的实业,收购了"施益顺"酱园,投入大量资金进行扩充,还把酱园改名为"乾昌酱园",主要酿造黄酒和酱油,也生产酱制品。由于实力雄厚加上经营有方,乾昌迅速发展成为湖州著名的商号。

沈镜轩的儿子沈田莘(沈泽春,字田莘)毕业于日本明治大学,曾在清政府任职,民国时代历任军政各职。沈田莘把实业发展到了上海,1922 年前后创办了德和缫丝厂、德和丝织厂等,曾任"上海市电机丝织厂同业工会"第一任会长;1924 年与张静江、陈果夫、潘公展等湖州旅沪人士发起成立同乡会组织"湖社",自己任执行委员会主席;历任"上海总商会"第一届、第三届、第四届监察委员。他还擅长书画,曾任上海"清远艺社"社长。他兼顾上海和湖州的实业,乾昌的重大事情都是由他决策。到解放初 1951 年 11 月 1 日湖州市工商业登记申请书中,乾昌酱园的出资人仍是沈田莘。

沈镜轩父子对乾昌酱园倾注了大量的心血。首先,他们广泛收罗人才。比如陈勤士(陈其业,字勤士)就曾长期担任乾昌酱园和沈氏义庄的账房总管,他是陈果夫、陈立夫的父亲,曾担任吴兴县商会会长和浙江典业银行董事长等职,抗战之后还被选为全国工商界的"国大代表"。再比如蔡虚抱,曾任吴兴县酱园业商业同业公会理事长等职务,他是湖州酱酒业绝对的重量级人物,他于 1918

---

① 主要参考资料来源:《乾昌百年,酒中骄子》,浙江企业商号保护协会网站,http://www. zj-trade-name. com/news/index. php? func=detail&detailid=179&catalog=05

年进入乾昌，不久就开始担任经理主持工作。其次，他们还非常重视职工队伍建设，招收学徒都要经过经理面试。进店之后，进行业务培训，每天还安排一个小时左右学习文化业务知识、练习毛笔字、打算盘，每个月到作坊和师傅学习酱、酒等生产工艺，使学徒人人具备"下作坊上店堂"的本领。对店员的服务也是要求非常严格，有奖惩分明的规章制度，店内挂着"诚信处世，仁厚待人"、"货真价实、童叟无欺"等员工的行动准则。辛亥革命前，乾昌产品就已远近闻名，行销江浙两省，职工有六七十人，当时政府曾授予"青龙招牌"、"官酱园"等荣誉。

20世纪30年代，乾昌酒坊传统酿制方法产量不高，质量不稳定，也显示不出自己的特色。沈田莘要求蔡虚抱让师傅们不惜工本，在工艺上大下工夫，以突出自己的特色。经过多年的努力，乾昌最终形成了具有自己特色的酿造黄酒的工艺和相对固定的配方，原料的数量与比例都是由老师傅根据糯米质量、存放时间及酒母的发酵性能和酒的品种等来决定。乾昌遵循"精料精工，足料足时"的原则，选料精，用料充足，酿制精心，发酵时间充分，从而保证了最终成品的优质。完整工艺流程中的很多细节，乾昌都有自己的特色，比如在"摊饭"和"落缸"环节形成了"轮缸工艺"，这对酒的品质起到了很大的作用。

和其他酒坊相比，乾昌还有一个非常明显的优势，那就是有乾昌米行作为后盾。沈镜轩的元昌米行曾是湖州三大米行之首，后来划归了乾昌，酿酒原料都选用颗粒饱满精白的当年上好糯米、成熟的红皮小麦等；乾昌的用水也十分讲究，根据品种选用太湖水或天目山泉水；酒坊还十分重视麦曲和糖化发酵剂等的生产……这一切都让乾昌黄酒以醇厚独特的优势而取胜。当时，浙北、苏南，凡红白喜事或建屋上梁、新船下水等，都以用乾昌黄酒为贵，农村中婚迎嫁娶，经常在船头放上两坛系着红绸的乾昌黄酒。

抗日战争爆发之后，乾昌酱园也奄奄一息，几乎倒闭，直到抗战胜利之后才得以复苏。抗战后期，乾昌进行了重新规划整合，把原有的酱酒油、米行、米厂等组合，选择在水路发达的湖州郊区农船进城的集聚地，分别设立了乾昌北号（在北门潘公桥堍）、乾昌东号（在骆驼桥堍）、乾昌南号（在南门外北埭），总部仍设在西门下塘即乾昌西号，这样的分布极大地便利了四郊农村，加上乾昌一贯的优质产品和服务，乾昌的市场更加广阔和稳固。不久，乾昌就在苏州开设了分号，成为苏南市场的中转站，重现了过去的辉煌。

20世纪50年代，企业开始自己生产优良的黄酒糖化发酵剂根霉，这能够提高黄酒的品质和出酒率，做根霉的沈进德师傅成了远近闻名的人物。酿酒的科技刊物对此进行了介绍，有很多兄弟单位购买并长年使用。

1951 年的时候,沈苹莘已经 68 岁高龄了,身患中风,他的子女也不再继承父业,乾昌事物由总经理蔡虚抱主持,当时黄酒年产量为 18000 市斤左右。1956 年 7 月,以乾昌酱园作为主体,合并了老酒坊乾大洽、永源春和立新酒药厂,组成了公私合营湖州酒厂,专门生产黄酒、白酒和配制酒等酒类产品。1965 年,分散在市区的工场都集中到西门下塘,1960 年地方国营荻港酒厂并入,1969 年企业开始生产酒精,"文革"初期成为地方国营企业。

解放初期,每一个工作环节都是由手工完成,完全依靠人力,水是肩挑手提,蒸饭用土灶木甑,滤酒是木榨机加石块完成,主要的生产工具是扁担和洋撬。改革开放之后,各种技术人才调入,生产的机械化程度迅速提高,企业获得了新的活力。1982 年上马了 5000 吨黄酒和 5000 吨啤酒项目。

20 世纪 90 年代,顺应人们对健康的追求和保健意识不断增强的潮流,企业研发了不加任何药物、口味更佳且具有明显调节血脂、胆固醇、抗衰老等功能的磁处理酒——脉舒酒。脉舒酒的开发被列入(1990—1995)中国黄酒记事,产品获得了"中国黄酒行业优质奖"。

1992 年 4 月 1 日,湖州酒厂一分为二,黄酒、白酒和花色酒部分重新启用了"乾昌"字号,名为"地方国营乾昌酒厂"。1998 年,企业整体搬迁到湖州经济技术开发区现址。2001 年,企业改制为湖州乾昌酒业有限责任公司。

改制后,企业围绕"百年乾昌、诚信为本、弘扬传统、创新发展"的宗旨,在各方面都取得了长足的进步。企业坚持诚信原则,所有黄酒都采用大米酿造,袋装黄酒也不例外,而现在这样做的企业并不多,因为就这一项每年就要增加近百万元的成本。企业坚持继承百年乾昌的传统工艺,在此基础上融入高新科技,让自己沿着绿色、营养、科学、文化的方向发展。比如大米,都是由天目山涧水浇灌生长起来的,米饭烧制过程也是经过几代人传承下来的工艺,还用当地稻草制成缸盖,封坛的泥要用天目山的泥加水拌上一定的砻糠,用太湖枯荷叶和天目山竹笋苞叶封口……诸如此类的细节也是成就乾昌的原因。

短短几年的时间,公司就书写了我国黄酒行业若干个第一:膜生物反应器连续发酵黄酒工艺工业化的成功研发,改写了中国黄酒五千年的酿造史,这到今天都是乾昌黄酒口味极佳的法宝。企业自主研发出适合夏天饮用的乾昌虫草,黄酒夏天冰着喝,不仅开创了黄酒冰饮的新方式,也改写了黄酒一年销半载的尴尬历史,引起了强烈的反响。把传统的黄酒卖到营销市场最前沿的夜总会、KTV 等夜场,也是企业的创举。黄酒产销量在我国整体饮料酒中所占比例非常小,2008 年,叶辉决定开拓 KTV、夜总会等夜场。他从黄酒"整容"开始,采用修长透明瓶的设计,容量缩小,配以红酒用的软木塞,还在口感方面进行改革,以期迎合年轻消费者。

依靠独特技术,研发出我国酒精度数最低的黄酒。随着市场对黄酒口感、营养、健康等要求的逐步提高,"酒精少一点,健康多一点"已成为新的理念,但降低黄酒的酒精含量不是一个简单的问题,对原料、技术、工艺、产品稳定性等要求很高,生产度数低的黄酒,容易出现保存期短、口感和醇厚度降低的缺点。[①]乾昌与空军医学高等院校联手实施科技攻关,将独有的高科技物理处理技术应用于黄酒生产,酿造出我国度数最低的黄酒——金八度"乾昌虫草"黄酒,香气依然浓郁,口感依然醇厚,还更有益于人体健康。

企业的管理制度也是可圈可点的。进货验收制、进货索赔制、质量一票否决制、专家品尝制等管理制度的实施,确保了产品的质量。[②] 公司在原辅材料进厂时层层设关:采购员的市场选择关、仓库验收关、质监部门的检验关。创新的专家品尝制是在每一批酒投向市场前,除了技术人员品尝外,都要由全国黄酒专家委员会、企业老总品尝方可过关。

销售方面,2004年叶辉出任乾昌负责人之后,在稳定浙江、上海市场的基础上,提出了逐鹿苏南的战略,营销人员从消费者免费品尝到小店试销,从超市布点到经销商代理,从小到大,步步为营。如今"乾昌"在苏南规模较大的经销商达50余家。[③] "跨出湖州,立足长三角",乾昌进一步扩大了市场,目前在长三角的各大城市,无论是大型超市,还是小区小店,都能见到乾昌的身影。乾昌还进入了皇城根儿,飞往了宝岛台湾,以后,我们会在越来越多的地方看到乾昌。

2006年,乾昌通过食品安全市场准入审查组的现场审核,成为了湖州市黄酒行业首家通过 QS 认证的企业,获得了由中华人民共和国国家质量监督检验检疫总局颁发的《全国工业产品生产许可证》。乾昌还获得了"浙江省知名商号"、"全国食品安全百佳先进单位"等荣誉称号,通过创新基础上的"以新卖老",乾昌的道路必然会越走越宽广。

地址:浙江省湖州市经济技术开发区轻纺路88号

---

①《5年,百年乾昌完成"赶与超"》,湖州日报网络版,2009 - 3 - 13,http://hzrb. hz66. com/hzrb/html/2009—03/13/content_3295457. html

②《乾昌酒业获得市酒类行业首个质量安全 QS 标志》,原载湖州日报,转引自浙江湖州乾昌酒业网站,http://www. zjwine. com. cn/shownews. asp? id=28

③ 同上。

医药

慕 韩 斋

　　慕韩斋是湖州一家历史悠久的药店,具有较高的知名度,最初是浙江慈溪县叶姓人在湖州红旗路开设,创始人因为敬仰韩康卖药的精神,就把自己的药店取名为"叶慕韩斋"。

　　韩康,字伯休,东汉京兆霸陵(今陕西西安东)人,是东汉名医。他出身名门望族,精通诗书礼乐,由于看到了政界的黑暗,不选择进入仕途,而是隐姓埋名地生活。他经常到山里采集各种中草药,然后进行制作,以期实现自己普济众生的美好愿望。他卖药行医的足迹遍及长安,三十余年如一日,言不二价。有一次,一女子向韩康买药,讨价还价,韩康不让分毫,女子于是说:你莫非就是韩伯休? 才口不二价! 韩康没有想到自己隐姓埋名还是被认出,于是选择隐遁霸陵山中。朝廷多次派人进山请他出来做官,韩康死活不肯。后来,汉桓帝亲自派专员驾车去请他。当使者捧着圣旨找到韩康时,他只好答应出山。但是坚决不乘官车,而是自己驾着一辆破牛车先于使者启程。在一个驿亭,碰到亭长奉命从民间征召壮丁和牲口,亭长见他布衣牛车,就让手下抢过他的牛,韩康不动声色地交出了牛。等使者赶到以后,想要斩杀亭长,韩康则说是自己把牛交出去的,亭长没有什么错。但在进京的路上,韩康还是设计逃回了深山老林,最终以高寿无疾而终。

　　清光绪四年(1878年),慈溪县密家埭韩梅轩接手了药店,委任朱维清为经理。当时慕韩斋处在湖州两家大药店之间,右侧是眉寿堂,左侧是方文一,由于竞争激烈,慕韩斋发展并不好。朱维清苦心经营,用韩康精神,采办地道药材,讲究质量和服务,重视信誉,经过二十多年,左右两家相继关闭,慕韩斋则越来越兴旺,成为太湖南岸、苏浙皖地区非常有声望的一家药店。

　　2002年5月,由湖州医药采购供应站改制成立了浙江复星医药有限公司。2004年,以复星为主成立了湖州复星大药房连锁有限公司,公司在湖州城区和乡镇设立了 40 多家连锁零售药店,这其中就包括了慕韩斋这家在百姓心中享有极高盛誉的老店。慕韩斋是浙江复星在湖州最大的单体药店,占据着浙江复星连锁药房零售的半壁江山。

为了促进发展,发挥百年慕韩斋的品牌魅力,挖掘老字号悠久的文化内涵,2009 年,湖州复星大药房连锁有限公司更名为湖州慕韩斋医药连锁有限公司,公司将进一步拓展和深入挖掘百年品牌的内涵,回馈广大消费者。

慕韩斋药房中挂满了古色古香的字画,都是出自浙江复星医药人之手,这也是慕韩斋员工引以为傲的地方,企业自己的书画家把慕韩斋的企业文化融入作品中,传承着属于慕韩斋的文化底蕴。慕韩斋还开辟了特色名医坐堂,进行商品结构调整,加强用药服务和销售促进,擦亮了慕韩斋这块老牌子。

地址：浙江省湖州市吴兴区红旗路 16 号

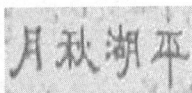

月秋湖平

永 昌

永昌绸厂是一家百年老厂,创始于 1919 年,历史悠久,以独具匠心的设计和浓郁的江南风格而享誉中外。自 20 世纪 30 年代初,永昌就自行设计生产真丝庐山纱及传统绉、缎、葛类高档品种,永昌的平湖秋月牌、西湖牌、宝塔牌产品都是经久不衰,深受消费者欢迎。永昌有多个商标是国家著名商标,比如平湖秋月、采桑、保俶塔等,曾多次获得各种奖项,产品驰名中外。

平湖秋月则是永昌知名度最高的品牌,是永昌独家生产并经历数十年的传统名牌,工艺独特、复杂而精细,是 20 世纪 80 年代国家领导人出访东南亚各国时指定服装面料。平湖秋月可以说是企业在商业和手工业竞争中留下来的极品,已经成为了中华民族丝绸文化一个独特的符号。经过改制,永昌丝绸有限公司现在成为丝绸之路集团的下属公司之一。

湖州具有 4700 多年的丝绸文化,自古以"丝绸之府"享誉海内外。丝绸工业曾经长期作为湖州的支柱产业,形成一条从种桑养蚕、缫丝织绸、印染整理到服装制作的完整产业链。[1] 但是,由于体制机制等诸多原因,到了 20 世纪 90 年代末,湖州丝绸业整体陷入滑坡。2001 年,湖州丝绸国企全面改制,但振兴大业无人问津。等到湖州爆出冷门说是一位丝绸行业下岗再就业的工人凌兰芳收

---

① 《重振雄风 再创强势——丝绸之路集团着力提升传统丝绸》,原载《浙江日报》,转引自中国服装网,http://www.efu.com.cn/data/2006/2006 - 11 - 14/173275.shtml

购永昌时，人们都说他吃了豹子胆。① 凌兰芳以"振兴丝绸、扩大就业"为己任，仅用三年时间就收购重组了永昌丝绸、浙丝二厂、华绫服装等七家国有丝绸企业，大手笔整合资源，让分散的弱势转变成了聚合的强势，直惹得其他改制的工厂员工集体"强烈要求凌兰芳来收购"。

永昌和大专院校合作，研发和创造拥有自主知识产权的真丝数码织锦，并专门组建下属数码织锦公司，把高科技成果转化为生产力，并取得丰硕成果。该产品荣获国家技术发明二等奖和国家专利，荣膺中国丝绸新产品金奖。② 数码织锦可以丰富织物色彩，解决了丝织工艺发展中的一个关键问题。数码织锦技术可以非常完美地复制中外书画名家名作，也可以用来制作各种景观的工艺品。丝绸本来就有软黄金和寸锦寸金之说，用真丝数码织锦工艺研发的以中国书画为载体的真丝数码织锦字画成为了极具文化内涵和艺术价值的珍品。近年来，真丝数码织锦产品一直是国内外政府机构、国家领导人、跨国企业等的首选赠品。用这种技术生产出来的产品已经销往全国各地，还走向日本、韩国等东南亚国家以及西欧、北美等。

2008 年，丝绸之路集团开始了全面的战略转型。凌兰芳首先提出了"2008，我们开始微笑"，指的是要把丝绸这个传统制造业转型为先进制造业，进而与现代服务业联动发展，创建民族丝绸品牌，打造世界丝绸瑰宝。集团投资建设了丝绸园，重点生产丝绸家纺，建立自主研发、自主营销、自主品牌三大体系。同时，在资源密集的中西部建立初加工基地，在技术密集的东部建立深加工基地，在产业密集集群的周边建立外协外包基地，在信息和市场密集的杭州等地建立品牌研发基地，在全国数十家大中城市建立销售网络。凌兰芳③说，新的丝绸之路要朝着国际化经营、品牌经营、产业集群的方向走。丝绸之路集团注册了一个融传统与时尚的新品牌——湖商，打算用几年的时间，打响这个品牌。

永昌丝绸已经搬迁到南浔区菱湖镇竹墩村第五厂区。丝绸之路集团还在全国蚕茧大省之一的广西投资了一大生产基地，解决当地蚕茧供应有限的问题。另外，如重离子辐射改良蚕茧品种等各种研发项目也让丝绸之路的创新道路越走越坚实。

地址：浙江省湖州市菱湖竹墩工业园区

---

① 《湖州有个凌兰芳》，湖州在线·湖商，http://hs. hz66. com/content. asp? Id＝232

② 资料来源：浙江湖州永昌丝绸有限公司网站，http://www. shumazhijin. cn/athena/companyprofile/silkroadsmzj. html

③ 主要参考资料：《湖州有个凌兰芳》，湖州在线·湖商，http://hs. hz66. com/content. asp? Id＝232

温

州

　　温州简称瓯,别称鹿城,因为位于温峤岭南,"虽隆冬而恒燠",四季都是温和湿润的,所以称作温州。温州文化灿烂,史称"东南邹鲁"。温州还是中国数学家的摇篮、中国山水诗的发祥地、中国南戏的故乡、中国民营经济发展的先发地区与改革开放的前沿阵地。[①]

　　温州自古商贾云集,素有"东瓯名镇"之称,南宋诗人杨蟠有诗称"一片繁华海上头,从来唤作小杭州"。温州的乐清、瑞安是民营经济"温州模式"的发祥地;"人杰地灵,天瑞地安",民间自古就有"瑞安出才子"的美誉;"水长而美"的永嘉从唐朝至清朝一共有过 604 位进士,两宋时期,曾经出现辉煌的"永嘉学派"、"永嘉四灵",在中国文化史上有着显著的地位;温州还有"中国古廊桥之乡"和"中国茶叶之乡"的因"国泰民安,风调雨顺"而得名的泰顺……温州有着多项"××都"、"××城"、"××乡"的美誉,民营经济创造了众多的全国第一,在商界是受世人瞩目之地。

食品加工

擒雕牌

"擒雕牌"是中国乳品工业最古老的商标，也是中国第一个乳业品牌企业——创立于 1926 年的百好奶品厂的主导品牌，创立者是当年温州最大的资本家之一吴百亨先生。吴百亨将奶品厂命名为"百好"，有两个意思：第一，温州方言"百好"与"百亨"谐音；第二，"百好"有"百事如意"之意。百好造就了中国乳品工业史上的几大之最：中国乳品工业最早的乳制品加工企业、拥有中国乳品工业最古老的"擒雕牌"商标、是目前中国甜炼乳产品生产规模最大的企业。

吴百亨本来是药材商人，20 世纪 20 年代，因为国内工业的落后，大批洋商纷纷来到中国，疯狂赚取中国人的血汗钱，吴百亨觉得办实业更有意义，于是他坚定了自己"振兴实业，抵制洋货"的决心。

当时我国乳品工业是一片空白，英国"纳司而英瑞"公司出品的"飞鹰牌"炼乳抓住这个机会，在我国到处设代理倾销自己的产品，很快就垄断了我国市场。飞鹰牌炼乳在温州也非常受欢迎，经常脱销。经过吴百亨的调查，飞鹰产品为英国商人带来了非常高的利润。正好在这个时候，浙江陆续创办了一些奶牛

创始人：吴百亨①

场。温州有丰富的奶源基础，而在销售方面，吴百亨本来就是轻车熟路，于是他下决心试制炼乳。

当时温州有人用直接烫浴法试制炼乳，有焦味且色泽不好。吴百亨在研制

---

① 图片来源：《"白日擒雕"牌炼乳》，中国遗产网，http://www.ccnh.cn/cyyc/syyc/aszqwe/265695913.html

我国自己的炼乳产品上倾注了全部的心血，经过多次的失败，历时一年，最后借鉴了成药的制作方法，采用了熏烫蒸发法，加上温州水牛奶本身品质就很好，因此成功地生产出了蛋白质含量高、奶香味也非常好的炼乳，丝毫不逊色于飞鹰牌炼乳。吴百亨生产的炼乳在市场上销路很好，很快就需要扩大生产了。这就要解决奶源不足的问题。吴百亨购买了六头优种荷兰牛，自办了奶牛场，然后为农民提供贷款鼓励农民饲养奶牛，自己则定期收购鲜奶，通过这些方式，有效解决了奶源问题。吴百亨炼乳的日产量从开始的几箱跃为两万六千余箱，销往全国各地。1926 年，吴百亨把自己的炼乳厂取名为百好炼乳厂。

吴百亨从自己多年的商战中得出经验，商标一定要有讲究。由于飞鹰的商标和包装顾客已经非常熟悉了，所以如果用完全不同的图案不利于产品的销售，当然完全模仿英国公司也是不可行的。吴百亨和朋友商量以后，决定以"白日擒雕"为立意，用"只手擒雕"做图案，把商标定名为"擒雕"①。除了商标仍然以和鹰接近的雕进行创作外，产品包装也采用了和飞鹰比较近似的。当然擒雕和飞鹰的商标还是有着非常明显的区别，飞鹰牌的图案是立在树枝上口衔标带的鹰，头向左有飞翔的感觉，而白日擒雕则是一只手擒雕于烈日下，雕向右展翅，白日擒雕的意思是不允许外来的鹰在中国市场上肆意横行。吴百亨还进行了"擒雕牌"的商标注册。擒雕产品备受市场欢迎的同时，白日擒雕品牌的知名度也越来越高。1929 年中华国货展览会上，擒雕牌荣获一等奖，之后还在西湖博览会上荣获特等奖。

英国"纳司而英瑞"公司看到这个冒出来的劲敌，坐不住了，从商标申诉、降价销售、诋毁陷害、引诱收买等几个方面为难擒雕。

英国公司首先聘请了律师，向南京国民政府商标局提出申诉，认为擒雕仿冒了飞鹰，包装和字体也都抄袭了飞鹰，非常容易误导消费者。他们还蛮横地提出，类似鹰的鸟类用作商标，都容易让消费者误会。英国公司要求撤销擒雕的商标权。而吴百亨对于这场商标之争早就了然于心，他利用了一个很好的时机，那就是南京政府当时要求所有外商必须在六个月内重新向南京政府登记商标，否则就视为新商标。百好申请擒雕牌之后，按照商标法，六个月内没有异议，则获得商标注册。英国公司没有向南京政府重新申报，也没有在规定时间内提出异议，直到意识到对手的力量和对自己产生的威胁，才提出了申诉。百好据理力争，除了相关法规外，百好还以自己先登记反过来要求飞鹰撤销，同时提出日本人也曾使用过鸷鸟商标，并没有被阻止使用。当局最终只好判定擒雕和飞鹰两个商标并行。

---

① 《民族精神缔造百年"擒雕"》，《非常关注》，2010 年 5 月版，第 48 页。

飞鹰并没有就此罢手,决定压低自己产品的销售价格。飞鹰在温州把炼乳从每听 6~7 角大洋降低到了 5 角大洋,挽回了不少顾客。吴百亨为了占有市场,也采用降价销售的策略应对,而且选择在上海、宁波、绍兴、福州、厦门等地同时进行。由于擒雕销量差不多只是飞鹰的千分之一,因此降价给擒雕带来的损失远远小于飞鹰。三个多月后,飞鹰实在输不起了,狼狈结束了价格战。

　　飞鹰多次失手之后,决定采用诋毁对手的阴险招数。1933 年,英国公司指使福州亚士德洋行一次购买了一千多箱擒雕炼乳,存放变质之后投放市场销售。吴百亨接到亚士德洋行老板来电的严厉质问后,马上派会计带钱到福州收回所有的变质产品。之后,受吴百亨之托,他还把所有福州的商业大亨邀请到当地的望江大酒楼,设酒宴款待。席间,闽江上传来了巨大的响声,大亨们看见闽江一条船上有人把一箱箱的货物扔到江里。原来,这是吴百亨雇人把变质的所有炼乳都扔到江里,围观的人都在议论厂家注重质量和信誉,大亨们也纷纷赞扬吴百亨。吴百亨在事后还赔偿了亚士德洋行的所有损失。吴百亨此次尽管损失了全部财产的三分之一,但让擒雕获得了极高的社会声誉,在无论是产品质量还是诚信度都让人绝对放心的前提下,擒雕获得了前所未有的发展,短短几年时间就渐渐抢回了被洋货长期垄断的中国市场。

　　飞鹰百般挑衅而不得手,于是就以高回报作为诱惑提出和擒雕合作,想要借此吞并擒雕。飞鹰提出了合作条件,百好负责生产,投资比重占 51%,飞鹰则负责销售,投资比重占 49%,为了笼络吴百亨,还要多给他股权。吴百亨斩钉截铁地拒绝了对方的要求,声明自己设厂宗旨就是发展民族企业。吴百亨还一语双关地问对方:"因为'飞鹰横飞',所以才出现'擒雕之手',你说这只'手'会和那只'鹰'去合作吗?"英国公司万不得已,又提出以十万银元的价格收购擒雕牌商标权,再次遭到吴百亨的严词拒绝。

　　这之后,飞鹰在中国彻底失去了地位,不久之后就退出了中国市场,而擒雕则迎来了自己发展的黄金期。吴百亨决心进一步扩大生产,首先要解决的就是取得稳定而丰富的乳源。他得知距离温州市百余里的瑞安县(现在已经改为市)马屿区养的水牛很多,这种牛的奶品质非常好。经过调研,吴百亨在 1930年把厂子迁到了那里。之后,他陆续向外国订购了很多机械设备,让百好十六道工序实现了系统化和半机械化。百好还招揽人才,聘请了毕业于美国康尼尔大学乳品专业的许康祖。百好逐渐发展成为了初具规模的现代化乳品工厂,擒雕炼乳销量节节攀升。之后,吴百亨又向日本订购了当时最为先进的橡皮自动封罐机的炼乳设备,还向日本学习技术,设备投入使用以后,百好的产品品种极大地丰富了,尤其是以江心寺的塔作为商标的奶油,能与法国的名牌乳酪相提并论,人称"白塔油"。

1939 年 9 月 25 日下午两点,日机袭击百好,大部分厂房和仪器设备被损毁,工厂损失达六万多元。温州失陷以后,瑞安也被日军占领,奶厂再度遭到厄运。抗战之后又是内战,百好乳品厂奄奄一息。

1949 年瑞安解放之后,百好厂才枯木逢春,重新走上欣欣向荣的发展之路。在各方的共同努力下,百好厂在 1950 年重新开始生产,产品也正式出口,1954 年顺利完成了公私合营,吴百亨被任命为百好乳品厂经理。

1957 年,吴百亨被错划为右派,"文革"中又蒙受冤屈。1973 年 9 月吴百亨因病去世,享年 80 岁。1978 年后,得到平反昭雪。

20 世纪 70 年代,由于当时物资短缺,中国乳制品非常落后,国家对擒雕的发展非常重视,百好的发展达到鼎盛。尼克松总统访华时,食用的黄油就是由百好生产的。

到了 1995 年,百好乳业由于历史负担过重、机制不灵活及市场疲软等诸多不利因素[①],企业效益年年滑坡,濒临破产。1996 年,百好改制,成立瑞安市百好乳业有限公司,在这样的机制下,百好的销售收入、税利等经济指标逐年增长,每年增长速度保持在 30% 左右。擒雕牌甜炼乳系列产品的市场占有率也在不断上升,在浙江省达到 70%,出口量占了全国 50% 的份额,成为中国炼乳生产企业大户。从 1997 年开始,百好就不断进行技术创新和产品创新,一直保持着行业内领先的优势。

进入 21 世纪以后,百好乳业的产品从单一甜炼乳扩大到炼乳、液态奶两大系列,从擒雕发展到百强、信鸽、白熊等十几个品牌,生产能力为中国之首、亚洲第三。擒雕牌炼乳于 2004 年成为温州市首个通过国家质监总局"原产地标记"认证的品牌。2005 年,根据中国乳制品工业协会统计,炼乳市场占有率在同行业中排名第一,销售量、出口量全国最大。2006 年,擒雕这个中国乳品工业史上最早的民族品牌,被国家商务部授予"中华老字号"称号。

擒雕牌甜炼乳曾荣获多项荣誉:1929 年获中华国货展览会一等奖;1930 年获西湖博览会特等奖;1983、1988 年蝉联国家银质奖(乳质品最高奖);1989、1991 年蝉联北京国际博览会金奖;轻工业部优秀出口产品金质奖,2001 年获中国国际农业博览会名牌产品,2002 年浙江农业博览会金奖,2000、2003、2006 年获浙江省名牌产品,2001、2003、2007 年擒雕牌商标获浙江省著名商标,2004 年、2007 年荣获国家原产地标记。

地址:浙江省温州瑞安市沿江西路 163 号

---

①《百好:二次创业再"擒雕"》,原载《瑞安日报》,转引自瑞安地名网,http://www.radm.cn/razx_show_353.html

　　李大同茶食品店创办于清代光绪十四年(1889年),创始人李瑞庆是浙南一带的糕点名师。李瑞庆非常推崇孙中山"世界大同"的观点,所以就为自己的店铺取名为"大同"。他博采众长,诚实经商,确定了十六字的经营原则:"选料考究,做工精细,三天为限,老少无欺",依照此原则,李大同十几年的时间就从一间小作坊发展到遍及温州七县,还在杭州、上海设立分号的茶食糕点企业,产品远销东南亚、日韩甚至欧洲。

　　经过李瑞庆和儿子李锦淮的精心经营,到20世纪30年代,李大同已经发展成为浙南闽北著名的大商号。李大同的主要产品有双炊糕、面茶糕、芙蓉糖、空心月、芝麻巧等茶食糕点,产品具有甜酥软韧香的特色,被视作浙南特产。

　　双炊糕是李大同最著名的产品之一,双炊糕之所以软韧适度,甜而不腻,主要原因有两个:一是以油代水,二是糯米独特。这种糯米是李瑞庆、李锦淮父子找遍很多地方,于20世纪30年代在文成县双桂乡山坳里发现的,这种糯米单季,色淡红,粒长,产量低但韧性好,人称箬糕糯。李家父子垫付资本,鼓励种植这样的糯米,还高价包销,从而确保了这种优质的原料。

　　1946年,李锦淮的第三个儿子李定波接手了李大同。1952年,因为政治原因,李大同停业。直至1980年,一位客居台湾的瑞安籍人士,久病之后非常想念李大同双炊糕的滋味,托人打听李家后裔的下落,李大同第三代传人李观成(老五)和李定波(老三)才重操祖业,让消失了整整三十年的李大同重出江湖。借助老字号的名声,讲诚信的经营态度,加上严格按照传统制作工艺加工产品,李大同糕点销量逐年增加,再度声名鹊起。

　　1982年,李观成几次赶赴文成山区,找到当年合作种植糯谷的叶氏子孙叶瑞生,希望他们重新种植红糯,仍然由李大同包销。但叶家认为,种植杂交粮亩产千斤,可以收获两季,加起来就是一吨,而单季红糯亩产才300斤左右,非常不划算。李观成算了一笔账,一斤糯谷要抵七斤杂交稻,但是为了李大同的招牌和拳头产品双炊糕的质量,他签下了这个高价协议。1983年,叶家种植的红糯无论是质量还是产量都达到了要求,亩产300斤,共50亩,李观成按照一斤红糯抵七斤杂交稻的价格结算。1984年马上扩大了种植规模,达到了300亩。但是在这一年遇到了强台风,台风就是在浙南登陆的,稻株很高的糯谷四成歪倒。因为这次强台风,最终亩产平均只有160来斤。仍然换算成杂交稻的价格,每斤折合10斤杂交稻才能勉强保本,12斤才能稍有赚。李观成听取了稻农的意见,为了保证以后稻农种植的积极性,最终按照10斤杂交稻的价格折算,确保了原材料的稳定供应。也是在这一年,台湾温州同乡会总干事孙竺回到了温州,他几次光顾李大同,把茶食捎到台湾。听说李观成多算钱给稻农的消息,他当即挥笔赠联:大江南北蜚声远,同样东西仗货真。

李大同在发展过程中,出现了由李氏后人共同经营多家李大同的情况,一共有四家,分别是:李观成经营的"瑞安李大同(老五房)茶食品店"、李敬钏(老二儿子,李锦淮因长子早逝无后嗣,老二李云波称自己为"老大房"①)经营的"瑞安李大同老大房食品厂"、李爱玲(老三女儿)经营的"瑞安市城关李定波李大同茶食品号"、李爱香(老三女儿)经营的"瑞安市飞云李大同老三房食品加工厂"。1980年,李定波经过工商部门批准,开设了李大同夫妻店,1984年还换发了新的营业执照。李定波的弟弟李观成在他这里赊了一些糕点,在外零售,后来李观成和侄子李敬钏合伙,以李观成妻子韩爱华的名义申报了"瑞安市城关镇李大同茶食店"。1989年,叔侄分开,李观成独立经营李大同(老五房)茶食品店。李观成意识到李大同品牌的价值,为自己的产品制定了"环球"标志的李大同商标。多家李大同让李大同发展到辉煌,但是也带来了李家后人的商标和招牌的争议。经过裁定以后,李大同商标归老五房所有。

李大同(老五房)茶食品店现任掌门是李大同的第四代传人,李观成的儿子李敬斌。李敬斌大学毕业后做了中学语文教师,看着父亲年纪越来越大,就从1995年开始做起了父亲的助手,后来干脆继承了父亲的糕点事业。李观成非常高兴,马上又把女婿孙广秧也拉到糕点店。

新一代接班人有和李观成不一样的经营思路,他们按照现代企业的模式来运作李大同,为了提高品牌知名度,他们积极参加各种美食博览会。2007年5月,李大同在淘宝网上开了"李大同旗舰店",不仅突破了地域的局限,还能够和顾客互动交流,可以延续和打响李大同的老字号招牌。李大同(老五房)茶食品店在瑞安已经发展到一个总店、两个分店和一个加工厂的规模。

李大同(老五房)茶食品店得到了很好的发展,连续六年被评为瑞安市农业龙头企业,"环球李大同牌"先后被评为瑞安市名牌商标和温州知名商标,产品数次在全国和浙江省农博会获奖。2006年11月李大同(老五房)茶食品店被国家商务部首批认定为"中华老字号"。

---

① 《老五房独享"李大同"》,原载《温州都市报》,转引自新浪网,http://finance.sina.com.cn/roll/20051229/1113471900.shtml

李大同月饼的故事①

关于李大同月饼,民间流传着几则故事,从中都能够看出李大同在民间的影响力。

特大月饼、老鼠与"分发"

据说,某年的中秋节之前,李大同做了一个有圆桌面那么大的特大号月饼,立在店堂中展览,准备中秋节当天分给穷苦人吃。八月十五当天,李大同人山人海,师傅切开月饼的时候,里面跳出了两只大老鼠。原来竖立的月饼下端接近地板,老鼠打了洞去月饼里面吃馅儿。老板让人扔掉了被老鼠吃过的大月饼,让伙计把店里的小月饼拿出来分给孩子和穷苦人吃。

很多人都在议论,十二生肖中老鼠是第一个,分发月饼给大家的"分发"两个字有"分外发达"和"分外发财"的意思,于是就有人预言李大同在当地一定是第一个发达和发财的店铺。这话后来果然变成了现实。

武林高手盛赞月饼

过去,每年旧历的八月十五和十六两天,是瑞安忠义庙的庙会。十五日的国术表演中,由瑞安的武林高手们在忠义庙戏台上表演武艺。有一年表演之后的奖励就是一筒李大同的空心月饼,一筒月饼有十多个,摞起来高达八寸,外面包裹着红纸,还用红色的绳子捆牢。李大同月饼得到了武林高手们的盛赞,他们说李大同出产的月饼最好吃,第二是祥丰的,第三是同昌的(祥丰、同昌都是当时的南货糕饼店)。

斗蟋蟀和月饼

瑞安青少年很喜欢斗蟋蟀,经常用月饼作为对胜者的奖赏和败者的惩罚。斗蟋蟀之前,双方先到李大同店里各买一筒月饼,哪一方获胜,就能得到这两筒月饼。瑞安柏树巷有位洪彦超先生,善于驯斗蟋蟀,经常获胜,所以赢了不少月饼。偶尔失败的时候,他就施出伎俩,要拿另外一只蟋蟀和对方比试,在捉自己刚斗败的蟋蟀的时候,乘机捏伤对方的蟋蟀,从而最终取胜。有的时候这种伎俩被识破,洪先生就拿着月饼走开,有人骂洪彦超斗蟋蟀"短命干"!

李大同月饼的包装纸

每年中秋,李大同销售月饼的时候,就在店堂的墙壁上贴出了一排排的月饼包装纸,包装纸非常精美,大约一尺见方,内容很丰富,有嫦娥奔月、貂蝉拜月、月兔捣药、太白摸月、刘海仙钓金蟾、招财送宝、一本万利、麻姑献寿、桃园结义、草船借箭、萧何追韩信、梁山伯与祝英台等,来店里看这些精美包装纸的人

---

① 参考资料:《孙师敬,李大同月饼故事多》,温州日报网络版,http://www.wzrb.com.cn/node2/node144/userobject8ai171618.html

络绎不绝。当时出售直径达八寸的大号月饼,每个月饼都贴上一张图画。中秋节的时候正好也是收获的季节,很多农民会到李大同买个大月饼带回家给孩子吃,买的时候还特意多要一张图画,回去之后贴在家里。李大同带给百姓的已经不仅仅是食品了。

老外盛赞空心月饼

从前,有位老外到李大同店里买了空心月饼,拿到月饼他左瞧右看,还弹了几下。老外感叹"神乎,神乎!",认为月饼制作技艺太绝了。有顾客问为什么如此盛赞,老外说"月饼是空心的,中空六分高许,这是用气筒把空气打进去的——'空',这是一神。"又说:"月饼做得这么松,我咬几口,好像天塌下来,全融化入我的口腔中——'松',这是二神。"还说:"月饼两面都是芝麻,这要用小镊子将芝麻一粒一粒夹起嵌上去,要用多大的工夫呀——这'工'是三神。"这位顾客嘲笑老外把粘芝麻这么简单的事情都看作绝技。另一位顾客则反问:"空心月饼怎么做成空心的,且上下内侧两壁还涂有松脆的糖,这又是怎么做的?"嘲笑老外的人马上就哑口无言了。

地址:浙江省温州瑞安市玉海街道虹桥南路 177 号(虹桥路分店)

潘 瑞 源

潘瑞源始创于清朝宣统三年(1911 年),创始人潘公瑞源,浙江温州人(当时是永嘉府),出身中医世家,精通中医。

当时浙闽一带地势低下而潮湿,恶性疟疾等疾病横行,潘公一直在思索、寻找食疗的方式帮助百姓强身健体。他知道椒蒜之类的食物具有祛邪强身的药用性能,于是就立志用这一原料制成食疗调味品,随每天的饭食服用。经过反复试验,终于配制成蒜蓉辣酱分送邻里。不久,居然见到了奇效,疫病锐减,来求辣酱的人越来越多。潘公得知瑞安依山傍水之处非常适宜广泛种植椒蒜,非常高兴,于是举家迁回祖籍瑞安,种植椒蒜并开设作坊,设店于城区东镇,即瑞安县潘瑞源辣酱店。潘公非常重视原料,选择身形饱满、颜色鲜艳的作为主料,精工配制,使配方日趋完善。潘瑞源辣酱具有强身健体的功效,深得乡邻称赞,很快就誉满江南。

现在潘瑞源已经是瑞安市潘瑞源食品有限公司了。公司致力于成为调味品研发、生产、市场推广为一体的专业型企业。公司投资在瑞安市飞云新区征地十亩新建厂区,同时引进先进的全自动生产、检验等设备。公司拥有一支专业技术人员和管理人员队伍,还拥有先进的研发能力、科学的管理模式和营销理念。本着高标准、高品位、创品牌的理念,公司准备把百年老店打造成食品行业里生产调味品的一流品牌。现在公司及其产品已经被市政府列入第一批非物质文化遗产、"浙江老字号"企业及浙江名牌农产品。近年来公司系列产品连续几年荣获浙江农博会优质产品金奖,还有多种产品被国家认定为中国绿色食品。

潘晓宇现任瑞安市潘瑞源食品有限公司经理,考虑到一些人喜欢辣椒但是又不敢吃的顾虑,潘晓宇特别成立专项研发小组共同探讨,采取内降外和、相得益彰的思路,调整辣酱配方和加工工艺,成功推出"吃辣不上火"的新型辣酱,迎合了消费者的心理和需求。

地址:浙江省温州市瑞安桐浦乡丁岙发展区

同 春

同春品牌创立于民国 8 年(1919 年),企业坐落在山清水秀、气候宜人、泉水清甜的鱼米之乡——金乡镇,金乡是著名的古镇,旧时称金乡卫,由明朝著名抗倭将领戚继光建造。同春酿造是浙南酿造业的鼻祖。

1919 年,陈陶庵创立同春字号,生产"七星酱油"、同春牌白酒、黄酒、食醋、调味品;1937 年成功研制"甘露酱油",销售到华南各省及东南亚,1938 年获得巴拿马国际博览会金质奖章。1939 年同春酿造的同春老酒汗、同春白酒、同春黄酒、甘露酱油、同春米醋等产品都已经畅销温州、宁波、杭州、上海以及福建、广东、台湾等省市以至东南亚等地。这一年,创始人陈陶庵去世,陈天铎任经理。

1949—1956 年,党代表张志南进入同春管理层;1956 年,成立公私合营同春酿造厂,纪阿田代表公方进入企业,陈天铎调任温州酿造厂;1957 年,创始人的侄子陈志丰接替陈天铎任私方代表;1958—1964 年,黄柏鹤担任负责人,更名为平阳县金乡酿造厂;1964—1979 年,负责人黄定海,受到"文革"影响,产量急剧下降,企业名称为地方国营平阳县金乡酿造厂;改革开放以后,企业调整经营思路,进入黄金十年,成为"温州六好企业"、"仓南第一利税大户",开始生产啤酒;1985 年企业开始规范化管理,负责人余庆浩。

1985 年 9 月 5 日,温州政府组织温州特色产品到北京展销,作为温州最有名的特产之一,同春酿造的同春老酒汗、同春白酒、同春黄酒、甘露酱油、同春米醋等受到北京人的喜爱。当时一些国家领导人亲自前来购买,原计划三天销售的产品,半天全部销完,《工人日报》、《北京日报》、《浙江日报》等竞相报道。

1988—1990 年,企业负责人是顾家宽,此时企业开始大量生产啤酒。从 1988 年开始,企业苍南县金乡酿造厂、仓南啤酒厂两个厂名并存;1990—1992 年,负责人吴绍国,企业试图向多样化经营发展;1992—1994 年,负责人陈汉相,各车间开始分包经营;1994—1996 年,施德贤任代理厂长;1996—2006 年,负责人项祖云,此间某中学教师与合伙人提出购买甘露商标,被同春股东拒绝;2006 年成立浙江同春酿造有限公司,负责人余庆豪,企业完成管理和体制的调整,开发了新产品,走上发展的快车道。

同春在 90 多年的发展历程中,秉承传统工艺酿造技术,已经从最初的一家作坊发展成现代化的酿造企业。同春产品一直因为工艺独特考究、品质上乘而有着良好的口碑。随着近几年消费者对健康环保理念的认同和对传统工艺的重视,同春传统工艺手工酿造的、有利于人体健康的产品非常受欢迎,同春这个浙南酿造业的鼻祖进入了又一个发展的春天。

地址:浙江省温州市苍南县金乡镇吴衔街 27 号

温 一 百

温一百

温一百的全称是温州市第一百货商店,创始于 1950 年,前身是温州百货业巨擘许漱玉于 1925 年创办的"博瓯百货商场"。温一百位于温州著名的五马街,是温州目前规模最大的国有改制综合性商业零售企业。[1]

关于"五马街"名称的由来,民间有很多传说,较为可信的是和东晋王羲之任永嘉太守有关。王羲之出任永嘉郡守的时候,出行乘五马,由于受人仰慕,遂有了五马坊的名字,后来改称五马街。

许漱玉(1880—1967),名云章,瑞安人,出身贫困,粗识文字。1895 年,15 岁的许漱玉经过亲友的介绍,到温州南大街(即现在的解放路)"益大"布店当学徒,师傅是经理陈禹廷。

许漱玉机灵勤恳,深受信任,经常被委派进货。一次,他进了 200 匹失水洋布,又不肯退回,店主要求许漱玉自己售卖,自负盈亏。他将每匹布裁剪成适合做男长衫或者女短衫的长度,然后染成蓝布,起早贪黑走街串巷兜售,生意非常好,很快卖完,还清欠款后还赢利二三百元,这就成为了许漱玉创业的资本。

被解雇之后,许漱玉开始独自经营布匹,经过数年,有了一定的积累,就在五马街曹仙巷开了"许云章布店",批零兼营。1919 年,他买下五马街十多间矮屋,拆建成相邻的两幢三层楼房,而店内的布局仿照上海南京路上有名的"老九章"、"老九纶"的样式,东面是"云章洋货局",西面是"云章绸缎局",两个店是贯通的,店铺名气非常大。

1923 年,许漱玉在店西首开设了"博瓯百货商店"。1925 年,他买下了旧王

① "中华老字号"网站,http://www.zcom.gov.cn/zhlzh/zjszhlzh/qgfzl/T239814.html

家祠堂周边旧屋，建起了三层楼房，改"博瓯百货商店"为"博瓯百货商场"。1933年，他在云章和博瓯的后面又买屋拆建，把几座大楼连起来，部分还加高成五层，形成了初具规模的建筑群。除了商场，这里还设立了戏院和餐馆。1934年的时候，许漱玉又对这里进行了第三次大修建，改名为"云章博瓯万物联合大市场"，繁华程度不亚于上海南京路。

许漱玉倾尽所有建造的楼群在当时的温州绝对是惊世之作，五马路日后的繁华，许漱玉绝对是功不可没。

许漱玉还做过很多公益事业：建造育婴慈善堂新楼、扩建仙岩寺池塘时，他曾捐过巨款；抗日战争期间，他曾无偿提供中央大戏院及设备供抗日救亡宣传使用。抗战爆发之后，他出售了店业，迁居上海。温州解放后，许漱玉仍然居住在上海，直至86岁时才回温州定居。1967年因病逝世，终年88岁。

温一百在计划经济时代，坚持为人民服务，遵守商业道德，对保障供应、稳定物价做出不懈努力，在市民中享有极高的声誉。改革开放之后，商店实施了一系列举措：扩大企业自主权、"利改税"、"工效挂钩"、横向联系拓展进货渠道、"柜组全员抵押承包责任制"、"本店无假冒伪劣商品"承诺、设立"中国质量协会用户委员会温州质量跟踪站"、"送货上门、送货下乡"等等，取得了长足的进步，树立了良好的形象。

温一百的老员工对当年温一百的很多事还是记忆犹新。[①] 比如千人排队买手表：温一百从上海手表厂订购了几百只上海手表，每只一百元，而当时一般工人一个月的工资只有20多元。即使售价不菲，很多要结婚的人还是一定要买。手表开始卖的当天，排队买表的人从二楼柜台前开始沿楼梯到一楼，一楼出大门口向西到金三益门口折返向东，排到曹仙巷再向南，最后排队的位置到了文化宫。[②] 而当时没有专职的保安，领导和行政人员承担起了维持秩序的职责。再比如顾客挤满柜台为看电视：20世纪80年代初，电视是奢侈品，温一百家电陈列区的几台黑白电视吸引着很多只看不买的人，尤其是星期天上午，到温一百看电视成了一道景观。还有送货上门，送货下乡：20世纪60年代，很多工厂生产繁忙，工人没有时间去商店买东西，不少工厂联系温一百，要求送货上门。温一百抽调各组人员，通常是在午饭和晚饭时间，骑三轮车把货送到工厂。温州老的国企温一百都去过。除了送货进厂，温一百还送货下乡。有的地方没有通车，他们就肩挑手提；有的农民没有钱就用鸡蛋换货物，温一百职工用自己的

① 参考资料来源：《温州商业的标志"一百"的岁月记忆》，原载《温州商报》，现参考中国时尚品牌网，http://content. chinasspp.com/News/Detail/2005－12－17/22082.html

② 《温州商业的标志"一百"的岁月记忆》，原载《温州商报》，转引自中国时尚品牌网，http://content. chinasspp.com/News/Detail/2005－12－17/22082.html

钱把鸡蛋买下来,先垫付,然后到市区再处理。很多老员工还能记起当时有很多人挑着箩筐来温一百买嫁妆的事情。温一百早八点营业,就有很多顾客在门口排队等候,到了晚上八点打烊一般还送不走顾客。

20世纪90年代末,温一百率先进入国有商业改革改制。进入21世纪以后,温一百对经营规模和形态进行了调整。2000年企业进行战略重组,囊括了五味和、金三益、中百商城等,使商店从单纯的"百货商店"转型为温州百货品牌旗舰;同年还接手了连年亏损的新友谊商厦,改造成为温州首家以卖场形式出现的温一百家电超市,一举扭亏为盈;2001年将原中百自选商场改造成为温一百体育用品商场,塑造了温州规模最大、品牌最齐、人气最旺、效益最好的体育用品专业商场;2002年下半年将原小百商场改造为温一百家居商场;2003年扩建金三益商店,扩大了百年老店的影响力,同时将原中百商城调整为经营钟表珠宝的专业商场,使其成为温州乃至浙南闽北地区最具规模的钟表珠宝商场;2005年又对温一百家电超市进行了改造提升,把单一家电经营转换为家电、数码、通讯的3C商场,开创了温州本土家电消费的新模式;2006年又开工了温一百扩建工程……

温一百始终坚持诚信为本,相继推出"消费者放心满意工程",购物、服务、售后零风险的"全程诚信满意服务"和"不满意就退换"等举措,获得了良好的经济和社会效益。温一百先后荣获:全国维护消费者权益先进单位、全国用户满意企业、全国用户满意服务、全国用户满意服务明星班组、全国质量月活动先进单位、全国优质服务月活动先进单位、全国优秀质量跟踪站、浙江省文明单位、省商业名牌企业、省重合同守信用单位、省消费者信得过单位、省物价计量信得过单位、省卫生先进单位、省"百城万店无假货活动"示范店、省文明服务示范点、温州市文明单位、市消费者权益保护先进集体、市企业信用评估AAA级单位、市信用AAA级单位、市企业年检免审企业、市创建信用企业先进单位等数不清的荣誉。

地址:浙江省温州市五马街6弄3号

五 味 和

五味和创建于清光绪八年(1882年),当时宁波慈溪商人杨正裕来温州经商,和同乡冯伯桢合伙开设了"五和"蜜饯店。冯伯桢拜托和自己有交情的清末名家梅调鼎书写店招,梅调鼎推敲再三,在"五和"两个字中间增加"味"字,意寓甜、酸、苦、辣、咸五味调和,既顺口还包含所经营商品的特色。当时店面两侧有"蜜饯海味各种药酒,南北果品罐头茶食"的楹联,门楣上方是"五味和"店号,还用一块青石镌刻梅调鼎原笔"五味和"三个大字,颇显气势。

清光绪三十二年(1906年),杨正裕的儿子杨直钦继承了父业,在五马街现在的五味和址开设了五味和新号,之后业务发展迅速。1932年,温州籍股东林敏卿接任经理,经营有方,业务不断扩大。新店蓬勃发展的时候,老店却逐渐衰落并歇业,从此新号独树一帜。1949年温州解放后,市场还没有复苏,五味和处境困难,一度职工工资都无法发放。五味和员工在工会领导下,自动减薪50%左右,帮助五味和渡过难关。

1956年公私合营背景下,同仁和、源昌、福记等南北货店并入,五味和成为当时温州市最大的南北货商店。1957年,五味和购买了毗邻的金华布店的店面,扩充了自己的营业场地。1968年,五味和改称新风副食品商店。1981年,恢复五味和字号,全称温州市五味和副食品商场。1986年,五味和进行了全面的装修。2000年,通过国有资产战略性重组,五味和归入一百旗下。

2004年,到绍兴、杭州、苏州等历史文化名城取经之后,陈旧的五味和再度重新装修。装修之后的商场焕然一新,"五味和"三个遒劲的大字依然熠熠生辉,大门两旁"甜酸苦辣咸五味调和,东西南北中一视同仁"的楹联反映了不变的经营特色和新的经营理念。建筑外观体现了百年老店的深厚文化底蕴,又和五马街现有建筑融为一体。一楼保留原有的经营特色,主营优土特产、南北货、副食品和高档滋补品,闲置多年的二、三楼也被开发利用。2006年,五味和迎来进驻五马街百年店庆。

五味和素以善于经营著称。20世纪20年代,畅销的飞鹰牌炼乳的温州代理商店就是五味和。温州成为通商口岸后,五味和附设了英美烟草销售公司,开始销售卷烟,牌子有"红锡包"、"老刀牌"、"哈德门"、"红印"、"仙女"等,多是十支装的,香烟由此开始在温州盛行。这些国外商品,很是热销,顾客争相购买,时常脱销。[①]

而在物质匮乏的20世纪70年代,五味和的蜜饯、鱼生、醉蟹、香螺、酱油鸭等就非常出名,五味和是以优良的品质、绝无假货而赢得了顾客的信赖。当时店里供应温州啤酒厂的鲜啤,每天清晨派人用三轮车到南门码头进货,9点钟开始卖,通常不到一个小时就断货了。

产品方面,五味和十分注重特色,除了南北货,兼营糟、醉、腊、海味和鲜果,五味和还自办作坊,聘请名师制作蜜饯、腌腊货、糕点、炒货等,产品原料考究,

---

① 《四代老员工 不舍"老字号"》,温州晚报数字报纸,2007-12-22,http://wzdaily.66wz.com/wzwb/html/2007—12/22/content_23279834.html

加工精细、风味独特,特别是糟制鱼生、虾酱、醉蟹、香螺、腊肠、酱油鸭、五味香糕、山楂糕与五加皮药酒特色显著。其中知名度最高的就是鱼生了,已经有 80 多年的制作历史,具有色鲜、条匀、不糊、味道美和耐贮存五大特色。除了供应本地市场,五味和还曾用龙泉青瓷罐精装其产品远销香港。旅居台湾的著名报人马星野得到乡亲送的五味和鱼生之后,赋诗一首:"拜赐莼鲈乡味长,雁山瓯海土生香。眼前点点思亲泪,欲试鱼生未忍尝。"

改革开放以后,五味和走出了多种经营模式并举的新路,取得了明显成效,先后荣获浙江名店、"中华老字号"、全国商业信誉企业、浙江省物价和计量信得过单位等称号。

地址:浙江省温州市五马街 3 号

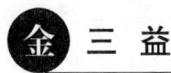

金 三 益

金三益商店始建于清咸丰九年(1859 年),创始人是湖州吴兴县金绪宝三兄弟,他们合资开设了专门经营苏湖绸缎的店铺。店铺位于鼓楼,最初店名是金同益,后来改为了金三益,寓意就是金氏三兄弟都获益。

金三益主要产品有高中档精粗纺呢绒、丝绸、纯棉布料等,在老温州人中有着很高的声誉,老温州人称为"金三益的金字招牌"。在温州人中还有这样一句俗语:"金三益的绸缎恁",意思是这里的产品完美无缺。温州还流传着一句顺口溜:头顶东桂芳(帽),脚踏余顺康(鞋),身着金三益绸布庄。从这句顺口溜中足以看出金三益的声誉。

清咸丰初年的时候,金氏三兄弟迁居温州,做贩进湖州蚕丝、贩出温州瓯绸的生意。温州的瓯绸非常受欢迎,同时温州瓯绸作坊则非常喜欢选用湖州的蚕丝作为原料,金氏三兄弟可以两头获利,生意非常兴隆。有了一定的积累之后,咸丰九年,三兄弟合作开设了商号。经过几年的发展,迁址到五马街中段现在的店址,不仅扩大了面积,还增加了呢绒和棉布的经营。

到 1945 年,金三益已经积累起 15 万银元资金,另外还有多处房产,在温州、上海等地的工厂、商界、银行都拥有股份,成为远近闻名的绸布号大户,有"金字招牌立地"的美誉。当时,在温州要买正宗的绸缎,一定要去金三益。

20 世纪 50 年代,金三益公私合营,根据当时的社会实际情况,经营从丝绸转向了以棉布为主。1966 年,金三益改名为"立新棉布店",成为了国有企业,直到 1985 年才恢复老号。从创立之初一直到 20 世纪 80 年代，"金三益"一直都是温州乃至浙南地区品种最齐全、知名度最高的专业布店。①

据说当年金三益里经常人满为患，为了提高工作效率，店里经常组织员工搞技能比赛，内容是放布、量布和转布，布要放得快，量要量得准，转布要转得齐、压得紧。金三益服务员的态度也是为百姓所称道的，顾客绝对不会白来一趟。

2000 年，金三益改制，归属温一百。2002 年，金三益重新开业，不仅扩大了面积，更做了经营方向的调整，以高中档时尚女装为主，兼营精品童装。卖布转向卖服装，金三益完成了艰难的转型，在当年和自己齐名的"余顺康"和"东桂芳"已经退出历史舞台的今天，又重新焕发了生机。

金三益销售女装，曾经创下了很多纪录。面对女装市场的激烈竞争，2006 年，金三益转型为体育用品店，和一百体育商场形成互补。

金三益一贯坚持货真价实、童叟无欺，历代相传，为金三益赢得了源源不断的顾客和卓著的信誉，商店曾先后荣获全国商业信誉企业、温州市百城万店无假货活动示范店、市消费者信得过单位、市首届文明商店等称号。

地址：浙江省温州市五马街 19 号

---

① 温州老字号的变迁，原载温州商报，转引自温州新闻网，http://wznews. 66wz. com/system/2006/04/09/100097639. shtml

医药

老 香 山

老香山创办于清同治七年(1868年),现在已经成为浙江温州医药商业集团有限公司所属的中西药械商店"七统一"连锁经营的统一冠名。

老香山主要经营中药材、中成药、中药配方、参茸滋补品等,自清代以来,始终以地道药材、货真价实、服务上乘而闻名于浙南城乡,家喻户晓。"卖药积善,经商行德"是老香山的职业风范。老香山药材品种齐全,凡是市民难以配齐全的药方,到老香山都可以配全。

解放以后,经过社会主义改造,老香山成为国有医药商业的重要服务窗口。"文革"期间,该店遭到毁坏,许多文物资料损失。20世纪80年代以来,店堂几经更改,店员也几经更替,规模不断扩大,经营品位不断提升,但经营宗旨始终未变,知名度和美誉度经久不衰,依然屹立在五马历史老街。

浙江温州医药商业集团有限公司为了光大老香山字号,发挥老香山的名店效应,2002年温州市区的17家国有药店统一冠名"老香山"实行了"七统一"的医药商品零售连锁经营,担当龙头旗舰的老香山药店亦相得益彰,2002年销售额达3472万元,销售规模居全国医药商店排名82位。[①]老香山字号遍布市区,名店效应发挥得淋漓尽致。2005年,在老香山连锁经营的基础上,组建了老香山连锁有限公司,提出了"诚信、乐业、创新、勤恳"的经营理念,搭建了计算机网络平台,整合了供应链等资源,在挖掘百年老店文化内涵的基础上,为老店注入了新活力。

老香山多次获得省市级各种荣誉称号:消费者信得过单位、无假冒伪劣药

---

① 浙江温州医药集团有限公司网站,http://www.zwyy.com/Company.asp? ClassRoot=5

械商店、医药系统先进集体、省双优企业、文明示范药店、价格计量信得过单位、中药饮片先进单位、温州市第一届执行物价计量政策法规优秀单位、青年文明号等等。老香山还因为人员及设施条件优越,被列为温州市医保定点药店之一。

地址：浙江省温州市鹿城区五马街（五马店）

叶 同 仁

温州叶同仁始创于清康熙九年（1670 年），迄今已经有 340 年的历史了，仅比北京同仁堂晚一年，比杭州胡庆余堂早 200 多年，创始人是宁波慈溪鸣鹤乡人叶心培。医药界有"国药人才集浙江，浙江举慈溪，慈溪首推鸣鹤场"的说法。当年鸣鹤人经营药业盛行，直到现在，除了温州叶同仁，杭州叶种德堂、绍兴震元堂、苏州叶受和南货店、上海蔡同德堂和叶大昌南货店等鼎鼎有名的百年老店，也都是鸣鹤国药业后代创办的。他们运用雄厚的资金深购远销，在同行业中进行垄断、居奇，还兼营批发市场。①

康熙九年（1670 年），在温州行医卖药的叶心培将无力经营的王同仁中草药铺接手过来经营，取名叶同仁堂。叶同仁堂除了卖药还兼开展医疗业务，规模逐渐扩大，生意兴隆。新建的店面门楣上悬挂一块"真不二价"的金字横额，两边挂着黑底金字的对联，上书："修合虽无人见，存心自有天知"，以勉励自己，招揽顾客。叶同仁堂所处的西门外是瓯江船民和处州十县来往客商荟集之处，加上叶心培的精心经营，叶同仁堂很快就远近闻名。

叶心培年老后返回原籍，叶同仁堂交给叶心培的妾萧氏母子经营，由于萧氏之子叶锡凤经营不善，业务逐渐衰落，于是把药店转让原主王某之侄经营。后来叶锡凤异母姐姐将药店赎回，重新整饬，药店面貌大大改观。到了雍正二年（1724 年），发展成为温州规模最大的一家药店。

从叶锡凤到曾孙叶青玉的一百多年时间里（1701—1839），是叶同仁堂业务发展最快、资金积累最多的黄金时期。叶同仁堂广泛采集各地地道药材，精制各种名优丸药，如补中益气丸、十全大补丸、妇科八珍丸、六味地黄丸等。同时还在西门外设立药栈，兼供来往客商入住，对老客户提供赊销优惠。为

---

① 《打开叶同仁记忆之门 寻访鸣鹤人药业之道》，温州晚报网，http://www.wzwb.com.cn/system/2007/04/27/100298919.shtml

了掌握市场行情,叶同仁堂还在上海元昌参号、宁波宝成药行等派常驻采购员。叶同仁堂几乎独占了温州的中药市场。在此期间,为了扩大祖业,叶氏还在原籍慈溪购祭田建造叶氏宗祠崇敬堂(简称公堂),并规定公堂为叶同仁堂的最高决策机构,很多事情都需要经过公堂批准。因为内部管理人员谋私利,加上1935年福州毒贩商串通船户将一批鸦片装在了印有叶同仁堂牌印的药篓内,导致叶同仁堂受到牵连,再者半年多没有很好经营,药店一度元气大伤。1941—1943年,物价飞涨,投机盛行,市场非常混乱,一些新兴药号乘机牟利,而叶同仁堂经理沈载均胆小谨慎,加之店内人囤积居奇和国民党的苛捐杂税,沈载均束手无策而辞职,后来的几位经理也无力重整旗鼓。当时,叶同仁堂处境非常艰难,通过卖田添置资金,还做了一些人员变更。

1956年社会主义改造中,三余堂、叶三宝堂、乾宁斋等并入叶同仁药栈,成立了公私合营温州国药联合制药厂,1965年又改为温州中药厂,1995年发展为海鹤集团。

2000年,浙江康乐集团总经理谢远典兼海鹤集团董事长提出恢复叶同仁金字招牌。① 2004年1月12日,叶同仁大药房在人民西路重新开业。2002年,在医药零售行业相当不景气的时候,谢远典牵手东信集团,以叶同仁堂老品牌与东信优势地段联合,在人民东路打造经营面积2000平方米的叶同仁药城,构建温州的"健康天堂"和"药店航母"。老店新开的叶同仁大药房继承和发扬叶同仁的经营精髓,开业一年多来,被授予多项荣誉称号。同年,成立了具有独立法人资格的温州叶同仁大药房有限公司。2004年,叶同仁又增开山姆士药店,让自己发展为连锁配送公司。2005年,东信集团全资收购叶同仁,重组为温州叶同仁医药连锁有限公司,成为温州地区规模最大的医药连锁企业。2007年,风景秀丽、依山傍水的西雁景区筹建起"叶同仁中医药文化休闲养生园",该园集旅游景观带、休闲养生中心、特色农家乐等项目于一体,填补了国内空白。同年,企业配送中心迁至涂田工业区,面积近5000平方米,能满足年销售近4亿元的配送量,为企业的长足发展提供良好的物流平台,为企业的发展奠定了坚实的基础。② 2008年,企业的销售额过亿,成为全国药品零售百强企业。到2009年,公司拥有了十多家直营门店。

如今,叶同仁已从品牌营销、服务营销、产品营销三方面入手,进行全面品牌建设。叶同仁发展迅速的原因在于注重品牌,提供优质和平价的产品,再加上优质的亲情服务及便民服务一条龙的经营策略。

叶同仁严格遵守先人"修合虽无人见,存心自有天知"的店旨,全部药品来

① 《叶同仁轶事趣闻》,叶同仁官方网站,http://www.wzytr.com/ytrlsn.asp? nid＝41
② 《叶同仁堂引领温州医药零售行业》,叶同仁官方网站,http://www.wzytr.com/mtbdn.asp? nid＝182

自正规渠道,从源头保证药的安全和有效。中药配方由老药工、中药师审方核算、划价后,规范调剂经核对出柜,处方药由执业药师审方把关出售,以质量保证品牌和信誉。药品进仓,要过"四关":供货单位资料审核关、验收关、养护关、出库要经复核关。① 严格执行药品定价标准,为了吸引更多顾客,低价出售药品,如开展"零利润"(加应缴税率)销售,公开进价,顾客议价销售等活动,在温州医药界引起了很大反响。实行长期客户、大客户让利等平价服务,由此争取到更多的客源和信誉,真正体现"叶同仁"真情、真品、真价的经营理念。②

叶同仁的一条龙便民服务和经营特色在同行中是首创的,也是做得最为彻底的,他们恢复发扬叶同仁"诚心待客、货真价实"的经营精髓,亲情、亲切、亲人般地接待每个顾客。③比如:配备了舒适坐椅供顾客休息和候医待药;服药备有温开水;提供细致咨询服务;打工仔小病痛没有钱买药,经核实免费赠送;参茸贵细补品免费切片、碾粉;代制胶囊、代客电脑煎药;香港商人手指红肿发炎来购药,总经理亲自挖来特效中草药"白蜈蚣",捣碎免费包扎;设候药休息处、休闲茶苑,供顾客小憩、饮茶、欣赏店堂古典轻音乐;与《温州晚报》联办健康学校,不定期举行免费公益性健康讲座;免费为中暑者放痧;免费为需要抗菌类药物患者诊疗开具处方。"3·15"消费者权益日,与社区、妇幼保健院、政协联合,免费为顾客提供诊疗等服务,全省首创"红十字急救点"免费为创伤者服务。店堂设药品质量、营业监管,随时接待顾客投诉,店堂设意见簿、导医台、药师咨询处,设监督、服务、质量投诉电话。总经理告诫营业员:顾客不是上帝,是衣食父母,要以真诚、亲切、和蔼的态度接待好每一位顾客。公司规定:如态度生硬、差劲,第一次劝告,第二次警告,第三次必须离职。④在叶同仁药城里还有一个特殊的区域——杏林书屋,摆放着许多保健养生类的书籍,供消费者阅读。历数不尽的创新服务为叶同仁树立了良好的口碑。到过这里的顾客都说来这里购药,一是名牌,二是药真,三是价平,四是态度好,五是经营特色多,六是环境一流,七是服务项目一条龙。

中医诊所和中医坐堂也是叶同仁的突出特色,这种方式不仅费用低,就诊也很方便,因此很快形成了固定的顾客群体。叶同仁还申报了多家社保定点药店,方便市民购药;设立了"健康学校"教学点,聘请知名专家为消费者讲解医药保健知识;开展各类关注民生的公益活动等。叶同仁还率先在各县(市、区)扩张,希望一举整合当地医药资源。⑤叶同仁这块百年金字招牌先后荣获温州市示范药店、公众最喜欢的"中华老字号"品牌、温州市知名商标和浙江省著名商标等诸多荣誉称号。

---

①②③④《继往开来 历久弥新》,叶同仁官方网站,http://www.wzytr.com/ytrlsn.asp? nid＝39
⑤《叶同仁堂引领温州医药零售行业》,叶同仁官方网站,http://www.wzytr.com/mtbdn.asp? nid＝182

叶同仁堂更名为叶同仁也需要提及,由于比北京同仁堂晚一年,叶同仁堂被诉侵权,两家三百多年的老字号最终化干戈为玉帛,走上了合作之路。

老店的内涵和文化底蕴,在以下事物中也深有体现[①]:药城内的很多楹联、《叶同仁堂志》都是总经理麻民权撰写的;"神农草堂"内的对联"杵声几下,药香数里,闻来闻去无须买;情意满城,春暖满街,重庆重开自在游"及中药嵌字联"远志凌宵,欲益智读方逾百部;杏人厚朴,因常思积德胜千金"和药史长廊的《引言》都是温州医药史研究名人杨力人所写;药史长廊的"福"字瓶等上百年的物品是原叶同仁会计张维博馈赠;药城内另一幅楹联"同天德生寿,仁义源流长"是原叶同仁徐士杰提供的,据称为国民党元老顾祝同将军的撰词。叶同仁在守旧中不断创新,正如原温州市医药情报研究所所长李珍先生所言:"中华药史最辉煌,南北同仁老字堂,橘井杏林泉醴里,温州叶氏称姚黄。"

地址:浙江省温州市杨府山涂田工业区巨江东路7—1号

① 参考资料来源:《叶同仁轶事趣闻》,叶同仁官方网站,http://www.wzytr.com/ytrlsn.asp? nid=41

餐饮

　　县前汤圆店创始于清光绪二十七年(1901年),原名郑德大汤团,是温州最早的一家汤圆店。1928—1938年十年间,县前头又办起"知味圆"、"黄新发"两家汤圆店。三家的汤圆各有特色:"知味圆"的鲜肉汤圆味最好,其馅心都是肉冻做的,这种馅心经汤一煮即融化,咬开汤圆便有一口香汤流入口内;"黄新发"的豆沙汤圆、麻心汤圆,都用高级的花果牌香蕉精调味,味美可口;"郑德大"麻心汤圆馅的用料最为考究。[1] 1956年,黄新发、知味圆、郑德大三家店组合成为公私合营县前汤圆店,1958年转为县前汤圆店。

　　县前汤圆选用上等糯米,经过科学配方,精心制作而成,皮薄馅足、糯而不粘、滑而不腻,久负盛名。县前汤圆品种比较丰富,多达十多种,尤其以麻心、擂沙、鲜肉汤圆最受欢迎。麻心汤圆主要的原料是黑芝麻、白糯米粉和去皮鲜板油,香甜可口;擂沙汤圆主料是黄豆,再加上香料和白糖而制成,味醇爽口;鲜肉汤圆主要的原料是新鲜的瘦猪肉,加上葱和味精等做成馅料,鲜美多汁。

　　温州人历来视吃汤圆为吉祥,大约宋代开始,温州民间就有"吃了冬节汤圆大一岁"的说法,每年冬至的时候,县前汤圆经常会卖脱销。民间有汤圆待客的习俗,青年男女订婚的时候则赠送汤圆券给亲朋好友,华侨归国的时候也把吃汤圆作为感受故乡情的一种途径。

　　县前汤圆曾荣获"中华名小吃"和浙江省商业系统"省优点心产品"称号,县前"中亚大包"被认定为第二届"中华名小吃"。在保持传统名点的基础上,县前

---

①《县前汤圆连锁尴尬中收场?》,原载《温州都市报》,转引自温州总商会网,http://www.wzgcc. cn/news/ReadNews.asp? NewsID=6039&wjm=smallclass

还不断进行品种创新,现在已经发展到近百个品种,有点心、套餐、砂锅、包点、糕点、速冻食品等,以"高质量的品味,大众化的消费"为经营宗旨。

2002年底,隶属温州中亚集团的县前汤圆店组建了县前汤圆连锁配送公司,并开直营店,发展加盟连锁,统一CI设计、厨房设备、店堂布置、原料配送和开业指导,发挥老字号品牌优势,把企业做强做大。

地址:浙江省温州市公园路3号

金华

金华建制历史悠久，曾名东阳、婺州，相传"金华"这一名字的由来是金星婺女争华之地。宋代词人李清照用诗句"水通南国三千里，气压江城十四州"形象地概括了金华的位置和气势。

金华素有"小邹鲁"之称，文化礼仪历来突出，历史上讲学群起，书院迭兴。宋元时期，金华学派与金华文派就已经名誉四海，当今更是基础教育、高等教育和成人教育三头并兴，形成了如今金华"千名教授汇一市，百名博士集一乡"的盛况。金华的义乌则以"小商品的海洋，购物者的天堂"著称于世。

食品加工

雪 舫 蒋

　　关于火腿的起源,有不少典故,流传最广的版本和北宋名将宗泽有关。据说,北宋名将宗泽战争胜利之后还乡,乡亲们纷纷送来猪腿让他带回开封慰劳将士,考虑到路途遥远,就把猪腿用盐腌制以方便携带。腌制的猪腿因为颜色红似火,所以称为火腿,也有说火腿是宋高宗所赐的名字。关于火腿之所以名为火腿的另外一种说法则是,当时猪腿不是晾干的,而是清水漂洗后再用文火烤干的,所以叫做火腿。《东阳县志》上有"腌腿用烟熏,所熏之烟必松烟,气香烈而善入"的记载。火腿原来被宗泽称作家乡腿。后人为了纪念宗泽,把他奉为火腿业的祖师爷。20世纪30年代的时候,义乌人在杭州开设的火腿店铺中仍然悬挂着宗泽的画像,以示正宗。

　　还有一个典故相对更为科学了,火腿起源于温州地区,是温州的气候所造就的。温州经常发水灾,由于处于沿海,水灾的时候海水都会倒灌。洪水来势凶猛,农民避难的时候家畜都无法带走。等洪水退了,农民回家,把被淹和被淤泥掩埋的东西挖出来,其中也包括被淹的猪。猪肉经过海水里的亚硝酸盐和氯化钠的浸泡,成了自然的咸肉。由于水灾之后食物非常短缺,人们就尝试了这些被海水浸泡但并没有腐坏的肉,结果发现味道很好,而且这种肉还非常容易保鲜。后来人们就发明了做火腿和咸肉的方法。

　　由于火腿味道好,营养价值高,一直广受欢迎,留下了很多故事为人津津乐道。《红楼梦》中提到的以火腿为原料的菜多达十几种,"火腿炖肘子",金华人叫"金银蹄膀",是经过文火慢炖而成,香气四溢,居然让寺庙罗汉也闻香跳墙而来,于是又有"罗汉跳墙"的美称。第87回中提到的"火肉白菜汤"就是用火腿提鲜,让病后的林黛玉有食欲。在各类关于火腿的故事和传说中,最夸张的是与清代才子金圣叹有关的一个传说。据说金圣叹临刑前,留给儿子的遗嘱是:"吾儿,花生与豆腐干同嚼,有火腿滋味。"

火腿最好的产地公认为金华,据考证,金华民间腌制火腿,始于唐代。唐开元年间(713—742),陈藏器撰写的《本草拾遗》载:"火腿,产金华者佳。"金华火腿以色、香、味、形"四绝"驰名中外,这"四绝"是由金华特定的地域条件所造就的。首先就是主料金华猪,特点是皮薄骨细、肉质细嫩鲜美、肉脂比例适当,这成为优质火腿的决定性条件。其次就是民间智慧的发挥了,金华人多地少,劳动人民历来有勤劳苦干的精神,逐渐摸索和形成金华火腿精湛的加工技艺,又在不断总结经验的基础上创新,让金华火腿独具特色。再次,金华的自然地理条件也是金华火腿优质不可缺少的条件,金华四季的气候都非常适合养殖金华猪,每一个生产环节也都有适宜的气候条件,腌制期的温度,洗晒期的日照,发酵期的温湿度,这些都保证了金华火腿可以自然风干、发酵、成熟。

金华火腿有等级的区分,有特级、一级和二级,等级的评定是有经验的老师傅通过"打签"来完成的。签子是竹制锥状,评定的时候选择火腿三个不同的部位分别"打签",根据位置的不同为上中下三签。特级腿的评级要求是爪要弯,脚踝要细,腿形要饱满,像一片叶子一样,脂肪的厚度不能超过 2 厘米,三签都要有很好的香味;一级腿要求三签中两签要有很好的香味,但三签中的任何一签都不能有异味,又叫"两签香,一签平";二级腿的要求则是"一签香,两签平"。①

金华火腿是我国各类火腿的鼻祖,当时东阳、义乌、兰溪、浦江、永康、金华等地腌制火腿都极为盛行,因为这些地方都属于金华府管辖,所以统称金华火腿。金华火腿最负盛名的产地是东阳,在民间长期流传着这样一句话:"金华火腿出东阳,东阳火腿出上蒋",上蒋是东阳的一个村庄,是名闻遐迩的火腿村。根据东阳旧志记载,上蒋每家每户均善腌腿。腌制火腿,最初本是每家冬季杀猪保鲜贮藏的一种方法,除自食外,也馈赠亲友。随着商品经济的发展,火腿腌制逐渐由家庭自制发展成为手工业作坊。

上蒋火腿最著名的品牌是"雪舫蒋",有"上蒋珍品雪舫蒋"的说法。

雪舫蒋火腿得名,是因为创始人蒋雪舫。根据东阳地方文献记载,蒋孟昌,字雪舫,生于道光二十一年(1841 年),其祖上自清初定居东阳上蒋村后,就从事腌制火腿的生意。②蒋孟昌自幼丧母,随叔父腌制火腿(牌号"虹巢")。天资聪

---

① 《胡雪岩包销金华火腿销路大开》,原载《中国畜牧兽医报》,转引自三农在线,http://www.farmer.cn/wlb/xmb/xm7/200907210205.html

② 《胡雪岩包销金华火腿销路大开》,原载《中国畜牧兽医报》,转引自三农在线,http://www.farmer.cn/wlb/xmb/xm7/200907210205.html

颖的蒋孟昌非常勤奋,精通祖传技艺,还经常尝试新的方法,形成了独特的配方和工艺。18 岁的时候,蒋孟昌娶妻,婚后他想要自己闯世面,就把妻子的陪嫁首饰变卖了作为资本,开了一家火腿坊,把自己生产的火腿命名为"雪舫"火腿。雪舫蒋就于 1860 年正式诞生。

蒋雪舫火腿制作技艺堪称同行之冠。他严把材料关,收购火腿时间定在立冬后至翌年立春前,鲜腿重量控制在 5~6 千克上下,必须爪白、脚直、腿型完好。他严抓配方与工艺,洗腿必须用井水,擦腿要用稻草,增加复洗、复晒、复修工序,每年一般腌制 45~50 件(每件 45~50 只),最多时不超过 80 件,确保质量过硬,腌制的火腿形如琵琶,皮薄骨细,腿形丰满;精肉细嫩,红似玫瑰;肥肉透明,亮若水晶;不咸不淡,香味独特,堪称色香味形"四绝",是金华火腿中的上品。[①] 雪舫蒋火腿原材料的选择比一般的金华火腿更为严格,符合一般火腿要求的鲜腿中只有 10%~15% 能达到蒋腿的要求。

杭州鼓楼是雪舫蒋火腿的主要集散地,每年端午之后,火腿就由竹筏运到杭州,各地客商都云集在这里。火腿需要经过检验之后再定价批发,雪舫蒋火腿的价格就是价格的最高标尺,等雪舫蒋火腿价格确定以后,其他火腿的价格才按照三六九级依次递减而定。雪舫蒋质量之高,信誉之好,由此即可见。

除了保证产品品质外,雪舫蒋还非常讲道德守信誉,也赢得了很好的口碑。据说有一年年终,雪舫蒋老板从杭州腿行结账回来核对的时候,发现对方多付了一千元。第二天一大早,他就派人把钱送回。而杭州腿行的老板发现支付错误之后,也急忙派人赶去东阳。到了蒋雪舫家,蒋雪舫热情款待了他,还告诉他多付的钱已经送回了。之后,杭州腿行老板赠送了"诚信无欺,声誉卓越"的匾额,还登报致谢。蒋雪舫诚实守信的事迹马上就传开了,雪舫蒋声誉大增。

雪舫蒋名气进一步增强则与胡雪岩有关。胡雪岩母亲七十大寿的时候,蒋雪舫亲自送来了上好的火腿,用火腿精心制作的菜肴成了寿宴上非常受欢迎的菜品,参加寿宴的官员和宾客都对雪舫蒋腿赞不绝口。胡雪岩马上就决定包销雪舫蒋火腿。第二年,胡雪岩购买了很多上好雪舫蒋腿,送给北京的一些官宦人家,品尝过的人都大加赞赏,雪舫蒋于是享誉京城,后来还被列为贡品。蒋腿早在 1905、1915、1929 年就分别获得了德国莱比锡万国博览会金奖、巴拿马国际商品博览会金奖和西湖博览会特等奖等奖项。

雪舫蒋声名卓著之后,社会上的假冒行为也日益猖獗,蒋雪舫开始了对品牌的保护。1919 年,蒋雪舫以村名"上蒋"两字,加上自己的名字"雪舫",绘制商标图案,呈请商标局注册。1921 年,又加注"厚记"、"升记"、"正记"、"慎记"字样

---

① 《火腿金奖 蒋雪舫》,东阳新闻网,http://dynews.zjol.com.cn/dynews/system/2009/05/14/011110624.shtml

的联合商标。根据 1933 年出版的《商标刊录》记载,当时全国火腿商标只有 7 个,其中 5 个是上蒋的,上蒋中 4 个则是"上蒋雪舫"当头的。1920 年,蒋雪舫已经八十高龄,仍不忘致力于火腿事业,在杭州发起成立东阳腿业公所,以推进东阳火腿业的发展。

1926 年,蒋雪舫去世,作坊和商标由他的子孙继承,子孙注字号经营,如"雪舫厚记"、"雪舫正记"等,雪舫蒋之后历经蒋嘉江、蒋嘉涯、蒋成康、蒋时珍等几代传人。

蒋氏后代擅长经营和宣传,"上蒋"火腿于是成为了上等金华火腿的代名词。蒋氏子孙非常注重广告效应,经常在报刊上刊登广告,广告标题就是人们耳熟能详的"金华火腿出东阳,东阳火腿出上蒋"。特别是在运销旺季,广告更是极尽造势之能,报纸上会刊登蒋腿于几月几日运到杭州,在哪几家腿行出售等信息。这些策略让雪舫蒋火腿名声越来越大,产品也是远销海内外。

抗日战争中,上蒋火腿作坊被迫停业。抗战结束之后,金华火腿整体都非常不景气。根据 1947 年 6 月 14 日杭州《大同日报》刊登的《萧条的金华火腿业》载:"唯年来面临经济危机,火腿业已大非昔比,究其原因,实受内战之影响,使销路呆滞,一般购买力衰退,亦使金华火腿蒙受莫大打击。"1947 年 7 月 22 日杭州《东南日报》刊登的《浙江特产之一——金华火腿》一文中记载:"战前蒋腿每斤约 7 角,现约 2 万元,计涨 3 万倍,目前人民生活艰难,吃肉者也不多,吃火腿者更少。因此,市场亦日见萎缩。"到了 20 世纪 50 年代初,上蒋私营火腿作坊已经全部关闭。

20 世纪 50 年代中期,为了恢复火腿业,上蒋村建立了东阳火腿厂,不仅继承了雪舫蒋腿的制作技艺,还沿用了其牌号。后来火腿厂迁到了吴宁镇,厂里的技术人员多数都是上蒋人。这之后,金华火腿业又遭遇了很多艰辛,到改革开放之前,雪舫蒋第五代传人蒋时珍在家务农,雪舫蒋火腿一度中断了供应,整个金华火腿的产量也锐减,想购买火腿非常困难。据 20 世纪 70 年代时在金华火腿厂当学徒的陆师傅回忆①说,在那个时候,金华一度只剩一家火腿店,每天限量供应五条火腿,买火腿的人经常会吃到"今日已售完"的闭门羹。逢年过节时,有些人甚至连夜排队购买,到火腿店看到前面排了五个人以上,就知道一定不可能买到了。陆师傅还聊起了火腿厂副厂长买火腿的故事。火腿厂的副厂长家中来了客人,副厂长想买火腿回家宴客,但即使他是火腿厂的高层领导,也没有权力给自己弄条火腿。当时陆师傅的舅舅在食品公司火腿科当科长,有每天可以批条子买两条火腿的特权,副厂长通过这个渠道才买到一条火腿。

---

① 主要参考资料来源:《胡雪岩包销金华火腿销路大开》,原载《中国畜牧兽医报》,转引自三农在线,http://www.farmer.com.cn/wlb/xmb/xm7/200907210205.html

改革开放后,以雪舫蒋的传人等为骨干,建立上蒋火腿厂,揭开了雪舫蒋火腿发展的新篇章,上蒋火腿生产迈上新台阶,产量年年上升,质量越来越好。1987年,经过国家工商行政管理局核准,上蒋火腿厂是全国生产雪舫蒋腿的唯一厂家。1999年,上蒋火腿厂改名为浙江雪舫工贸有限公司。

雪舫蒋于1999—2004年分别获得了全国食品行业质量鉴评会质量信得过产品(最高荣誉)、"中华老字号"、中国国际农业博览会名牌产品、中国杭州(国际)食品博览会金奖、中国市场放心健康食品、浙江名牌产品、浙江绿色农产品、第四届全国食品博览会金奖、金华火腿行业质量评比第一名、中国火腿产品消费者(用户)最喜爱第一品牌等殊荣。雪舫蒋商标还被认定为浙江省著名商标。2005年,雪舫蒋荣获公众喜爱的"中华老字号"品牌,被评为"无公害产地";2006年荣获省十大特色农产品品牌,浙江市场最具活力老字号金牌企业,中国名牌产品称号和"中华老字号"称号;2007年被评为浙江食品(火腿)龙头企业。

"第二届'中华老字号'品牌价值百强榜"上,"雪舫蒋"品牌再次上榜,以1.72亿元的价值位居百强榜第87名,这也是金华市唯一上榜的品牌。

2010年,顶级金华火腿齐集上海,再次登上了世博会的展台。

地址:浙江省金华东阳市歌山镇工业区

公盛酱油创始于清光绪二年(1876年),迄今已经有130多年的历史了。公盛酱油的创始人是陈宝庆,祖籍是酱制品非常有名的绍兴,他在西市街买屋置地(也就是现在的恒大路口位置),把著名的绍兴酱缸搬迁到了金华。

在金华,铺着青石的西市街有着特殊的地位,它凝聚了金华很多的繁华,曾经,清香楼、"升号"糕点、黄钦源糕点、祝裕隆泰记绸布庄、公盛酱油等等与金华人生活密切相关的"老字号"在这里集结。[①] 据很多金华市民回忆,最热闹的时候是在20世纪90年代,一条街上有一百、二百、九德堂、清和园、清香楼、布店、邮电局、五交化大楼、礼品商店、糖烟酒公司……一百、二百卖百货,五交化大楼卖电器,清和园、清香楼做饮食生意,公盛酱油店卖酱油,山货商店卖皮衣服,无

① 《回眸凝望,老金华的风花雪月》,浙江在线永康频道,http://china.zjol.com.cn/06yk/system/2007/11/23/008995158.shtml

论需要什么,都可以在这里找到。① 逢节假日的时候,想在这条街上畅通无阻地通行根本是不可能的事情。在市民印象中,公盛酱油的鲜美也是现在很多酱油无法企及的。

20世纪六七十年代,公盛酱油作坊地点在人民广场南边,大门朝南面对中山路。1988年,城市改造过程中,公盛酱油西市街门店迁址到西关新厂。1996年1月7日,公盛酱油经过尖峰集团全新包装,重新面市。1998年成立了金华公盛酱油有限公司,尖峰集团整体把其转让给了浙江尖峰麦卡饮品有限公司。2003年1月,金华公盛酱油有限公司在集团范围内公开拍卖,原酱油公司职工占明灶最后夺标,成为酱油公司的新主人。②

老店的文化底蕴和凝重的历史是现在很多新兴潮流商铺所无法企及的,但是随着市场的变化和城市的发展,多次的搬迁和改变已经让公盛在金华人的记忆中逐渐变淡,虽然有着传统的酿造工艺,有着悠久的历史,但老店的复兴仍有待时日。

地址:浙江省金华市罗店镇

东 阳 酒③

东阳酒老字号申报的创始年份是宋靖康二年(1127年),是东阳历史非常悠久的老字号,在唐宋时期达到鼎盛。东阳酒的商标是东阳江,现在归属东阳市东龙实业有限公司。

东阳酒应该是"浙江老字号"中被名人名家提及和推崇次数最多的,几乎已经到了数不胜数的程度。当然,由于东阳地名的繁杂,加上中国酒文化的博大,东阳酒渊源的研究一直有些纠结。

东阳酒见诸史籍较早的应该是东晋永和九年(353年),吴宁县令孙统参加以王羲之为首的兰亭"修禊"盛会而留下的"曲水流觞"的诗篇。

诗仙李白名篇《客中作》有:兰陵美酒郁金香,玉碗盛来琥珀光。但使主人

---

① 主要参考资料来源:《体验金华的24小时》,原载《金华日报》,参考资料来源于浙江在线网站,http://ems.zjol.com.cn/06jhtk/system/2007/11/16/010239062.shtml

②《尖峰演义》,浙江尖峰集团股份有限公司网站,http://www.jianfeng.com.cn/paper/open.aspx?id=4386

③ 部分参考资料来源:《东阳酒文化,千年陈醇溢浓香》,东阳日报网站,2007-8-29,http://www.dyrb.com.cn/old/news_view.asp?newsid=11827

能醉客，不知何处是他乡。兰陵即东阳，因为这里的美酒，身在异乡也无凄楚之感，不同于一般羁旅之作。

唐代冯宿《酬白乐天·刘梦得》诗中记载了东阳书生以酒酬宾，留下了“别酌无辞醉百杯”的诗句。白居易也曾有和冯宿、舒元舆等饮酒唱酬的诗篇。

故乡是绍兴的陆游也对东阳酒情有独钟，他留下了很多有关东阳酒的诗：《东阳郭希吕吕子益送酒》云“山崦寻香得早梅，园丁又报水仙开。独醒坐看儿孙醉，虚负东阳担酒来”；《石洞饷酒》开篇是“忘忧自古无上策，欲饮家贫酒杯迮；今朝鹊喜报远饷，未拆赤泥先动色……”，描写了陆游听闻东阳酒的喜悦之情；《石洞新酿》写的则是品评东阳酒：“……色同夷甫玉麈尾，价敌茂陵金褭蹄。瑞露颇疑名大过，橐泉犹恨韵差低……”陆游在诗中引刘义庆《世语新说·容止》“王夷甫容貌整丽，恒捉白玉柄麈尾，与手都无分别”来赞赏东阳酒颜色漂亮，用马蹄金形容东阳酒的贵重。另外还有《饮石洞酒戏作》、《谢郭希吕送石洞酒》等。

宋朝田锡《曲草本曲》：“东阳酒其水最佳，秤之重于它水，其酒自古擅名。”说明东阳酒在宋朝之前就已经非常著名。据宋人《事林广记》的记载，在唐宋的时候，东阳酒就已经闻名遐迩了。在婺州被称为四大名酒的金华、错认水、谷溪春、东阳中，《事林广记》称东阳酒“清香远达，入门就闻，虽邻邑所造，俱不然也”，足证东阳酒的独特。除了曲药有特殊配方外，水好也是一个重要的因素，“东邑水源，多出山陬”。东阳酒的酿造，有“米多水少造酒，其味辛而不厉，美而不甜，色复金黄，莹澈天香”①，“每石米内放曲十斤，多则不妙”等的记载。

元宋伯仁的木刻本《酒小史》中收录了14种名酒，其中有“金华府金华酒”。

元至正年间钱塘人钱惟善《送东阳酒诗》：“故人无送东阳酒，野客新开北海尊。不用寻梅溪上路，春风吹得满乾坤。”

元散曲大家马致远曾在他的散曲《拔不断》中，将洞庭柑、东阳酒、西湖蟹称为江南三宝，代表江南食品中的三大极品。

明代冯时化《酒史》中“诸酒名附”一节中介绍了包括“金花酒”在内的12种酒，包括名称、产地、酿造方法和评价，其中写明“金花酒，浙江省金华府造。近时京师嘉尚语云：晋字金华酒，围棋左传文”。

明代药学家汪颖在《食物本草》中写道：“入药用东阳酒最佳，其酒自古擅名。”

《金瓶梅》中十多处文字直接写着“金华酒”，该书第七十二回把“金华酒”又叫做“浙江酒”和“南酒”。

---

①《金华酒的酿造技术》，金华日报数字报纸，2009-2-19，http://www.jhnews.com.cn/site1/jhrb/html/2009—02/19/content_967376.html

　　李时珍在《本草纲目》里写道,"东阳酒即金华酒,古兰陵也","东阳酒,常饮、入药俱良","入药用东阳酒最佳,其酒自古擅名",在肯定东阳酒品质的同时,李时珍比较了处州金盆露、江西麻姑酒、金陵瓶酒、山东金露白、苏州小瓶酒、淮南绿豆酒等品牌酒,作了具体的点评,又详细地分析了东阳酒的原材料和红曲的成分,以上每种酒都各有长处,但是色香都不及东阳酒,原因在于"以其水不及",东阳酒"其水秤之重于他水"。当然,酒好的重要原因还在于原料,《本草纲目》记述:"汉赐丞相上尊酒,糯为上,稷为次,粟为下。"东阳酒是"专用糯米,以清水白面麹(酒母)所造为正。古人造麹未见入诸药,所以功力和厚,皆胜余酒"。

　　红曲的制作和应用对东阳酒非常重要,而在红曲中加中草药也是东阳酒对酿酒发展的重大贡献。相传,东阳酒曲内加有十多种药物。明高濂的《遵生八笺》详细记载了东阳酒曲的配方和加工方式:"东阳酒曲:白面一百斤、桃仁三斤、杏仁三斤、草乌一斤、乌头三斤(去皮可减半)、绿豆五升煮气、木香四两、官桂八两、辣蓼十斤水浸七日、沥母藤十斤、苍耳草十斤,二桑叶包同蓼草三味,入锅蒸煮绿豆。每石米内放曲十斤,多则不妙。"

　　清代袁枚偏爱金华酒,他在《随园食单》所写的酒单中列入了金华酒,并且说明:"金华酒,有绍兴之清,无其涩;有女贞之甜,无其俗,并以陈者为佳,盖金华一路,水清之故也。"

　　东阳酒不同于其他黄酒的原因在于:首先是原料不同,东阳酒是糯米酿的酒;然后是曲种不同,东阳酒用的是红曲;另外,东阳酒不仅能够和其他酒一样直接饮用,还能够煮、炖,加温后饮用。

　　东阳市酿酒历史悠久,除了用红曲酿制形成独特的工艺外,还有很多酒风酒俗渗透在人们的日常生活中。凡是节庆、大事都离不开酒。孩子出生有"子酒",出生一个月"满月酒",周岁"周岁酒";造房子有奠基酒、开工酒、上梁酒、完工酒;拜师学艺拜师酒、完师酒;请师入塾迎师酒、满学酒;婚丧嫁娶均有酒,每个传统佳节更是少不了。东阳俗语有"千言万语,均在酒中"之说,宴席饮酒礼数、婚礼敬酒礼数、家宴主客礼数等等,可谓无处不在。

　　饮酒凸显的也是一种生活的乐趣,古代很多文人雅士饮酒,留下了许多趣谈,东阳乔行简对句就是其中之一。理学家吕东莱娶儿媳,乔行简赴宴。东莱出句:"白面书生倒挂三日无滴墨",在座门生都很茫然,乔行简对下联:"红颜娘子仰卧一刻值千金"。永康秀才又出句:"五指岩,岩五指,指指立地。"乔行简对下联:"八面山,山八面,面面朝天。"

　　　　　　　　　　　地址:浙江省金华市东阳市吴宁镇吴宁中路58号

章恒升

　　章恒升官酱园创建于清咸丰三年(1853年),迄今已经有将近160年的历史了,是国内历史最悠久的酱油酿造企业,创始人是原籍安徽的章志忻。

　　1853年,为了躲避太平军战争,官居大学士的章志忻辞官避居兰溪,在当地创办了章恒升酱园。受战争的侵扰,1861年,酱园停业,等太平军撤走之后,章志忻才再次筹建新的酱园,新址位于现兰溪市解放路27号②。这次的修缮用了十个月,而且按照当时账簿记载的修缮费用,可以知道规模是很大的。当时,酱园有酱缸50口,在取得浙江省盐漕部院颁发的醝字第十五号营业执照后,两浙都转盐运司发下烙牌(又叫酱牌,即当时业内的营业执照),正中写有官酱园字样,边上有监运使司的火烙印,烙牌需悬挂在店面内以示企业正规,防他人做假。③ 企业名称中的"官"字,代表的是企业的规模和知名度,解放前只有权威机构批准才能称为官字企业。

　　由于过度辛劳,章志忻在59岁的时候就去世了,他的第三个儿子章筠继承了酱园。章筠掌门时期,酱园规模扩大,生意很兴隆,产品销售到浙皖赣等省份。这个时候,三伏酱油的酿制工艺发展成熟,这一工艺一直延续到今天。

　　兰溪市章恒升酱园《三伏酱油制作工艺录》对三伏酱油的制作有如下的记载:"每缸需大豆160斤,以水煮烂熟用面粉130斤拌和,待其发酵变黄入盐150斤加水1000斤入缸搅和再经曝晒,夜露夏冷70日,冬冻100日,酱坯成熟掏取以压榨出汁,经调色澄汁即成,再经三伏曝晒为最佳品位,故名三伏酱油。"

　　突然的火灾让酱园损失惨重,章筠用酱园全部的家产作为抵押借贷,才恢复了生产。十多年后,章筠病逝,只留下有身孕的继配,第二年产下了遗腹子章寿乾。酱园聘请了安徽人张声野为经理打理业务,张声野大胆改革,酱园和三伏酱油迎来了新的发展高峰。1915年,三伏老酱油荣获巴拿马国际博览会金奖,成为迄今唯一一个荣获这一殊荣的酱油酿造企业。

　　章筠的儿子章寿乾长大后继承了祖业。1928年,酱园的三伏秋油送首届西

　　① 主要参考资料来源:《"章恒升":只赚吆喝也要坚持》,浙中新报网,2008－1－14,http://www.jhnews.cn/site1/zzxb/html/2008—01/14/content_365641.html

　　②《"章恒升":只赚吆喝也要坚持》,浙中新报网,2008－1－14,http://www.jhnews.cn/site1/zzxb/html/2008—01/14/content_365641.html

　　③《"章恒升":只赚吆喝也要坚持》,浙中新报网,2008－1－14,http://www.jhnews.cn/site1/zzxb/html/2008—01/14/content_365641.html

湖博览会参展,获优等奖,被授予五彩奖章。①

　　章寿乾在自己年纪大了之后,于1954年开始把酱园经营之道传授给他最小的儿子章恒声,章恒声就是酱园的第五代掌门人。

　　1956年公私合营中,章恒升官酱园被兼并,成立了兰溪市酱油厂,不久又被更名为兰江味精厂②。章恒升官酱园逐渐淡出。

　　章恒升第六代传人章恒声为恢复老字号花费了很多精力,最终找到了在杭州创业的侄子章宪维,希望品牌能够由自己人复兴。2003年,章宪维递交了"章恒升"商标注册的申请。2004年,章宪维独资恢复了酱园,选址兰溪市上华街雅滩村。2006年,章恒升酱园领到了营业执照,同时还通过了QS认证,三伏酱油获得了新生。酱园工艺延续祖传秘方,技术保密,十几位职工都是自己家族的成员。

　　在原材料如黄豆、面粉以及工人的劳动成本都在增加的今天,章恒升的复兴之路并不容易。章宪维踏踏实实地生产着高品质、微利润、简包装的酱油产品,基本上没有太多盈余。重现老字号风光的动力支持着章宪维,他希望借助老字号备受重视的宏观环境,几年内打响品牌,整合资源,扩大规模,降低成本是现在要做好的功课,这样复兴的理想才能慢慢实现。

　　值得一提的是章恒声一生都在行善。他的父亲章寿乾和母亲程爱莲是解放前浙中地区的民族资本家、企业家、慈善家,他们数十年如一日,为贫穷百姓施钱施米,救助了难以计数的贫苦百姓。1950年抗美援朝国家危难之时,章恒声父母慷慨解囊,捐出巨资购买武器,受到各级政府嘉奖。③父母的言传身教深深影响了章恒声,即使自己处境艰难,他也尽自己所能帮助弱势群体渡过难关。在暴风雨中勇救82岁的老太太、给患尿毒症的小女孩捐款筹款、资助被遗弃的异乡流浪老汉……据不完全统计,章老先后向社会捐款200余次,金额9万多元,并千方百计从社会各界人士中募捐善款80多万元,救助了许多贫困学生、贫困家庭和需要帮助的人群,被誉为慈善爱心使者、民声话筒。④被推举为兰溪市政协委员后,他更是尽自己所能反映社情民意,提出多项优秀提案,为政协工作建言献策。2009年,章老又发起了"扶贫助学,济困助危"的献爱心募捐活动,

---

①《"章恒升":只赚吆喝也要坚持》,浙中新报网,2008-1-14,http://www.jhnews.com.cn/site1/zzxb/html/2008—01/14/content_365641.html

②《"章恒升":只赚吆喝也要坚持》,浙中新报网,2008-1-14,http://www.jhnews.com.cn/site1/zzxb/html/2008—01/14/content_365641.html

③《章恒声的善良人生和快乐人生》,金华新闻网,http://www.jhnews.com.cn/zt/2010—04/27/content_1015003.html

④《章恒声的善良人生和快乐人生》,金华新闻网,http://www.jhnews.com.cn/zt/2010—04/27/content_1015003.html

2010 年仍然继续展开。章老可谓生命不息，慈善不止。

据浙江省文化厅公布的第三批省级非物质文化遗产项目代表性传承人名单，兰溪市有两位上榜，三伏老油酿造技艺传承人章恒声就是其中的一位。

地址：浙江省金华兰溪市云山街道陈店村张莫自然村

金元四大医家之一朱丹溪先生

丹 溪 牌[①]

义乌市丹溪酒业有限公司创始于 1327 年，是一家历史非常悠久的老字号，坐落在元朝医圣、金元四大医家之一朱丹溪的故里义乌市赤岸镇。

千年古镇赤岸原来的名字是蒲墟，相传西晋永兴年间，临海太守朱汎任期结束后迁居蒲墟，这也就是义乌朱姓的始祖。朱汎的女儿出嫁的时候，迎亲队伍轿马相连，沿着溪水而行，红红的嫁妆映红了溪水，村前溪水因此得名丹溪，蒲墟也改名为赤岸。赤岸人家每年立冬之后都用丹溪水、红曲和谷物酿造米酒。五代吴越时候，越王偏安江南，赤岸村民间酿制的红曲酒成为了贡品，这里的酿酒技艺也就逐渐趋向于成熟。宋代，红曲酒经过运河运送到开封府，极受欢迎。宋朝淳熙年间（1174—1189），赤岸一带民间酿造红曲酒酒坊多达 20 多家。

至元代，赤岸人朱震亨（1281—1358）把红曲和用红曲酿造的酒应用于医学中，升华了红曲酒的饮用和药用价值。朱震亨，字彦修，出生于丹溪，学者尊称其"丹溪翁"，后来人称朱丹溪。他终生以行医为业，医术高明，与刘完善、张从正、李杲被后人合称为金元四大医家，著有《宋论》、《格致余论》、《伤寒论辩》等多部医书。朱丹溪在他的医学著说中多次提到饮酒，并告诫人们应当正确饮酒。他在《格致余论》中写道："清香美味，既适于口，行气和血，亦宜于体。"根据"药食同源"的传统，在《格致余论》的《醇酒宜冷饮论》中写道："若是醇者，理宜冷饮，过于肺，入于胃，然后渐温。肺先得温中之寒，可以补气，一益也；次得寒中之温，可以养胃，二益也；冷酒行迟，传化以渐，不可恣饮，三益也。"同时认为"过量饮酒为饮伤之因也"，他认为，"醇酒之性，大热有大毒，清香美味，既适于口，行气和血，亦宜于体，由是饮者不自觉其过多也。"他说："古人终日百拜，不

① 部分参考资料来源：义乌市丹溪酒业有限公司网站，http://www.danxi.com/

过三爵,即无酒病,亦免酒祸",提倡健康饮酒,适可而止,切不可贪杯伤身。[1] 在中医药发展史上,素有"医源于酒,酒为百药之长"的说法。据朱丹溪《本草衍义补遗》记载,医家将红曲广泛用于治病,具有通血脉、润皮肤、健脾暖胃、除风下气等多种作用。[2] 朱丹溪后代一直沿袭祖先传统工艺,根据《本草衍义补遗》酿制丹溪红曲酒,曾深受乾隆皇帝的喜爱。

1979 年,朱丹溪后裔创办了赤岸公社酒厂,1984 年改为义乌丹溪酒厂,向国家工商局申请注册了"丹溪牌"商标。1998 年组建丹溪酒业公司,2001 年成为义乌市丹溪酒业有限公司至今。

朱丹溪潜心研究的"活血消食、健脾暖胃之酒",再经过后代人的努力,已经凝聚成七百年养生文化的结晶——家喻户晓的丹溪牌系列红曲酒。

丹溪红曲酒主要原料是国家一级饮用水和无公害有机大米,发酵原料采用红曲和白曲,承袭传统工艺,再加上现代生物技术,以纯天然手工方式酿造。丹溪红曲酒不仅继承了传统医学原理,而且不断借助高科技进行创新,其营养价值和保健功能都极高。经过有关专家和权威部门测定,丹溪红曲酒具有"一清三降四抗"之功效:"一清",即清除体内多余的自由基;"三降",即降血压、降血脂、降血糖;"四抗",即抗肿瘤、抗疲劳、抗病毒及抗衰老。朱丹溪在《本草衍义补遗》中记载:"红曲,活血消食,健脾燥胃,治赤白痢,下水谷,陈久者良。酿酒,破血行药势,杀山岚瘴气,治扑打伤损,治女人血气痛及产后恶露不尽。"近代中医药理论有关红曲功能的记载,也正是上述的一些作用。

丹溪红曲酒创造了当今黄酒的高端产品,成为独特的"中国红曲酒"有机食品品牌。丹溪品牌获得义乌市地方名牌和金华市著名商标的桂冠;2000 年,丹溪牌红曲被金华市人民政府评为金奖产品,随后,又被先后评定为金华市、义乌市质量信得过单位、金华市消费者信得过单位、浙江省质量合格企业;2001 年,黄酒类生产与服务在金华地区首家通过了 ISO9001:2000 国际质量管理体系认证;2003 年,丹溪红曲酒被评定为浙江农业博览会优质农产品金奖,丹溪牌商标被认定为浙江省著名商标;2004 年,丹溪红曲醋被评定为浙江农业博览会优质农产品金奖,丹溪牌红曲酒类成为全国唯一通过农业部无公害农产品认证;2005 年 3 月黄酒类全国首家通过有机食品认证,同时,降脂红曲酒、降脂红曲醋通过了浙江省科技厅科技成果鉴定,填补了浙江省在此方面的空白。

地址:浙江省义乌市赤岸镇丹溪路 117 号

---

① 《朱丹溪与丹溪酒》,原载《金华日报》,转引自金华新闻网,http://www.jhnews.com.cn/gb/content/2004—06/13/content_287810.html

② 《丹溪酒文化》,义乌市丹溪酒业有限公司网站,http://www.danxi.com/docc/other.asp

太 和 堂

太和堂创建于1938年,从一家小药店起步,现在已经发展成为浙江省最大的医药零售连锁企业之一,是浙江省连锁门店最多的医药零售连锁企业。

1994年改制之后,企业开始迅速发展。2002年,企业通过了国家GSP认证,依托这一优势,企业大力发展连锁经营,加强采购、销售以及仓储配送一体化服务,销售服务网络遍布金华各县(市)区及农村乡镇,创造了良好的经营业绩,社会影响力日益增强。2004年企业销售额位列全国前100名。现在连锁门店已经达到200多家,年销售额逐年递增。

企业经营医药商品、保健食品、医疗器械等六大类6000余个品种。统一实行计算机联网管理,与连锁门店实现了"三线管理"(药师在线、药品购进配送在线、阴凉区温湿度监控在线管理),严格按照GSP规范对药品验收、养护、仓储、出库等各个环节实行质量跟踪管理,确保药品质量安全。[1]管理方面,太和堂对各连锁店实行统一商号、统一采购、统一配送、统一质量管理、统一计算机信息化管理、统一服务规范的"六统一"管理,[2]秉承"药德济世,诚信于民"的优良传统,以百姓健康为己任,获得了良好的经济效益和社会效益。

公司先后荣获市级质量、价格、计量信得过单位和消信单位,市医药行业优秀企业,浙江省医药行业"优质药品、优质服务"零售企业,浙江省第四届消费者

---

① 《"老字号"焕发青春 金华太和堂连锁门店达200家》,浙商网,http://biz.zjol.com.cn/05biz/system/2008/12/11/015068197.shtml

② 《"老字号"焕发青春 金华太和堂连锁门店达200家》,浙商网,http://biz.zjol.com.cn/05biz/system/2008/12/11/015068197.shtml

信得过单位等称号，自 1990 年起连续 16 年被评为"市级文明单位"。2005 年被认定为金华市知名商号。

地址：浙江省金华市后丰路 195 号

堂德九　　　　　　　　　　　　　　九　德　堂

　　九德堂始创于清同治八年(1869 年)，比胡庆余堂还早了一年，迄今已经有 140 余年的历史。

　　当时，浙江连年旱涝，瘟疫频发。著名中医姜与麟、大财主金凤纪和药商诸葛芳松有意于医药济世，于是就合资创办了药店。这三个人都非常信奉孔孟儒学，所以给药店取名为九德堂，九德即忠、信、敬、刚、柔、和、固、贞、顺，这既是药店的店名，同时也是药店的座右铭。

　　光绪年间，宁波华同泰参行老板华铨寅以巨资入股，金华澧浦问松堂药店老板诸葛学标也跟随入股。自此，药店实力大增。清末民初，九德堂迎来了第一个鼎盛时期，店铺占地数亩，气势不凡，前有店堂，中有药厂，后有鹿场，店员 30 余人。[①] 抗日战争中，九德堂被日军炸毁，药店也因此一度停业。1956 年公私合营之后，九德堂再度进入繁盛期。"文革"期间，九德堂遭受严重破坏，很多文物散失。

　　1988 年 12 月，九德堂第 40 代负责人张乾鸣走马上任[②]，上任之后，他做了一项重要的工作，就是寻找老店失散的物品。1990 年，他从市区南苑卫生院一医护人员处得知，原悬挂在店堂内的八块金药联匾额，有七块落到一兰溪人手中，便耗资 2800 元买回，但最珍贵的第八块落款匾却不知下落。工夫不负有心人，有人提供线索，落款匾在金东区曹宅镇小黄村一农户家中。喜出望外的张乾鸣匆匆赶到那农户家中，在其猪圈上找到了这块宝贝。如今曾散落于民间的青花瓷瓶、羚羊锉刀、竹编制药工具、紫铜工具、制八仙糕模具等，陆续被收回，使百年老店平添了几分文化底蕴。[③]

　　①《百年老店九德堂》，原载《金华晚报》，转引自金华新闻网，http://www.jhnews.com.cn/gb/content/2006—03/26/content_596755.html

　　②《百年老店九德堂》，原载《金华晚报》，转引自金华新闻网，http://www.jhnews.com.cn/gb/content/2006—03/26/content_596755.html

　　③《百年老店九德堂》，原载《金华晚报》，转引自金华新闻网，http://www.jhnews.com.cn/gb/content/2006—03/26/content_596755.html

张乾鸣自掌管九德堂以来,带领职工秉承老店传统,把大众健康视为自己的责任,坚持"诚信是基石、质量是生命、品牌是灵魂"的经营理念,锐意改革,使九德堂完成了从一家固定资产3.5万元的单体药店到拥有固定资产2000多万元的药品零售连锁经营企业的巨大跨越。[1] 九德堂连锁药店遍布金华城乡,在百姓中有良好的声誉。现在的九德堂仍然把"忠、信、敬、刚、柔、和、固、贞、顺"作为座右铭,确保产品质量,让消费者达到百分百满意。

面对医药业的变迁和竞争的加剧,九德堂始终以创"一流的设施、一流的管理、一流的服务、一流的质量"为宗旨,通过稳步发展连锁经营、不断创新服务和完善管理,保证公司规范发展、规模扩张。公司曾先后获得全国医药系统先进集体、浙江省消费者信得过单位、省物价计量信得过单位、省中药工作先进单位、省中药饮片质量先进单位、省"优质药品、优质服务"零售企业、省文明示范药店等荣誉称号。同时,公司综合经济效益指标连续多年在金华市同行业中处于领先水平。2007年,公司还成为金华市唯一一家纳税AAA级药品零售企业。

地址:浙江省金华市婺城区西市街198号

天　一　堂[2]

天一堂始建于1863年,创始人是诸葛亮第四十七世孙诸葛棠斋。"货真价实,诚信戒欺"是天一堂的宗旨,"修合虽无人见,诚心自有天知"是天一堂的职业操守,天一堂不仅享誉江南,在海内外也有很高的知名度。

据记载,诸葛亮十四世孙诸葛浍为避战乱来到浙江后,便利用北宋初年,朝廷提倡开垦荒地,兼并土地的机会,"置衢、严、婺三州田产九产石"。此后,"分析六子,卜地易居",繁衍成诸葛亮后裔浙江六大支。[3] 到了南宋时期,有着水路优势的兰溪逐渐发展成为商贸中心,而居住在这里的诸葛亮后代也开始涉足商业。兰溪自古就盛产药材,加上诸葛亮曾留下的"不为良相,便为良医"、"良相

---

① 《老字号的新活力》,原载《医药经济报》,转引自医药时代网,http://www.yysd.cn/home.php?mod=space&uid=33&do=blog&id=5206

② 主要参考资料来源:天一堂网站,http://www.chinatyt.com

③ 《百年老店天一堂》,襄樊日报数字报纸,2010-7-27,http://xfrb.hj.cn/Read.asp? NewsID=332866

浙江老字号

治国、良药医民"祖训,诸葛村的诸葛后裔就进入了医药业。

兰溪中药业源远流长,特别是瀫西诸葛药业,最为繁盛。据考,诸葛药业发迹于明初,诸葛亮后裔的居住地诸葛村。[①] 诸葛家族人丁兴旺,祖上就有重医药的传统。明、清以来,几度鼎盛,经营业务近及江浙,远至陕西、山东、广州、香港。经历代父子相传、师徒相传、亲邻相带,形成了享誉大江南北,以诸葛氏为主体的"兰溪药帮"。[②]

饮誉大江南北的天一堂是诸葛棠斋、诸葛韵笙父子两代苦心经营的结果。

1844年,诸葛亮第四十七世裔孙诸葛棠斋出生在诸葛村一个比较富裕的书香门第。清咸丰年间,太平军占领兰溪,诸葛棠斋携一家老小,开始了避难生涯,去过很多地方。光绪二年,曾被朝廷由国学生晋为五品衔,任江苏即补县丞。他为官勤政,其母去世而不赴的事迹被广为传颂。后来不恋仕途,弃官经商,致力于药业经营。

清同治二年(1863年),诸葛棠斋在兰溪县城开设天一堂药店,采办地道药材,遵照古法精制传统丸散膏丹成药出售。光绪庚子年(1900年),诸葛棠斋去世,他的儿子诸葛韵笙继承父业,接管天一堂。1942年,诸葛韵笙的孙子诸葛起鹏接管天一堂,这一年,日军进入兰溪,天一堂迁到诸葛八卦村,到抗战胜利后又迁回兰溪。1949年兰溪解放之后,天一堂与同庆行合并。1956年,以天一堂为主体,组建天一堂中药制药厂,厂址为城区柳家巷20号。[③] 20世纪60年代,天一堂制药厂发展成为省内屈指可数的中成药生产厂家。1966年,制药厂在迎春巷拆建厂房。1968年,征用城郊枣树土地,新建了厂房,这也就是现在公司的地址。之后又数次征用土地,相继完成了冲剂车间、丸片车间、口服液车间等的技术改造。经过新产品开发和新设备引进,企业发展成为具有一定规模的现代化制药企业,成为兰溪市骨干企业、浙江省医药行业重点企业和国家中医药行业优秀企业。[④] 1986年,企业年产值首次突破千万,利润也超过了百万。1994年,企业完成改制,成为浙江天一堂药业公司。2001年又进行了有限责任制改造,企业更名为浙江天一堂药业有限公司。2002年,浙江天一堂集团有限公司成立,浙江天一堂药业有限公司、遂昌县天一堂医药有限公司、浙江天一堂天然

①《历史渊源》,天一堂网站,http://www.chinatyt.com/cgi/search-cn.cgi? f=introduction_cn_1_+company_cn_1_+product_cn&t=introduction_cn5_1_&title=历史渊源

②《历史渊源》,天一堂网站,http://www.chinatyt.com/cgi/search-cn.cgi? f=introduction_cn_1_+company_cn_1_+product_cn&t=introduction_cn5_1_&title=历史渊源

③《历史渊源》,天一堂网站,http://www.chinatyt.com/cgi/search-cn.cgi? f=introduction_cn_1_+company_cn_1_+product_cn&t=introduction_cn5_1_&title=历史渊源

④《历史渊源》,天一堂网站,http://www.chinatyt.com/cgi/search-cn.cgi? f=introduction_cn_1_+company_cn_1_+product_cn&t=introduction_cn5_1_&title=历史渊源

植物发展有限公司、金华天一堂大药房有限公司都是其下属企业。

天一堂制作的药材一直以选料地道、精心炮制而享有盛名,尤其是诸葛行军散、百补全鹿丸、卧龙丹等药品都是独家配方,疗效显著。比如每次制作百补全鹿丸的时候,天一堂都是选两三头雄性梅花鹿,鹿角戴金花,关在笼中,放在厅堂展示七天,供人参观。待宰杀之前张贴告示,择吉日抬披红挂彩的鹿游街示众,到浙江兰溪南门溪滩绞杀后,原路返回。由头刀师傅任总监,进行剖解封烧,待煮成脂膏状,配上地道药材,晒燥研粉,炼蜜成丸。① 天一堂产品质量和字号信誉在民间口口相传,生意也越来越好。

民间还流传着很多天一堂的故事,最为有名的是盲人买药和挽救孕妇的故事。相传,在清光绪年间,乡下有一位盲人感觉身体虚弱,于是就进城去天一堂买全鹿丸,由于看不到,不小心进入了别家店铺。店主拿出全鹿丸,盲人一摸一闻,马上就走出这家店铺,连声说这不是天一堂。路人都非常好奇,问他如何判断的。盲人回答:该店给我的全鹿丸香气不钻鼻,触手不滋润,故知此非天一堂也。另一则故事是挽救产妇的。一孕妇因难产而深度昏迷,家人都以为母子双亡,无力回天,于是准备料理后事。此事恰巧被天一堂的一位药工遇见,他看到孕妇虽然脸色苍白,但流出的血还是新鲜的,就让家人带孕妇去天一堂。孕妇死亡而移动是民间大忌,但家人仍抱着一线希望前往。药液灌入后,不久孕妇呼吸开始加粗且顺利产下一男婴,母子平安。家人以重金酬谢,被婉拒。天一堂挽救孕妇的事,不胫而走,传为佳话。当时,天一堂还把配方药物分包并附有药性说明,让百姓在使用药物的同时又普及了药物基本知识,堪称服务的典范。所以民间有这样的谚语:"不吃天一药,死了是冤枉,吃了天一药,死了没办法。"

2002 年 1 月,公司 12 个剂型、80 余个品种一次性通过了 GMP 认证。目前,公司已拥有符合国际 GMP 标准的前处理、提取生产车间、固体制剂大楼、液体制剂大楼和中试大楼,企业中成药生产技术水平位于全省同行业前列。②

天一堂是全国重点中成药生产企业、国家中药行业优秀企业、国家高新技术企业、浙江省"五个一批"重点骨干企业、浙江省首批诚信示范企业和省级文明单位。天一堂商标是浙江省著名商标,天一堂商号也是浙江省知名商号。天一堂的很多产品都曾获得浙江省名牌产品的称号,很多药品品牌也曾荣获中国著名品牌的殊荣。公司主要产品以中成药为主,中西药并举,主要生产胶囊剂、颗粒剂、口服液等 12 个剂型 80 多个产品,逐步形成感冒药、呼吸道疾病用药、

---

① 《百年老店天一堂》,襄樊日报数字报纸,2010 - 7 - 27,http://xfrb. hj. cn/Read. asp? NewsID=332866

② 《历史渊源》,天一堂网站,http://www. chinatyt. com/cgi/search-cn. cgi? f＝introduction_cn_1_＋company_cn_1_＋product_cn&t＝introduction_cn5_1_&title＝历史渊源

抗肿瘤药、妇科用药、小儿用药、心血管药等七大产品系列。

由于历史的变迁,过去天一堂大部分的建筑已毁,但其后花园保存完好,可供游人观赏。后花园位于诸葛村最高点大柏树下,从保存至今的亭子中可以见到诸葛村的全貌,亭子的立柱上还有诸葛棠斋自己撰写的楹联:余地辟三弓,何必羡金谷繁华,争奇斗艳;诚心唯一点,务须追杏林至德,救死扶伤。花园可谓是一个中药活标本园,有树龄达到几百年的松柏、杜仲和银杏,还种植了多达几百种药材,另外养有梅花鹿,还有蛇池、鱼池等。

"天人合一,精益求精"是天一堂的追求,这块药业金字招牌今天仍然熠熠生辉。

地址:浙江省金华兰溪市永进路6号

仁 寿 堂①

仁寿堂的创始时间至今尚无定论,较为确切的资料有道光年间的《金华县志》:清道光二十三年(即1843年),将军路兴建药王庙,捐助善款者均镌石以纪,庙碑刻有"兰邑弟子仁寿堂包月冬、张望辉、戴莲圻同助"字样。② 据此可以推断,至少在1843年之前,仁寿堂就已经存在了。另外根据早年店内自印方单所述,创建时间为清康熙年间(约1719年),这两个时间相差了近百年。在无确凿证据佐证创建年份的情况下,现在均以有据可考的1843年作为仁寿堂的创始年份。

仁寿堂的创始人是兰溪节门张的张姓人士,为人厚道、家境富裕的他看到百姓饱受频繁天灾人祸带来的疾病的困扰,加上兰溪医药之风本来就盛行,所以就在金华开设了仁寿堂国药店。药店店名取自"仁义为本,寿民为先",寓意以仁义之心济世,用医道治病救人。张氏由于无暇打理店铺,就把仁寿堂转让给了亲戚姜氏,后来姜氏又转给了亲戚徐氏。19世纪末,仁寿堂掌门人是徐玉珩,这个时候的仁寿堂规模已经相当大,是金华城内最大的一家国药店。

仁寿堂选择药材的原则是"不怕价格高,但求货地道",历代店主对原材料

① 部分参考资料来源:《百年仁寿堂探秘》,金华新闻网,2004-9-3,http://www.jhnews.com.cn/gb/content/2004—09/03/content_317800.html

②《百年仁寿堂探秘》,原载《金华日报》,转引自金华新闻网,2004-9-3,http://www.jhnews.com.cn/gb/content/2004—09/03/content_317800.html

的挑选和加工都有着极为严格的要求。对于一些名贵的药材,药店还会专门派人到药材的产地选购。仁寿堂还自养梅花鹿,为鹿茸片等药材提供原料。仁寿堂的全鹿丸一定要用非常健壮的雄鹿,宰杀过程公开,以示原料正宗。仁寿堂还非常重视和药商的合作,讲究信誉,以至于药商来到金华都先把药材送到仁寿堂,仁寿堂挑选之后再去其他药店。

为保证产品质量,仁寿堂高薪聘请非常有经验的老药工,遵循古法精制驴皮膏、人参再造丸、小儿回春丸、光明眼药等丸、散、膏、露等各种中成药,多达240余种,优质的原料和配方再加上精工细作,保证了产品的质量。仁寿堂的各种药品都有自己的讲究,比如驴皮清膏一定要封存三年后再出售,以鹿为原料的药品则都取材于自养的雄鹿等等。

仁寿堂的服务是细致入微的,代顾客做丸、切药、煎药,顾客上门有店员迎来送往,医生开方取药的时候有专人核对。20世纪八九十年代,仁寿堂还专门有一位药工把帮顾客煎好的药送到家里,这位药工曾经戏言,自己的车技绝对不亚于邮递员。仁寿堂还坚持平价销售药品,店里出售的药品都有"仁寿廉"的标记。

在店员管理和培训方面,仁寿堂也有自己的一套方式。仁寿堂的店规是出了名的严格,药店明确规定,所有员工不得搓麻将,玩牌九,不得任意请假,晚上也不准出去看戏。曾经有附近寺庙开光做戏,两个店员晚上偷偷溜出去看,半夜回店时,却发现店主正在堂屋秉烛等候。见二人回来,店主徐徐问:"饿了吗?要吃点心吗?"二人噤若寒蝉,无言以对。从此再无人敢犯店规。① 相对于店规的严格,仁寿堂在培养徒弟方面却是非常开明的。旧时徒弟进店学艺,都是从做杂务开始的,要经过好几年才开始正式的学习。仁寿堂却认为这种规矩是误人子弟的行为,所以进仁寿堂学习的徒弟从进店开始就由师傅传授技艺。仁寿堂一年只招收一名学徒,收徒的时候,店内总是挤满了人。虽然学徒开始学习早,学习的过程却不简单,从放药隔斗学起,再学习检查药材和炮制药材等,最少要经过三年时间,通过严格考核之后才能上柜卖药。另外,仁寿堂还要求店员读书写字,提高文化素养,文化用品免费提供,还有全套药书。解放前,仁寿堂人事管理依然十分严谨,哪怕一名员工比另一名员工进店工作早一小时,后者就要管前者叫师兄,待遇也会相对低一些。② 凡此种种,都让店员的整体素质在同行中出类拔萃,赢得了良好的口碑。

① 《百年仁寿堂探秘》,原载《金华日报》,转引自金华新闻网,2004 - 9 - 3,http://www. jhnews. com. cn/gb/content/2004—09/03/content_317800. html

② 《回眸凝望,老金华的风花雪月》,金华新闻网,http://www. jhnews. com. cn/xwzx/2007—11/22/content_7028. html

抗日战争时期，仁寿堂被日军侵占，被迫迁址后街，待日军投降以后才又迁回解放东路莲花井畔的原址。1956 年，仁寿堂顺应历史潮流公私合营，并延请名医许永茂、王乃聪等，在将军路栈房开设第三诊所，形成医药加工、煎药、诊治全套服务格局。① 公私合营后，仁寿堂被并入金华医药公司。1966 年仁寿堂栈房失火，"文革"期间，被改名为"红卫"，一直到 20 世纪 80 年代初才恢复原名，这时的仁寿堂已经不复昔日风光。

1999 年，尖峰集团收购了金华医药公司，之后成立了尖峰大药房连锁有限公司，仁寿堂归于麾下。尖峰大药房采取的是连锁经营的模式，仁寿堂作为尖峰大药房一个具有特色的单体门店继承下来。

据仁寿堂的老药工回忆②，仁寿堂原有五进，有天井，石鼓门面。进门有一副楹联："仁心炮炙遵先法，寿制丹丸在至诚。"店内牌匾很多，如："关东毛角鹿茸，枷南沈地沉香"；"天产名将老术，各省道地药材"；"进口东西洱参，精制丸散膏丹"。横匾有："品溢群芳"、"太和元气"、"货真价实"、"童叟无欺"等。店内设有招待客人的房间，红木大圆桌，挂有"延年益寿之室"的横匾。堂边有储水池以防失火，池水长年清澈可鉴。店房后面为中药加工场、晒药场院、养鹿园和店主住宅。所有建筑用砖均有"仁寿堂"字样。1995 年仁寿堂列入文物保护单位，成为唯一一家列入市级重点文物保护单位的老药店。

2003 年，由于市政建设的需要，仁寿堂整体搬迁至明月街，与府城隍庙、明月楼共同形成了文物建筑保护带。现在的仁寿堂占地一百多平方米，为三层小楼，建筑格局也和原来相同，沿街是青砖立面，门楣上有"仁寿堂"三个金字，窗户用砖雕装饰。进门可见一个三米见方的天井，二楼、三楼天井周围均有花窗，这种方式便于室内通风采光，是中国"天人合一"的传统哲学思想在民间建筑上的一种体现，在金华现存的老房子中，这种建筑形式是绝无仅有的。

地址：浙江省金华市婺城区解放东路 158 号

---

① 《百年仁寿堂探秘》，原载《金华日报》，转引自金华新闻网，2004－9－3，http：//www. jhnews. com. cn/gb/content/2004—09/03/content_317800. html

② 《百年仁寿堂探秘》，原载《金华日报》，转引自金华新闻网，2004－9－3，http：//www. jhnews. com. cn/gb/content/2004—09/03/content_317800. html

保健品

寿仙谷®

寿 仙 谷

寿仙谷药业前身为创始于 1909 年的"寿仙谷药号",创始人是李金祖。

寿仙谷药业在金华武义县,这里有"江南华清池,浙中桃花源"的美誉。而寿仙谷也是这里的一个地名,是唐朝养生大师、五朝御医叶法善在故乡采药炼丹的养生福地,其灵丹妙药为武则天、高宗、太平公主、玄宗、杨贵妃等人御用,效果尤为灵验。① 寿仙谷一带的百姓历来长寿,90 岁以上的寿星比比皆是,其长寿比例要比被国际自然医学会命名为"世界级长寿之乡"的广西巴马县还高出九倍,百姓个个身强体壮。究其原因,虽然尚无明确答案,但是远离污染和百姓自古以来就采食铁皮石斛、灵芝等珍贵药草用于防病治病,绝对是至关重要的。

相传寿仙谷还是南极仙翁的故里,这里还有一个美丽的传说。玉皇大帝的大将青龙爱上了王母娘娘的侍女金凤,为了爱情他们触犯了天条,来到人间。玉皇大帝大怒,派出天兵天将捉拿他们。他们藏身的寿仙谷常年都是云雾缭绕,所以天兵天将始终没有找到。另外还有一种说法,是天兵天将的首领黄龙念及手足之情,故意放过了他们。青龙和金凤在寿仙谷过着男耕女织的生活,还生下了一个男孩,孩子吸收了山谷中的灵气,聪慧过人,长大后精通医术,经常不畏艰险采集悬崖上集天地灵气和日月精华的铁皮石斛、灵芝等仙草,治病救人,造福于民。千年之后,他化羽成仙,被玉帝册封为主管人间健康长寿的老寿星南极仙翁。青龙和金凤居住的山谷因此得名"寿仙谷",而南极仙翁出生的石洞则名为"龙凤洞",洞壁上现在仍然有含情对望的龙影和凤形。

---

① 《寿现谷药业全力打造中国有机国药第一品牌》,武义新闻网,http://wynews.zjol.com.cn/wynews/system/2008/10/25/010721570.shtml

浙江老字号

古诗有云："天高重霄九,地美寿仙谷,山清水又秀,芝斛称魁首。"铁皮石斛自古是滋阴圣品,被列为"中华九大仙草之首",据《本草纲目》记载,它有"强阴益精,厚肠胃,益智除惊,轻身延年"等功效。寿仙谷当地人把铁皮石斛看作镇山仙草,绝不轻易采摘,只有出现危重病人的时候,药农才会冒着生命危险去百丈悬崖上采集。铁皮石斛让不少高危病人转危为安,所以有着"还魂仙草"的美誉。

2003年,寿仙谷第三代传人李明焱恢复了老号,注册了商标。现在,寿仙谷已经从原来的小药号发展成现代化高科技产业集团,产品从医用铁皮石斛、灵芝,扩展到相关的食用菌、农产品领域,成为集珍稀名贵药材和食药用菌的栽培、绿色食品、有机食品、绿色保健品和药品的研发、生产和营销等农、工、科、贸为一体的综合性高科技企业。① 公司运用现代高科技手段,模拟天然野生环境,成功栽培出了中华两大"仙草"——铁皮石斛和原木赤灵芝,开创了"仿野生有机栽培名贵珍稀中药技术"的先河。公司致力于打造"有机国药第一品牌"和"有机国药第一基地",而有机产品是目前国际上公认的安全等级最高的产品。寿仙谷的铁皮石斛、原木灵芝基地是我国目前唯一通过国家有机产品和 GAP两项认证的中药材生产基地,寿仙谷药业还是铁皮石斛国家标准的制定者以及国家铁皮石斛新品种选育及产业化示范承担单位。

寿仙谷药业科研技术力量非常雄厚,拥有尖端生物高科技、医学、药学、营养学、农学等领域的人才,还与高校合作设立培训和实践基地,承担了多项国家、省市的重大科技攻关项目。其中有九项成果填补了国内空白,四项国家发明专利,十多项成果获国家、省、市级科技进步奖。② 寿谷仙集团下设浙江寿仙谷珍稀植物药研究院、浙江寿仙谷生物科技有限公司、苏州寿仙谷生物科技发展有限公司、庆余寿仙谷国药号有限公司、西宁寿仙谷藏药有限公司、武义县真菌研究所等。寿仙谷药业是国家高新技术企业和全国食药用菌行业十大龙头企业。

李明焱从20世纪80年代初开始就从事食药用菌和名贵珍稀中药的品种选育、栽培和新产品的研究开发。有十多项成果填补了国际、国内空白,达到国际先进水平,荣获国家、省、市多项科技进步奖。主持研发的铁皮枫斗颗粒(胶囊)、铁皮枫斗浸膏、灵芝破壁孢子粉(胶囊)、万延胶囊(片)、红花瑞丽浸膏、虫草王(胶囊)等养生保健系列产品,以其货真价实、功效显著而得到专家学者和

---

① 《"浙江老字号"在杭州举行授牌仪式 "寿仙谷"药业成为我县唯一荣获此殊荣企业》,寿仙谷药业网站,http://www.sxgoo.com/Html/NewsView.asp? ID=161&SortID=68
② 《论寿仙谷有机国药产业与武义生态旅游开发》,原载《品牌周刊》,转引自寿仙谷药业网站,http://www.sxgoo.com/Html/NewsView.asp? ID=183&SortID=63

消费者的一致好评。①

　　寿仙谷药业的产品以货真价实而享有盛誉，百年前就曾和胡庆余堂、方回春堂有业务往来，现在又进入胡庆余堂、同仁堂、方回春堂、张同泰、同函春、雷允上、叶同仁、德聚堂等，还成为这些药店的畅销产品。除了国内市场，寿仙谷的产品还远销到日本、欧美和东南亚等地。

　　寿仙谷药业实现了"中医中药基础科学研究——优良品种选育——仿野生有机栽培——传统养生秘方研究开发——现代中药炮制与有效成分提取工艺研究——中药临床应用"等一整套完善中药产业链，②像这样将整个产业链全部由自己控制的企业在国内是少有的。这种方式可以有效地避免中间环节，从而确保产品最终的质量。

　　为了进一步传播与弘扬中医药文化和养生文化，寿仙谷还在原来建造的有机国药基地基础上，进一步打造集旅游、养生、保健、交流等为一体的特色景点，以此为契机，建立起一个养生文化平台，惠及更多人。

地址：浙江省金华市武义县商城路 10 号

　　①《"浙江老字号"在杭州举行授牌仪式 "寿仙谷"药业成为我县唯一荣获此殊荣企业》，寿仙谷药业网站，http://www.sxgoo.com/Html/NewsView.asp？ID＝161&SortID＝68

　　②《寿现谷药业全力打造中国有机国药第一品牌》，武义新闻网，http://wynews.zjol.com.cn/wynews/system/2008/10/25/010721570.shtml

丽水

丽水古称处州,是浙江省面积最大但人口最少的地区,是浙西南的政治、经济和文化中心。丽水的景宁畲族自治县是全国唯一的畲族自治县,也是浙江省唯一的少数民族自治县;龙泉是著名的龙泉青瓷和龙泉宝剑的产地;青田是浙江省重点侨乡之一,出产有名的青田石。丽水还是浙江省矿产资源最为丰富的地区。

工美

龙泉官窑

龙泉在浙江西南部，是瓯江的发源地，境内山峰林立，森林覆盖率居浙江首位，有"浙江林海"的美称，瓷矿资源优质而丰富，这些都为制瓷业的发展提供了得天独厚的条件。

龙泉烧制青瓷始于三国两晋，历史悠久，绵延不绝，素有"青瓷之乡"的称谓。早在北宋太平兴国七年（928年），宋太宗赵炅就委派殿前承旨赵仁济前往浙江督导龙泉窑务，烧制贡瓷，由此拉开了龙泉官窑的序幕。[①]

根据史料记载，自唐代起瓷器烧制就有官窑和民窑之分，官窑和民窑瓷器在形制、装饰和题铭等方面都不同。官窑刻以"官"字，无论是胎釉、造型，还是烧制都属上乘，是专门为宫廷制作、由宫廷专享的佳品。

青瓷是中国瓷器的鼻祖，也被誉为"瓷器之母"，青瓷的主要产地是浙江，从上虞窑、越窑、瓯窑、婺州窑到秘色窑、龙泉窑、郊坛下官窑，全属于庞大的青瓷窑系，所有这些名窑中，尤以龙泉青瓷最为杰出。[②] 中国五大名窑——官窑、哥窑、汝窑、定窑和钧窑中的哥窑，就是龙泉的青瓷。

龙泉青瓷

龙泉青瓷在北宋时期就已经初具规模，南宋及元代进入鼎盛时期，不仅规模空前，技艺也达到巅峰，其生产历史长达1600多年，是中国制瓷史上时间最

---

① 浙江龙泉官窑瓷业有限公司网站，http://www.lq-guan.com.cn/newEbiz1/EbizPortalFG/portal/html/GeneralContentShow.html? GeneralContentShow_DocID＝c373e90a2adf5c5f8fefd823d5234bb3

② 《龙泉青瓷 永垂史册》，龙泉新闻网，http://lqnews.zjol.com.cn/lqnews/system/2008/12/27/010827469.shtml

长、影响最大的一个窑系。①

三国两晋时期,龙泉人就利用当地得天独厚的条件,借鉴越窑和瓯窑制瓷技艺,开始了青瓷的烧制。最初所制瓷器都比较粗糙,规模也不大。五代时期,吴越国的统治者每年都要向中原进贡数量极为庞大的"秘色瓷",越窑无法满足如此大的需求量,这就为龙泉窑业的发展提供了最好的机遇。初具规模的龙泉窑加入了越窑的先进技术,又有大批优秀瓷匠陆续来到龙泉,龙泉窑进入高速发展期,产品质量也得以迅速提高。龙泉窑就是在这一时期发展成为江南第一名窑。

南宋时期,龙泉窑迎来了自己发展的黄金期。由于全国政治经济中心南移,北方的名窑遭受到战争的损毁相继衰落等原因,再加上北方制瓷技术也被带到南方,龙泉窑可谓集南北大成,南宋末期,粉青和梅子青烧制成功,更是达到了我国青瓷史的巅峰。根据史料记载,在宋元时代,"瓯江两岸,瓷窑林立,烟火相望,江中运瓷船只来往如织"。

据说在宋代,浙江龙泉章姓两兄弟章生一和章生二,分别设窑制瓷器,即后来著名的哥窑和弟窑。哥窑作品的特点是:紫口铁足,金丝铁线,胎质坚实,薄如蛋壳,釉层丰富饱满,釉色浓淡不一,色彩以粉青为上。弟窑作品的特点是:白胎厚釉,光泽柔和,滋润如玉,扣之如馨,极耐磨弄,色彩以粉青梅子青为上品。②哥窑产品专供朝廷,是宋代五大名窑之一。弟窑则延续的是龙泉青瓷的传统风格,所以又称为"龙泉窑"和"章窑",被誉为宋代民窑巨擘。所以世称章氏兄弟是开创龙泉青瓷鼎盛时代的标志性人物。③

元代,龙泉窑继续为宫廷和贵族烧制瓷器,对外贸易政策也使得青瓷烧制规模继续扩大,无论是窑址,还是产品品种和数量都比之前有所增多。元代的龙泉青瓷还带上了统治者明显的印记,多了草原的大气和粗犷的韵味。1975—1977年在韩国西南部的新安海底发现一艘元代沉船,打捞出一万多件瓷器,其中龙泉青瓷占了九千多件,可见龙泉青瓷在元代对外贸易中的重要地位。④ 元代后期,日益加剧的阶级和民族矛盾也严重影响了青瓷的生产,产品质量下降,色彩与造型都趋于粗糙。

明代郑和下西洋,海外贸易的发展也带动了青瓷的生产。之后,由于中国

---

① 浙江龙泉官窑瓷业有限公司网站,http://www.lq-guan.com.cn

② 资料来源不详,转引自清河坊游玩攻略,游瓶网,http://www.yoope.cn/changyoutianxia/2007/0606/article_12113_1.html

③《哥、弟窑祖师章生一、章生二》,龙泉新闻网,http://lqnews.zjol.com.cn/lqnews/system/2006/11/27/000445674.shtml

④《论龙泉窑青瓷的价值及传承的意义》,转引自新陶网,http://www.newtaoyi.com/2009/show.php?fid-14-id-1783-page-1.shtml

航海的衰落,殖民者的侵略,明王朝的海禁以及青花瓷的兴起等诸多原因,青瓷对外销售锐减。龙泉窑倒闭了很多,留下的也只是烧制民间用青瓷器物,无论是工艺还是造型,都无法与鼎盛时期相提并论。

到了清代,龙泉窑场所剩无几,产品粗糙,龙泉青瓷走向了凋零。

龙泉官窑

宋高宗皇帝赵构定都临安(今浙江杭州)后,仍然向往昔日浮华奢靡的宫廷生活和官窑青瓷,当时越窑已经衰落,宫廷所需无法满足,设立官窑就成了当务之急。而当时的江南名窑中只有龙泉能够完成烧制高质量青瓷的重任,同时龙泉还拥有前代积累下来的御瓷烧制经验和大批技艺高超的制瓷工匠,龙泉的很多窑场就承担起了专门烧制御用青瓷的重任,龙泉官窑也就由此而诞生。

清嘉庆十五年(1810年)后,赖永称从福建来到龙泉县西乡木岱村重建窑场,重烧青瓷,重打品牌,将厂号定名为"赖永顺"。这一举动被记录到了地方志中:"福建德化县一位姓曾和姓赖的瓷工迁居龙泉木岱村,发现该地瓷土矿藏丰富,就在木岱村重新开始兴建瓷窑,以后瓷器从木岱村扩展到附近。"在龙泉青瓷日渐衰落行将消失的情势下,赖永称此番点燃窑火,在龙泉瓷业延续和发展中有着举足轻重的地位,留下了浓墨重彩的一笔。

抗日战争时期,赖氏青瓷已经传至第七代传人赖自强,由于抗战需要修战备公路,而公路正好从赖家瓷窑经过,赖自强顾全大局,同意毁窑筑路。

1957年,国营龙泉瓷厂成立,建立了专业的青瓷车间,赖自强担任技术科长,领衔进行了多项青瓷试验,为龙泉青瓷复兴和发展做出了卓越的贡献。赖自强把龙泉窑烧木柴的传统改变为煤烧倒焰窑和隧道窑,后来又发展到油烧梭式窑。同时,在他的带领下,还改革了青瓷烧制工艺的所有工序,为青瓷复兴铺平了道路。赖自强被瓷界称为现代龙泉青瓷之鼻祖和一代宗师。[①]

1993年,赖氏青瓷第八代传人赖建平在杭州最繁华的湖滨开起了龙泉青瓷店铺。为了给"龙泉官窑"正名,赖建平注册了龙泉官窑瓷业有限公司和"官"字商标,在龙泉青瓷界第一个打出了"龙泉官窑"的旗号,让高品质的龙泉官窑得以恢复和发展。龙泉官窑在继承传统的基础上不断创新,还潜心研究新工艺,力保底部打上"官"字印记的瓷品都是精品。2004年,北京一家集团慕"龙泉官窑"之名前来定制350件官窑瓷器。赖建平足足烧制了2300多件,然后亲自一件一件挑选,最终将350件珍品交给对方,其余的全部销毁。对方既惊讶又信

① 《青瓷世家官窑梦 赖建平重振"老字号"》,原载《人民日报》海外版,转引自文化中国网,http://www.china.com.cn/culture/minsu/2010—02/04/content_19376234.html

浙江老字号

服,赞美"龙泉官窑"瓷器精美,连操作也仿效古制,实在让人敬佩![1] 现在,文化部、财政部、浙江省政府等都把龙泉官窑的产品作为对外交流的礼品。

瓷器底部刻官字始于唐代,代表着宫廷御用和皇室特权,由此开创了官窑除品质上远优于民窑外,还有款式确认的先河。龙泉官窑制作工艺十分复杂,从采料、配方、成型、上釉到烧制需经80余道工序方能完成,要求极高,出窑率十分低,又因旧时官制、所制品不得流入民间,"臣庶不得用",故传世很少,成为中国古代瓷器中的珍品,被中外博物馆珍藏。[2] 现代的龙泉官窑沿袭传统,工艺与操作要求都极为严格,瑕疵品也一律销毁,成品底部"官"字印记仍然是其品质的一种承诺和证明。"龙泉官窑"及"官"字商标是国家商务部首批认定的"中华老字号",这也是国内瓷器行业唯一获此殊荣的品牌。

青瓷的传奇故事——"雪拉同"和"叶青姬"[3]

中国的青瓷在英语中有一个专门的词汇——celadon,这个词来源于法语"雪拉同",而"雪拉同"原是著名舞剧《牧羊女亚司泰来》中男主人公的名字。为什么以这个词指代中国青瓷呢?这里有一个动人的故事。

16世纪晚期的时候,洛可可艺术在巴黎非常盛行,精美别致的风格格外受欢迎。有一位阿拉伯商人从中国购买了一批龙泉青瓷运到了巴黎,这位商人和巴黎市长是好朋友,恰逢市长为女儿举办婚礼,于是这位商人把一件精美的龙泉青瓷作为结婚礼物带到了婚礼现场。在场的都是巴黎上层社会的人物,大家见到龙泉青瓷,纷纷称赞其精美绝伦。新娘询问了青瓷的产地和名称,阿拉伯商人告诉大家来自东方古老的中国,但是名称忘记了。

市长于是请现场的嘉宾为这件青瓷起一个好听的名字,人们说出了很多溢美之辞,市长都不满意。这个时候,现场舞台上正在上演舞台剧《牧羊女亚司泰来》,剧中边唱边跳的雪拉同身上的衣服和青瓷相似,市长于是高举起青瓷,称其为中国的雪拉同。龙泉青瓷于是就以"雪拉同"的美名蜚声欧洲。

与西方喜剧色彩浓郁的故事不同,在青瓷的诞生地流传的却是一个悲壮的故事。

龙泉有一位人称叶老大的窑工,他带领其他窑工为窑主烧制一批宫廷祭祀使用的青瓷,但烧制了很多窑,都是废品,却又找不到原因。宫廷派来的监工大

---

[1] 《青瓷世家官窑梦 赖建平重振"老字号"》,原载《人民日报》海外版,转引自文化中国网,http://www.china.com.cn/culture/minsu/2010—02/04/content_19376234.html

[2] 《龙泉官窑简介》,浙江在线新闻网站,http://zjnews.zjol.com.cn/05zjnews/system/2007/09/05/008767141.shtml

[3] 参考资料来源:《中国青瓷的美称——CELADON 雪拉同》,华夏收藏网,http://www.mycollect.net/blog/43994.html

怒,只等期限一到,就把所有窑工问斩。

叶老大有一个美丽善良的女儿,名叫叶青姬,为了拯救父亲和其他窑工,她纵身跳入窑中,烧制出的青瓷温润如玉。人们都说青瓷是叶青姬的化身,为了纪念她,尊称她为"九天玄女",世代供奉在窑场中,而贡品瓷器也以龙泉方言称作"青瓷",谐音就是"青姬"。

2010 年 7 月装修中的河坊街展示中心　戎 彦 摄

地址:浙江省杭州市河坊街 234 号(展示中心)

沈 广 隆[1]

沈广隆剑铺创始于清光绪二十年(1892 年),是浙江龙泉唯一一家父子四代传承的百年老字号宝剑生产企业,并以"天下第一剑"闻名海内外。第一代掌门人沈庭璋,第二代沈焕周,第三代沈新培,第四代沈州,从创始一直延续到现在。

而实际上,沈广隆的开山鼻祖应该算是沈庭璋的父亲沈朝庆,他在清咸丰

---

① 主要参考资料来源:《十年磨一剑——走进沈广隆剑铺》,搜艺搜,http://www.findart.com.cn/471a7370cc3c6a5446a686511a88c9b8ca48f98b729ca1f41c1a94914f7561da-2-showorder. html? key =%E5%8D%81%E4%B8%96%E7%BA%AA

浙江老字号

年间就在龙泉开设了剑铺,失败了的他把希望寄托在儿子沈庭璋身上。清光绪十八年(1892年)秋,沈庭璋带两个弟弟来到龙泉,创立了"沈广隆剑铺","壬"字号,由此掀开了沈广隆剑铺的发展史。

沈庭璋是铁匠高手,但苦于时局动荡、天灾不断,加上兄弟不和睦,迫于无奈,在光绪二十八年(1902年)十月,沈庭璋把店内之物分给两个弟弟。两个弟弟返回碧湖之后,沈庭璋决定留下来继续创业,他带着四个年幼的儿子又艰难地度过了十余年,虽然事业没有太大发展,但是他的刻苦、上进、为人谦和却给人留下了深刻的印象。民国2年(1913年)年底,乡绅李观养先生慷慨捐资30大洋,沈庭璋绝处逢生,向五个儿子沈焕文、沈焕武、沈焕周、沈焕清、沈焕铨传授技艺,加上当时整体剑业回升,"沈广隆剑铺"开始了蓬勃的发展,在当时的龙泉,沈广隆剑铺和沈庭璋有着相当高的知名度。

据《龙泉县志》记载:民国3年(1914年)秋,曾由当时县知事杨毓琦主持,在县府所在地的龙渊镇举行过一次别开生面的宝剑比赛。当时最具名气的七家剑铺前来参加,其中沈庭璋师傅所制造之剑一剑洞穿三枚铜板而锋不卷刃。对击时,对手的剑很快就被劈为两截。沈氏宝剑顺理成章地获得了这次比赛冠军。知县挥毫题"沈广隆剑铺"横匾,乡绅李观养书"论剑杨知县,夺魁沈庭璋"联。[①] 1915年,沈广隆剑铺就曾在巴拿马万国博览会上获得奖章。

沈广隆剑铺凭借着研究传统技艺和不断的革新,在强手如林的龙泉宝剑业中脱颖而出,迎来了发展中的第一个鼎盛期。以新法淬火的纯钢宝剑刚柔并济;开创了宝剑技艺上的重点突破——养光工艺,让宝剑发出自然青寒之光;剑身改为"菖蒲叶"形状,剑面图形则由七星改变为五角星,还新创了如"龙凤吉祥"等一些中国传统图纹。这些创新让沈广隆获得了突飞猛进的发展,名声日隆,也为沈广隆带来了滚滚财源。沈庭璋之后,沈广隆的掌门人是他的长子沈焕文。值得一提的是,沈庭璋五个儿子个个身怀铸剑绝技,时称"宝剑世家文武周清铨"。

民国18年(1929年)初,浙江省国术馆馆长张人杰和教务长杨澄甫在沈广隆先后订制了82把龙泉剑。民国19年(1930年)秋,全国国术馆武术比赛中,沈广隆剑铺的剑被评为"最佳剑"。民国24年(1935年),浙江省主席黄绍竑订制了龙泉剑,作为浙江省政府敬献蒋介石寿辰的贺礼。之后,沈广隆还为陈诚将军铸过宝剑。1942年,浙江国大代表又为蒋介石订制了精品"龙泉七星剑",剑身一面有青天白日图案和"澄清寰宇"四个正楷,另外一面则是龙凤七星图案

---

①《十年磨一剑——走进沈广隆剑铺》,搜艺搜,http://www.findart.com.cn/471a7370cc3c6a5446a686511a88c9b8ca48f98b729ca1f41c1a94914f7561da-2-showorder.html? key=％E5％8D％81％E4％B8％96％E7％BA％AA

和"龙泉七星剑"篆书。

1942年随着日军入侵,沈广隆剑铺第二代传人五兄弟被迫分家,老大和老四经商,老三沈焕周继承剑铺,邀请老二沈焕武合作。抗战初期,由于龙泉来了很多沪杭的商贾,省级机构也迁入这里,在这些人中,手杖剑非常流行,剑铺一度很兴盛。抗战胜利后,受到经济萧条的影响,龙泉剑铺数量锐减,有些剑铺还需要兼制农具才能勉强维持。

1956年,沈广隆剑铺并入农具厂。1961年,以沈广隆店铺为社址成立宝剑生产合作社,沈焕周担任主任。宝剑生产合作社成立之后,"沈广隆"一度销声匿迹,不过沈广隆的传人始终是合作社的中坚力量。1856年,沈焕周、沈焕武和沈焕文为毛主席铸剑,被龙泉政府授予"龙泉铸剑老艺人"的称号。1972年,沈焕周和儿子沈新培等铸造了四柄高档龙泉宝剑,作为国礼赠送给访华的尼克松。1978年,宝剑生产合作社改名为龙泉宝剑厂。

1983年,沈广隆剑铺第三代传人,任龙泉宝剑厂厂长的沈午荣和龙泉宝剑厂技术骨干沈新培辞去了公职,恢复沈广隆剑铺,沈新培成为剑铺第三代掌门人。沈午荣和沈新培人脉资源非常广泛,和国内外武术界、文艺界、军事界及所有喜爱和关心龙泉宝剑的知名人士都有着频繁的往来。特别是在20世纪80年代至90年代初,龙泉生产宝剑的厂家数量急剧增长,质量鱼龙混杂,价格也急剧下降,流传两千多年的龙泉宝剑再次面临困境,沈家传人和沈广隆剑铺为龙泉宝剑的规范发展做出了重要的贡献。

第三代掌门人沈新培可谓"战功赫赫"。早在1974年,他就研制出了名剑"鱼肠剑",获得了省创新设计奖,他制作的"云花剑"还曾荣获1983年"中国国际旅游奖"。1985年,沈新培铸造出自然花纹钢剑,让失传千年、被誉为中华剑魂的名剑重放异彩。同年,龙泉县举办第二次宝剑行业质量大评比,沈广隆的剑再次夺魁,县长林华刚题词"天下第一剑"。1991年,沈新培荣获铸剑业唯一的工艺美术大师称号,1992年,沈新培被录入《中国人物年鉴》。1993年,沈新培研制出了日月乾坤剑和日月乾坤刀,获得了国家专利。同年,在中国首届武术器材评审会上,沈广隆的日月乾坤刀与剑及民间习武用剑一举夺得三个金奖。从1996年起,沈广隆的剑被国家武院、武术运动管理中心、中国武协审定为国家武术锦标赛指定器械,一直沿用到现在。1995年开始,沈广隆剑铺由沈新培单独经营。沈新培被联合国科教文组织中国民间文艺家协会授予"民间工艺美术家"称号,沈广隆剑铺也获得了"中华老字号"称号。剑铺进入了第二个鼎盛期。

沈新培深得祖传铸剑的秘诀,还能不断推陈出新,创制了乾坤、龙虎、伏魔、鱼肠、云花、倚天等20多个品种。沈新培还采用古老的打磨方式,让剑寒光逼人。就铸剑来说,沈新培是绝对的全才,工序的每一道环节他都精通,无论是开始的锻造,还是后期的艺术加工,他铸造的剑既有古剑风韵,又不断进行创新。2004年,沈新培让失传的玄天剑重新出世,这种剑在古书中曾有记载,金庸武侠小说中也曾描述过,但并没有实物留存。玄天剑是用陨铁铸成的重剑,沈新培意外得到一块陨铁,用了一个月的时间,让古剑重现。2007年,沈新培被评为国家级非物质文化遗产传人,还获得了政府颁发的"终身成就奖"。

很多国内外知名人士都对沈新培和他的剑大加赞扬,如全国人大常委会副委员长楚图南赞沈新培的剑"剑气冲霄汉,青光照人间",武术界蔡龙云老先生称赞沈新培为"当代欧冶",中国书法家协会主席沈鹏题词"天下第一剑",北京武院院长吴彬赞剑与人"龙泉宝剑真传,沈新培大师真谓鬼斧神工"等等。

1998年,沈州成为沈广隆第四代掌门人。沈州铸造的剑也屡获殊荣,龙泉至尊剑获得中国民间艺术展览会金奖,乾坤剑收藏在浙江工艺美术精品馆,乾坤剑、成功剑、乾隆佩剑等获得浙江省首届民族民间工艺美术博览会天工最高荣誉奖,龟纹剑获得公众最喜爱的"老字号品牌奖"等等。沈州在不断创制新品的同时,还运用连锁经营等现代经营模式,让龙泉宝剑与旅游接轨,以文化和品牌带动沈广隆的发展。

2008年,沈广隆乾坤刀和剑被国家体育总局武术运动管理中心评为武术套路指定器械;2009年,沈广隆的帝王剑获得北京文博会金奖;2009年,新中国成立六十周年大庆之际,沈新培和沈州铸造了军魂剑,由中央军委收藏;2009年,沈新培为胡锦涛主席铸造了乾坤剑;2010年沈广隆的军魂剑、四灵剑分获深圳文博会金奖和银奖……

从1972年至今,沈广隆先后为国内外名人尼克松、习近平、乔石、楚图南、武林前辈蔡龙云、吴彬、温力、武星李连杰,书法家沙孟海、启功、刘小晴等铸剑,多年来已研制出20余个新品种:乾坤剑、乾坤刀、九鹰剑、棍子剑、子母剑、银河剑、孖龙剑、鱼肠剑、天罡剑、腰带剑、玄纹剑、鹰爪蛇信剑、盘龙棒、冷月剑、倚天剑、龙虎剑、曹操剑、妖娆剑、雌雄剑、六龙剑等。[1]

沈广隆的宝剑素有"刚柔并寓,能伸能屈,坚韧锋利,削铁如泥,寒光逼人,纹饰巧致"[2]的特征,要归于以下方面[3]:选材讲究,有"十斤毛铁五斤钢"之说;锻打火候足,反复折叠,多次锻打;剑身刚柔并济,刃部夹刚锋刃锐利;淬火独

---

① 参考资料来源:《沈广隆剑铺简介》,沈广隆第四代掌门人沈州新浪博客,http://blog.sina.com.cn/s/blog_6007dbab0100d7uh.html

② 沈广隆剑铺网站,http://www.lqsgljp.cn/news.asp? sid=28

③《沈广隆剑铺简介》,沈广隆第四代掌门人沈州新浪博客,http://blog.sina.com.cn/s/blog_6007dbab0100d7uh.html

特,取当地剑池湖水作冷却剂;以当地特产"亮石"研磨,磨剑之功倍于锻打;采用当地特产上等花梨木制剑鞘;装具精美,纹饰巧致。

如今,沈广隆的三、四代掌门人在筹划建造一个龙泉剑沈广隆剑铺锻造技艺的传承展示基地,以铸造沈广隆剑铺又一个辉煌的明天。

欧冶子与龙渊

中国著名武术家邵善康曾赠沈广隆联"试锋昔传欧冶子,论剑当推沈广隆"。欧冶子,我国铸剑鼻祖,春秋末到战国初越国人,擅长铸造兵器,史载他为越王铸了湛庐、纯钧、胜邪、鱼肠、巨阙五剑。

《越绝书》第十一外传记宝剑载,楚王命风胡子到吴国请欧冶子及干将作铁剑三枚,一曰龙渊,二曰泰阿,三曰工布。楚王见此三剑之精神大悦,问之何谓龙渊、泰阿、工布时,风胡子曰:"欲知龙渊,观其状如登高山,临深渊,欲知泰阿,观其铈,巍巍翼翼,如流水之波,欲知工布,铈从文起,至脊而止,如珠不可衽。"①对"龙渊"一词,《辞源》有如下解释:"宝剑名。相传春秋时楚王使风胡子因吴王请欧冶子、干将二人作铁剑,二人凿茨山,泄其溪,取铁英,作铁剑三枚。一曰龙渊,二曰泰阿,三曰工布,谓龙渊剑,观其状如登高山临深渊,故名。唐人避李渊(高祖)讳,以泉代渊,作龙泉。"可见龙泉剑原来的名字是龙渊剑,是在唐代改称现名的。

关于欧冶子铸剑,有个美丽的传说:

勾践在吴国做了三年臣仆,获释归国后,卧薪尝胆,在文种、范蠡等扶持下,决意雪耻复国。打铁老师傅欧冶子听到这个消息,非常高兴,终于可以发挥自己所长铸剑救国了。

欧冶子于是和妻子开始造剑,但成品不是太软容易卷刃就是太脆容易缺口,欧冶子非常苦恼。中秋节欧冶子喝酒睡着了,朦胧中有位白发童颜的老人告诉他,需要到秦溪山麓,那里有龙水和宝石供他铸剑使用。老人还点云为鹤,让欧冶子骑鹤前往,白鹤停在了括州府黄鹤镇附近。欧冶子第二天就带着妻子和女儿翻山越岭去梦中的地方,经过49天的跋涉,终于到达了秦溪山。山上满地都是铁砂,还有像北斗七星一样排列的七口水井,确实是天造地设的铸剑宝地。欧冶子于是就在这里做好所有的准备工作,开始铸剑。

一天中午,欧冶子刚拿出烧红的剑坯锤打,突然间电闪雷鸣,七口井中腾起七条蛟龙,向剑坯吐了水后腾云而去。剑坯上五彩缤纷,欧冶子拿起劈向大石,石头马上成为两半。欧冶子马上把另外一把剑坯烧红后浸入井水中,也出现了和上一把相同的效果。由于剑坯碰到磨石后,磨石马上粉碎,所以如何磨剑就

---

① 沈广隆剑铺网站,http://www.lqsgljp.cn/news.asp? sid=28

成了摆在欧冶子面前的一大问题。

欧冶子想起梦中的老人告诉他山上有宝石,于是就带剑去寻找。一天,遇到一位在山上采药已经 81 年的老药农,于是请教哪里的石头最硬,老人指示了方位,告诉他亮石洞中有石头可供磨剑,但是洞有百丈深,还有巨鹰守洞,取磨石相当困难。欧冶子和女儿莫邪带着用岩麻搓好的长索和宝剑来到了亮石洞,利用长索下到洞底后,就见到了吓人的巨鹰,莫邪飞起一剑击中了巨鹰。亮石洞里果然堆满了亮晶晶的可供磨砺宝剑的亮石,欧冶子用这些亮石磨出的剑寒光闪耀。

七星宝剑

龙泉宝剑又名七星宝剑,这是因为龙泉宝剑剑身上有北斗七星图案,同时这也成为龙泉宝剑独特的标识之一。

有很多文献中都有关于七星宝剑的记载。东汉赵晔《吴越春秋》记载,春秋时期,伍子胥逃往吴国途中有渔父相助,伍子胥"乃解百金之剑,以与渔父,曰:'此吾前君之剑,中有七星,价值百金,以此相答'"。隋唐诗人弘执泰有"剑照七星影,马控千金骢。纵横方未悉,因兹在武功"的诗句。宋代欧阳修的《宝剑》诗中对七星宝剑的威力做了形象的描述,"宝剑匣中藏,暗室夜长明。欲知天将雨,锋而剑有声。……煌煌七星文,照耀三尺冰。此剑在人间,百妖夜收形。奸凶与佞媚,胆破骨亦惊。试以向星月,飞光射挽枪。"

那么,龙泉宝剑剑身上的北斗七星究竟意味着什么呢?

北斗七星是北半球星空中最为醒目的,根据它还能够找到指向正北方且全年不变动的北极星,有了北斗和北极星,辨别方向就非常容易了。而北斗斗柄指示的方向则可以判断季节,《鹖冠子·环流》中有"斗柄东指,天下皆春;斗柄南指,天下皆夏;斗柄西指,天下皆秋;斗柄北指,天下皆冬"的记载。古人把北斗七星视作主宰一切的神祇。正是有了对北斗七星威力的膜拜,剑身上才有了北斗七星的纹饰。

东汉以后,剑也成为了道士手中的法器。《水浒》中即有道人公孙胜"仗剑披发,念念有词,把剑向天一指,即刻便飞沙走石,乌云蔽日"的记载。道教的《北斗真经》中对北斗星更是崇敬之极,"北辰垂象而众星拱之,为造化之枢机,作人神之主宰。宣威三界,统御万灵"。《水浒》中的道人入云龙在作法时,七星宝剑更是被带上了一层神秘的色彩,把北斗抬高到了至高无上的地步。于是,七星宝剑被灌注了"神力",就具备了种种奇异的功能和无穷无尽的法力,传为神奇。据《洞玄灵宝道学科仪》称,为剑题名,呼之秘咒环中,则"神金晖灵,使役百精,令我长生,万邪不害,天地相倾"。可见七星宝剑法力之大。《醒世恒言·吕洞宾飞剑斩黄龙》中的道人吕洞宾,得师父授之的一把"降魔太阿七星神光宝剑"，此剑不但能召神驱鬼，避邪除魔，而且能飞腾上下，竟然可"化为青龙飞去斩首，口中衔头而来"。《太平御览·剑解篇》说得更离奇，有一人抱剑而卧，念动咒语，便有神人飞奔而来，度他仙去。[①] 七星宝剑成了神旨和威力的象征，被推崇到了极致。

龙泉宝剑七星另一个来源则是和欧冶子的传说有关。欧冶子历尽艰辛到达的铸剑的地方有七口井，像北斗七星的形状一样排列，他铸造了一对雌雄剑，井中七条龙向剑吐水，宝剑方才铸成。后来人们为了纪念他，颂扬他的功绩，就在宝剑上刻上北斗七星和龙凤图案。古人有诗："英英匣中剑，三尺秋水明。上有七星文，时作龙夜鸣。铸此双雌雄，云是欧冶生。"当代著名书法家姜东舒赞曰："为赋龙泉古剑篇，青锋三尺展奇观。威光凛凛七星耀，烈气森森六月寒。斩铁验锋瓜两破，跃身试韧一弓弯。云中欧冶应含笑，淬铸奇技后胜先。"

地址：浙江省龙泉市沈广隆剑铺公园路 123 号

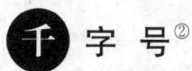

千字号[②]

千字号剑铺创始于清乾隆十三年(1748 年)，是最早有官方史料记载的龙泉剑铺，创始人郑义生。郑义生原籍福建，是《龙泉县志》中第一位有确切年代记载的铸剑老艺人[③]。

郑义生本是铁匠，1748 年在龙泉城镇东前街开设了剑铺，铸造宝剑，也招收徒弟。郑义生采用的是熔化生铁灌注熟铁，即"灌钢"的传统方式铸造，所铸刀剑不仅非常锋利，还不容易生锈。郑义生还在自己铸造的剑上刻上千字号标记。

千字号剑铺的第二代传人是郑怀玉，第三代传人是郑宝荣，第四代传人是郑三古。

郑三古是剑铺创始人郑义生的第四代孙，是著名的铸剑大师。清咸丰八年(1858 年)，郑三古在龙泉城镇东街天妃宫门边开设千字号剑铺，继承祖上技艺，铸造宝剑。郑三古沿用"水淬"方法，但改用土钢锻造，宝剑更加坚固，也更加锋

---

① 本段文献参考资料来源：《三尺青锋七星耀——七星龙泉宝剑》，刀剑艺术网，http://www.08lc.cn/html/txt2list/txtshow_11445_2.html

② 主要参考资料来源：龙泉千字号剑铺网站，http://www.lqqzh.com/Index.aspx

③ 龙泉千字号剑铺网站，http://www.lqqzh.com/Introduction.aspx

浙江老字号

利。除了原料的改进外,郑三古还改变了剑的造型,让剑更适宜使用;剑的装饰上也由凿洞嵌铜改为剑面镶铜,镶有七星图案。这个时候,正逢太平军驻扎龙泉,需要大量的刀剑武器,千字号因为刀剑质量上乘而承担制作任务,由此更加声名远扬。安徽省巢湖文物管理所在1980年挖掘出一把铭记龙泉"千字号"宝剑。剑身上一面镂刻龙纹,采用镶铜法。剑身尾部则用嵌铜法透注北斗星形,每颗星为圆点,有连线。除木质剑柄腐烂外,剑身仍然完整,文饰清晰。经鉴定,为千字号剑铺清咸丰年间所制之剑。①

千字号剑铺第五代传人是郑三古的儿子郑文轩(又名郑志成),郑文轩招收了大量的徒弟,传授祖上积累下来的技艺,为发扬龙泉宝剑做出了巨大的贡献。郑文轩的弟子周国华出师以后,在师傅的支持下,在千字号剑铺的隔壁开设了万字号剑铺,师徒双双扬名,成为龙泉宝剑发展史上的一段佳话。清末民初,龙泉县城沿溪北岸一条街发展成为剑铺一条街,铸剑的丁当声昼夜不绝于耳,尤为著名的是千字号、万字号和沈广隆三家,被誉为龙泉宝剑三大名家。这个时期,龙泉宝剑已经销售到全国,发展到了鼎盛期。

千字号剑铺第六代传人是郑文轩的儿子郑金生。郑金生从小就跟着父亲学习制剑,解放后一直在个体剑铺合并成立的合作社制作宝剑。到改革开放以后,郑金生和外甥周康有夫妇重新恢复了剑铺,凭借祖传技艺,让千字号得以重生并不断发展壮大。

千字号剑铺的第七代传人就是郑金生的外甥周康有,他也是千字号剑铺现任掌门人,同时担任龙泉宝剑协会副会长之职。1980年,周康有进入龙泉宝剑三厂;1986年,与舅舅郑金生恢复了千字号。周康有也是从小就开始学习铸剑,有着家传技艺的基础,加上不断的创新和精通经营,千字号剑铺获得了进一步的发展。2004年,周康有重新注册了"千字号"商标,2005年,千字号剑铺入驻龙泉青瓷宝剑园区,剑铺进入了新的发展阶段,宝剑多次在全国评比中获奖。周康有除了继承祖辈技艺外,还沿袭了祖辈广招门徒的传统,让千字号在工艺不断提升的同时,美誉度和社会影响力也在不断增强。

千字号剑铺百年老店、万剑之父的形象深入人心,素以名师出名剑而著称,两百多年来,剑铺在继承传统的基础上不断创新。特别是其广收门徒传授技艺更为人称道,为铸剑业培养了大批的优秀人才,这是其他剑铺所不及的。

地址:浙江省龙泉市宝剑园区(剑瓷庭园)千字号剑铺

---

① 龙泉千字号剑铺网站,http://www.lqqzh.com/Introduction.aspx

龙 泉宝剑[①]

龙泉宝剑厂创建于 1956 年,在 1979 年和 1984 年,分别向国家工商局注册了"龙泉宝剑"商标和"龙、凤、七星"图案商标,成为唯一拥有此商标的正宗专业生产厂家。

龙泉宝剑厂曾为以下知名人士铸造过宝剑:1956 年为毛泽东主席铸剑;1963 年为最高法院院长江华锦铸剑;1972 年铸剑作为国礼赠送美国总统尼克松;1979 年为武坛明星李连杰铸剑;1983 年为国防部长张爱萍铸剑 250 把;1985 年为国防部长迟浩田铸剑;1988 年为杨尚昆铸剑;1989 年为全国人大委员会委员长乔石铸剑;1989 年为公安部长王芳铸剑;1992 年为邓小平铸剑;1996 年为国务院总理朱镕基铸剑;2004 年为金庸铸剑。龙泉宝剑厂的宝剑被当作国礼、国粹多次赠送给外国领导人和友好人士,让龙泉宝剑的美名传播到了世界各地。

龙泉宝剑厂还积极参与到影视剧和各种文化活动中去,电影《七剑下天山》、电视剧《倚天屠龙记》、《碧血剑》等影视剧中所用的刀剑,《仙剑奇侠传 3》中的魔剑等,都是龙泉宝剑铸造的。网络游戏《剑侠情缘》中的宝剑也是和龙泉宝剑合作打造的。著名制片人张纪中曾因为《碧血剑》的拍摄来到龙泉寻剑,他与龙泉宝剑总经理张叶胜一起论剑,并亲自试剑,赞不绝口。

龙泉宝剑厂集生产、研究和销售为一体。2003 年,龙泉宝剑厂主厂区进入龙泉大沙经济开发区,扩大了生产规模,成立了龙泉宝剑厂有限公司。[②] 龙泉宝剑厂有限公司下设有龙泉宝剑厂和龙泉刀剑厂,是继承中国历史传统产品"龙泉宝剑"的正宗专业厂家。

龙泉宝剑厂有限公司现任董事长是浙江省工艺美术大师张叶胜。张叶胜 18 岁就进入龙泉古剑厂做煅工学徒,三年后独立创办了龙泉市刀剑厂。努力钻研、勇于创新,再加上对宝剑的热爱,张叶胜逐渐成为了龙泉宝剑的领军人物。1994 年,张叶胜研制成功了仿古龙泉宝剑,获得了国家实用新型专利。张叶胜采用了多种高分子合成材料制作刀鞘和手柄,不仅节省了成本,也提高了产品的档次。他还和高校合作,改容易生锈的碳钢基材为铬钢,使得宝剑维持刚柔并济和寒光凛冽的优点同时,还能够永不生锈。张叶胜制作出了龙之剑、仿古龙泉宝剑、鱼肠剑、古龙宝剑、瓷纹剑等多个惊世之作。龙之剑曾以 3.2 万元的

<hr>

① 主要参考资料来源:龙泉宝剑厂网站,http://www.lqbj.cn/index.asp
② 龙泉宝剑厂网站,http://www.lqbj.cn/about.asp

价格卖出,这也创造了当时宝剑行业的最高价,而瓷纹龙泉宝剑也曾以9.98万元的高价售出,这都是对张叶胜大师和他的剑最好的肯定。

2003年,市场大潮冲击下的国有龙泉宝剑厂在行业内进行了公开改制,张叶胜接管了所有资产,成为了龙泉市宝剑厂的掌门人和"龙泉宝剑"商标的持有者。为了维护品牌,龙泉宝剑厂有限公司在打击假冒侵权和自身商标防伪等方面做了很多工作。近几年,龙泉宝剑厂有限公司在张叶胜的带领下,整合资源、发挥品牌、文化、技术优势,同时招募市内众多铸剑名师,调整产品档次,严格采用传统工艺、技术和质量标准,专攻中、高档手工精品龙泉宝剑。[①] 龙泉宝剑厂厂区常年对外开放,不仅如此,为了更好和更为全面地展示龙泉宝剑的历史、文化、技艺等,张叶胜还在厂区内建了很多的景点,如龙泉宝剑博物馆、古剑一条街、欧冶遗风、祖师庙、论剑亭等等,让宝剑的历史和文化可观可感,记录和传承了悠久灿烂的宝剑文化。

渔丈人以死明志

龙渊剑"诚信高洁之剑"的称号是和一位无法考证真实姓名的渔翁有关,虽然世人不知道他的姓名,但是这个故事广为流传。

春秋时期,伍子胥遭到楚国奸臣的陷害而不得不逃离,楚平王重金悬赏捉拿他。伍子胥逃到江边,前无去路,后有追兵。这时候,一位渔翁驾着小船驶来,渔翁让伍子胥上船,带他到对岸,还让伍子胥饱餐了一顿。伍子胥千恩万谢,他询问了渔翁的姓名,想要日后报答他,渔翁没有说姓名,只让称呼自己为"渔丈人",并说明自己并非为了回报才出手相救。

伍子胥心中还是有一些担忧,解下了自己的龙渊剑赠送给渔丈人,还告诉渔丈人这是祖传三代的剑,价值百金,又特意叮嘱渔丈人不要泄露自己的行踪。渔丈人长叹,楚王的重金和爵位悬赏自己都没有动心,只因伍子胥是忠良之人才相救,既然伍子胥疑心自己贪图利益,不相信自己,那么自己只有以死明志了。渔丈人说完就以龙渊剑自刎,伍子胥追悔莫及。

那么之后这把龙渊剑的下落如何?据《晋书·张华传》记载,豫章人雷焕于豫章丰城掘狱屋基得一石函,中有双剑,并刻题,一曰龙泉(即龙渊),二曰太阿。雷焕将其中一把赠与张华,另一把留下自佩。此后,龙渊剑又成了唐高祖李渊的佩剑,为避李渊讳,将"龙渊"改为"龙泉",李渊死后宝剑随他葬于献陵,也有传说李渊将剑传于李世民,后与李世民同葬昭陵。但又有人说,龙泉剑并没有成为唐朝君王的随葬品,而是成了张三丰佩戴之物。[②]

---

① 《张叶胜大师简介》,龙泉宝剑新浪博客,http://blog.sina.com.cn/s/blog_4c4876620100g4iv.html

② 《中国宝剑曾亮相1915年世博 揭秘削铁如泥内幕》,原载《东方早报》,转引自中国创新网,http://www.chinahightech.com/views_news.asp? NewsId=837303238333&Page=1

削铁如泥的龙泉宝剑①

古代文献上记载,龙泉宝剑可以削金断玉,斩铜剁铁。这一说法是否正确,又有什么科学依据吗?

根据专家分析,龙泉产好剑要归功于龙泉的自然条件,丰富的铁砂、优良的水质和作为燃料的木炭这三方面就是基本保证。

通过研究得知,古人铸造的龙泉剑使用的是龙泉特有的毛铁和草钢混合,而毛铁是取自龙泉山上的铁矿和河里的铁砂,经过铸剑师运用土法冶炼而成,通常铸造一把龙泉古剑需要十斤毛铁。毛铁的优点在于具有很好的黏合性,能和其他金属复合锻造,铸造出的剑不容易脆裂。另外,龙泉境内还出产磨石中的上品——亮石,磨出来的剑寒光凛冽。除了剑本身的坚固外,还有一个重要的原因,那就是古代的铁比较软,所以才可能产生削铁如泥的效果。

现在,龙泉的铸剑大师依照古法,以毛铁、草钢和糅合碳钢为原料,经过20多道工序和长达两个月的铸造时间,才能够复制出一把明朝的龙泉宝剑。正是得天独厚的原料、精湛的工艺和精心的铸造,才保证了龙泉宝剑的品质,龙泉宝剑也才能够驰名中外。

河坊街店　戎彦摄

地址:浙江龙泉市大沙工业区(新厂区)

---

① 主要参考资料来源:《中国宝剑曾亮相1915年世博 揭秘削铁如泥内幕》,原载《东方早报》,转引自中国创新网,http://www.chinahightech.com/views_news.asp? NewsId=837303238333&Page=1

万 字 号[①]

万字号创始于清咸丰十一年(1861年),创始人是周国华。

光绪初年,周国华、周国荣、周国贵三兄弟拜千字号的郑文轩为师,出师以后,周国华就在千字号剑铺隔壁开设了"万字号"剑铺,由此成为万字号剑铺的第一代掌门人。

万字号第二代传人是周国华的儿子周子望。周子望18岁开始就跟随父亲学艺,他完成了龙泉宝剑史上一项重大的革新,那就是改生铁铸剑为纯钢制剑,缩短了工艺流程。

抗日战争时期,随着机关和企业迁入龙泉,很多军政人士和社会名流等都来到龙泉,龙泉剑一度身价倍增,万字号剑铺的剑也达到百元大洋一把。这期间,周子望还为国民党陈诚将军铸过剑,极大地提高了万字号的知名度。抗战胜利后,受到整个社会经济和生活状况的影响,宝剑业趋于凋零。直到解放后,龙泉宝剑业才获得了新的发展机遇。

万字号在调整中发展,规模不断扩大,发展成为龙泉宝剑行业一流的剑铺。1950年5月,邻家的一场大火烧毁了万字号剑铺,周子望只得带着女儿周月招、儿子周达仁开了个小铁铺维持生计。1952年7月瓯江发洪水,小铁店又遭到被冲走的厄运。之后,万字号剑铺销声匿迹了30多年。

1984年,经过龙泉县人民政府的批准,万字号第二代掌门人周子望重新恢复了万字号,开办了龙泉县万字号宝剑厂,属城关镇乡镇企业,周子望担任顾问。厂址在水南城郊区供销社东隔壁,后迁溪沿路城镇七村仓房。从而打破了"龙泉县宝剑厂"在龙泉县一统天下、独家生产的局面。这是龙泉宝剑生产行业发展的一个里程碑。[②] 刚成立的万字号宝剑厂发展状况并不乐观,铸造宝剑人才的匮乏就是最大的制约因素,周子望此时已经年老体弱,其他几个人都没有技艺。后来聘请了龙泉县宝剑厂的职工,又向社会招收学徒,由周子望传授技

---

① 主要参考资料来源:1.《龙泉著名剑铺——万字号宝剑厂》,中华商业信息网知识库,http://www.cncic.org/wiki/index.php/%E9%99%99%E6%B3%89%E8%91%97%E5%90%8D%E5%89%91%E9%93%BA%E2%80%94%E4%B8%87%E5%AD%97%E5%8F%B7%E5%AE%9D%E5%89%91%E5%8E%82;2.《"中华老字号"——龙泉"万字号"剑铺重组》,龙韵宝剑网,http://www.8j88.cn/news/481.html

② 《龙泉宝剑的发展历史》,转引自 http://www.360doc.com/content/10/1126/00/4789961_72480437.shtml

艺,这样,万字号宝剑厂才逐步步入正轨。

　　尽管厂房、设备等都非常简陋,但投放市场的第一批万字号宝剑很快就销售一空。1984年6月,香港《大公报》发出中新社新闻,龙泉县恢复生产万字号传统名剑。接着美国洛杉矶《华侨日报》,纽约《世界宇宙报》都转载了。[①] 1985年,万字号开始使用"万"字商标,和钢铁厂联营解决了原材料和资金问题,后来迁址环城东路路口,生产规模扩大。香港武道企业中心《新武侠》杂志负责人赵从武给周子望写了信,从《大公报》得知万字号恢复了生产,想向万字号订制一批宝剑。万字号根据赵从武提供的图样,经过反复试制,终于成功铸造出了仿宋龙骠剑。相传这种剑宋太祖赵匡胤曾经使用过,他在战争中不仅自己身先士卒,对将士们要求也非常严格,如果有后退的将士,就用剑在他们的头盔上留下印记,战后处置。龙骠剑的问世,引起了极大的轰动,多家媒体进行了报道。万字号海外订单猛增,已经不能够满足需求。1984年9月,周子望的女婿王镇铭被调到城关镇担任工办主任兼万字号宝剑厂厂长,王镇铭成了第三代万字号掌门人。

　　1987年龙泉宝剑厂状告万字号宝剑厂商标侵权案,万字号由于不懂法而违法,赔偿了高额资金,企业一度非常困难。1988年6月,万字号宝剑厂向社会公开招标,王镇铭以最高分中标。他发誓要让万字号起死回生。在危急关头,职工纷纷解囊赞助,帮助企业渡过了难关。

　　2010年2月2日,龙泉万字号宝剑厂与龙泉金龙刀剑有限公司(原金龙刀剑)合作,重组龙泉"万字号"剑铺。高级工艺美术师、浙江金龙刀剑有限公司董事长季忠拜万字号第三代传人王镇铭、周月招夫妇为师,成为万字号的第四代传人。1989年,季忠就开始学习铸剑,1993年创办了宝剑厂,在他的努力和带领下,浙江金龙刀剑有限公司发展成为龙泉刀剑业的龙头企业。从2008年开始,季忠就多次拜访王镇铭,希望能够拜师学艺。后被收为关门弟子。两家的合作,让万字号迎来了又一个发展的春天。

　　万字号在发展过程中曾为很多领导和社会知名人士铸剑。2009年,受浙江省政府委托,万字号还为国民党荣誉主席连战制剑。

　　万字号开发了不少新产品,除了龙骠剑外,还有桃木神剑、尚方宝剑、青龙剑、界方刀等等。万字号宝剑也屡次获得各种奖项,1986年荣获浙江省新产品"金鹰奖",1990年获浙江省旅游产品"天马杯"金奖。"万字号"商标被评为消费者满意商标,万字号宝剑还是北京亚运会的纪念品。万字号先后被评为龙泉市和丽水先进企业和重合同守信誉单位,企业还是浙江省出口商品质量保证企

---

① 《"中华老字号"——龙泉"万字号"剑铺重组》,龙韵宝剑网,http://www.8j88.cn/news/481.html

业、省出口创汇先进单位和浙江省旅游商品定点生产企业。1992年,万字号成功研制出宝剑防锈剂,解决了宝剑生产的一大难题。

万字号宝剑集健身、装饰和收藏等多项功能为一体,在延续传统特色的同时,把精制、高档次和仿古等作为自己的发展方向。

地址:浙江省丽水龙泉市中山东路179号

南 宋 哥

"南宋哥"品牌"浙江老字号"申报的创立年份为1170年,现在的龙泉大窑村金氏家族仍然延续了"南宋哥"窑青瓷的特点。

"南宋哥"窑青瓷始于南宋,是南宋五大名窑之一,发展到清末曾一度衰落。解放后,"南宋哥"窑青瓷第六代传人金可喜在周恩来总理"要恢复祖国传统名窑,首先要恢复龙泉南宋哥窑青瓷生产"的指示下,进入"地方国营龙泉瓷品厂"。[①] 21世纪初,"南宋哥"窑青瓷第十七代传人金益荣申请注册了"南宋哥"商标。2004年,龙泉市南宋哥窑瓷业有限公司正式成立,南宋哥窑青瓷开始走上复兴的道路。

南宋哥窑瓷业有限公司求教于陶瓷专家,运用高科技手段,在釉水成色、美术设计、成型工艺、烧制温度、包装装潢上均作了许多创新。尤其是釉水成色,公司在传统配方基础上作数十次的改进,成功试制出具有自身特色的粉青釉和梅子青,其生产的产品釉色如玉似翠。[②] 产品深得专业人士好评外,也受到了消费者的欢迎。

为了更好地推广和销售产品,南宋哥窑瓷业有限公司在杭州开设了专卖店,并以南宋哥窑本身的品牌效应来打市场,公司产品销往全国很多省市,还远销亚洲其他国家及欧美国家等。

---

① 《丽水的十个"浙江老字号"到底有着什么样的名堂》,原载《处州晚报》,转引自 http://press. idoican. com. cn/detail/articles/2008112146471/.

② 龙泉市南宋哥窑瓷业有限公司,"中华老字号"网站,http://www. zcom. gov. cn/zhlzh/zjszhlzh/gypl/T239837. html

龙泉瓷业习俗①

龙泉瓷业在发展过程中,形成了种种习俗。比如在特定的日子祭拜祖师爷,即哥窑和弟窑的创始人章生一和章生二;窑址的选择和建窑的时间都要请风水先生来选择,建窑当天孕妇和儿童不能入窑,一些污秽物也不能接近;农历七月十八日是祭窑日,也有很多祭拜的程序;入窑日子也有严格的讲究,选择三、六、九的日期,除了祭拜外,整个过程都要讲吉祥话,污秽物同样不能经过;开窑点火前先祭"窑公",还要为师傅准备酒菜,即做窑福;窑工在窑场吃饭的时候也有严格的讲究,不能讲话,筷子不能放到碗上,碗筷也不能碰响桌子等等。这些习俗一直在龙泉瓷业传承着,成为龙泉瓷文化的组成部分。

地址:浙江省杭州市再行路 30 号 401

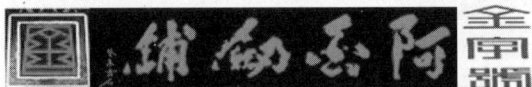

金字号②

龙泉金字号剑铺创始于 1900 年,创始人是吴继德。

清光绪初年,吴继德拜"万字号"掌门人周国华为师,后来成为金字号剑铺的创始人。1951 年,创始人吴继德病故之后,金字号剑铺曾一度停业。1984 年,师从吴继德后人张阿大和陈阿金创办陈记阿金剑铺,成为"金字号"剑铺的传承人。③ 陈记阿金剑铺是龙泉首家私营剑铺。

铁匠出身的陈阿金十几岁就开始学习打铁,20 出头就进入了龙泉宝剑厂。和打铁的辛苦相比,陈阿金觉得铸剑根本算不了什么。当时铸一把剑身是 2.52 元,陈阿金铸剑一个月的工资比厂长还高。不到 30 岁,陈阿金就成了厂里的铸剑高手,还担当起为外宾铸剑的重任。

2000 年前后,龙泉市组织青瓷和宝剑行业在一些大城市开展销会,这成为陈阿金宝剑生涯的转折点。开幕式之后的第一天,陈阿金的剑就全部都卖完了,其中有两把还卖到了两万元,主办方只得临时从龙泉空运了一批剑过来。龙泉宝剑如此广阔的市场远远超出了陈阿金的预料,而且越高档和越传统的就

---

① 参考资料来源:《龙泉青瓷的制瓷风俗》,龙泉商会网,http://www.0578sh.com/news.asp? newsid=1750

② 主要参考资料来源:1. 龙泉市陈记阿金剑铺网站,http://www.lqcaj.com/;2.《龙泉剑师陈阿金》,和讯新闻网,http://news.hexun.com/2008-07-09/107298558.html

③ 龙泉市陈记阿金剑铺网站,http://www.lqcaj.com/

越受欢迎。陈阿金和其他龙泉剑师一样,坚定了传统工艺铸剑的信念。

这之后,不少人把目光投向了宝剑剑身的神秘花纹上。根据史料记载,欧冶子当年铸剑选择的是秦溪山的铁砂矿,所以过去铸剑选材本身就是一个艰苦的过程,和现在直接使用优质的钢材完全不同。陈阿金当年做铁器是以当地俗称"土铁"的毛铁为原料,这种铁含铁量和含碳量都比较低,而且需要经过完全的手工锻打才能去除杂质。陈阿金感觉使用毛铁可能会和古法铸剑更为接近,于是他改换了原材料,经过烧熔、锻打、反复折叠复合,千锤百炼,历时一个月,剑身上终于有了独特的异光花纹。这把仿越王勾践宝剑被命名为"玄天剑"。这一铸造过程非常难,稍有不慎所有的努力都会白费,14 斤毛铁只能打造出 4 斤重的剑坯。

陈阿金的案头摆着几本大部头,如《中外纹饰大全》、《中国民间吉祥图典》、《中国传统图案大观》和日本的《刀剑》等,这些都是他的参考资料。陈阿金铸剑首先是根据史料设计剑形,再收集当时的图案设计剑鞘,然后铸剑,再从当时名剑中选择剑名。陈阿金曾经想要铸造一把百寿百福剑,在剑身上刻 100 个不同的福字,在剑鞘上装饰蝙蝠图案,但在当时,找到如此多福字非常困难。后来根据一个扇面找到了杭州一家织扇厂,由他们提供了 500 多个不同的福字。这些纹饰都是宝剑文化中非常精彩的部分,被现在的龙泉铸剑师进一步发扬光大。

和陈阿金同期进厂的很多人都开剑铺当了老板,自己不再铸剑,只有陈阿金仍然坚守在炼剑炉旁。陈阿金极少使用机器,工人一天可以加工出五把剑,而他一个月才铸一把。他还坚持古人传下来的"打铁要用黄泥浆",用泥水浸过的木炭炼剑。金字号剑铺很多东西都是陈阿金自己设计的,他认为剑铺代表的是龙泉宝剑的形象。

1998 年,陈阿金剑铺在龙泉青瓷宝剑园区选址建新厂,这也是宝剑园区的第一家店。2004 年,陈阿金注册了"金"字商标。在龙泉宝剑中,剑身铸有代表阿金剑铺的"金"字就等于是高品质的印证,售价比一般的龙泉宝剑要贵很多。陈记阿金剑铺的宗旨是"诚信为本,精湛制作",产品畅销国内,远销国外多个国家。

金字号剑铺的很多产品都曾荣获各项殊荣:"武术剑"曾获得十一届亚洲运动会锦旗、第一届武术锦标赛金字匾及证书、中国舟山国际武术比赛组委会一等奖等奖项;"百寿百福剑"荣获全国武术器材评审会一等金杯奖,还被国家武术研究院作为国宝收藏,更在 2005 年荣获浙江省民族民间传统工艺最高奖"天工"奖和浙江中国民间艺术展览会金奖;"双手剑"在全国武术器材评审会荣获二等金杯奖;"三角纹尚方断马剑"荣获首届浙江省工艺美术精品评审精品奖,还被列为当代绝佳名剑而为龙泉博物馆收藏;"陈氏乾坤剑"获中华人民共和国专利产品……

陈阿金本人也获得了"民间工艺美术家"、"中国国家工艺美术大师"、"浙江省龙泉市宝剑艺术大师终身成就奖"、"浙江省第一批非物质文化遗产代表性传承人"等诸多称号。

陈记阿金剑铺曾为以下知名人士铸剑：1993年应电影《少林寺》中的主要演员于承惠、计春华的要求，特制一把乾坤双手剑；1994年为中国人民解放军仪仗队制作专用指挥刀；2002年为乌克兰现任总统和前任总统铸剑；2003年李铁映访问金字号并题词，金字号为其铸剑；2003年赠名剑予普京总统、国际奥委会副主席斯密尔诺夫先生、俄罗斯武术协会主席穆泽鲁科夫先生；2005年为国家领导人曾庆红和贾庆林铸剑。

各领域的名人都曾赞颂过金字号。一位武术名家曾这样说："追昔瞻今，陈阿金可谓是当今制剑师中的佼佼者。他在制剑技术上精益求精，在书法绘画方面也是刻意求新。他是集锻造、精加工、冷冲压、金属雕刻、艺术木工等集于一身的制剑艺术大师，他不停留在龙泉宝剑已经有名的基础上，而是研究继承，仿古厚今，推陈出新，不断开发产品。他的多种新产品，既有古剑风，又有新创意。"西泠老人姜东舒先生的题词是："龙泉铸宝剑，喜得有传人。"附注：陈阿金同志所铸七星宝剑，坚韧锋利，刚柔并寓，为余所见国内所制之剑最佳者，因书此幅以奉。一位当年跟随宋哲元将军抗日卫国的国民党老人作幅欣贺阿金剑技："喜得龙泉剑，起舞忆当年！欣剪平生恨，立马青峰关。"有"活济公"之称的喜剧名家游本昌赞："探千曲而知音，观千剑而识器。"北京老画家沈得时寄来了平生得意之作"双梅图"，还附诗道："多少不平碍自由，何妨铲削付东流；闻鸡铸得梅花剑，闪闪寒光射斗牛。"前国防部长张爱萍赠书："龙泉神工"。前国家兵器制造总局局长吴运铎题赠："贵厂艺人，无愧铸剑之名师良工，匠心独具，堪称百代绝技。龙泉宝剑艺振古今，誉满中外，此乃我民族之骄傲。"

地址：浙江省龙泉市青瓷宝剑园区

服 务 业

文 翔金楼[1]

文翔金楼的前身为新宝华打银店,创建于清宣统末年(1911年),创始人是现在文翔金楼的第三代传人叶祖俊的祖父,旧址在青田老城区商业中心上店街。

旧时店面大概有20个平方,装饰比较简单,由于当时经济条件所限,加工首饰主要以银为主,只有少数有钱人家才打金首饰。新宝华所处的地段是南来北往的码道边,来往的人比较多,店铺顾客主要是丽水和温州两地的。新宝华打银店不仅技术好,信誉也很好,所以名气也越来越大,新宝华还是当时县城三家打银店中规模最大的。

据《青田县志》和《中共青田县党史》记载,1927年8月,青田籍中共党员周定受上级党组织派遣到青田发展组织,在新宝华打银店设立共产党秘密联络处,以打银店职工俞子范为骨干,在青田发展中共党员10余人,建立了中共青田第一个党支部。[2] 到1929年的时候,地下党在温州事发,国民党查封了银店,很多人这才知道银店是中共青田地下党秘密活动的地点,而俞子范不经常来店里,行动神秘,都是在从事地下党的工作。

1930年,为了避免政治上再受国民党迫害,"新宝华"改名为"文翔金楼"。俞子范去世之后,店铺就由其师兄弟叶序继承。

现在文翔金楼的掌门人是第三代传人叶祖俊,文翔金楼在他的手上发展成为了青田文翔饰品有限公司,公司还开设了连锁店销售自己的饰品,生意越来越好。

---

[1] 主要参考资料来源:《百年沧桑话"文翔"》,芝田文学网络版,http://ztwx.olink.com.cn/2002—3/ztwx25.html

[2] 《文翔金楼少年宫路二点隆重开业》,侨网,http://info.qw369.com/qxinfoshow.asp? id=41719

文翔金楼一直以诚信塑造着自己的品牌形象,先后获得 2001—2002 年度、2003—2004 年度市级消费者信得过单位、2007 年丽水市首届"消费者满意企业"、2008 年"浙江省工商企业信用 A 级守合同重信用单位"、2007—2008 年度县级消费者信得过单位等称号。随着各种首饰日益普及化,文翔金楼的明天会更加美好。

地址:浙江省丽水市中山街 465 号

兴 泰 隆[①]

清光绪十八年(1892 年)春,李子卿和父亲李应台在龙泉桥头下侧、紧靠瓯江河边开设了"兴泰隆"商号,有店堂和库房,店堂面积 240 平方米,库房 600 多平方米,还雇有脚力[②]。商号还特别设立了客房,便利往来的客人。

李应台、李子卿父子是福建闽侯人,家族世代经商,尤以经营药材、海货、棉布最为擅长。龙泉素有"瓯婺八闽通衢"和"驿马要道、商旅咽喉"之称,境内物产极为丰富而又有特色,香菇、青瓷、宝剑、木材、毛竹等都非常有名。李家父子在这里开商号可以说是如鱼得水了。父子两人善于洞察商机,又本着诚信的经营原则,客户批量购买统一年终结算,价目也是统一的,不设折扣。这些都保证了兴泰隆商号的信誉,商号逐渐发展成为金华、丽水、温州三个地区商界的楷模。

从民国初年到抗日战争之前,兴泰隆在浙赣闽省份的一些城市都设立了分店或者代理经销点,生意如商号名称一样,非常兴隆。

沪杭沦陷以后,受到交通条件的限制,"兴泰隆"主要山货、药材、青瓷、宝剑靠瓯江船运至温州、丽水一带。龙泉住龙一带收来的山货、青瓷、宝剑靠乌溪江运往衢州转道金华。而大宗棉布、食盐、鱼鲞靠船运至本号,战争后江河运输也不安全,常遭抢劫,给"兴泰隆"商号带来不可估量的损失。[③]

日军侵华以后,有很多外地知名商家进入龙泉,龙泉曾一度非常繁荣,有小

① 主要参考资料来源:《兴泰隆的成长历程》,天涯社区,http://www.tianya.cn/publicforum/content/enterprise/1/272367.shtml

②《丽水的十个"浙江老字号"到底有着什么样的名堂》,原载《處州晚报》,转引自 http://press.idoican.com.cn/detail/articles/2008112146471/

③《兴泰隆的成长历程》,天涯社区,http://www.tianya.cn/publicforum/content/enterprise/1/272367.shtml

浙江老字号

上海之称。民国 27 年(1938 年),龙泉县采取措施振兴商业,平抑物价,保障供应居民生活必需品,兴泰隆以薄利经营的方式参与保障供应,受到了百姓的好评。

20 世纪 30 年代初一直到解放前,龙泉商业都处于萧条时期,兴泰隆外埠分号全部停业,只有总店在苦苦支撑,但一场意外的邻家火灾让兴泰隆化为乌有。

开始颐养天年的李子卿仍然不忘记教育子孙要自立,鼓励他们在合适的时候把商号再开起来。很快,兴泰隆第三代掌门人李承春以"兴泰隆记春元号"的招牌重新开业,店址在当时的新华街大桥头,店铺注重信誉,生意很快就稳步上升。

1956 年公私合营中,兴泰隆把新华街店面入股。1957 年,对公私合营的商家进行清产核资,折价入股之后,兴泰隆的牌子暂时退出了历史舞台。掌门人李承春参加了供销合作社,又在四年后被调入龙泉小梅供销社,成为一名普通的营业员。

1995 年,李子卿的曾孙李军在父辈帮助下,让兴泰隆得以恢复。现在的兴泰隆已经发展成为现代化的大超市,主要经营酒水、土特产、食品、日用品等,品种齐全,服务至上,不愧百年老店的声誉。已经成立的兴泰隆有限责任公司是浙江省连锁超市龙头企业、丽水市十大超市、龙泉市知名商号、丽水市连锁超市示范店、AA 级重合同守信用单位,有下属 35 家连锁超市,还拥有酒店和世纪广场等。兴泰隆目前的发展目标是几个"最"——全市最完美、最廉价、服务最周到、货物最齐全和最让消费者满意,兴泰隆正朝着自己的目标努力前进。

地址:浙江省龙泉市新华街 1 号

食品加工

惠明

惠明茶因僧得名,始于唐,闻于宋,传于清,扬于民(国),盛于今。① 惠明品牌"浙江老字号"申报的创立年份是 861 年,这也是第一批"浙江老字号"中创立年份最早的一家。惠明品牌的所有者是景宁畲族自治县惠明茶业有限公司。

根据《景宁县志》的记载,早在唐大中年间(847—859),景宁就已经种植茶树了。咸通二年(861 年),惠明和尚在南泉山建寺庙,即今天的鹤溪镇惠明寺村,寺庙以惠明而命名,村子以寺庙而得名。惠明在寺庙周围栽种茶树,茶叶亦因惠明而名为"惠明茶",迄今已经有 1000 多年的历史了。现在寺庙的右边还有一株古茶。

景宁惠明茶是浙江传统名茶,古称"白茶",还有"仙茶"、"兰花茶"等的称谓,产地是在景宁畲族自治县红垦区赤木山的惠明村。惠明茶耐冲泡,有着独特的兰花香味和水果甜味,有"一杯淡、二杯鲜、三杯甘醇、四杯五杯茶韵犹存"的说法。明成化十八年(1482 年),惠明茶成为朝廷贡品。1915 年,惠明茶荣获巴拿马万国博览会金质奖章和一等证书,这也让惠明茶开始名扬四海。

景宁县惠明茶业有限公司的前身是景宁县惠明茶厂,公司坐落于我国唯一的畲族自治县——景宁县境内,景宁县的生态环境为惠明茶提供了生长的得天独厚的自然条件,无论是极高的森林覆盖面积,还是充沛的雨量和适宜的土质,都是优质惠明茶的基本保障。景宁县惠明茶业有限公司专业从事茶叶生产、加工和销售,已经通过 ISO9000 质量体系认证和有机茶认证,拥有广阔的茶叶基地,下设惠明茶厂、惠明山庄和惠明茶专卖店。

---

① 浙江景宁畲族自治县惠明茶行业协会,央视网,http://tc.cctv.com/20101011/101708.shtml

惠明茶及惠明茶业有限公司先后荣获以下奖项和荣誉：1978—1982 年获省级名茶；1982 年、1986 年被评为全国名茶；1991 年国际文化节名茶；1999—2001 年农业部名牌产品；2002 年中国精品名茶博览会金奖、国家农业部优质产品基地建设项目之一，浙江省农业厅首批无公害产品基地；2002 年浙江省诚信企业推广单位；2002 年被丽水市政府评为重点农业龙头企业，"惠明"牌商标被丽水市评为著名商标；2002 年度被浙江省建设银行丽水市分行信用等级评为 AA 级企业称号；2003 年通过有机茶认证、ISO9000 质量管理体系认证；2003 年被评为浙江省著名商标；2004 年被评为"浙江十大名茶"；2005 年被浙江省政府评定为浙江省扶贫农业龙头企业；2005 年被国务院机关事务管理局认定为国务院特供茶生产基地；2007 年通过 QS 认证，2007 年被认定为浙江名牌农产品；2007 年被评为浙江省农产品加工示范企业；2008 年被评为浙江省示范茶厂；2008 年"惠明"商标被认定为中国驰名商标；2008 年被评为浙江省省级农业龙头企业；2008 年被评为"消费者最喜爱的'中华老字号'产品"；2009 年和 2010 年惠明茶再次荣膺浙江省十大名茶的殊荣。

在茶叶市场竞争非常激烈的今天，公司着手在品牌建设和文化上下工夫，以更好地宣传推广惠明茶。公司利用多种媒介和茶事活动，以"千年惠明，百年名茶"和"中国驰名商标"为核心宣传主题，①实现"统一品牌、统一宣传、统一包装、统一标准"的"四统一"②，以整合的思路塑造品牌形象。景宁农业局副局长周成璟如是说："景宁茶叶，传承了千年的历史，今天我们不仅要种好茶，更要挖掘茶文化丰富的内涵，深扎景宁惠明茶与众不同的'精神之根'。"③对于惠明茶文化的挖掘与展示，有配合严用光《惠明寺茶歌》进行的茶道艺术展示，有地域特色浓郁的"新娘献茶舞"的编排，也有与景宁茶业有关的题词和绘画的收集，还有各种民间传说和民俗故事的征集与集合成册，作为购茶赠品等等。公司还派人在全县收购老茶具，为创建"景宁茶文化博物馆"做准备。当然，茶叶种植技术与种植基地这样的基本保障，公司也一直扎扎实实地努力着，只有嫁接在科技上的文化才能真正保证惠明茶枝繁叶茂。

地址：浙江省丽水市景宁县人民北路 51 号

---

① 《景宁惠明茶"出山"步子越迈越宽》，丽水日报数字报纸，2009 - 2 - 25，http://epaper. lsnews. com. cn/lsrb/html/2009—02/25/content_212444. html

② 《景宁惠明茶"出山"步子越迈越宽》，丽水日报数字报纸，2009 - 2 - 25，http://epaper. lsnews. com. cn/lsrb/html/2009—02/25/content_212444. html

③ 《景宁茶业：王者归来》，第一茶叶网，http://www. t0001. com/wap/www/show. php? aid＝65286&page＝－1

衢州

　　衢州唐初因境内三衢山而得名"衢",位于浙江西部、钱塘江上游,"控鄱阳之肘腋,扼瓯闽之咽喉,连宣歙之声势",历来是兵家必争重镇,是浙闽赣皖四省交通之门户,有"四省通衢"之称。衢州是浙西生态市,也是国家历史文化名城,国家化学工业基地,是一座有1800年历史的江南重镇。

食品加工

邵 永 丰

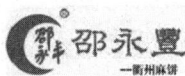

早在唐代以前就有了麻饼的生产,麻饼的主要原料之一芝麻是在汉朝由西域传入中原的,以芝麻作为原料制成的饼在隋唐称为"胡麻饼",也被视为月饼的始祖。

提到胡麻饼就不得不提到唐代诗人白居易,《衢州府志》、《柯城区志》对此都有记载。唐贞元四年间,白居易的父亲白季庚任衢州别驾,白居易在 17 岁时随父亲居住在衢州。有一天,白居易漫步着寻景作诗,路过当时的衢州府西古城门时,闻到一阵阵的麻香,他随香寻找,发现一古老小屋门前,有一老伯从烤炉中拿出刚烤好的金黄色的小圆饼,食欲大开的他马上买了一个品尝,还询问老伯这是什么饼,用的是什么馅料。老伯告诉他,这是上辈人从京都学来的用芝麻、胡桃仁为馅料制成的胡麻饼,现在芝麻还用到了饼外,使饼更加香脆可口。这之后,白居易经常光顾老伯的胡麻饼店。后来,白居易还把胡麻饼寄给了任万洲(今万县市)刺史的好友杨归厚,还附诗一首:"胡麻饼样学京都,面脆油香新出炉,寄于饥馋杨大使,尝得看似辅兴无。"

衢州人对麻饼情有独钟,这要追溯到古时候衢州人把"麻饼"作为赏月、婚、祭、寿、上梁、祠堂等红白喜事的主选饼分发、赠送。人们过生日时会买个大麻饼当作"长寿饼"来祝福分享,婚宴喜庆、造房上梁时选用麻饼为"喜饼",定亲礼品中也少不了麻饼。分享喜饼寓意日子过得甜美、适意,丧葬时吃"祭奠强身饼"保佑身体强壮。[1] 这些无不彰显着衢州麻饼的文化内涵。

由于浙西地区制作面饼的原料很充足,所以在衢州饮食中面饼的制作就非

---

① 《衢式月饼》,香港商报,http://668.hkcd.com.hk/zsly/content/2009—08/26/content_2377323.html

常发达,而优越的交通又带来了这里商业的繁盛,这些条件使得面饼业不仅在衢州历史悠久,而且一直非常兴旺。

邵永丰创立于清代光绪年间,前身是邵永丰面饼店,创始人是邵芳恭,创始年份是清光绪二十一年(1896年)。在这一年的一天晚上,下了很大的雪,但还是有很多人因为他的麻饼口感好、风味独特而前来购买。邵芳恭看见这么多人在大雪天还一如既往地光顾,就挂出了名为"邵永丰"的招牌,寓意瑞雪兆丰年,自己的麻饼生意和顾客都能永远丰收。邵芳恭非常用心地制作麻饼,觉得这样才对得起顾客,邵永丰麻饼生意也就越来越红火了。1929年南京食品博览会上,邵永丰麻饼获得了"国家级名品佳点"的称号,之后名声大振。

邵永丰麻饼的通用品种为每筒十只的麻油香脆麻饼。旧时作为节庆馈赠之用,另有专门定制的大麻饼,专供中秋赏月、婚嫁、寿诞,最大直径达二市尺(约60厘米),重量二市斤以上,麻饼正面用彩色芝麻,有"嫦娥奔月"、"麒麟送子"、"天官赐福"、"福禄寿三星"及花卉字画等内容。① 邵永丰另外还有喜饼、寿饼、添丁饼、状元饼、大团圆饼等品种。

邵永丰麻饼的工艺是它受到消费者欢迎的决定性因素。邵永丰麻饼一直保持着传统工艺,从原材料到成品要经过100多道工序,坚持炭炉烘烤和现烤现卖。邵永丰的上麻工序最为人称道,上麻为瞬间技巧,无须手工摆放,簸箕中30只麻饼在饼师手中一圈圈转时,自然队列成四、五、六、六、五、四及三、四、五、六不等边六角形,待几秒钟上麻后,小饼又整体腾空翻身至无芝麻面,回落后饼

①《邵永丰企业简介》,浙江在线新闻网站,http://www.zjol.com.cn/05world/system/2007/09/04/008764006.shtml

师恰好继续上麻。动作娴熟唯美,集美术、书法、舞蹈为一体,观赏性极强。[1] 每当邵永丰麻饼技艺展示的时候,这道工序都会让人眼花缭乱,连声叫绝。

2000年邵永丰改制,19岁就进入邵永丰学手艺的徐成正买下了这个百年老字号[2],成立了"邵永丰成正食品厂"。邵永丰成正麻饼厂在做好自身发展的同时,积极促进传统产业与科学管理、传统产品与高新技术、传统文化与现代理念的三大结合,让百年品牌不断发扬光大。[3]

徐成正立志要让邵永丰麻饼走向全国,只要外地有展销会、食品博览会、大型庙会等,他都争取机会参加。2008年3月,小麻饼参加豫园·长三角"与世博同行,享中华美食"活动,一手全手工上麻、匀麻再直接炭烤的绝艺让大上海人看傻了眼,上海《新闻晨报》《新都会》《上海商报》《劳动日报》《体育周刊》等多个新闻媒体争相报道,小麻饼获"最具人气奖"。在短短20天的参加展览期间,共售出15万余只麻饼,实现销售额30万元。[4] 之后邵永丰麻饼又到多个城市参加展览会。2008年10月,小麻饼参加杭州吴山庙会,一共12天时间,以每天平均销售1.2万只的速度走向千家万户,带回纯利润20余万元。[5] 邵永丰在多个城市设立了连锁经营店,邵永丰麻饼名气越来越大。

邵永丰成正食品厂在传统工艺的基础上,很多工序都引入现代技术,不仅让流程更加规范,生产效率也得到提高,还能够让食品更卫生。邵永丰还结合现代人的口味和日益增强的对食品健康的关注,不断开发新的麻饼品种,除了传统带糖的,还有低糖和无糖的,也有对传统口味进行改良的产品。包装上除了传统的现烤现卖、筒装和盒装,还推出了便于携带的独立小包装,既可以作为日常休闲小点心,也能让旅游者方便地带走。

百年老字号邵永丰麻饼不仅具有很高的经济价值,还具有很高的历史价值、文化价值和工艺价值,邵永丰一直致力于发掘这些价值。2006年,邵永丰被国家商务部评为首批"中华老字号";2007年,邵永丰被列入浙江省非物质文化遗产;2008年,邵永丰又被列入国家级非物质文化遗产。2007年6月9日,"邵永丰手工技艺博物馆"在衢州市上营街34号正式开馆,这是衢州市第一家民间

---

[1]《邵永丰麻饼》,衢州特产网,http://www.0570tc.com/newsdet.asp? nid=210

[2]《衢州百年老字号邵永丰抢滩上海》,原载《衢州日报》,转引自浙江新闻联播网,http://gxxw.zjol.com.cn/quzhoudaily/2005/0907/2838.html

[3]《百年老字号"邵永丰"申报非遗》,衢州市文化广电新闻出版局网站,http://www.qzwg.gov.cn/news/whxx/29/2007/%7D01/08/1167f019862c.html

[4]《市局花园所助推"邵永丰"品牌做强做大》,工商信息网,http://www.qzpages.com/news/program/news_list.asp? id=9567

[5]《市局花园所助推"邵永丰"品牌做强做大》,工商信息网,http://www.qzpages.com/news/program/news_list.asp? id=9567

的非物质文化遗产博物馆。① 馆内保存着上百道纯手工制作工序，收藏了邵永丰上百件的制作用具，其中有上百年历史的和面缸、搓馅缸、存放柜、百叠灶、整盆、整盖、吊环等供游客参观，同时游客也可在专业人员陪同下亲身现制麻饼并由烤饼师烤好后自带。②

为了让百年老字号"邵永丰"的品牌发扬光大，为自己培养更多的人才，也为想要学习邵永丰麻饼技艺的人提供一个更好的学习环境，2008年，邵永丰成正食品厂创办了浙江省第一所非物质文化遗产传承培训学校③——邵永丰麻饼手工技艺传承人传承学校，学校在省内外都招收学生，且不收学费，学习是采用边学边实践的方式。邵永丰麻饼手工技艺传承人传承学校就在邵永丰麻饼手工技艺博物馆内。除了邵永丰麻饼手工技艺传承人传承学校外，衢州还设立了麻饼文化展示馆和麻饼研究中心等，共同致力于邵永丰麻饼文化建设和老字号品牌的打造。

河坊街店　戎彦摄

地址：浙江省杭州市上城区河坊街（河坊街店）

清湖

清湖公泰酱园创始于清嘉庆二十五年（1820年），即现今浙江省江山市酿造厂的前身。

1820年，王、时、周三人合作在江山清湖上街创办了公泰酱园，后来由客商吴耀熙经营，之后由吴耀熙的子孙继续经营。清道光年间，公泰酱园聘请了技

---

① 《邵永丰手工技艺博物馆吸引外地游客》，衢州新闻网，http://news. qz828. com/system/2007/06/13/010014010. shtml

② 《邵永丰企业简介》，浙江在线新闻网站，http://www. zjol. com. cn/05world/system/2007/09/04/008764006. shtml

③ 《"邵永丰"建我省首家非遗传承人培训学校》，衢州新闻网，http://news. qz828. com/system/2008/06/10/010070280. shtml

艺高超的师傅,再加上酱园本身雄厚的资金,公泰酱园迎来了发展的鼎盛期。公泰酱园最有名的产品是酱油,原料入缸发酵后,经过阳光和雨露的滋润,再经过压榨、伏晒、沉淀等多道工序方能制成,成品酱香浓郁,酱色诱人,在浙赣闽皖等地都享有盛誉,产品在周边地区非常畅销。除了酱油外,公泰酱园还制作豆酱、豆豉、醋和酱菜等产品。

1956年,公私合营,初时"清湖公泰酱园"归属清湖供销合作社,1957年,裕成酱园并入。1959年,"清湖公泰酱园"由清湖供销合作社转入江山食品厂,并改为公私合营江山县食品厂清湖酱油车间。1983年,与江山食品厂城关酱油车间合并,投资170万元,在清湖蔡家山村杨家山征地24亩筹建新厂房,1985年建成投产,建筑面积7000平方米,建有厂房、锅炉房、仓库、职工宿舍等,应用低盐发酵工艺技术实现流水线作业。①

为了适应市场形势,1986年初申请了"清湖"牌商标,同年底获得批准开始正式使用。随着知名度的不断提高,出现了很多假冒产品,为了维护企业权益和消费者利益,配合工商、卫生等职能部门进行了打假维权活动。同时,利用电视、广播、报纸等宣传媒体大力宣传生产经营情况,使得清湖牌系列产品的市场知名度越来越高,企业信誉、企业形象、企业知名度也随之扩大提高。清湖已经成了浙、闽、赣周边地区很有影响的调味品行业的知名品牌。

江山市酿造厂厂区位于浙闽赣三省交界处的江山经济开发区,地理位置优越,总部则位于市区最为繁华的江山市解放路,总部大楼设有200多平方米的公泰商场,在浙闽赣周边地区设有100多家经销处。

"清湖"系列产品,包括酱油、米醋、酱制品和酒类等,均以粮食为主要原材料,生产过程采用传统发酵酿造工艺,产品质优味美,在市场上一直享有很高的声誉。经过近两百年的发展,江山市酿造厂拥有年产酱油3000吨、食醋400吨、老酒300吨、豆豉200吨、豆酱100吨的生产线,是浙西地区规模大、设备好、交通便、环境优的浙江省酱油食醋生产定点企业。② 2002年,企业获得全国首批食品生产许可证。江山酿造厂是市级先进企业、文明单位、重合同守信用单位、消费者信得过单位、食品卫生信得过单位、食品卫生规范单位、花园式单位等。"清湖"曾被衢州市人民政府认定为"名牌产品",获得"浙江省名特优畅销农产品"、"中国放心食品信誉品牌"等诸多称号,是衢州地区同行中唯一集优质、推荐、免检、名牌于一身的产品。

地址:浙江省衢州江山市解放路 32 号

---

① 《清湖老公泰》,衢州新闻网,http://bbs.qz828.com/thread-6685-1-1.html
② 《江山市酿造厂》,衢州企业网,http://qz.tzjie.com/zjqz/2014.html

医药

滋 福 堂[1]

　　"滋福堂"始创于清光绪九年(1883年),创始人是浙江历史文化名人余绍宋先生的祖上余镜波。其一家数代书画传家,滋福堂中药店的创办使余氏家族留下了一段书香药香共芬芳的佳话。[2]

　　滋福堂主营产品是传统的中药材,各种丸、膏、丹、片等都非常有名,产母药、风痛灵、还晴丸等是看家产品,畅销省内外。传统的滋福堂营销和管理方式却比较现代化,依照市场法则,注重品牌塑造,这让优质的药材如虎添翼,企业发展很快。1956年,滋福堂参加了公私合营。

　　2002年,浙江杜山集团收购原龙游县医药公司进行改制,成立了浙江滋福堂医药有限公司,希望借助老字号品牌,传承老字号中医文化,从而促进民族企业的发展。浙江滋福堂医药有限公司所处的位置是连接浙赣皖的交通要地,公司药品配送非常便利。公司是集药品批发、代理、零售和配送为一体的现代化医药经营企业,主要经营中成药、中药材、中药饮片、化学药制剂、抗生素、生化药品、生物制品、麻醉药品、精神药品、第一、二、三类医疗器械和营养保健品等,药品质量经营管理通过了国家GSP认证。公司确定的发展战略是"立足龙游,深入乡镇,覆盖衢州,面向浙江,辐射全国",在这一战略指导下,公司的销售和配送都获得了很快的发展。

　　2006年8月1日,浙江滋福堂得心医药零售连锁有限公司成立,这是龙游县首家零售连锁企业,主要经营范围:中药材(限参茸)、中药饮片(含配方)、中成药、化学药制剂、抗生素、生化药品、生物制品零售、保健食品、定型包装食品

　① 主要参考资料来源:浙江滋福堂医药有限公司网站,http://www.zftm.com/Intro.asp
　② 浙江滋福堂医药有限公司网站,http://www.zftm.com/Intro.asp

零售、化妆品及百货零售。到 2009 年 1 月 19 日,滋福堂广信参茸行开张,滋福堂已有 24 家连锁药店。公司以"让顾客来得舒心、用得放心、享得诚心"为主要服务宗旨。

滋福堂人传承"日月延年,惜仁为本;天地诚信,顺德以心;和心合力,敬人敬业;内外同济,滋福百姓"的古训,以"关爱人类健康,滋润千家,福及百姓"为己任,恪守"诚信经营,滋福百姓"的经营理念,让这家百年老店依然焕发着勃勃生机。

地址:浙江省衢州市龙游县龙洲街道衢龙路 82 号

浙江老字号

餐 饮

聚丰园[1]

　　"聚丰园"开设于 1931 年,是解放前衢州城开设的第四家名菜馆,衢城著名的四大菜馆分别是徐兰记、集贤楼易记、田福记和聚丰园,如今,另外三家早已销声匿迹,现存只有聚丰园一家。

　　当时菜馆中最有名的要数徐兰记了。徐兰记兴建于 1902 年,曾经制作出包含 130 道热菜、48 道冷荤,还有各种水果点心的集珍奇异味于一席的满汉全席,由于菜肴非常多,所以分三天才吃完。当时,徐兰记有 20 多位职工,承办酒席比较多的时候,还需要雇佣临时工。酒席的原材料必须在前一天准备好,宴席当日晚上,厨师带着烹具和印有"徐兰记"店名的灯笼,到各家烹制,结束后回到店还要交流顾客的反映,便于以后改进。由于选料和制作都很精细,不仅衢州城乡,就连较远的一些城镇也常有人慕名而来预订酒席。1942 年抗日战争的时候三家菜馆相继沦陷。

　　聚丰园原来的位置是在市中心,这里千百年来一直都是衢州商业的繁华地段,更是衢州美食的集中地带。聚丰园做的菜色、香、味、形俱全,其中合子酥、炸干、炸骨和肉藏凤等都是很具有地方特色的传统名菜。聚丰园不但出名菜,而且也出名厨。据了解,1956 年,杭州酒家曾举办各地区传统名菜大会串,聚丰园名厨高金冰所制的"柯凌虾贴"、"菊花鱿鱼"等受到杭城名家和群众的赞赏。1986 年,他还赴京参加外交部人事处招收出国厨师的考试,并以精湛的技艺做出"鹦鹉展翅"、"红烧海参"、"翡翠鱼珠"等名菜,受到京城名家赞赏,他也因此被派往我国驻瑞士大使馆工作[2],成为衢州餐饮业的骄傲。聚丰园如今的位置

---

① 参考资料来源:《探访衢州"老字号"》,衢州地名网,http://www.qzdmw.com/read.asp? id=595
②《探访衢州"老字号"》,衢州地名网,http://www.qzdmw.com/read.asp? id=595

在东河沿。

　　现在,有老市民还能记起当年聚丰园片儿川的美味来。在衢州19楼网站中有这样的一条帖子《聚丰园——片儿川勾起回忆》①,里面记录了当时聚丰园片儿川的制作,同时也记录了有关聚丰园片儿川的故事。根据记录者回忆,当时聚丰园里有很多种面条,鱼面、片儿川、腰花面、猪肝面等等,不过自己印象最深的还是片儿川。片儿川看似简单,而实际上是非常费工夫的。片儿川的菜必须是现炒的,而且一定要用上好的雪里蕻,再加入肉片和春笋片,这样片儿川才够味儿。而烧片儿川是要两个锅同时进行的,一个炒菜,一个煮面,最后,炒好的菜和面一起煮,香气四溢。据说,从前有位穷秀才,每天只能吃生硬的馒头,难以下咽。于是他就跑到聚丰园门口,就着片儿川的香味吃下馒头。后来店主发现了他,就把他请进店里,烧了一碗片儿川给他。若干年以后,已经做了官的秀才再次路过这家店的时候,回忆起了当年,于是提笔写下"聚丰园"三个字,如今虽然牌匾已经找不到了,但百姓的口碑仍在。

地址:浙江省衢州市东河沿 6 号

　　①《聚丰园——片儿川勾起回忆》,衢州 19 楼,http://quzhou.19lou.com/forum-891-thread-11883347-1-6.html

保健品

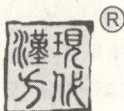

王 德裕堂①

　　王德裕堂创始于清光绪九年(1883年)，创始人是兰溪药商王德裕，药店在素有"三桥卧波达皖赣，九溪汇流通钱塘"、"钱江源头第一埠"、"小上海"之美称的开化县华埠镇。

　　自创业开始，王德裕堂就坚持"采办务真，精源道地，诚信经营，与人方便"的店规，遵循古方精选各省地道药材，依法炮制，各类丸散膏丹、杜煎虎鹿龟驴诸胶均选料考究，尽心为之。药店尤以毒黄丸、六神丸、全鹿丸、瓜子丸、六味丸、八味丸、桂附八味丸、冰硼散、生肌拔毒散、俩仪膏、枇杷膏、雪梨膏、十全大补膏、万应膏、如意丹、万应锭、金银花露、荷叶露、青蒿露、薄荷露、参桂酒、五加皮酒、养血愈风酒、虎骨木瓜等25种中成药在浙西地区最负盛名。当时，王德裕堂是开化规模最大的中药店，前店后场形式，除了零售外还兼营批发，有药工20多人，饲养着梅花鹿以提供原材料，药材都以传统工艺进行生产。

　　产品质量的好坏首先就取决于药材的地道与否，王德裕堂购买药材的时候坚持"采办务真，精源道地"的原则，购进之后，经过挑选、整理、加工后配制成药品。饮片的生产和制作更是极为考究，坚持"以诚为本，良心制药，遵照古法，精心炮制"的原则，制作出来的饮片不仅讲究内在质量，外观也是纯净而无杂质的。不同饮片还要切成不同的片型，质地坚硬、煎熬不容易出汁的药物，片薄如纸;有糖分、淀粉、脂肪以及煎熬容易挥发的则要切成厚片;其他饮片为了便于鉴别，分别切成圆片、长片、斜片、骨牌片等不同形状。在操作上，严格遵守程序炮制，比如熟地黄要九蒸九晒、麦冬要去芯、该用铜锅绝不用铁锅、该用铜刀绝

---

　　① 参考资料来源:浙江汉方药业有限公司网站,http://zjhfyy.com/about_hfsy.aspx

不用钢刀,一丝不苟。工人则根据技术高低分为头刀、二刀、三刀和末刀,头刀师傅专切名贵或者制作难度大的药材,比如鹿茸、天麻等;二刀师傅应具有一粒槟榔能切成108片的能力,附子一片能够"飞上天"的技艺;三刀师傅切顶片头,如黄芪、当归、前胡、厚朴、杜仲等;末刀则专切草药料片。部分饮片要炒、煨、蒸等多道程序,以消除毒性,提高药效。药店的柜台人员也分为头柜、二柜、三柜,分工明确,严格按照药方抓药,不会遗漏,也不会用别的药物代替,不同的药分开包装,还附有说明书和滤药渣器具,之后负责包药的人员还要再次核对,防止差错。

王德裕堂还非常重视对员工能力的培养,让每一位员工都知道自身素质和业务对药堂的重要性,定期由老药工教授新伙计。除了基本的工作制度外,还要求伙计做到:主动迎客;耐心对待挑剔的顾客;针对需求介绍产品;笑脸相送没有选到药品的顾客;对年老体弱、身有残疾不方便走动的人,坚持送药上门;对于生活贫困的,低价或者免费提供药品。此外,药店还提供代客煎药、磨粉制丸的服务,夜间也出售药品。地道的药材、周到的服务让王德裕堂赢得了顾客的一致赞誉。

王德裕去世以后,由他的儿子王炳南继续经营药店。王炳南不仅好学,还喜欢助人为乐,但是他并不善于经营,所以就由他非常信赖的头刀师傅杨保成担任总管辅助。杨保成极为用心,药店生意仍然是很红火。

1942年,王德裕堂在日军侵犯中被烧毁。年事已高的王炳南无心也无力恢复王德裕堂,于是把年幼的小儿子王世福(后改名杨定传)过继给杨保成,然后带着家人离开了华埠。之后,王德裕堂暂时退出了历史舞台。

1956年,开化县供销合作社公私合营国药商店成立,同时还建立了中药饮片加工场,60岁高龄的杨保成被聘请为技术指导,凭借自己精湛的技艺和"以诚为本,良心制药"的原则,开化县的中药饮片加工场的产品很快就享誉衢州及周边地区。

王炳南的小儿子杨定传从小就生活在药店,他读了很多中药书籍,还经常在药店帮忙,加上杨保成的悉心指点,杨定传在中药采集、加工、用药等各方面都很擅长。长大以后的杨定传经常翻山越岭去采药,几天几夜都不回家,采回来的药遵照古法精心炮制,还经常免费送给乡邻治病。杨定传一直心怀恢复王德裕堂的愿望,但由于各种原因没有实现。

杨定传的儿子杨正华也是从小就受祖父辈影响,对中药很感兴趣,也经常跟随采集和加工中药。1984年,他考取了浙江省宁波商业学校中药专业,1986年毕业后被分配到杭州医药采购供应站,他在工作中如鱼得水,从保管员、质检员、采购员一路做到中药分公司中药科科长。

恢复王德裕堂的重任就是由杨正华完成的,在父亲的支持下,2004年7月,杨正华在浙江省衢州市沈家开发区南山路58号创建了浙江汉方药业有限公司,秉承王德裕堂技艺和理念,结合现代科技,汉方药业主要从事汉方参茸和汉方药材的生产经营。"立足浙江,走向全国,面向世界"是公司的发展战略,现在公司的业务除了浙江省内,在外省一些城市和国外一些国家和地区都有涉及。公司承袭王德裕堂"以诚为本,良心制药,遵照古法,精心炮制"的古训,为百年炮制技艺插上现代生产技术和管理理念的翅膀,建立起了门类齐全的名贵中药材、中药饮片产品体系,公司还拥有符合国家GMP标准的中药生产车间和国家GSP标准的中药物流中心。公司在打响"现代汉方"品牌的同时,为恢复王德裕堂和其所有的服务项目做了很多准备工作。借着中药日益受重视之风,王德裕堂发展前景必然是一片光明。

地址:浙江省衢州市衢江经济开发区南山路58号

舟山

　　舟山素有"东海鱼仓"和"祖国渔都"的美称,是全国唯一以群岛设市的地级行政区划。舟山拥有渔业、港口、旅游三大优势,是中国最大的海水产品生产、加工、销售基地。舟山的普陀山为中国四大佛教名山之一,有"海天佛国"之称,声誉极高。

食品加工

陈 德顺发记坊[1]

陈德顺发记酿酒坊创始于民国 3 年(1914 年),创始人是陈永佐,店址在舟山普陀沈家门镇西大街。

普陀酿酒历史很悠久,根据普陀县志记载,"唐宋时期秦酒坊在普陀已较成盛",宋代有人开设酒坊,明清时候,酒坊数量已经非常多。

陈永佐原籍福建惠安,1914 年带家人来到沈家门西大街开设了酒坊,酒坊取名为"陈德顺发记坊"。生于福建酿酒世家的陈永佐身怀酿酒绝技,酒坊很快就发展成为全舟山规模最大的一家,生意非常兴隆,还雇佣了不少人。除了酿酒,陈德顺发记坊还兼营酱业。陈德顺发记坊的产品非常受欢迎,名气越来越大的同时,销售范围也越来越广,不仅销售到外省,还出口东南亚。

民国 6 年(1917 年),年迈的陈永佐病故,由于他是老来得子,所以他最大的儿子陈银发当时也只有 14 岁。陈银发继承了酒坊,雇人管理日常事务。抗日战争爆发以后,酒坊的发展是每况愈下,再加上之后的战争摧残,到 20 世纪 40 年代的时候,已经处于亏本经营的状况。

1946 年,陈银发开始亲自经营酒坊。他努力学习酿造技术和经营方法,改变了产品的生产工艺,还在产品上附上盖有金钱图记和印有招牌的黄纸,以示区别。经过了工艺的改进,产品味道更好了,再加上老牌子本身就容易赢得消费者,酒坊的生意开始好转,后来还配备了铁壳运输船。

20 世纪 50 年代初,普陀民间酿酒业又迎来了繁盛期;50 年代中后期,酒坊生意又日渐衰落。陈德顺发记酿酒坊变卖了一些值钱的东西,不仅卖酒,还经

---

[1] 部分参考资料来源:百年德顺坊,http://blog.sina.com.cn/s/blog_648a22500100jfjy.html

营酱品,才慢慢恢复了元气。

社会主义改造中,陈德顺发记工会主席、酒坊老员工苏鹤年接受政府委派筹备德顺坊公私合营,他以德顺坊为基础,联合徐家酒坊、马家酒坊、郑条汉酒坊,合作酿酒,招牌仍旧使用"陈德顺发记坊"。陈银发派老员工陆阿初管理生产。1956年,德顺坊转为公私合营,改名为"海康酒厂",划出制酱业务,专门酿酒,苏鹤年为公方厂长,陈银发为私方副厂长。

位于东大街的海康酒厂酿酒使用的水质不理想,后来另在沈家门大蒲湾山脚下选址,这里不仅水多、水好,交通也很便利。

1959年,参加过抗日的转业军人李财新担任了酒厂的第二任厂长,他上任之后就开始了机械化酿酒的探索,边生产边进行技术革新,几年时间就改变了纯人力作业的落后状况。

1965年,海康酒厂更名为"普陀区东海酒厂"。20世纪70年代,酒厂制造出榨酒机,之后又采用先进工艺酿酒,工效和产量都有很大的提高。1981年,企业建成了酒精生产线。1988年,企业再度更名为"舟山东海酒厂",采用了自动电脑控制、酿房整体暖气供温发酵等新技术。1995年,企业新增了袋装酒生产线和杨梅酒烧酒生产线。1997年,酒厂改制,成立了舟山东海酒业有限公司,几年后国有股份退出。2003年,舟山东海酒业有限公司更名为"浙江东海酒业有限公司",之后公司整体搬迁到勾山工业园区,改造和新增了很多先进设备,管理和操作也更为严格,产品还出口到欧洲。

2005年1月,浙江东海酒业有限公司重新恢复了"陈德顺发记坊"老字号,同时还恢复了酒坊的传统酿造工艺,很多流程都按照古老的方式完成,又把现代低酒度和清爽型口感引入到黄酒酿造中,还借助先进的冷冻过滤和灌装、杀菌、检验技术保证产品的质量。

几经沉浮的陈德顺发记坊,不仅见证了舟山的酒,也记录了这里的酒文化,凝聚了几代人智慧和心血的金字招牌,在今天依然显示出极强的号召力。

地址:浙江省舟山市普陀区东海西路2198号

裕大、六狮[1]

舟山裕大酿造有限公司前身裕大官酱园创建于清道光三十年(1850年),主

[1] 主要参考资料来源:《裕大官酱油与洛泗油》,定海新闻网,http://dhnews.zjol.com.cn/dhnews/system/2010/05/04/012084162.shtml

要酿造有"露华云液"美称的"洛泗座油",舟山有"舟山洛泗油,裕大最考究"的说法。洛泗座油最初使用六狮牌号,因为在舟山方言中"六狮"与"洛泗"同音。

我国南方制酱首推江浙,而江浙一带又以舟山为最,江南传统佐料历来有"绍兴老酒、舟山酱油、镇江米醋"之说。[①]

清道光元年,浙江慈溪的制酱师傅卢裕德和卢裕仁两兄弟迁居定海,他们每天制作少量的酱油,挑着担子在街头巷尾叫卖。卢氏兄弟酿造技艺精湛,再加上当地优质的海盐、黄豆和水质,酿造出的酱油非常受欢迎。几年之后,卢氏兄弟在定海城内南街开设了"源大"酱坊,主要酿造和销售酱油。

"源大"酱坊后来传给了卢安之,卢安之凭借从父辈那里学习的酿造技术,让酱坊有了进一步的发展。清道光三十年(1850年),卢安之在定海城关福定路49号(今道头横街)另外开设了酱坊,还向政府两浙盐运司入册领照,酱坊取名为"裕大官酱园"。由于新开设的酱坊交通便利,所以卢安之把酱油酿造和销售重点都转移到了这里,原来的源大只作为分支销售机构。

裕大官酱园当时是石库门面,店铺招牌"裕大官酱园"是由镇海陈修榆题写的。店堂分为左右两边,左边卖的是油和酱制品,右边卖南北货。1930年,洛泗座油荣获西湖博览会奖章和奖状之后,奖状就挂在店堂左边,右边则挂有官酱园的牌子。

裕大官酱园把自己酿造的酱油取名为"六四油"。酱园制作的酱油,选料非常讲究,原料主要是优质黄豆、三年陈盐和上等面粉。酿制过程非常精细,要经过浸、沥、制、拌、晒、堆、翻、搅、座、油、配、榨等十几道工序,之后还要经过长达八个月的阳光曝晒和露水滋润。裕大官酱园酿制的酱油色香味俱全,质量优于当地其他酱园,产品非常受欢迎。民国12年《定海县志》有载:"黄豆蓬莱乡种者较多,种植易,效用多,舟山酱油最著名,运销广若,原料供给出自本土。""用豆制豉,灌卤作酱,取其油,有伏油、秋油之别,市上称佳者为六四油,当时物价低贱,是油每斤六十四钱,故名,今几三倍之矣,运销宁波推为上品。"就此可证实裕大所酿洛泗座油的悠久历史。[②]

那么"六四油"怎么又变成了"洛泗油"呢?这就要提到极负盛名的普陀山了。裕大官酱园创立的时候,普陀山的佛教活动非常盛行,裕大为普陀山宗教活动和香客提供产品,于是和几大寺庙都有往来。裕大的产品也被寺庙作为礼品赠送,尤其是酱油格外受欢迎。裕大酱园于是结合普陀山和佛教为自己的酱

---

① 《裕大酱油》,定海新闻网,http://dhnews. zjol. com. cn/dhnews/system/2009/12/01/011629041. shtml

② 《裕大官酱油与洛泗油》,定海新闻网,http://dhnews. zjol. com. cn/dhnews/system/2010/05/04/012084162. shtml

油取名,"洛"代表南海普陀山洛迦山,说明洛泗座油的产地是佛教圣地;"泗"字是"水"旁加"四"字,代表洛泗座油由四种名泉水酿制;"座油"则是指酱油酿造过程中座储起来的原液精华。

民国时期,裕大官酱园的名气越来越大,经营者开始吸收别人的投资,酱园成为合伙经营的店铺。销售方面,除了本部前店后场销售外,还有原来的源大分部,另外还在当地设立了两个分销处,1939年还在上海设立了分销处,酱园洛泗座油三分之一的产量都运到上海销售。此外,酱园的产品还有出口。

新中国成立以后,源大分栈撤销。1955年,公私合营舟山裕大造酱厂成立。1956年和1959年,定海泉大酱园、恒丰酱园先后并入。1965年,企业成为全民所有制,更名为舟山造酱厂。1972年,企业下放县级,改为定海造酱厂。到1982年,企业恢复了舟山裕大造酱厂的名称。1996年,兼并了原舟山康乐食品厂。2000年,企业进行股份制改革,更名为舟山裕大酿造有限公司,公司迁入舟山经济开发区。

洛泗座油是舟山市唯一载入《中国土特产大全》的产品,曾多次荣获各种省级奖项。2004—2008年,公司的裕大和六狮商标连续荣获舟山市著名商标称号。这家有着160年历史的老字号,从原来的手工作坊,经过公私合营、企业转制等,发展成为现在的综合性酿造股份有限公司,让老品牌雄风不减当年,也让老产品继续香飘世界。

地址:浙江省舟山市定海区经济开发区B区

佛 顶 山①

佛顶山品牌所有者是舟山合源酒业有限公司,公司创始于1956年,其前身是由王永兴等几家酿酒作坊组合而成的。合源酒在舟山非常有名,一直被视为舟山黄酒最正宗的代表。

合源前身王永兴酒坊创建于清宣统初年,是当时定海最有名的两家酒坊之一,另外一家是西边的"乐恒源"酒坊,王永兴在东边,其余酒坊的规模都不及这两家。

原籍绍兴的王永兴出身于酿酒世家,身怀高超酿酒技艺。来到定海后,他

---

① 主要参考资料来源:《悠悠合源香》,鬼谷子新浪博客,http://blog.sina.com.cn/s/blog_648a22500100jaof.html

在东港浦的小河头开设了王永兴酒坊,酿造传统绍兴老酒。酒坊酿制老酒的配方和工艺都是按照绍兴传统的方式,酿制过程在冬天完成,采用纯发酵酿制方式。凭借精湛的酿制技艺,酒坊很快就在定海享有盛誉,老酒非常受欢迎,酒坊生意极为红火。

每到秋天的时候,王永兴就会带人大量收割一种名为"辣蓼"的野草,用石碾碾碎,提取的水用来制作酒酿发酵用的"白药"。这种白药是用辣蓼水、粳米粉、陈年白药等制作而成的,也是王永兴酒坊酿酒的第一道工序。

当时酒坊酿酒采用手工方式,以糯米为主要原料,要经过浸泡、蒸米、加入白药、压实、保温、加水、切块、捣碎、发酵、搅动、放置、压榨、蒸煮、上色、冷却、灌装等多道工序,每道工序都有自己的讲究。灌入酒埕后还用荷叶和箬壳封口,外面再封湿泥,成品酒就酿制完成了。但是刚酿好的酒味道并不好,酒坊通常都放入酒窖中,经过三五年之后再售卖。

王永兴年老后,把酒坊交给儿子王良标和王良忠打理。两个儿子都传承了父亲的技艺,在他们的努力下,酒坊产量不断增加,酒坊规模也日益扩大,发展到鼎盛时期。

1954 年,定海的树生、曾记、泰兴三家酒坊并入王永兴,组成了定海合源酒厂。酒厂在 1956 年实行公私合营,白泉酒坊并入,后来酒厂改名为舟山酒厂。1982 年,酒厂恢复合源名称,迁址定海黄土岭。1996 年和 2001 年,企业经过两次转制成为民营企业,即现在的舟山合源酒业有限公司。

"佛顶山"牌系列产品是合源酒业的拳头产品和舟山市名牌产品,1985 年获准注册的"佛顶山"商标是舟山市著名商标。佛顶山是普陀山的主山,合源之所以把佛顶山作为自己的品牌,原因在于黄酒销售的区域性相对较强,当地山名容易让消费者产生一种亲近感。

老字号品牌是企业的无形资产,合源酒业确定的核心价值观是酒品即人品,产品人格化,以酒品、厂品、人品三品合一,努力为消费者提供放心酒、健康酒、满意酒。① 合源酒业一直在进行着不断的创新,2002 年,公司成功地开发出佛顶山牌源酒、合酒系列产品,源酒中添加的枸杞和桂圆等,非常符合当前消费者追求健康和营养的需求流。此后,公司还研制出鹿茸酒、杨梅干红等系列产品。公司逐渐形成了以"佛顶山"牌黄酒类产品为主,以白酒、花色果酒类产品为辅的生产经营格局……在全国近 600 家黄酒生产企业中,企业的生产规模排名在前 15 位左右。② 合源酒业是舟山市酒类生产的骨干企业,是中国酿酒工业

---

① 合源酒业有限公司网站,http://www.zs-hy.com/gongs.html
② 舟山合源酒业有限公司(佛顶山),"中华老字号"网,http://www.zcom.gov.cn/zhlzh/zjszhlzh/fspl/T239849.html

始年份为清光绪年间的 1875 年。倭井潭硬糕一直流传至今,是舟山著名的土

协会黄酒分会的理事单位,还是舟山首家、全国第四家获得黄酒产品质量安全 QS 认证的企业。佛顶山牌黄酒在周边城市销售,尤其在本地城乡市场,产品覆盖面和市场占有率高达 95%。[1]

合源酒业曾荣获舟山市市级先进企业、信用优等企业、行业最佳经济效益企业、浙江市场服务质量信得过单位、浙江市场质量计量信得过单位、消费者信得过单位等荣誉。公司的著名品牌佛顶山更是屡获殊荣,包括舟山市名牌产品、首届中国国际酒类商品博览会银奖、舟山市著名商标等。

合源酒业所在的舟山有一些特别的饮酒风俗,由于这里渔业发达,这些风俗也都和渔民有关。渔民出海之前要吃酒类补品,出海的时候还要在船上用酒祭海,出海之后渔民一般每餐都要喝酒,不仅起到壮胆的作用,还能祛寒湿。合源酒业的佛顶山米酒、陈酿源酒、六合酒等都深受当地人喜爱。

地址:浙江省舟山市定海区黄土岭

倭井潭[2]

倭井潭品牌所有者是岱山县长涂老万顺硬糕厂,其"浙江老字号"申报的创始年份为清光绪年间的 1875 年。倭井潭硬糕一直流传至今,是舟山著名的土特产,畅销江浙闽沪等地。

倭井潭硬糕的创始人是祖籍黄岩的林纪法。光绪年间,林纪法凭借着祖传的做糕手艺在浙江沿海地区行商,后来在岱山长涂定居下来。他发现长涂人几乎都是以捕鱼为生,岛上基本没有其他生意,这正是自己糕点的商机。他制作的糕点美味、便携、耐饿,很快就在当地风靡,渔民出海的时候都喜欢带。这时林纪法制作的糕点还是软的,叫做"黄岩糕"。根据当地人生活的特点,他发现软糕有不少缺点,于是尝试着把糕点水分烤干,这样更容易保存,更方便携带,口感也更适合作为渔民的下酒物。

有一次,带着数箱硬糕的渔船被风浪打翻,在海上漂了三天三夜的硬糕仍然完好,不但可以食用,连香味都和之前一样。这之后,硬糕名声大振,周边岛

---

① 合源酒业有限公司网站,http://www.zs-hy.com/gongs.html

② 主要参考资料来源:1.《倭井潭:美味与历史的百年"硬糕"》,浙江南天商标事务所网站,http://www.114tm.cc/ppgs/? did=2772;2.《生存保卫战:"倭井潭"一个正在复苏的传统品牌》,浙江新闻在线网站,http://zjnews.zjol.com.cn/05zjnews/system/2006/04/07/006558163.shtml

屿的渔民也开始选择硬糕了。考虑到有很多牙口不好的老年人，林纪法在做硬糕的同时，也制作了糕中有花生粉的花生酥，入口即化。这个传统也一直延续到现在，凡是制作硬糕的地方都会制作花生酥。这个时候，硬糕没有特别的名称，就被叫做"长涂硬糕"。

到了林家第三代传人林玉扬出生的时候，由于硬糕作坊在倭井潭旁边，而倭井潭在长涂人民心目中又有着特殊的意义，长涂硬糕才有了"倭井潭硬糕"的称谓，店铺也是在这个时候有了"老万顺"的字号。

倭井潭的特殊意义来源于一个故事。明嘉靖三十六年(1557年)，为戚家军所败的倭寇残余逃到了长涂，霸占了当地的水源倭井潭。有渔家三姐妹为了水源和倭寇展开了争斗。一天，去行刺的三姐妹被倭寇发现，只得在百姓的掩护下逃离，等她们逃到娘基宫村山嘴时，前面是大海，后面三方都被包围，三姐妹纵身跳入了大海。两年后，戚家军歼灭了这些残余倭寇，倭井潭才又回到百姓手中。百姓于是把这个水潭称之为平倭井，又叫做倭井潭。这一抗倭遗迹的名称被百姓用了很多地方，如村落、公园等，而倭井潭硬糕则是第一个用这一特殊事物作为名称和标志的土特产。

硬糕的主要原料是糯米，制作硬糕的时候，先炒熟再磨成粉，加入适量白糖和芝麻，再倒入模具中压实蒸熟，然后烘焙而成。渔民在海上捕鱼非常辛苦，顾不上或者不可能做饭的时候就买硬糕充饥，渔汛结束之后，还购买硬糕带回家。这让当地的硬糕业越来越兴旺，温州和台州也来了很多业主在这里定居，到清光绪年间的渔汛旺季，硬糕店多达20多家。业主们一边敲击着硬糕一边吆喝："正宗的倭井潭硬糕，不硬不脆不要钞票。"之后，硬糕也随着渔业和渔船扩展到浙江沿海其他地方，名气日益扩大。

2001年，老万顺硬糕厂注册了倭井潭及图的组合商标。2004年，第五代掌门人林杰毅继承祖业。而实际上，这并非是林杰毅的初衷，他从小就不喜欢硬糕，长大后开始做服装生意，做得还很红火。一天他在宣传倭井潭硬糕的短片中看到父亲对后继无人忧心忡忡，才决定继承家业。

而这个时候，硬糕的生存前景已经可以用艰难来形容了，因为年轻人几乎都不熟知这种产品。所以，上任之后的林杰毅首先要做的，就是保卫倭井潭硬糕的生存。林杰毅首先从产品的包装入手，包装通常被称为流动的广告，而倭井潭硬糕采用的还是简陋而又粗糙的白纸，林杰毅经过考察和研究，设计了硬壳、软壳、塑料、纸质等十多种包装，改变了产品的外观。当然，比起外观，内在的品质是更为重要的。林杰毅在最大限度保证传统工艺的基础上，还在精度要求比较高的环节引入机械化生产，经过多番尝试，让食品具有了软硬两种，并且有芝麻、桂花、花生等近十种口味，还制作一些年节糕点。销售淡季的时候，经常开发新产品,给亲友品尝后再推向市场。他还经常去外地购买特色糕点,取人之长补己之短。要打响老字号,宣传是必不可少的,林杰毅在广告方面也努力强化倭井潭硬糕在消费者心目中的印象。为了拓宽销售区域,林杰毅还建立了很多经营网点,产品不断出现在海岛的大小超市里,还走进了旅游景点和码头、车站等游客聚集地的商店货架,逐渐成为舟山旅游产品的一个重要组成部分。倭井潭硬糕还尝试了网络营销的方式。林杰毅每年还会带着产品参加杭州食品博览会等展会,"立足本地市场,将触角延伸至周边城市",一直是林杰毅坚持的发展思路。① 现在,倭井潭硬糕已经远销到省外的一些城市,林杰毅还计划着开发更多的新产品。

在林杰毅的眼中,他的"倭井潭"不仅是产品,更是产业。林杰毅让当地的小学生来他的厂房体验操作,让学生们自己做糕,蒸、烤,当一天操作工,然后把自己的劳动成果带回家,孩子们很开心。而这正是林杰毅做旅游产业的一个尝试。他说"倭井潭"有丰富的文化内涵,完全可以成为一个别有意趣的旅游项目。他希望以后能建一个古色古香的作坊,尽量还原以前的风貌,让游客观看以前"倭井潭"生产的场景,同时游客可以亲身体验,尝试做糕的艰辛。② 关注和挖掘产品的文化内涵,这是促使产品和品牌长远发展的策略,对于老字号,更是以自身优势驱动自己发展的极佳途径。

由于硬糕比较硬,所以吃起来也有讲究,不能大口去咬,可以选择从一角开始吃,也可以用锤子击碎后品尝。

硬糕的名称还被人们赋予了独特民俗文化含义,有硬糕糕(高)、糕(高)兴兴、步步糕(高)这样吉祥的意蕴,所以也被作为礼品的很好选择。

地址:浙江省舟山市岱山县长涂镇老街89号

---

① 倭井潭硬糕,舟山群岛商标品牌网,http://www.pp93.com.cn/News_View.asp? NewsID=284
② 倭井潭硬糕,舟山群岛商标品牌网,http://www.pp93.com.cn/News_View.asp? NewsID=284

医药

存　德　堂[①]

　　存德堂创建于清同治元年(1862年)，创始人是王德馨。存德堂专门经营中西药材和参茸补品，还有医师坐堂诊疗，在定海有很高的知名度，生意很好。

　　王德馨，宁波镇海人，生于清道光末年，年少的时候就在药行做学徒，聪明而又勤快的他很快就能看方抓药。后来，他与人合资在宁波开设了万瑞药行，自己担任掌柜。他很有经营和管理头脑，药品价格公道，因此生意很快就蒸蒸日上。之后他在汉口独自开设了阜丰成药行，后又在定海独资开设了存德堂。

　　存德堂原址在定海闹市区状元桥东，东大街竺家弄口，是两层木结构的青砖大瓦小楼，大门口两边有两根立柱，写有"百草回春争鹤寿，千方着意续松年"的对联。店堂后面的院子是用来进行药品加工的场所。1978年因城市规划，存德堂移到现址。

　　王德馨只有一个儿子，名叫王金生，从小娇生惯养的他好吃懒做，不学无术，不仅一事无成，还沉迷于吃喝嫖赌和鸦片。年事已高的王德馨不得已把药行传给了自己很中意的汉口阜丰成药行大伙计孙均升，孙均升既勤快又懂得经营，王德馨去世以后，宁波万瑞药行、汉口阜丰成药行、定海存德堂药店均由孙均升掌管。

　　清政府之后，时局一直处于动荡状态，饱受战乱洗礼的存德堂还是顽强地挺了过来。1950年定海解放的时候，城内共有药铺十多家，业务普遍萧条。1953年2月，以存德堂为首，八家私营药店实行联合经营，经过多年调整，才逐步走出了困境。1956年，存德堂公私合营，董事长是孙均升的儿子孙亦芳。

---

　　① 主要参考资料来源：《定海老字号百年存德堂》，定海新闻网，http://dhnews.zjol.com.cn/dh-news/system/2010/01/15/011758343.shtml

1958年,鹤龄堂药店、元昌参店、兆昌参店、何大全膏药店并入了存德堂。1965年,存德堂更名为浙江省药材公司舟山分公司,"文革"中再度更名为立新药店,直到1983年才恢复存德堂原名。

　　现在的存德堂同时经营中西药,全市都有分店分布,药铺倒是居于次要位置了。1997年,存德堂成为海力生集团公司下属的一家全资子公司,2009年,股份又被浙江万事达集团有限公司收购,成为浙江万事达集团有限公司下属的一家全资子公司。2002年,公司通过了国家级 GSP 论证验收,2008年又通过了 GSP 复认证。存德堂曾被评为舟山市医药行业中唯一一家"百城万店无假货"商店,还获得了舟山市著名商标、省市消费者信得过单位等称号。公司本着"存悬壶之志,积杏林之德"的宗旨,努力塑造着一流的企业品牌。

地址:浙江省舟山市定海区新桥路75号

台州

　　台州之名是在唐代因境内有天台山而得来,是中国股份合作制经济的摇篮,是中国当前两大经济模式之一的"温台模式"的创始者,是中国重要工业生产出口基地,还是中国著名的渔区、水果之乡,华东重要能源基地,中国重点风景名胜区,武术、围棋之乡,中国重要的小商品集散地。

保健品

台 乌[1]

　　台乌品牌所有者是浙江天台山乌药生物工程有限公司,其前身可以上溯到创建于清咸丰五年(1855 年)的同寿堂,创始人是许克明。

　　台乌即天台乌药,有仙草、仙药、长生不老药、长生仙草的美称。台乌生长的天台山有"弥山药草,满谷丹材"的说法,这里灵异生物非常多,台乌和铁皮石斛并称为"天台双宝",天台县则被称为"中国乌药之乡"。

　　同寿堂从创办开始,就以名贵的天台乌药作为自己的特色,后来发展到中药加工和自制中成药,台乌片是药店的一大特色,以至于百姓都把同寿堂称为台乌药店。同寿堂注重信誉,所以生意一直很好。1956 年公私合营之后,同寿堂仍然进行乌药片的加工和销售。1960 年,同寿堂归属天台县医药公司,原来的药工也都成为了公司职工。

　　1999 年,天台县医药公司改制,职工自谋职业。老药工陈方标对乌药有着深厚的感情,他认为乌药可以有更大的开发利用空间,而不仅仅是治病。2000年,他请同寿堂等药店的传人和原公司的老药工帮忙,开办了天台县和合营养品厂和天台山养生研究所,开始了天台乌药的综合和深度开发。除了传统的台乌片,还有了乌药精茶等新产品。同时,陈方标还注册了"台乌牌"商标。

　　为了更好地发展天台乌药,陈方标开始寻找有实力的合作伙伴,他找到了浙江红石梁集团董事长邱建生。邱建生虽然没有接触过保健品,但对家乡的乌药也有深厚的感情,于是决定出巨资予以支持。陈方标以技术参股,红石梁集团出资,组建了浙江天台山乌药生物工程有限公司,陈方标担任总工程师和监

---

　　① 主要参考资料来源:《最后的老字号(四):台乌》,台州数字报,2009 - 8 - 5,http://paper.taizhou.com.cn/tzsb/html/2009—08/05/content_218903.html

浙江老字号

事。天台乌药于是有了雄厚的发展基础。

公司具有知识产权的天台乌药成品——"台乌"牌"乌药精",成为目前国家唯一批准的乌药保健品开发项目,填补了国内对乌药开发利用的空白。① 公司在原产地建立了实验基地,还在天台工业园区建设了新厂房,新的生产线也投入使用,为产品提供了良好的硬件基础。2004—2009 年,乌药精系列产品连续五年获浙江省农业博览会金奖。公司的相关技术拥有国家发明专利和自主知识产权。2005 年,天台乌药被列为国家原产地域保护产品,成为浙江省内第 16 个原产地域保护产品。2006 年,天台县被授予"中国乌药之乡"称号。2008 年,天台乌药被核准注册为国家驰名商标。

国礼——天台乌药②

1979 年 2 月《人民日报》报道:

新华社东京 2 月 6 日电:日本和歌山县新宫市市长濑古洁 2 月 5 日来到中国驻日本大使馆,委托将新宫市栽培的三盆天台乌药苗交给邓副总理带回中国,以表达日本人民对中国人民的友好感情。

在日本的传说中,新宫市是中国秦朝徐福东渡蓬莱寻求"长生不老"药之地,据说,天台乌药就是这种药。当时,徐福带来了中国的耕作和捕鱼技术。当地人后来为他建了一座纪念碑,并组织起了"徐福会"。

1978 年秋天,邓副总理为交换中日和平友好条约批准书来日本访问时,在日本众参两院为欢迎邓副总理举行的宴会上,日本朋友谈及中国古代曾有人来日本寻找"长生不老"灵药一事。于是新宫市的日本朋友就决定在这次邓副总理来日本时,将天台乌药苗送给邓副总理带回中国。

濑古洁幽默地说:"徐福的愿望能在时隔两千多年的今天得以实现,我感到非常高兴。"

1982 年,时任日本首相福田纠夫访华时,又把天台乌药的常绿树目录赠送给我国领导人。

地址:浙江省台州市天台县赤城路 412 号

---

① 《最后的老字号(四):台乌》,台州数字报,2009 - 8 - 5,http://paper. taizhou. com. cn/tzsb/html/2009—08/05/content_218903. html

② 《话说乌药》,浙江天台山乌药生物工程有限公司网站,http://www. wuyao. cn/hawy. asp? p_id=7

食品加工

同　康[①]

台州市同康酒业有限公司创建于 1914 年,创始人是朱卿康,原名同康酱园酒厂。

朱卿康是镇海龙山人,开设了多家酒酱厂,早年在上海经营黄酒酱业,设有朱和康、老聚康、元康等厂,又在宁波龙山山设有万盛酱回园,江苏松江开设酿酒厂,人称酒酱之家,在同行业颇有盛誉。[②]

1914 年,经过前期准备,朱卿康在浙江海门开设了同康酱园酒厂,厂子最初在离运河比较远的东门,后来迁到西门。1915 年,同康酱园酒厂获得两浙盐运使颁发的"官酱园"匾额。同康酱园酒厂的产品不仅在本地畅销,还销往省内外其他城市。同康产品精选优质大米和小麦,采用纯粮酿造,产品很受欢迎。同康黄酒曾荣获全国优质产品称号,同康商标也曾被认定为台州著名商标。百年同康经历了数次变革,从 1956 年公私合营的海门同康酿造厂,到 1967 年的海门酒厂,再到 2001 改制后的台州市同康酒厂。

2006 年,同康因为体制问题陷入困境。周卫平和周建平两兄弟挽救了这个百年品牌。

周卫平的名片很特别,上面印有三个职务:浙江古钟电线电缆有限公司董事长、台州市同康酒业有限公司董事长、台州市富丽达橡塑电器有限公司董事

---

① 主要参考资料来源:《周卫平:闯出百年同康发展新》,中国台州网,http://www.taizhou.com.cn/tzrw/2010—03/02/content_219460.html

②《周卫平:闯出百年同康发展新》,中国台州网,http://www.taizhou.com.cn/tzrw/2010—03/02/content_219460.html

浙江老字号

长。① 电器和酒可是没有任何关联的行业,怎么能够集中在一个人身上呢?这就要从周卫平的经历说起。

20 世纪 90 年代,周卫平和哥哥周建平用了七八年时间,把一家家用电器小厂做到了一定的规模,他们发现,没有品牌很难继续做大。经过调查,他们在 2003 年买下了浙江古钟电线电缆有限公司,凭借"古钟"品牌的知名度,产品很快打入了国际市场。这一经历让他们充分认识到品牌的力量。2006 年,同康遇到问题的时候,兄弟俩觉得这个家喻户晓的老牌子消失是件非常可惜的事情,于是经过分析思考,决定买下同康。

2006 年 11 月 8 日,同康改制,成立了台州市同康酒业有限公司。体制改革后,大部分工人仍然留在同康。同康从手工生产发展到现代机械化生产,不仅产品质量更加稳定,生产效率和产量也都有很大的提高。同康产品原来采用的包装是单一的灌坛散装,现在则有软包装、瓶装和坛装的多种方式,满足了不同的需求。另外,同康还改变了发酵工艺,缩短了酿造时间,提高了出酒率,同时也降低了成本。改制后的同康运用现代营销理念,聘请相关人才进行产品的推广,让同康产品走得更远,国外的客商源源不断。

为了让同康获得进一步的发展,公司还在台州滨海工业园区选址,将打造出一家一流的现代化酒类生产企业。同康酱酒酿造技艺入选了台州非物质文化遗产名录,这一老技艺插上科技的翅膀,有了广阔的展翅翱翔的天空。

地址:浙江省台州市椒江区东门路 167—1 号

万昌酱园②

浙江万昌酱园酒业有限公司的前身是"万昌酱园",创建于清光绪二十一年(1895 年),创始人是温岭泽国镇富商阮尚质和阮尚傅。阮氏兄弟经营着泽国酱酒业、运输业、食品业、药业、金融业,是当时远近闻名的大富豪。

在温岭,黄酒在人们的生活中占有特别重要的位置,这主要源于渔民一辈

---

① 《周卫平:闯出百年同康发展新》,中国台州网,http://www. taizhou. com. cn/tzrw/2010—03/02/content_219460. html

② 主要参考资料来源:1. 《最后的老字号(三):万昌酱园》,台州数字报,2009 - 7 - 29,http://paper. taizhou. com. cn/tzsb/html/2009—07/29/content_217466. html;2. 《让老字号重放光彩》,台州数字报,2009 - 9 - 25,http://paper. taizhou. com. cn/tzrb/html/2009—09/25/content_228807. html

子都离不开酒,渔船出海,渔民都要带上一坛坛黄酒,每次渔船归来,家人首先就要准备好黄酒。

万昌酱园业主与国民党高层人物私交非常好,曾积极捐资支援北伐,1922年8月27日,大总统孙中山亲笔题写了"劳绩卓著"四字匾额,以颂扬阮万昌酱园的业绩。匾额木制红底黄字,右边楷体直书"中华民国十一年八月廿七日",中间从右至左横书"劳绩卓著"四个大字,左边落款"孙文"两字,并有印鉴。① 匾额原由泽国酒厂保存,遗憾的是,在20世纪70年代初被当作"四旧"烧掉了,只有一张匾额照片还保存在浙江万昌酱园酒业有限公司。

据酿酒师傅回忆,当时购买泽国老酒非常不容易,打款之后一个月才能排上队,厂里的酒还没有卖出去,钱就已经收回来了。熟人要买酒都要厂长写条子。那时泽国酒厂的老酒算是奢侈品,连酿酒师也要凭着酒票买酒喝。

1950年,温岭县人民政府代管阮万昌商号。1951年,万昌改名为公营台州酿造厂。1953年改名为泽国酒厂,成为温岭市首家国营工业企业。到1981年,泽国酒厂建成了年产万吨的黄酒车间,从投料发酵至压榨出酒,实行机械化生产,并利用黄酒设备生产啤酒,该厂"黄啤合一"的新工艺在省内外进行了推广。②

企业和其产品都曾多次获得各种奖项。1986年,醇香蜜酒荣获省优秀"四新"新产品奖;1987年在首届中国黄酒节上,"月桂牌"系列产品荣获二等奖;1988年,16度调料黄酒系列获台州地区"四新"产品一等奖;1992年,多种产品获得浙江省首届食品博览会铜奖;"月桂牌"商标荣获省、市知名商标;企业多次被评为省、地、市先进集体和文明工厂;2000年,企业被台州市人民政府评为"台州市诚信企业";2002年,被台州市人民政府评为"台州市百家诚信企业"。

泽国酒厂在发展中由于管理不善,黄啤合一失败,出售了部分设备,停产了啤酒,开始陷入低谷。2000年,企业进行了改制。2001年3月,由酒厂职工自愿组合,公开招标,成立了温岭市泽国酒业有限公司。由于股东内部发生矛盾,一个月后又进行了第二次公开招标,"上海光乐酿造有限公司"的马齐娥中标。2003年9月,泽国酒厂更名为"浙江万昌酱园酒业有限公司",马齐娥任董事长。

为了让酒厂起死回生,马齐娥做了很多工作。首先解决了用人问题,回聘部分技术骨干,恢复生产秩序。接下来又在销售方面下工夫,由于收购前泽国酒厂已经停产两年,周边诸多的产品已经抢占了温岭市场,马齐娥一上任就四

① 《泽国发现孙中山题词匾额存照》,温岭新闻网,http://wlnews.zjol.com.cn/wlrb/system/2008/12/09/010796221.shtml

② 《最后的老字号(三):万昌酱园》,台州数字报,2009-7-29,http://paper.taizhou.com.cn/tzsb/html/2009—07/29/content_217466.html

面出击,分别将公司新产品直送到泽国、箬横、温西等地批发,甚至直送到部分农村小店代销。当时,周边很多酒都打着"泽国老酒"的旗号,万昌开展了轰轰烈烈的维权行动,通过多种途径让客户认准"浙江万昌酱园酒业"和"月桂"牌商标,以维护老字号积累下来的信誉。马齐娥还引进了很多高级技术人才,实施科学管理,投资进行技术和设备改造更新,还恢复了传统工艺。

万昌酱园酒业有限公司主要产品有黄酒、白酒,酿造食醋、纯净水等,优质无公害大米、绿色基地的新小麦、雁荡山余脉深层地下水等原材料都是产品品质的保证,再加上传统与现代工艺的珠联璧合,产品有很高的知名度,畅销多个省市。

2004年,企业被台州市人民政府认定为"农业龙头企业";同年,企业通过省农业厅认定的"无公害农产品"产地认定证书;2006年,荣获温岭市著名商标和台州市知名商标;2006年之后,"月桂"牌黄酒、白酒多次荣获浙江省农博会金奖;2007年,被认定为绿色食品A级产品。公司以"质量、诚信、服务"为经营理念,以"团结、求实、创新"为企业精神,这家位于历史悠久、闻名遐迩的江南水乡商贸重镇——温岭市泽国镇的百年老字号终于重放异彩。

地址:浙江省台州市温岭市泽国镇长虹路6号

华 顶山云雾茶①

华顶山是天台山的主峰,也是最高峰,从峰顶俯瞰群山,好像层层莲花瓣包在周围,华(花)顶正是由此得名。华顶山的云雾茶极负盛名,这和它的生长环境密不可分,古诗"三伏暑天如寒秋,四季云雾泛浪头"很好地概括了这里的环境特征。云雾茶大都种植在海拔八九百米的高山上,这里夏凉冬寒,四季都有浓雾,终年湿润,独特的环境造就了云雾茶独特的品质。

根据《天台山志》的记载,"葛玄植茶之圃已上华顶山",葛玄是东汉末年有名的道士,由此可见,东汉时期,华顶山已经开始种植茶树了。现在,华顶山归云洞口还留下八株被称为"茶祖"的茶树,经中国国际茶文化研究会会长王家杨亲邀资深茶叶专家上华顶山实地考察认证,确认为1700多年前葛玄手植之茶,

---

① 主要参考资料来源:《最后的老字号(五):华顶山云雾茶》,台州数字报,2009-8-19,http://paper.taizhou.com.cn/tzsb/html/2009—08/19/content_221499.html

并留下了著名的"葛仙茗圃"题词。①

　　到了隋唐时期,华顶山云雾茶名气越来越大。日本天台宗高僧圆珍(874—891)在《行历抄》中说华顶"云雾茶园遍地皆有"。唐代,"茶圣"陆羽曾不畏艰险,上华顶山考察天台山云雾茶。曾到天台山取经学茶的日本僧人荣西后来成为了日本的茶圣。由于天台山是中国的道教名山,道教又把茶作为养生的仙药,所以华顶山名茶又和宗教有着密切的联系。陈隋之际,智者大师创佛教天台宗,深知天台华顶山云雾茶对人有清心提神、解毒除热作用,于是倡导饮茶参禅,"茶禅一味",遂使天台山名茶又从仙茗演变成佛茶。②

　　最初的华顶山云雾茶都由山上寺庙的僧人采摘、制作,除了方丈自己享用以及供给一些特权阶层以外,只有少量出售,普通老百姓很难享受到这世间珍品。因此,过去的华顶山云雾茶即使有很高的声誉,也难有真正的市场影响。③这个时候的华顶山云雾茶多少有点"养在深闺人未识"的味道,和普通人几乎没有什么关系。

　　解放后,由政府控制华顶山云雾茶的生产和销售,天台供销社负责统购统销,天台县北山供销社直接经营。天台县北山供销社的前身是成立于1951年的天台集云供销社,其主要购销的就是华顶山云雾茶。1952年开始,由天台县北山供销社负责云雾茶统购统销,这时华顶山云雾茶字号才正式推出,开设了专营店进行销售。随着华顶山云雾茶的名气越来越大,社会对其的需求也在不断增加。20世纪70年代,根据农业厅的标准,华顶山云雾茶进行了分级。华顶山云雾茶曾获得权威部门颁发的优质茶证书,这也是对其产品的权威肯定。

　　20世纪90年代以后,华顶山云雾茶的需求量持续增加,北山供销社的产量已经远远不能满足需求,于是,北山供销社开办了茶厂,负责茶叶收购和加工,扩大了产量。1992年和1994年,北山供销社先后注册了"华顶"和"华顶山云雾"的商标,加强对产品的保护。

　　2000年,北山供销社改制成股份制企业,华顶山云雾茶的产销都得到完善,名茶进入了高速发展期。2002年,企业制定了华顶山云雾茶的标准。目前的华顶山云雾茶,根据制作工艺、原料、出产茶园以及出产日期的不同,分

---

　　①《天台山与古茶道》,原载《人民日报》海外版,转引自人民网,http://www.people.com.cn/GB/paper39/670/77838.html

　　②《天台山与古茶道》,原载人民日报海外版,转引自人民网,http://www.people.com.cn/GB/paper39/670/77838.html

　　③《最后的老字号(五):华顶山云雾茶》,台州数字报,2009-8-19,http://paper.taizhou.com.cn/tzsb/html/2009—08/19/content_221499.html

多个不同级别。① 华顶山云雾茶销售的范围也在不断扩大,逐渐走入了寻常百姓家。现代化的经营和管理方式也会让历史悠久的名茶产生更大的经济和社会效益。

历朝历代曾有不少人称颂过华顶山云雾茶。李白:"龙楼凤阙不肯住,飞腾欲往天台去";茶学家俞寿康:"盛名远扬惜量少,香馨味爽碧翠芽。但愿天台遍良种,可得众尝芳露茶";齐中钦实地考察后于1944年著成《峭茜试茶录》一书,将"芳味如兰,超越群众"的华顶茶划分为十二品第,"辨其品质,第其高下",并逐一"冠以产地,赐以嘉加",以诗两句赞美之。如"华顶云艘",产于华顶绝顶,仅二三本;还有"万善报春"、"妙峰滴翠"、"彩云片羽"、"弥陀珠蘖",被称为华顶山"四大金刚";再有"昙华献瑞"、"平田麦颗"、"双溪鳞甲"、"柏坪凤抓"、"青顶云旗"等更是茶中之精品,产于石梁飞瀑源头平地、香柏坪以及双溪等地。② 深入挖掘名茶的这些文化基因,加以开发和传播,这是当前华顶山云雾茶品牌塑造最应该关注的问题。

地址:浙江省台州市天台县赤城路 505 路

---

① 《最后的老字号(五):华顶山云雾茶》,台州数字报,2009 - 8 - 19,http://paper. taizhou. com. cn/tzsb/html/2009—08/19/content_221499.html

② 天台县北山供销合作社(华顶山云雾茶),"中华老字号"网站,http://www. zcom. gov. cn/zhlzh/zjszhlzh/fspl/T239926.html

医药

方一仁①

　　方一仁创建于清道光九年(1829年)，创始人是方庆禄。方一仁是台州医药业闻名遐迩的老字号，其历史非常悠久，比杭州的胡庆余堂还早45年。

　　方庆禄是四明慈北鸣鹤场人，清嘉庆十一年(1806年)，跟随父兄来到临海章安，创办了"方万盛"药店。之后，道光元年(1821)和九年(1829)，他又先后在临海城关回龙桥(今街心公园一带)开办"遂生源"药栈和"方一仁"药号。② 清嘉庆年间，方家在台州先后创办了14家药号，以临海的方一仁最为出名，方一仁逐渐发展成为当地药号之首。

　　严格的用人和管理，精制地道而又药材齐全是方一仁成功的法宝。

　　方一仁管理层设置较细，分工明确，各司其职，不惜重金聘请主要的管理者。加工药材的师傅也根据技术分为不同的等级，最高的"头刀"负总责。学徒期有几年的时间，除了承担较为繁重的杂事外，还要努力学习认药和背药书，学徒期满之后，要经过多项学习，在具备药师资格后才能配药。民国27年(1938)，"方一仁"药工蔡和生赴南洋博览会参赛，现场切削一只重1千克的茯苓，结果，切出300多片，片薄如纸，无一破损，摊开如扇形，合拢成原状，荣获银质盾牌奖，从而提高了"方一仁"在海内外的知名度。③

　　方一仁有自己的药田和晒药场，还自养了梅花鹿，为产品提供原材料，每逢

---

① 主要参考资料来源：《方一仁 仁济一方》，临海新闻网，http://lhnews.zjol.com.cn/lhnews/system/2009/11/13/011574669.shtml

② 《方一仁中药博物馆近日开馆》，台州市文化广电新闻出版局网站，http://www.tzwh.gov.cn/Show.asp? Sid＝1194

③ 《台州本草与方一仁中医药博物馆》，临海文化遗产网，http://www.lhww.gov.cn/info.asp? id＝1400

宰杀的时候,都要张榜鸣锣,吸引很多人观看。方一仁对制药原料的选择精益求精,比如百补全鹿丸选用北方刚成熟的健壮梅花细鹿,煎阿胶的驴皮选择山东优质干驴皮,做药的烧酒是 65 度纯正高粱烧,等等,再加上精湛的制作技艺,产品极受百姓信任。方一仁药材的品种也非常齐全,自制的就多达数百种,各类药品和保健品可谓一应俱全。方氏杜煎驴皮胶、百补全鹿丸、百益长春酒、龟鹿二仙胶是方一仁最有名的四种传统药,另外还有补药和凉茶等,有些至今仍然非常受欢迎。

现在有关方一仁的很多故事,都还深深印在曾在那里工作过的人心里。据毛永隆药店老板的儿子毛连桂回忆,方一仁药店有这样的规定,顾客拿来医生的配方之后,配方员并不是马上就配药,而是先根据患者的症状进行再次核实,方才配药。配药的时候,各种药依次摆放好,既美观又便于校对。配好药之后还有校对人员再次核实,准确无误后再盖章包装。顾客来拿药的时候,配方员还要不厌其烦地再次核对信息。有一次,两位顾客名字是一样的,配方员一时大意,只问了对方的姓名,结果两个人都拿错了。第一个拿错的回家看到医生名字不对,就跑回来更换,但第二个人已经把药拿走了。药店马上想办法联系第二个人,派人连夜赶去换。这个人住得比较远,当时交通不便,只能步行过去。毛连桂陪同第一位顾客一起前往,下午三四点出发,到晚上九点多才回来。回来的时候,城门关闭了,他们只好找了一处矮墙爬进去。方一仁及时负责地处理问题,赢得了良好的口碑。方一仁对店里的员工还制定了很多细致而严格的规矩,比如柜台和上面的东西必须干净整洁,放药材的抽屉打开后及时关闭,即使没有人,配方员也不能坐下休息,方便及时迎接顾客,等等。这些细致而周到的服务让百姓更加信赖方一仁。方一仁还曾实行了"送药下乡"制度,把一些常用的药品送到交通不便的地方,送药的过程完全凭借肩挑手提。

据 30 多岁就进方一仁药店当配方员的沈国斌老先生回忆,当年方一仁购进药材之后,最好的都放在门市部零售,确保药材的品质。每月初一和十五还有药酒的优惠回馈,总能吸引很多顾客。药店每天的配方单数量都非常多,对于远道而来的或者急用的顾客,药店会给予一定的方便。已经退休 30 多年的沈国斌老先生还讲过这样一个故事:2007 年的一天,他在工行存钱,过来一位老先生,问他原来是不是在方一仁工作。沈老非常疑惑地点点头。那位老先生不停地表示感谢,说当年自己的孙子出了很严重的水痘,都是沈老先生提前配好药,才救了自己的孙子。沈国斌没有想到,自己一个小小的举动,居然被牢记了这么多年。

自方庆禄始,第五代方家后人中,除了方德维继续在方一仁药店工作,其他人都另外谋生,至今第六、七代儿孙中,无一从事医药行业。[1]

到新中国成立初期,方一仁的规模仍然比较大。1956年全行业公私合营时,统一合称"城关公私合营'方一仁'国药店"。1994年1月,企业改制为"浙江省临海医药有限公司"。[2] 现在的方一仁是浙江省临海医药有限公司下属的药店。

方一仁中医药博物馆

方一仁中医药博物馆位于紫阳街385号,采用的是典型的明清时期中药店铺的格局。这里陈列着方一仁药号曾经使用过的各种器具、曾经悬挂的牌匾,还有大量的中药标本,从中不仅可以充分了解方一仁的发展历程,还能了解很多和中医药相关的知识。博物馆还以非常生动的方式——硅胶制作人像,复原了当年的场景:药铺的掌柜和伙计正忙着抓药、核算药方;而在大厅的正中间,"台州本草"牌匾的下方,一位慈眉善目的清朝名医正坐等病人问诊。[3] 遥远的历史一下子清晰地呈现在眼前,博物馆不仅是记录和展示,更能起到传承和发扬的作用。

地址:浙江省台州临海市赤城路55号

阜大药号创建于1929年,最初是阜大参号,创始人是金禹言。

金禹言是浙江温岭城关人,1897年生于从医之家。1929年,30出头的金禹言选址台州海门杨府庙旁,于四月二十八日古历的药皇祖师寿日开设了阜大参号。店名"阜大"两个字源于上海"阜昌"参行的"阜"字和"大昌"洋行的"大",有土产盛、物之大的含义,也有和上海阜昌比肩的意思。

---

①《方一仁 仁济一方》,临海新闻网,http://lhnews. zjol. com. cn/lhnews/system/2009/11/13/011574669. shtml

②《方一仁中药博物馆近日开馆》,台州市文化广电新闻出版局网站,http://www. tzwh. gov. cn/Show. asp? Sid=1194

③《方一仁的中医馆 比胡庆余堂还早45年》,新华网,http://www. zj. xinhuanet. com/df/2009—11/02/content_18112086. html

④ 主要参考资料来源:1.《阜大药号的历史》,阜大医药零售有限公司网站,http://www. chinatzyy. com/Medicine/static/do3/3_about. html;2.《最后的老字号(二):阜大》,中国台州网,http://www. taizhou. com. cn/a/20090722/content_118662. html

由于经营有方,开业第二年,阜大就扩大了业务,名称也改为阜大参药号,店址在海门西新街 7 号,设有批发和门市,是当时台州药号中最大的一家。

1937 年,阜大被日军烧毁,药店迁到了路桥石曲,1941 年阜大另外开设的药店也并入了路桥店,路桥的阜大一直开到解放后。抗战胜利后,阜大接收了"太乙堂"药店,在太乙堂所在的大关前营业,1950 年搬迁新址。

阜大创办之初,创始人金禹言就要求店员对待顾客一视同仁,店内的药品也是统一标价,货真价实。阜大不仅在百姓中享有盛誉,在药商那里也是如此,只要提到阜大或者金禹言,药商在价格上都会给予很大的优惠。

阜大注重原材料的选择,这也是阜大药品赢得信赖的基础。阜大曾自己养鹿制作全鹿丸,还当众宰杀,当场制作。1943 年的时候,阜大花费巨资购买了一批羚羊角,在外的金禹言回来后发现这是一批伪货,于是运到当地商会,当众全部烧毁。这一举动在当时影响极大,为阜大赢得了非常高的赞誉。当时有很多人远道而来,购买让他们放心的补药。

阜大参号 80 年历史中,经历了海门国药商店、海门中新药商店、椒江区医药公司、台州医药有限公司等多次变迁,到现在已历经六代传人。① 2002 年 2 月 18 日,台州医药有限公司挂牌成立。阜大药号在台州已经有几家门店,现在还在继续扩大中。阜大药号继承和发扬着老字号药店的优良传统,以品种全、质量优、服务好树立了良好的形象,先后获得文明示范药店、消费者信得过单位、台州市诚信示范药店等称号。

地址:浙江省台州市椒江区中山东路 306 号

方 同 仁②

方同仁创建于清咸丰十一年(1861 年),创始人是慈溪人方庆禄。

1861 年,以国药发家的方庆禄让三子方钟到温岭县创办药店,药店选址县城中心继光路闹市区,店名为"方同仁"。

清咸丰十三年(1863 年),方庆禄派次子方铭担任方同仁的第一任经理。方

① 《最后的老字号(二):阜大》,中国台州网,http://www.taizhou.com.cn/a/20090722/content_118662.html

② 主要参考资料来源:浙江温岭医药药材有限公司方同仁药店,http://tp.tzvnet.com/sjxfz/info.jsp?id=159

铭擅长经营管理,药店在他的手中获得了快速发展。清咸丰二十二年(1872年),方庆禄委任伙计翁少峰为首任客司经理。翁少峰上任以后,让店铺内外兼修,严格管理制度,严选地道药材,炮制工序一丝不苟,诚信待客,药店生意越来越好。方同仁自制的驴皮胶、龟鹿二仙胶、百补全鹿丸、十全大补丸等都远近闻名,伏季供应的大补药更是经久不衰。

清光绪七年(1881年),方铭次子方廷英拜翁少峰为师,四年后翁少峰去世,方廷英接任经理。才学过人的他胸怀大志,从医术和经营管理两方面入手,让祖业在自己手中获得了迅猛的发展。清光绪二十年(1894年),方廷英在海门葭芝开办了"方泰来"。清宣统三年(1911年),他又在章安创办了"方亦仁"。之后,他还接管了伯父、叔父开设的"方一仁"和"遂生源"。方家药业在此时达到了鼎盛,不仅成为台州地区国药业中心,还左右着周围的中药业。

1941年,方同仁遭到日军轰炸,损失惨重。之后,方廷英扩建了店面,规模更大,包括店堂、库房、胶房和灶房等部分。扩建竣工的时候,正逢冯玉祥将军的副官回乡探亲,方廷英拜托他请冯玉祥题写牌匾,冯玉祥欣然应允,不仅题写了店名,还落款署名。

1956年,方同仁公私合营,之后成为国营企业,更名为医药公司城关商店,到1988年才又恢复原名,经营中药饮片、中成药、保健药品、医疗器械、化学试剂、玻璃仪器等六大类。恢复原名的方同仁也恢复了祖上制作补药的传统,还提高了补药的档次。现在的方同仁仍然以中药为主,但西药也占据了很大的比例。方同仁还设有老中医坐诊。

百余年来,方同仁药店始终坚持质量第一、信誉至上、品种齐全、优质服务的宗旨,不断发展壮大。自1988年以来,连续被评为浙江省、台州市、温岭市消费者信得过单位、物价计量信得过单位等各类荣誉称号。

地址:浙江省台州温岭市太平镇人民中路26号

浙江老字号

宁波

　　宁波取自"海定则波宁",简称"甬",号称"书藏古今,港通天下",是具有 7000 多年文明史的"河姆渡文化"发祥地。唐代,宁波就成为"海上丝绸之路"的起点之一,与扬州、广州并称为中国三大对外贸易港口;宋时又与广州、泉州被列为对外贸易三大港口重镇;鸦片战争后被辟为"五大通商口岸"之一。宁波文人荟萃,曾出现了以四明学派、阳明学派、浙东学派为代表的一大批文化名人。宁波的藏书文化深厚,曾出现过很多大规模的藏书名楼,天一阁是国内现存最古老的藏书楼。宁波的四大名片:宁波港、宁波景、宁波帮、宁波装,遍及海内外的"宁波帮"历久不衰。宁波拥有世界最早的稻谷、中国最早的电灯泡、世界最长的跨海大桥等很多"之最"。

服务业

楼 茂 记

楼茂记创建于清乾隆八年（1743 年），是宁波现存字号中最老的一家。无论是同业中知名的张信茂、蔡春号、信和园、大茂、味华，还是各行各业驰名的"四大家"，如：药材业的冯存仁、寿全斋、香山堂、德心堂；南北货的方怡和、董生阳、大同、老同和；水产海味业的方悦来、邹太和、老同元、孙和记等，楼茂记都比它们早了百年以上。

楼茂记最初的名字是"楼恒盛茂记酱园"，主要经营酱菜、酱油、醋、香干、鲜麸、黄酒等，其中尤以香干最为出名。

关于楼茂记的起源，有这样一个故事[1]，现以连环画的形式绘制在楼茂记官方网站上：

康熙年间，奉化的一对楼氏小夫妻来宁波，他们走走看看，想找个落脚点谋生。三天后，在江对岸的百丈街口，他们选了一处地方住下来。小两口商量着做什么营生，他们决定从小生意做起。妻子想了想说：摆豆芽摊！我会孵豆芽，城里也好卖，小本生意不行调头也快。楼氏夫妻待人和善，又善经营，豆芽生意不久就红火起来。夫妇俩在做豆芽生意的基础上，开了个豆腐作坊，兼做豆腐、素鸡、香干、鲜麸等。几年后，收益化作积累，积累又作投资，作坊的规模越来越大。

乾隆七年（1742 年），夫妇俩领了准卖官盐的烙牌，"楼恒盛茂记酱园"隆重开张了。

那年寒冬的一天，楼氏夫妇打烊后正吃晚饭，忽然店门"吱"的一声开了。

---

① 参考资料来源：楼茂记网站，http://www.lmj.com.cn/lishi.asp

出去一看,原来是门外沿街露宿的老人不小心把门撞开了。楼氏夫妇见老人衣着单薄、面有饥色,就把他让进屋里,又添了副碗筷。饭后,热心肠的楼氏夫妇还给老人搭了个床铺,让他留宿。原来老人家在温州海呑,唯一的儿子被强拉充军,老妻又卧病在床,只能流落四处寻找儿子。听说儿子在镇海,老人就赶了过来。但找了半年没找到,盘缠也已经花光,只能乞讨为生。老人要回乡照顾老妻,楼氏夫妇便拿了两块银元给他作盘缠,又包了干粮给他路上充饥。楼老板把老人送出店门并对他说:假如在温州生活不下去,就来找他。第二年,老人果然又来到楼茂记。原来他一直没有找到儿子,妻子也离开了人世,只能投奔而来。几年后,老人患病卧床,楼氏夫妇尽心服侍,使老人十分感动。老人临终前对楼氏夫妇说:我这儿有祖传的制香干的秘方,给你们。根据秘方,楼茂记果然做出了色香味俱全的香干,深受顾客的喜爱。楼茂记香干从此闻名遐迩。

楼茂记的香干选料严格,精工细做。制作前,先精挑细选黄豆,然后把黄豆放入清水中,季节不同,放置的时间也不同。之后除去豆渣、打浆、成型、过压,每一道工序都尽心尽力,绝不偷工减料。然后进行烤制,要经过两次煮沸,出锅后刷麻油,方才制成成品。

香干是过去人们婚丧嫁娶置办酒席的必备品,烹调方式多种多样。香干谐音"相干",有互相依靠,凡事顺利的意思,这样的寓意也是楼茂记非常看重的。宁波有句老话"勿吃楼茂记香干,生活做煞唔相干",意思是做最苦最累的事情,楼茂记的香干也是一定要吃的,否则就失去了生活的意义。从这句老话中足见楼茂记香干的影响力。楼茂记香干的成功也带动了其他产品的制作和销售,无论是酱醋,还是各种酱菜,都非常受欢迎。

楼茂记酱园的生意主要有两类,为"总行"和"门庄",相当于现在的批发和零售。总行价格比较优惠,折扣大,货款分端午、中秋、年关三节结算。后来由于资金短缺,周转困难,楼茂记一度只做零售。凭借着坐落在码头边的地理优势和优质服务,楼茂记的生意日渐红火起来。

楼茂记为买主提供了便利,考虑到很多进城采办货物的人时间非常紧,楼茂记特制了一种牌子,上面写着购买的品种和数量,买主只要把牌子给伙计,伙计很快就能把货物装上船,这个牌子同时还是结账的凭证。

关于楼茂记著名的香干,还有这样一个故事①:据说楼茂记最初制作的香干并不是非常好,后来由于竞争对手方怡和才变得越来越好。当时宁波南货四大家中方怡和的香干质量最好,也最受欢迎。方怡和还批发给小贩沿街叫

---

① 参考资料来源:楼茂记酱园,宁波江东史志网,http://www.jdfz.org.cn/view.aspx?id=379&catid=35

卖,进一步扩大了自己的声誉。但是方怡和每天制作的香干并不多,很快就卖完了。一天,楼茂记来了一位大主顾,想要购买香干,尝过之后却转头就走。问及原因,他说香干不及方怡和。这件事极大地触动了店主,他知道香干不仅本身可以获利,更能够带动其他产品的销售,所以就苦下工夫提高香干的质量,精选原料,聘请技师,精工细作,终于做出了和方怡和一样好的香干来。之后得知方怡和烤制香干的酱油是低档酱油,于是自己专门选用高档酱油,楼茂记的香干超越了方怡和。品质提高后,销路自然打开了。楼茂记还采用了非常有效的宣传方式,以优惠的价格把香干批发给小贩,让他们在各处叫卖,通过这种方式,楼茂记香干很快就家喻户晓了。楼茂记的零售营业额,在宁波各酱园中一直处于领先地位。而且被认为有三个"最",即:历史最久,制法最精,滋味最佳。[①]

1956年,楼茂记公私合营,名称改为楼茂记酱品商店,主营类别不变,还兼营土特产。1988年,楼茂记由宁波江东蔬菜食品股份有限公司接手。1998年,楼茂记改制为宁波市楼茂记食品有限公司。1999年,楼茂记系列产品隆重上市,得到了市场的认可和欢迎,还被评定为宁波市消费者协会推荐产品。楼茂记还被确定为省、市旅游商品定点生产企业,楼茂记的香干则是旅游推荐商品。楼茂记的产品类别越来越丰富,成功打入一些大卖场,还充分利用互联网这个新的经营平台,同时在终端进行深度分销以及加盟店连锁经营等,用发展的思维经营老字号,让楼茂记在经营模式、产品延伸和对消费者的服务上不断完善。

值得一提的是,江东蔬菜(现在已经更名为宁波市绿顺集团股份有限公司)旗下已拥有"楼茂记"、"金钟"、"佐餐王"三大酱油酿造品牌,形成了名副其实的地产酱油联盟。[②] 而佐餐王正是由楼茂记在鼎盛时期开设的分店"楼恒昌"发展而来的,强强联合也势必带来更好的发展前景。

楼茂记不仅注重商业经营,还很关心地方公益事业。作为子孙代代相传的基业,楼茂记对楼氏族内有困难者,给予上学、医药、生活等方面的帮助。后来又赞助了江东地区和平小学、四眼契小学,大步小学、新河小学等四所学校。楼茂记还支援了修路和消防等公益事业。1946年,楼茂记更是独立创办大中中学(七中前身),这在旧工商业者中是非常值得称道的。

地址:浙江省宁波市江东区周宿渡路12号

---

① 《楼茂记酱园》,宁波江东史志网,http://www.jdfz.org.cn/view.aspx? id=379&catid=35
② 《"楼茂记""金钟"兄弟携手》,原载《宁波晚报》,转引自中国宁波网,http://www.cnnb.com.cn/gb/node2/newspaper/nbwb/2006/4/node60418/node60422/userobject7ai1288336.html

升 阳 泰

升阳泰创始于清咸丰元年(1851年),原名升阳泰南货铺,创始人是宁波知府华少湖。

升阳泰早年是前店后场形式,主要经营南北果品和现做现卖的宁式糕点,按质论价,货真价实,与大同、大有、董生阳并称为南货经营四大家,在百姓中有着很好的口碑,在商界也享有盛誉。

升阳泰的创建还有这样一个背景:鸦片战争后,宁波被列为通商口岸,大量洋货涌入,一些富有民族精神的人开设了商铺和作坊,以和列强抗衡,这其中就有升阳泰。

解放前夕,该店由王瑞祥掌管,于1949年停业;1950年由葛来潮在原址又以"升阳泰"招牌恢复营业;1956年实行公私合营;1958年改名为"鼓楼食品商店"。在"文革"期间受到冲击,升阳泰曾一度被改名为"大众食品商店"。1987年在原址兴建了6层大楼,总面积3500平方米,定名"宁波升阳泰商场",有职工200余人。[①] 新建的升阳泰成为宁波首家大型自选商场,尽管购物环境和设施现代化了,但老店的传统和经营特色仍然不变。1992年,升阳泰再次扩建装修,发展成为大型综合性商场,作为传统特色的副食品经营得到了进一步的丰富和发展。

随着很多超市、大卖场进驻宁波,以经营传统糕点为主的升阳泰也曾受到很大的冲击。当时升阳泰在宁波成为全国优秀旅游城市的大背景下,果断地把大众化的商场转型为宁波土特专营店,并更名为"升阳泰宁波特产商场",使企业得以成功转型。[②] 转型后的升阳泰专门经营宁波特色食品和旅游纪念品,这里有宁波人喜爱的各种山珍海味和点心,也有具有代表性的工艺品,甚至浙江省其他地方的知名土特产也都有。来宁波想要购买当地特产的人,只要到升阳泰就可以一次性买齐。升阳泰被定为"旅游定点接待单位"。如今的升阳泰已经

---

① 《南货名店——宁波升阳泰商场》,中华商业信息网,知识库,http://www.cncic.org/wiki/index.php/%E5%8D%97%E8%B4%A7%E5%90%8D%E5%BA%97%E2%80%94%E2%80%94%E5%AE%81%E6%B3%A2%E5%8D%87%E9%98%B3%E6%B3%B0%E5%95%86%E5%9C%BA

② 《宁波楼茂记升阳泰入选"中华老字号"》,中国宁波网,http://news.cnnb.com.cn/system/2006/10/01/005187652.shtml

成为外地客人买宁波货、宁波人选购特产送外地客人的首选场所。[①]

升阳泰还充分挖掘自己的传统优势,在2001年创建了升阳泰旅游食品厂,恢复现做现卖宁式糕点的传统。如今升阳泰旅游食品厂的产品有宁式传统糕点系列、"泰"字宁式糕团系列、绿色植物农家系列、干海鲜系列、宁式月饼系列、蛋糕系列近200种产品,其中宁式豆酥糖、相思糕等被评为宁波市旅游推荐商品,食品厂还被指定为"宁波市旅游商品定点生产企业"。

升阳泰的含义、商标与品牌

升阳泰意为:日升三阳而开泰,倒过来就是太阳升,意喻为升阳泰如日东升,永远兴旺;如五岳之最,稳如泰山。

升阳泰商标设计方案以"泰"字为设计元素,采用汉代印章的造型,显得严谨而又古朴,同时将升阳泰的特征巧妙地融入到"泰"字中:"人"字表示升阳泰的地理位置——镇明路与中山路交叉路口,也表明了企业"以人为本"的经营理念,"1851"表明了升阳泰的创建年份,整个标志对称、饱满,便于识别。

百年名店、传统经典、宁波特产、现代时尚——这是升阳泰品牌所坚持的四大目标与原则,遵守这四大目标与原则,带有浓厚的宁波传统商业文化意蕴,同时又与现代商业文化相融的升阳泰将如其名称的含义一样,永远兴旺。

老太临终献宝[②]

升阳泰在竞争非常激烈的市场中能够生存和发展的重要法宝就是坚持传统特色,严格按照百年传统配方生产糕点,这一配方就是秘诀,就是优势。关于这一百年秘方,还有一段老太临终献宝的佳话。

2002年,升阳泰员工去探望升阳泰最后一任私营业主葛来潮的遗孀,99岁高龄卧病在床的夏和凤老人。老人非常关心升阳泰的发展现状,当听说升阳泰正在寻找传统宁式糕点的原始配方,以便生产出更加地道的产品,老人马上拿出裹得严实的一包东西,原来里面正是祖传的糕点配方。老人把这些配方无偿送给了升阳泰。根据这些传统配方,升阳泰制作出了状元糕、平安糕、财神糕、吉祥糕等传统糕点,这些带有吉祥寓意的糕点推出后,马上就受到了市场的认可。

地址:浙江省宁波市海曙区中山西路57号

---

① 《百年老字号升阳泰续写辉煌》,原载《东南商报》,转引自中国宁波网,http://www.cnnb.com.cn/gb/node2/newspaper/dnsb/2006/8/node66120/node66125/userobject7ai1312542.html

② 主要参考资料来源:《百年老字号升阳泰续写辉煌》,原载《东南商报》,转引自中国宁波网,http://www.cnnb.com.cn/gb/node2/newspaper/dnsb/2006/8/node66120/node66125/userobject7ai1312542.html

据宁波市志记载：正章前身是创办于 1760 年（清乾隆二十五年）的洪茂染坊，1949 年 9 月染坊毁于国民党飞机轰炸，20 世纪 60 年代初与正章、公一洗染店合并，延用正章店名。开设于江厦街。1972 年迁于中山东路，曾名虹霓洗染店。1987 年，复名正章，经装修有营业场地 1200 平方米，配备全自动干洗机，另在日新街辟 1400 平方米工场，采用半机械化加工染色。1990 年有职工 33 人，营业总额 57 万元。2003 年正章转制，成立宁波正章洗涤有限公司。①

在发展历程中，正章曾创造了宁波洗涤业很多的辉煌：第一家专业经营服装干洗及护理；第一家引进国外洗涤设备；第一家开连锁店；并与宁波著名品牌培罗成、博洋、双鼠、达俊、夏蒙、过路人、庄吉等携手，名品名店，相映成辉。② 正章是中国商联会洗涤委员会成员单位，是宁波市洗涤协会会长单位，还获得了"消费者信得过单位"称号，也是宁波市民卡的合作单位。

正章历史悠久，设备先进，服务项目齐全，有干洗、水洗、整烫、皮衣上光保养、染色、织补、宾馆布草洗涤等多种项目。正章洗涤是目前宁波洗涤行业中经营项目最全的洗涤公司，同时公司又是连锁店最多、洗涤业务量最大的一家大型专业洗涤企业。③

目前，正章洗涤的业务量非常大，采用工厂集中洗涤加工，各连锁店统一收送的先进管理模式，④这种模式在全国洗衣业中都是非常领先的模式，能够提高洗涤质量和效率。

正章是第一批"浙江老字号"中唯一的一家洗涤企业，在硬件和软件的双重保障下，企业正在进入一个新的发展时期。

地址：浙江省宁波市董山中路 599 号

① 宁波正章洗涤有限公司网站，http://chinazhengzhang.com/index.asp
② 宁波正章洗涤，http://ningbo.aibang.com/detail/443198715—444035519
③ 宁波正章洗涤有限公司网站，http://chinazhengzhang.com/about.asp
④ 宁波正章洗涤有限公司网站，http://chinazhengzhang.com/about.asp

食品加工

味　华

　　味华创立于 1928 年,创立之初的全称是"味华永记股份有限公司",门面招牌是"味华酱园",主要经营酱油、米醋、酱菜及大酱等,在老宁波心中有着深刻的印象。味华,即味之精华,这既是一种希冀,更是努力的方向。

　　创立之初的味华,生存状况并不十分乐观。当时,宁波市内有大小酱园 26 家,同行林立,竞争非常激烈。味华酱园地处宁波城区西侧,又在几家大酱园的包围之中,经营比较困难。它的顾客主要是来自西乡农村、市内的一些商贩和附近居民。为在竞争中求生存,味华从转变经营方式着手,变等客上门为上门拉客,派出"跑家"(即外勤推销员)到西乡推销产品,以此来提高商号的知名度,扩大商品营销的辐射面;还采用赊账、降低批发起点、招待食宿、赠送小礼品等办法,拉住老客户,招徕新顾客;组织店员车拉、肩挑,走街串巷叫卖,扩大市场占有份;采取早出晚归,买一斤添一两的措施,做活生意;讲究童叟无欺、买卖公平。这样坚持数年,"味华"发展成为宁波地区城乡皆知的著名酱园。① 当然,除了服务周到和销售措施有效外,质量好、品种全也是味华成功的重要原因。比如味华的酱油制作采用的是传统的日晒发酵法,仅日晒发酵期就长达几个月的时间,再加上其他的工艺环节,一般一年只能生产一批。但正是传统的工艺与充足的时间,才保证了产品的优质。

　　1956 年,味华酱园实行公私合营。1958 年以后,几经易名,与市内其他酱作坊、工场联合成立宁波市酱品酿造厂,后又改名为东升酱品商店、人民酿造

　　① 味中精华的宁波味华酿造厂,中华商业信息网知识库,http://www.cncic.org/wiki/index.php/％E5％91％B3％E4％B8％AD％E7％B2％BE％E5％8D％8E％E7％9A％84％E5％AE％81％E6％B3％A2％E5％91％B3％E5％8D％8E％E9％85％BF％E9％80％A0％E5％8E％82

407

浙江老字号

厂,直到 1980 年才恢复老字号,定名为宁波市味华酿造厂。[①] 1994 年与宁波酿造厂、宁波酱菜厂合并为宁波市天天调味品酿造公司。2001 年成立了宁波市味华食品有限公司。

味华公司拥有先进的技术设备,特别是味华灭菌设备,在我国酿造行业机械设备中居于领先地位,这就保证了产品的优质与安全。在食品安全格外受关注的今天,味华努力为百姓生产优质而又安全的调味食品。

2003 年 6 月公司通过国家质量监督总局对食品质量安全市场准入的"QS"认证;2004 年 4 月公司通过 HACCP、ISO9001:2000 双项体系认证,成为省内第一家通过 HACCP 认证的调味品生产企业;同年 9 月被评为宁波市首批菜篮子加工示范企业;2005 年 9 月被评为宁波市名牌产品。[②] 权威的认证和各种殊荣,既是对老味华的承袭,更是发展,有了这些因素的保驾护航,味华一定能够走得更加稳健。

地址:浙江省宁波市长丰工业园区 58 号

赵 大 有 [③]

赵大有创始于清同治年间,创始人是上虞赵氏。当时,上虞农村生活条件非常艰苦,赵氏就和同族人把一船梁湖米运到宁波,在江东后塘街杨柳道口租了店面,制作和出售年糕谋生,招牌就定为"赵大有"。结果,他们制作的年糕在宁波非常受欢迎。自此,族里人都会在每年的农历十一月至一月间,来宁波经营年糕生意。而不论谁来,都以"赵大有"做招牌。[④]

宁波人在春节的时候家家户户都有吃年糕的风俗,因为年糕谐音"年高",寓意着一年更比一年好的意思,在一年开始可以讨个好彩头。这样的风俗也使得宁波出现了很多制作糕团的作坊,作坊主既有当地人,也有周边四乡的。但自从上虞梁湖人制作的赵大有年糕成名之后,其他作坊的也就只能甘拜下风

① 味中精华的宁波味华酿造厂,中华商业信息网知识库,http://www.cncic.org/wiki/index.php/%E5%91%B3%E4%B8%AD%E7%B2%BE%E5%8D%8E%E7%9A%84%E5%AE%81%E6%B3%A2%E5%91%B3%E5%8D%8E%E9%85%BF%E9%80%A0%E5%8E%82
② 宁波市味华食品有限公司网站,http://www.china-weihua.com/food/companys.php
③ 主要参考资料来源:赵大有糕团店,http://www.wesite.net/email/2/701.html
④ 赵文海:《"赵大有"糕点的第三代传人》,宁波晚报电子版,http://daily.cnnb.com.cn/nbwb/html/2009—10/25/content_132662.html

了。这其中的原因在于,梁湖早粳米糯而韧,首先在原材料上就胜出一筹,梁湖师傅又采用优良石磨精工细做,所以制作出的年糕就格外好了。赵大有梁湖年糕坚持选料上乘,制作精细,薄利多销,并且童叟无欺,在宁波声誉极高。

虽然生意越来越好,从梁湖来宁波制作年糕的人也越来越多,但很长一段时间都没有固定的店面。这样的情形一直持续到1911年,赵文海的父亲赵培德在百丈街开出第一家"赵大有糕点店",这才开始长年经营宁式花色糕团点心。等到1923年,赵文海出生时,这家"赵大有糕点店"在宁波已经很有名气,而"赵大有"也成了品质糕点的代称。①

赵培德在百丈街开设了第一家固定的赵大有的时候,赵大有周围宁波著名的糕团店就有梁新全、王万兴、汤家雪团、夏家等,其中梁、王两家也在百丈街,赵大有创建之后,曾有梁、王、赵三家彻夜生产,高悬的汽油灯照亮了百丈街的针锋相对的局面。赵大有在竞争中胜出,其他几家后来纷纷倒闭。

之后,赵大有又争夺了当时糕团业主要的品种金团的市场,当时金团主要被大同、大有、方怡和、董生阳等四大家操纵。为了保证自己金团的质量,赵大有制定了"三不出售"和"三不卖"原则。"三不出售",即金团粉酸、漏馅不出售,花纹印不明晰的不出售,松花脱皮不出售;"三不卖",即盛器不适宜的不卖,盛器小不卖,小孩子不卖的店规。上述规定,合二为一,都是为了达到色、香、味三全。抗战前,赵大有产品已与四大家并驾齐驱,金团且已取代四大家。② 自第一家固定的赵大有之后,后来又出现了真假赵大有多家,赵培德在自己招牌上冠以"德记"。后来赵培德的弟弟赵培圆在药行街开设了赵大有,赵文海的哥哥赵信根在鼓楼开设了赵大有。解放前,大大小小20几家赵大有,店主都是上虞县梁湖甄底山今西湖乡赵家大队赵氏家族。在20来家赵大有中,顾客总是认定百丈街德记、药行街圆记、鼓楼前培记三家为最信得过的名牌老店。③ 赵大有品种不断丰富,招牌上标榜"龙凤金团,馒头水作,梁湖年糕,四时点心"16个大字,成了完整的糕团行业。④ 赵大有的产品极受市场欢迎,经常是供不应求,名气非常大。赵大有大获成功的秘诀主要有三方面:首先就是保证产品的配料和工艺,这是最为基础的;之后就是便利顾客,提供送货上门服务;还有就是借助小贩沿街叫卖,扩大影响力。

赵大有制作的龙凤金团非常出名,形状似月,色黄似金,上面印有龙凤浮

---

① 赵文海:《"赵大有"糕点的第三代传人》,宁波晚报电子版,http://daily. cnnb. com. cn/nbwb/html/2009—10/25/content_132662. html

② 赵大有糕团店,http://www. wesite. net/email/2/701. html

③ 赵大有糕团店,http://www. wesite. net/email/2/701. html

④ 赵大有糕团店,http://www. wesite. net/email/2/701. html

雕,寓意吉祥和团圆。龙凤金团是浙东城乡妇孺皆知的传统名点,也是宁波十大名点之一。过去,宁波有很多制作金团的店铺,但以赵大有的最为有名。龙凤金团的历史至少可以追溯到南宋时期,民间还有这样一个传说:

南宋康王赵构建都临安后,因为金兵强渡长江,见临安难守,于是就带近臣、后妃逃到明州(即宁波)。不想被大队金兵冲散,康王危急之时,鄞县的一位村姑骗走了金兵,救了康王。康王饥饿难耐,村姑给了他一个有馅的糯米团子,康王吃了之后辞别。后来,为了答谢村姑,康王准许浙东女子出嫁时可以使用半副銮驾,乘坐龙凤花轿,他吃过的糯米团子也被封为"龙凤金团"。

金团不仅味道好,还有很多寓意,并且按照用途的不同衍生出许多,如种田金团、割稻金团、做生意的五代金团、结婚的龙凤金团、新生儿满月的子孙金团等等,成为宁波饮食文化中非常精彩的部分。

现在的赵大有仍然以传统的糕团等食品为顾客而熟知,在民间有良好的口碑。比如清明节前是赵大有最为忙碌的时候,青团、水果糕、松仁糕等产品每天都卖断货。

地址:浙江省宁波市江北区大庆北路564弄

冯恒大

冯恒大创始于清同治年间,创办人是名震宁绍的巨商冯云濠的后裔。冯恒大是慈城现存历史最悠久的一家商号,也是唯一的一家老字号。当时冯家实业均冠以"冯"姓,很多字号中都有"恒"字,冯恒大是其中的一家。

冯恒大坐落于横街西闸桥以西,原来为石库门大门,坐北朝南,沿街的高围墙,白而高大,墙上"官酱园"三个大字与墙高并齐,每字足有20平方米,乌黑、挺拔、气势非凡,引人醒目,据传说为浙东著名书法家梅调鼎的手迹。在石库门的两扇大门上,铭刻了书法家钱罕先生书写的"恒其德""大其有"寓有企业名称的门联。石库门内则是清代前店后坊的江南商贸典型布局。[1]

冯恒大的主要产品有香干、酱油、白酒、黄酒,其中香干和竹叶青黄酒最为有名。冯恒大的香干选用的原材料有优质大豆、上等酱油、高档麻油等,经过精工细作制成。冯恒大在其产品原料的选择上可以说是非常挑剔的,比如黄豆必

---

① 《百年老作坊》,宁波冯恒大食品有限公司网站,http://www.fhdsp.cn/workshop.html

须是上虞的"嫦娥青",酿酒的水必须是大隐的溪水,而稻米则一定是奉化糯米。冯恒大处于儒商之乡,遵循"礼让"的传统经营理念,据老辈人回忆,当年到冯恒大买酒,明明是一个铜板的酒,却多给一个铜板的,让人享受到"老酒喝赚头,吃饭吃添头"的乐趣,这样的经营理念不仅赢得了更多人的信任,更在无形中增加了冯恒大的品牌价值。

上了年纪的慈城人还记得,当年乡下人到上海拜谢股东老板,手里拿的就是冯恒大香干和酱油;很多离开故乡的游子,一回到慈城,就会问到冯恒大的香干和酱油。历经半个多世纪后的今天,还有很多慈城籍海外同胞和国内乡亲对冯恒大香干和冯恒大竹叶青记忆犹新。台胞实业家应昌期先生生前回故乡时就曾问道:"冯恒大香干有买否?"

2002 年,冯恒大改制,以有限责任公司模式进行运作,并成功注册了商标。冯恒大结合古镇特点和优势,吸纳古镇精髓,开发特色美食。慈城是国内知名的年糕生产基地,年糕厂家和产量都很多,但是多年来慈城主要就是单一的水磨年糕,附加值也不高。冯恒大突破年糕主食的固有形象,以休闲饮食的思路进行开发,一系列风味年糕一上市就引来订单不断,吹响了年糕业创新的号角。公司现在除了传统的慈城水磨年糕,还有很多花式年糕,能满足不同消费者的需求。公司的桂花年糕、火锅年糕、雪菜笋丝年糕等都颇得市场认可,而大头菜年糕等产品以浓厚的怀旧风味,极大地弘扬了地方特色,还有如苔菜年糕、油炸小年糕、火锅袖珍年糕、快速方便年糕、酒酿年糕等多个品种,突破了传统年糕外观和品种的局限,产品常温下保质期六个月以上。

慈城年糕已经顺利通过国家原产地标记保护认证,还成功举办了中国·慈城年糕文化节,极大地提高了慈城年糕的品牌知名度,为后续发展打下了坚实的基础。在 2003 年农业博览会上,冯恒大花式年糕夺得了优质奖;2004 年,冯恒大研创出了"上海大世界基尼斯之最":一条长 5 米,宽 12 米,高 0.3 米,重2.3 吨的年糕;2005 年,冯恒大荣获"中国百年老字号群众最喜爱的产品"称号;2009 年,冯恒大入选浙江省非物质文化遗产名录。冯恒大品牌与慈城儒商文化和古镇文明融为一体,已经成为慈城一张独特的名片。

冯恒大的远景是成为国家级企业,把品牌做成名牌,而一个名牌需要历史、产品、认同和附加值四个基本支柱,有深厚基础的冯恒大正以坚实的脚步向着自己的目标前进。

地址:浙江省宁波市慈城镇民生路 114 号

王升大[①]

王升大创立于 1899 年,创始人是王兴儒。最初前店后场,收购粮食加工大米后销售。1996 年,王升大第四代传人王贤定创立了宁波陆宝食品有限公司,公司主要生产大米、食用油、味精等。

王兴儒的老家是宁波西乡青垫王鹭鹚王家自然村(现鄞州区集士港镇万众村),这里有鱼米之乡的称谓。小时候,家境贫寒的王兴儒就非常勤劳,种田之余还用两只鸬鹚捕鱼卖掉赚钱,慢慢变成了村里的富裕人。王兴儒非常富有同情心,村里有人需要用钱的时候,就拿着自家的稻谷来换钱,王兴儒家里就这样存储了很多稻谷。王家于是在青垫摆起米摊卖米,但由于青垫地方小,所以顾客很少,王兴儒就干脆到宁波西乡的商贸集市中心凤岙市(今鄞州区横街镇凤岙上街头)开办了米店。

王兴儒开办的米店最初就叫做"王记"米店,"王升大"的名字是老百姓叫开的,这里还有一段故事。卖米的时候,高出升斗的米都要用米尺抹平,而王家卖米却只抹去一个角,多留一点给百姓,所以王记卖的一升米总比别人家的一升米要多一些,后来老百姓就给了王记"王升大"的雅号,"升大粮足,老少无欺"的王升大颇受百姓赞誉。王兴儒也因此在村民中有着极高的威望,据老辈人回忆,王兴儒随便用拐杖敲几下,整个村庄都会立刻安静下来。

凤岙水路四通八达,商业发达,"东乡韩岭市,西乡凤岙市"说的就是民国初年宁波的两大商贸中心。20 世纪初,王升大米店在凤岙市已拥有了三间门面的店铺,前店后场,收购粮食加工大米然后销售,为了防止粮食受潮,房屋里铺了五层地板。王升大当时已经初步具备生产、加工、仓储、运输产业链的规模,不仅自家有田户专门为米店种稻,有加工大米的师傅,还有专人负责收购粮食,有送货的人和船只,为了运输,还配套建造了凤岙南塘桥溪闸埠头,即相当于现在的码头。王升大米店规模越来越大,方圆几十里无人可及。

王兴儒灵活经营,注重信誉,当时和宁波源康布店等名店打交道的时候,凭信誉可直接记账买东西,到时再用银票结算。凤岙市的 12 家老板还出资直接从宁波拉了一根电话线到凤岙;为收听物价信息,王兴儒还买了一只无

---

① 主要参考资料来源:1.《横街凤岙"王升大"》,《鄞州日报》2009/04/03,转引自 http://epaper. xplus.com/papers/yzrb/20090403/n61.shtml;2.《宁波百年米店"王升大"》,原载《东南商报》,转引自长三角城市网,http://www.cncsj.net/a/2010/7/175012.html

线电收音机。在生意做大的同时,王兴儒也不忘造福乡里,在凤岙集士港的路边,盖了很多四角凉亭,供种田人避风躲雨、吃饭休息,同时又方便行人歇脚。

1930年,王兴儒去世,乡邻为他举行了隆重的葬礼。王兴儒过世后,米店传到了儿子王阿林和孙子王阿其叔侄两个人手中。王兴儒临终的时候叮嘱他们,做生意要眼光长远,要让利顾客,钱多了要懂得回报社会。王阿林和王阿其传承了王兴儒乐善好施的商业精神,民间至今流传着"十八大岙里山人,广德湖边种田汉,衬衫袖子当米袋,买米要买王升大"的说法。"衬衫袖子当米袋"是说贫苦百姓到店里买米的时候,经常脱下衣衫,用绳子将两个袖子口一扎用来装米。每当穷苦百姓来买米的时候,王升大总是多给一点;对于青黄不接一时急需粮食的饥民,王升大赊账给米;每逢农历腊月二十五至三十,王升大还特意对病弱老残农户接济一斗以上的大米,使他们能顺利过年。王升大米店的这些善举至今很多老人还记忆犹新。

第二代传人王阿林40岁的时候,被土匪绑架到了深山里,整年未归,王家共花费了41000元(按照当时稻谷价格100斤8元计算,相当于50多万斤稻谷)赎回王阿林①,这次劫难让王升大元气大伤。1941年3月,日军进入横街凤岙,王升大店铺遭到洗劫。

20世纪50年代初,王升大进行了私有制改造,成为凤岙合作商店。当地上了点年纪的人仍然把凤岙合作商店叫作王升大,不仅是因为记忆中温暖的形象,还因为店内一位和气的店员,他就是王升大的第三代传人——王兴儒的孙子王阿其。1979年,"王升大"第四代排行第六的陆宝王贤定顶父职进入凤岙合作商店,从此"王升大"又回到了王家传人的手里。② 1996年,王升大第四代传人创立了宁波陆宝食品有限公司,2003年注册了"百年王升大"商标。如今的王升大仍然秉承"童叟无欺,诚信经营"的祖训,产品已发展到大米、味精、食用油、麻油、酱醋、老酒、葡萄酒等多个品种,可谓浴火重生。

2009年,王升大参加了"中华老字号"台湾精品展,受到了台湾民众的关注;2010年,王升大、冯恒大、赵大有三家"大"字老字号抱团组成联合展团赴澳门,同样受到极大关注,王升大有故事的米升子也被带去,讲述着这家老字号的历史和理念。

王升大人还延续祖上乐善好施的美德。2007年9月,王升大资助奉化大堰

①《宁波百年米店"王升大"》,原载《东南商报》,转引自长三角城市网,http://www.cncsj.net/a/2010/7/175012.html

②《首批"浙江老字号":横街凤岙王升大》,宁波陆宝食品有限公司网站,http://www.landbaby.com/? a=view&p=3&r=13

镇洞坑村 96 岁的双胞胎兄弟邢如家、邢杏家到北京旅游,这是他们第一次走出家门,中央电视台《夕阳红》栏目还以"我们老哥俩"为题进行了长达 15 分钟的专题报道。①

地址:浙江省宁波市望春路 188 号

恒　利

"恒利"创建于清道光二年(1822 年),是唯一写入慈溪县志的老字号。

位于慈溪周巷的"恒利酱油",原名恒利官酱园。企业设立初就从官方请领 80 口正缸缸照和烙牌,在周巷埋沟桥东开设五间店面,生产经营占地 10000 多平方米。由于原料采购方便、技术把关严格、企业管理得法,所产酱油、黄酒、白酒、米醋、腐乳等产品质量超群,商贩慕名远道而来,产品覆盖 200 多平方公里,其优质瓶装酱油还远销京、沪、杭地区,腐乳年产量也达 100 多吨。据说,1935 年,恒利酱油曾获巴拿马国际金奖。② 在 1930 年后的 10 余年里,恒利酱油年产量达到 1500 吨。③

解放后的社会主义改造中,企业更名为公私合营恒利酱园。1987 年又更名为国营慈溪酿造厂。2001 年,企业改制,成立慈溪酿造有限公司。

在较长的一段时间中,"恒利"逐渐淡出。从 1992 年开始,慈溪酿造厂一直使用的是"三北"商标,只有部分产品上标注"三北"牌"恒利酱油"、"恒利米醋"等字样,"恒利"只作为商品名称使用。④ 1996 年,周巷镇另外一家企业三 A 申请注册了"恒利"商标,范围包括酱油、米醋、食盐等调味品,这家企业允许慈溪酿造有限公司使用"恒利"到 2004 年底。商标旁落,慈溪工商分局曾帮忙提出了三种方案,即许可使用、转让、商标权入股,但因为没有资金和股东的反对,都没有成功。2005 年 1 月,慈溪酿造有限公司去掉了包装上的"恒利"字样,这一

①《宁波百年米店"王升大"》,原载《东南商报》,转引自长三角城市网,http://www.cncsj.net/a/2010/7/175012.html

②《振兴老字号遭遇机制桎梏》,原载《慈溪日报》,转引自中国宁波网,http://www.cnnb.com.cn/gb/node2/newspaper/node19917/node38389/4/node43058/node43069/userobject7ai1081054.html

③《百年"恒利酱油"被民企收购》,中国宁波网,http://news.cnnb.com.cn/system/2007/05/18/005287897.shtml

④《百年"恒利酱油"被民企收购》,中国宁波网,http://news.cnnb.com.cn/system/2007/05/18/005287897.shtml

百年老字号出现断层。

虽然恒利酱油年产量在 20 世纪 30 年代就达到了 1500 吨,但到 2004 年年产量也才只有 2700 多吨;当时公司 80％的产品还在用有上百年历史的 50 斤装土坛,这种老字号酱油只有在农村以每 500 克一元钱的价格零售。[①] 恒利 1988 年税前利润 9.73 万元,到了 2004 年也只有 11.45 万元,[②]无论是董事长还是普通职工,月薪都很低。企业改制以后,所有干部职工都拥有股份,差异不大,股权非常分散,管理和改革都是困难重重。2006 年 10 月,公司难以为继,决定年底关闭。

在企业面临倒闭的危急关头,2006 年 12 月,一位土生土长的周巷人、永胜轴承的总经理吕华飞挺身而出,投巨资收购职工股份,走上了复兴老字号、重塑品牌之路。重置股权后,慈溪酿造公司通过理顺劳动关系、购置设备、重整厂房、推出新品等一系列手段,实现了新的飞跃。[③] 公司推出了多种包装的酱油和米醋,最贵的酱油每千克 18 元,还重新做了甜面酱、青梅酱等产品。恒利凭借这些产品,成功进入慈客隆连锁超市、上虞的大通超市以及宁波的二号桥等批发市场,公司还通过了 QS 认证。

当然还有一个困扰很多老字号的、也是恒利之痛的商标问题。吕华飞找到了三 A 集团董事长景华南,洽谈商标转让事宜。景华南在获悉恒利重获新生以后,主动表示愿意把恒利商标赠予慈溪酿造有限公司。而此前三 A 抢注恒利商标,在很大程度上是出于对本土品牌的保护,不让本土品牌、慈溪现存唯一一家百年老字号旁落他人。

现在公司继承和发扬百年手工生产工艺,结合先进技术不断创新,始终走纯天然酿造之路,以绿色、营养、健康为宗旨,酱油、米醋在酿造同行业中品质处于领先地位,慈溪市场上也一直有"周巷酱油(恒利酱油、三北酱油),好酱油"的美誉。

地址:浙江省宁波慈溪市周巷镇大通中路 359 号

---

①《180 年老品牌"恒利"酱油重焕新生》,原载《宁波日报》,转引自 http://www.foods1.com/content/304450/

②《从恒利商标看老字号品牌变迁》,中国联合商报网,http://www.cubn.com.cn/News3/news_detail.asp? id=1878

③《180 年老品牌"恒利"酱油重焕新生》,原载《宁波日报》,转引自 http://www.foods1.com/content/304450/

毛 龙 ①

毛龙是奉化溪口著名特产千层饼的创始品牌,创立于清光绪四年(1878年),创始人王毛龙。"一层酥饼一层情,溪口'毛龙'有盛名。人手一包携带去,不虚奉化此番行。"这是毛翼虎老先生为溪口千层饼写的一首竹枝词,词中的"毛龙",指的就是首创溪口千层饼的晚清溪口人王毛龙。

清光绪四年,王毛龙、王化龙兄弟在溪口镇上开了一家饼店,制做当时奉化民间盛行的饼,生意一般。一次,王化龙在做饼的时候加了些奉化的苔菜粉,结果制成的饼味道格外好。后来,两人在此基础上进一步改进,于是就有了奉化溪口千层饼的萌芽,但推出的时候受到的关注并不多。当年夏天,王毛龙在买菜油的时候错买了麻油,结果用麻油制作出的饼层层酥松,香气异常。酥饼由此一炮而红,还有了"千层饼"的雅号,生意一下子就兴隆起来。后来,溪口的其他店铺也纷纷仿效,逐渐成为风行民间的糕饼。

蒋介石在童年时代就非常喜欢王家兄弟制做的千层饼,掌权之后,还让人把铅皮罐头封装的千层饼专机运到南京,并引以为傲地和官员们分享,溪口千层饼的名气越来越大,遂有了"天下第一饼"的美誉。这时,饼店的手艺已经传到王家第二代王国安兄弟们那里了,王家的千层饼成为了蒋介石的"指定产品"。

1988年,柬埔寨王国元首西哈努克亲王等人游览溪口古镇,奉化县长赠送的礼品中就有溪口千层饼。西哈努克亲王品尝之后赞不绝口,夸千层饼是"御用宫点"。

解放后,个体制作和出售千层饼被视为"资本主义的尾巴",千层饼的质量一落千丈,陷入低谷。王毛龙之孙、第三代传人王金榜虽然制饼技艺高超,但也只能转行。一次,他亲眼看到一位上海旅客尝了一块千层饼后就把整袋扔到了海里,这给了他极大的触动,他决心重振家业。

1989年,王金榜就重新做起了千层饼,以自己地道的手艺传承了"天下第一饼"。现在,毛龙千层饼已经传到了王毛龙的曾孙、第四代传人王令棋这里。王令棋开办了溪口王毛龙千层饼厂,饼厂已经发展成千层饼行业的龙头企业,王令棋也被公推为溪口千层饼协会会长。借助着蓬勃发展的旅游业,奉化溪口的

---

① 主要参考资料来源:《溪口名点千层饼》,中国名吃网,http://www.tamsw.com/tese/showmain.asp? id=289

千层饼知名度越来越高,多家老企业共同塑造了溪口千层饼的美誉度。溪口千层饼和奉化芋艿头、奉化水蜜桃并称为奉化食品三宝。

在食品生产高度机械化的今天,千层饼仍然采用传统手工制作方式,每一家出售千层饼的作坊中都有人正在制作千层饼,如果不想买包装好的,也可以选择新鲜出炉的。除了传统工艺外,千层饼品质的重要保证就在于原材料了。面粉一定是本地山区的小麦磨制,苔菜选用优质野生冬苔,油则一定是优质植物油。如果是制作精品千层饼,还会选用黄豆粉和鸡蛋作为原料。

奉化溪口的武岭路汇集了多家千层饼店,香气四溢,被称为"千层饼一条街",这些店铺以现烤现卖的形式生动地展示了溪口这一传统食品的特色,也构成了溪口一道独特的风景。

2003年,溪口千层饼厂家联合申报溪口千层饼原产地保护。2004年通过审核,成为全国第一个获得原产地保护的糕点类产品。

王毛龙千层饼店 戎 彦 摄

地址:浙江宁波奉化市溪口镇武岭路88号

王　永　顺

　　王永顺与毛龙实属同宗同源,在清光绪四年(1878年),王毛龙、王化龙两兄弟创立的店铺名号即为"王永顺饼店"。现在执掌王永顺千层饼厂的王美生和执掌毛龙千层饼厂的王令棋是两兄弟。关于两家的历史,在"毛龙"有讲述,这里不再赘述。

　　溪口的千层饼,用料十分讲究,须选用上等面粉、精炼生油、脱壳芝麻、优质冬苔粉等为原料,经蒸粉、擀粉、筛粉、擀糖、筛糖、制馅、包皮、卷条、擀饼、排饼、刷水、撒芝麻、烙饼、搁酥等13道工序制成。其中搁酥的操作难度较大。系在饼烙至变黄后,将炉内炭火退出一部分,关炉门,于剩余炭火上盖以瓦片,不使饼直接受火,以防烙焦,焖烘约2小时,慢慢将饼搁酥,成为成品。① 约1.5厘米厚的小饼中有27层,松脆酥润,老少皆宜,曾经获得过国家、省级名特产品奖和地方风味制作大赛"最佳口味奖"等诸多奖项。

　　特别值得一提的是,制作千层饼的油绝对不能使用动物油,非常符合现在的健康饮食理念。制作好的千层饼常温可以保存两三个月。创始人王毛龙采用黄泥制成的专用烤炉,这种传统工艺现在依然延续,每家千层饼店铺都有这样的烤炉,里面整整齐齐码着千层饼,香气扑鼻。

　　王永顺千层饼厂秉承祖传,严把质量关,还创新开发了奶油千层饼等新品,王永顺千层饼厂的千层饼曾经获得过2000年溪口千层饼大赛状元奖。

地址:浙江宁波市溪口镇中马路213号

缸　鸭狗汤团

　　缸鸭狗是宁波最负盛名的老字号之一,是宁波市民耳熟能详的甜食店,1927年创立,创始人是江定发。

　　江定发,小名江阿狗,是地道的宁波海曙区人。家境贫寒的他曾经在国外

---

　　①《奉化滕头生态旅游示范区》,央视网,http://city.cctv.com/html/zhongguojingqu/75f696494d51e8ded2496fa651756f77.html

货轮跑船,后来厌倦了常年外出漂泊的生活,把积攒的钱拿出来摆了个汤团摊,不久就在开明街小有名气。后来他看中一个店铺,有了店铺自然就需要店名和招牌,江定发没有多少文化,最后就用一幅画作为店铺的幌子,图上有一只水缸,一边是只鸭子,一边是条狗,原因就在于江定发的小名江阿狗,"江"在宁波话中和"缸"同音,"阿"与宁波话"鸭"同音,所以江阿狗就与"缸鸭狗"同音。奇特的招牌饶有风味,老幼皆识,一时声名远播,顾客盈门。这个特别的店招和由此演变的商标沿用至今。

缸鸭狗主要经营宁波汤圆、酒酿圆子等当地特色小吃,尤其以猪油汤团最负盛名。江定发非常重视食品的质量,当众现做现卖,汤圆具有粉白、质糯、汤清、形美、味甜的特色,非常受欢迎。他还在营业柜台上放了一碗糖,由顾客任意添加,生意非常兴隆。民间流传着有关缸鸭狗的顺口溜,有好几个版本,但只是文字稍有差异,含义完全相同,如"三更四更半夜头,要吃汤团缸鸭狗。一碗下肚勿肯走,二碗三碗发瘾头。一摸袋袋钱勿够,脱落布衫当押头"。从中能够看出人们对缸鸭狗的喜爱之情,也能看出缸鸭狗是适合当时市民的消费水平和口味的。但凡老字号形成了民间的顺口溜,也都说明这家老字号有着深厚的群众基础。缸鸭狗是宁波餐饮老字号的代表,"香甜鲜糯滑"的猪油汤圆则是宁波美食的一张闪亮的名片。

1956年公私合营中,缸鸭狗也走上了集体化道路,开明街的店面进行了扩建,经营的品种也更加丰富,生意很红火。1958年刘少奇来宁波视察的时候,曾到缸鸭狗品尝汤圆并赞扬了这道小吃。"文革"期间,缸鸭狗曾一度改名为"四季春"甜食店,到1980年才又恢复了原名。

1988年,缸鸭狗汤团总店成立,经过多次装修和改建的老店焕然一新,经营范围又有所扩大,除了当地传统小吃外,还有酒菜饭和西点。另外,缸鸭狗还和厂方合作,生产袋装缸鸭狗汤团粉和猪油馅,把宁波传统汤圆推广到更远的地方,扩大了宁波汤团和缸鸭狗的知名度。

缸鸭狗的猪油汤团选料考究,制作精细,主要原料是优质糯米、黑芝麻、猪板油、白糖,馅儿和皮儿的制作都要经过多道工序,除了本身的味道格外受欢迎外,还有团圆吉祥的美好寓意。缸鸭狗汤团除了受到当地人的欢迎外,也是外地人来宁波必尝的小吃,而对于在外的宁波籍人士,则意味着家乡的味道。缸鸭狗的猪油汤团曾被评为"中华名小吃"。

1997年,由于开明街拓宽改造,"缸鸭狗"搬入城隍庙县学街。随后几年,"缸鸭狗"经营面积逐渐扩大至1300多平方米,进入发展的黄金时期,并带动县学街成为甬城首屈一指的美食一条街。那段时间,"缸鸭狗"组建了食品厂,专门生产糯米粉和汤团馅,缸鸭狗汤团店则成为不少外地旅游团品尝宁波风味美食的指定小吃店之一。为了满足市民和外地游客购买汤团的需求,"缸鸭狗"还专门设立了门市部,供应食品厂出产的糯米粉和汤团馅,以及店里加工的甜包、油包等点心。① 缸鸭狗进入了鼎盛期。

之后,随着速冻汤团大举进入超市和百姓的生活,外地汤团品牌攻城略地,产品单一的缸鸭狗很快被挤出了速冻汤团市场,而这个市场是汤团消费量最大的。再加上甜食的不受欢迎、汤团的季节性强,以及企业本身规模小、实力弱、人员老化等等因素,缸鸭狗开始走下坡路,也不断淡化着自己的市场地位和在市民心中的印记。

2007 年 5 月,缸鸭狗离开了城隍庙黄金旺铺,迁到开明街一处小店面,营业面积从原来的 1300 多平方米锐减到百余平方米,除了传统的猪油汤团、百果圆子、蛋花圆子等保留外,和一般的大众快餐店没有了任何区别,特色品种曾萎缩到只有一个小小的销售窗口。很多人都为缸鸭狗感到惋惜。

2009 年 7 月,市民在鄞州区万达广场见到了一家面积达 300 多平方米的缸鸭狗连锁餐厅,主打以宁波汤团领衔的精品小吃。老店新开,让很多人惊喜不已。而缸鸭狗开明街老店营业到 2010 年上半年租期结束之后就不复存在。

缸鸭狗万达店有种类繁多的小点心,既有宁波传统点心,如猪油汤团、龙凤金团、水晶油包等宁波十大名点,还有春卷、烧麦等江南风味小吃以及川式红油抄手、台湾红烧牛肉面等特色美食,另外还有抹茶卷等新式小吃。除此之外,缸鸭狗新店还会卖咖啡,选用的是来自云南普洱地区的高原咖啡。② 为了让缸鸭狗传统的猪油汤团获得更大的发展,特别是让年轻人认可和接受,缸鸭狗改良了猪油汤团,减少了油腻。继承传统的前店后场形式,顾客在店里品尝美食的同时,还能透过玻璃看到食品制作的过程。新店整体充满了现代气息,但是细节处处透出它的传统和它的历史。

老店新开的原因在于缸鸭狗有了新的品牌控股投资方。"缸鸭狗"品牌控股投资方将投资一亿元,组建浙江省最大的宁波汤团生产基地和传统点心配送中心,同时斥资一亿元计划在长三角开出 50 家"缸鸭狗"连锁餐厅,目前,占地 30 亩的宁波汤团生产基地和传统点心配送中心选址正在紧锣密鼓地进行中,"老字号"新生代开始重振甬城名小吃旧河山。③

老字号重振雄风,需要在经营模式、产品开发、市场营销等多方面进行全面

① 《缸鸭狗:亟待创新的汤团名店》,中国宁波政府门户网站,http://gtob. ningbo. gov. cn/art/2008/10/31/art_325_242661. html

② 《宁波百年老店"缸鸭狗"月底全新亮相》,中国宁波网,http://news. cnnb. com. cn/system/2009/11/17/006327279_01. shtml

③ 《"缸鸭狗"将投巨资建浙江最大宁波汤团基地》,原载《宁波晚报》,转引自浙商网,http://biz. zjol. com. cn/05biz/system/2010/07/04/016732736. shtml

创新,而和有实力的企业合作能使老字号的发展驶入快车道,缸鸭狗就是最好的例子。我们在为缸鸭狗高兴的同时,也隐隐有些担忧,因为在走进缸鸭狗新店的时候,我们更多的感觉是:这还是缸鸭狗吗?希望老字号在创新发展的时候,不要失去很多的"老",毕竟这些才是老字号生存的根本。

缸鸭狗鄞州区万达店　戎　彦　摄

地址:浙江宁波鄞州区四明中路999号万达广场1号门北侧(万达店)

制造业

黄 古 林

据考证,早在 2700 多年前的春秋时代,宁波鄞州的农民就已经掌握了蔺草栽培和编织技术。而最早有文字记载的则是在唐朝,据宋代宝庆《四明志》记载,在唐朝开元元年(713 年),宁波草席已经出口朝鲜。《四明郡志》中也有早在唐代,宁波草席已远销各地的记载。宋元明各朝,宁波草席都曾作为特产销往海外。

宁波草席古称明席,主要产地是古林镇。古林镇生产草席历史悠久,据明《成化四明群志》记载,"甬东多种席草,民以织席为业,著名四方日明席"。黄古林草席席市兴旺,以后历朝历代几经兴衰,延传至今。

宁波草席的制作材料是鄞县黄古林一带所产的席草。由于黄古林一带气候土壤适宜,所产席草色泽青白而带绿,粗细均匀而挺直,草壁薄而坚韧,草芯丰满而有弹性,拉力强而不易断,加上编织技术悠久而精湛,故织成的草席,质地精良,挺括硬实,柔软光滑,收藏简便。不用时卷席成筒,不占地位;使用时,一经温水拭抹,不但更加光滑,且能透出一股沁人的幽香。草席一般是由白麻或绿麻为筋编织而成,而以白麻筋草席为佳。[1]

黄古林据说是一人名,他所生活的地方家家户户以湖草织席为生,黄古林也是织席高手,他胆识过人,还很有经济头脑。唐开元元年(713 年),黄古林用草席作帆独自驾船去日本卖草席,很受欢迎。一次,去日本途中,木船触礁进水,黄古林用草席堵住了漏洞,居然平安抵达了日本,震惊了日本客商。黄古林草席以密不透风紧不漏水而名声大振,订单越来越多。黄古林先后招收百余名

---

[1] 黄古林凉席历史,宁波黄古林工艺品有限公司网站,http://www.huanggulin.com/newsinfo.asp? ID=916

弟子,成立了草席作坊,但仍然不能满足需求。弟子俞鼎建议他开设席行,以合理的价格向百姓收购,收购的草席印上"黄古林"字样,他的建议被黄古林采纳。黄古林草席行的生意非常好,完成订单的同时也富了一方百姓。没有子女的黄古林在自己年老体弱的时候,把席行传给了俞鼎。黄古林席行在俞鼎手中获得了更大的发展,又增开了十几家席行。俞鼎的子孙进一步把黄古林发扬光大。至清代,宁波草席达到发展的鼎盛期。[①]

　　鄞州黄古林一带有"南宋高桥大战,草席铺地,大败金兵"的传说。据《佛祖统记》、《宁波府志》记载,自从康王赵构建立南宋朝廷以后,由于偏安临安,根基薄弱,难以抵御强大的金兵。便于建炎三年(公元1129年)放弃临安,跨驻明州。因明州背负大海,便准备燎撞,一旦受到金兵攻击,以便扬帆出海。建炎四年正月,金兵以更大规模南犯。大队金兵渡钱塘,破绍兴,占余姚,直逼明州。赵构闻报,大惊失色,随即带领后妃、侍从,登上艨艟,直驶定海。当时,留守明州一带的御营前营统制张俊,与副统制刘洪道守于城楼,遣兵掩击,杀伤金兵无数,首战大捷。金兵只得屯守余姚,请求大元帅兀术增援。兀术闻报大怒,便带领大队兵将再犯明州。张俊见兀术来势凶猛,准备于鄞县西乡高桥一带迎战金兵。他骑马实地勘察这一带地形,骑着骑着,突然战马四蹄打滑,竟至四脚朝天,把张俊掀翻在席草地里,弄得浑身泥浆。张俊爬起身来一看,只见地上晾着几领草席,马蹄被草席打滑,顿时计上心来。他管不了擦洗泥浆,立即召集当地百姓,晓以抗击金兵之大义,动员百姓把家里草席悉数铺到过往大道。众百姓一听,都愿意为保卫乡土,奋勇参战,纷纷把草席铺于沿途路上。次日,宋军以大队埋伏于高桥下,而以小队在前路迎战金兵。战不几个回合,宋军便循着河边长有青草的小路撤退,金兀术以为可欺,挥动大队人马追杀过来。不料战马一踏上路上草席,便马蹄打滑,人仰马翻。在后面的骑兵不知前边情况,扬鞭催马而来。也被滑倒在地,自相践踏。此时,埋伏在桥下、田塍里的宋军和义兵见状,一齐杀出,杀得金兵血流成河,杀得金兀术魂飞魄散,赶紧败退。正如清代著名学者万斯同在《鄮西竹枝词》中写道:"高宗航海驻鄮邦,曾把高桥作战场,却恨元戎轻纵敌,复教兀术渡钱塘。"古时候,人们叫金兵为"鞑子",自从草席滑倒金兵,打了胜仗以后,宁波人就叫席子为"滑子"了。[②]

　　1954年周恩来总理参加日内瓦和平会议期间,曾携带40条黄古林白麻筋草席赠送国际友人,宁波市《鄞县志》中记载了此事。

---

　　① 参考资料来源:阿里巴巴网站,http://detail.china.alibaba.com/buyer/offerdetail/434249776.html

　　② 黄古林凉席历史,宁波黄古林工艺品有限公司网站,http://www.huanggulin.com/newsinfo.asp? ID=916

20 世纪 80 年代,俞斌和哥哥杨贤年就开始涉足蔺草加工业,然而兄弟俩选择了两条不同的发展之路:哥哥杨贤年开了一家蔺草加工厂,产品全部贴牌外销,生产"榻榻米"出口日本;俞斌则成立了宁波黄古林工艺品有限公司,生产的蔺草制品全部内销,创立自主品牌"黄古林"。① 黄古林走上了品牌塑造之路。

1995 年,宁波黄古林工艺品有限公司成立,生产和销售黄古林牌工艺凉席。正是在这一年,宁波鄞州被国家农业部命名为"中国蔺草之乡",这里蔺草产品产量和销售额都居全国首位。宁波黄古林工艺品有限公司建立当年就改变了较为单调的传统草席的形象,开始运用草席包边、电脑绣花等工艺。销售方面,黄古林也由传统杂货店转向了知名商场和大卖场。1997 年,公司注册了"黄古林"商标。

企业 1999 年被评为鄞县优秀农业龙头企业,黄古林牌草席获宁波市名牌产品称号;2001 年,企业被评为鄞县十佳农业龙头企业,黄古林牌草席在业内首家被评为浙江省名牌产品;2002 年开始,黄古林草席连续六年被评为浙江省农博会金奖;2002 年,"黄古林"商标作为宁波蔺草编织品受国家原产地注册标记保护;2003 年,"黄古林"商标在业内首家被评为宁波知名商标;2004 年,"黄古林"商标被评为浙江省著名商标;2007 年,"黄古林"商标被认定为中国驰名商标。

黄古林产品秉承千年工艺,把握市场导向,采用人性化设计理念,产品多元化、系列化,包装设计个性鲜明,形象统一,已经在国内各大城市建立了稳定完整的销售网络,还开出了精品专卖店,"至诚至信、永续经营"的黄古林已经成为凉席王国中的著名品牌。

2009 年,黄古林蔺草席和枕席运往美国,在美国七家超市上柜,这是宁波市蔺草制品自主品牌首次进入美国市场。②

不过,在黄古林品牌蒸蒸日上的时候,我们也要看到,手织黄古林白麻筋草席面临着后继无人的残酷现实,由于织席辛苦且利润微薄,现在席机数量很少,织席的又都是中老年人。如何保护和传承这一技艺,是摆在我们面前的一道课题。

地址:浙江省宁波市鄞州区古林镇俞家

---

① 《"黄古林"蔺草制品进军美国市场》,原载《东南商报》,转引自中国宁波网,http://news.cnnb. com.cn/system/2009/03/31/006049743.shtml

② 《"黄古林"蔺草制品进军美国市场》,原载《东南商报》,转引自中国宁波网,http://news.cnnb. com.cn/system/2009/03/31/006049743.shtml

四 明大药房[1]

四明大药房创立于 1923 年,创办人是孙义瑞和周静康,当时称为"四明志记药局",是宁波第一家出售西药的药店。

1929 年,四明志记药局改名为四明药房,取"狮鸣"的谐音,由范文蔚任经理,以品种齐全、货真价实、服务专业而闻名,深得百姓信赖,业务蒸蒸日上。

抗日战争刚开始,四明药房大部分物资就迁到金华、福建等地开分店,宁波保留店基,由部分员工继续经营。1946 年,四明大药房在宁波全面恢复营业。依靠曾经奠定的基础,四明获得了很快的发展,到解放前已经位居全市西药业之首。1951 年,四明大药房完成私营企业改造。1956 年,四明大药房转为公私合营,之后规模不断扩大。位于改造前中山东路的原四明大药房总店对甬城百姓来说至今印象深刻,店堂内每天人流络绎不绝,年销售额占到当时全市药店零售总额的四分之一多。[2] "要买药,到四明"可谓深入人心,足见其在百姓中的影响力。

1999 年底,由上海市医药股份有限公司控股组建宁波四明大药房有限责任公司,这也是甬城首家医药零售连锁企业。2001 年,进一步改制,增资扩股,四明大药房成为全国首批、省内首家通过 GSP 认证的企业。2002 年 6 月,因城市规划拆迁,四明大药房总店重新隆重开业,成为当时全市面积最大、经营品种最全的药店。[3] 2003 年初公司医药零售连锁经营规模列居全省第一、全国第 37

---

[1] 主要参考资料来源:《海曙区区级非遗名录:四明大药房》,宁波市海曙区文化馆网站,http://www.hsqwhg.com/minfeng_info.asp? pid=260

[2]《海曙区区级非遗名录:四明大药房》,宁波市海曙区文化馆网站,http://www.hsqwhg.com/minfeng_info.asp? pid=260

[3]《海曙区区级非遗名录:四明大药房》,宁波市海曙区文化馆网站,http://www.hsqwhg.com/minfeng_info.asp? pid=260

位,销售额在全国同行业排名第 48 位。①

2002 年,因城市规划,原处于中山东路繁华商业中心的四明大药房迁址城隍庙,之后在药店环境、产品、服务等方面都有了很大提高。新店扩大了营业面积,成为省内最大的零售药房;增加了经营品种,原四明大药房经营基本零售西药、医疗器械、化学试剂、玻璃仪器、保健品等,新四明大药房在保持这些商品优势的同时,不仅引进了如"北京同仁堂"、山东"高丽侯"、"香港锦隆堂"等众多国内中药材、参茸著名品牌系列商品,而且还引进了与健康美丽相关的法国"薇姿"化妆系列、美国"强生"妇幼用品系列等世界著名品牌,②满足人们不断增长的需求;四明大药房还增设了服务项目,比如执业药师、药师"用药咨询"、顾客休闲处、不同季节免费保健参茸品尝饮用,市区免费送药上门等等。公司立志把四明大药房建设成为国内外名牌商品齐全、国内外名医坐堂、全国著名大药房的"三名"大药房,③以"诚信无价,四明无暇"的经营理念真正体现"四明相伴,健康永远"的追求。

四明大药房历来以"品种齐全、质量可靠、价格公道、服务规范、购药方便"而深受市民的青睐,在宁波医药界和百姓中享有较高的声誉。1997 年,四明被评为"医药商品质量管理全国示范药店"、"为人民服务,树行业新风——全国文明示范药店";2000 年,取得跨省连锁资格;2002 年被授予浙江省第六届价格质量信得过单位和市级文明单位;2004 年被评为宁波市十佳连锁商业企业;2005 年被评为消费者信得过单位和价格诚信先进单位。公司门店遍布全宁波,继续发扬着老字号服务百姓的传统。

地址:浙江省宁波市县学街 22 号(城隍庙店)

寿 全 斋④

寿全斋是浙江省最古老的药店,创建于清乾隆三十五年(1770 年),创始人是王立鳌和孙将豁。

---

① 《四明大药房》,中国宁波网,http://smkx. cnnb. com. cn/index_company. asp? id=31

② 《四明大药房》,中国宁波网,http://www. cnnb. com. cn/gb/node2/node1656/node1671/userobject7ai304514. html

③ 《四明大药房》,中国宁波网,http://www. cnnb. com. cn/gb/node2/node1656/node1671/userobject7ai304514. html

④ 主要参考资料来源:寿全斋简介,宁波寿全斋滋补网,http://sqz. nbyaocai. com/about_us. asp

王立鳌和孙将齮是同科举人,莫逆之交,都喜爱医药,出于为社会做点好事的想法,开了寿全斋药店。"寿"即让百姓长寿,"全"是为了百姓长寿所以药店备齐药,店名"寿全斋"即此意。原址在中山东路56号,三开间石库门面,坐北朝南,四进50余间店房。招牌是由清朝翰林、著名的书法家杨亨泰所写。

十年后,孙撤股,由王家独家经营,相传数代。至第二、三代,寿全斋开始自制眼药,畅销温州、舟山、台州等地。寿全斋老板非常有生意头脑,他会抓住每年四月初八灵峰寺香火期,吸引很多买主,香客把寿全斋的眼药也看作灵物。之后寿全斋制作膏丹丸散,把眼药处方让给柴桥连支店,这就是久负盛名的"柴桥眼药"。清光绪年间,第四代传人王仕载继承祖业。王仕载经常与名门望族打交道,这也让寿全斋博得了上层社会的青睐。此时的宁波已经成为全国最大的药材交易市场,寿全斋更是如鱼得水,生意越发兴隆。在总店基础上又在东渡路和鼓楼开设两家大的分铺,发展达到鼎盛时期,成为当时宁波规模最大的中药店之一。

寿全斋之所以能够发展壮大,原因是多方面,其中擅长与人打交道是重要原因之一。由于王家几代人都和上层社会的人来往频繁,这对于寿全斋吸收资金、打开局面、扩大规模起到了重要的作用。除了社会关系上的与人交往外,寿全斋一直都很擅长揣摩顾客心理,投其所好,宣传自己。针对上层社会人非常害怕生病的心理,王仕载在和他们打交道的过程中,大肆宣传高档补药和补酒,这成为了一种免费的广告。针对一些迷信鬼神的人,选择菩萨的生日请人来店里说唱,还在店里设了供奉菩萨的位置,进店的人通常都会买些药。菊花盛开的季节,他会在店里举办菊花展览,还会组织音乐会、画展等等,目的都是为了吸引更多的人。寿全斋也因为这些策略名气越来越大。

寿全斋药材一定要选择地道的,川连一定要到四川进货,怀山一定要到河南进货,泽泻就一定要到福建进货,俗称福泽泻,也就是说寿全斋的药材都是要到产地去进货。

寿全斋的产品原料和工艺都很有保证。寿全斋自制的虎骨胶、龟板胶、鹿角胶、驴皮胶等非常有名,无论是取料、加工、煎制都有严格的程序,很多环节也都有严格的时间规定,绝不偷工减料。再如各种药酒、补酒,都要使用牛庄产60度以上的高粱酒,酒料浸泡时间必须超过一个月。保健品市场竞争非常激烈的情况下,很多人形成了去寿全斋买高档药酒的消费意识,足见他们对寿全斋的认可。

寿全斋对店员要求严格,不能赌博,不能晚上出去看戏,还给会写字的店员提供笔墨纸张,让他们好好学习医学书。在电灯稀有的时代,寿全斋就有电灯了,而且店员即使晚上看书到一两点钟,只要是看医学方面的书籍,老板也不会提出异议。

寿全斋生意不论大小，一定要尽心尽力为顾客服务，这为自己赢得了良好的口碑。

寿全斋坚持货真价实，突出道地药材、高档补品，逐渐形成了自己独有的风格。百年老店有"正、证、精、真"四个字。进货一道关先把牢，路道"正"。储运一道关，要保管好，做到"三不一全"，所谓"三不"就是不霉、不烂、不受潮，秘诀在于干燥和密封，"一全"就是保证药物品种齐全，做法是采用一成一备，也就是每一品种既有成品，又有备料。"精"是精粹的精，加工炮制要"精"粹，寿全斋对切制工人有很高的要求，有头刀手、二刀手、三刀手直到七刀手，头刀和二刀师傅切贵重的药品，三刀和四刀师傅切一般的药品，五刀师傅及以下切粗草药。切片要越薄越好，比如两厘米直径的槟榔必须切成 108 片，附子切成的片子以能被微风吹动作为考核标准。"真"是认真的真，接方撮药责任重大，为了防止差错，营业接方专职校对。每一味药都要分开，校对无误签章后才能包扎。计价也由营业员完成，尽量减少差错。①

寿全斋自清末创办以来，虽然历经了很长的时间和很多的变迁，但是尊古炮制、品种优而全等特色一直没有变。药材选料地道，加工工序严格，绝对不轻易变更。寿全斋药品非常全，即使别家都找不到的，也能在寿全斋找到。一次，舟山的一位病人要配一种不值钱的、打铁的时候产生的铁烙，这味药非常便宜，还不及人工费或发票，但寿全斋就有，这让顾客非常感动。寿全斋店堂里有三件传家之宝，一口熬制膏方的大铜锅，一件据称为中国之最的碾药器，还有一块纯金的"寿全斋"招牌，记录着老店的历史和沧桑。寿全斋门口曾有这样一副对联："杏林济世千秋寿，桔井流芳百草全"，寄托了寿全斋人对中医药事业的执著精神和深刻理解。

寿全斋经历了几代传人后，店务矛盾日趋尖锐。在 20 世纪初成立了股东会，明争暗斗仍然不断，一直到 1926 年北伐战争才暂告妥协。1931 年成立了董事会。

1956 年寿全斋公私合营，鼓楼分店并入西郊颐寿堂，百丈路分店并入县学街向阳药店。"文化大革命"中，总店曾改名为"健民中药店"。②

1995 年，因为城市建设需要，寿全斋迁址市区繁华地段开明街 361 号。2004 年，许多大型平价药店抢滩宁波，使得以传统中药为经营特色的寿全斋面临"四面楚歌"局面，苦苦支撑了一年以后，寿全斋由于房租太高、利润下降等种种问题，被迫二度搬迁。随即，药店搬到了中山西路 121 号，与范宅为邻。

---

① 主要参考资料来源：寿全斋简介，宁波寿全斋滋补网，http://sqz.nbyaocai.com/about_us.asp
② 寿全斋简介，宁波寿全斋滋补网，http://sqz.nbyaocai.com/about_us.asp

2009 年 5 月,由于轨道交通建设的需要,寿全斋被纳入拆迁范围之列。寿全斋的母公司——宁波药材股份有限公司发动职工和社会各界力量,为寿全斋寻找新的营业场所。2010 年 6 月,寿全斋在永丰路买下一店面,但要等两年后才能重新开业,所以暂时搬回母公司。不到十年中三次搬迁,让这家老字号元气大伤,很多老字号也就是这样消失的,幸好寿全斋坚持了下来,我们也期待两年之后寿全斋再次进入新的发展历程。

　　　　　　　　　　地址:浙江省宁波市海曙区环城西路北段 395

附录一 "浙江老字号"认定办法

一、名称

浙江老字号 Zhejiang Time-honored Brand

二、对象和范围

历史悠久,拥有世代传承的产品、技艺或服务,具有鲜明的中华民族传统文化背景和深厚的文化底蕴,取得社会广泛认同,形成良好信誉的企业品牌。

浙江省境内的有关单位(企业或组织)。

三、认定条件

参加认定"浙江老字号"的企业必须具备以下条件:

(一)拥有商标所有权或使用权;

(二)品牌创立 50 年以上(含 50 年);

(三)传承独特的产品、技艺或服务;

(四)有传承中华民族优秀传统的企业文化;

(五)具有中华民族特色和鲜明的地域文化特征,具有历史价值和文化价值;

(六)具有良好信誉,得到广泛的社会认同和赞誉;

(七)国内资本及港澳台地区资本控股或相对控股,经营状况良好,且具有较强的可持续发展能力。

四、认定方式

由"浙江老字号评审委员会"全面负责"浙江老字号"评审工作。

"浙江老字号"评审委员会下设秘书处、专家委员会。秘书处设在省商务厅商贸发展处,负责评审委员会的组织、协调和日常管理工作。专家委员会主要负责"浙江老字号"的评审,并参与相关工作的论证。

五、认定程序

具备"浙江老字号"认定条件的单位,向所在地县级商贸主管部门申报,并由市商贸部门审核后报省商务厅。具体步骤:

(一)申请提出:有关单位根据自身情况填写申报表,并报所在地县级商贸主管部门。

(二)提交资料:所在地县级商贸主管部门对提交的申请进行初评,确认申请有效的,指导申报单位按照规定格式提交有关资料,并报所在地市商贸部门。

(三)调查鉴别:市商贸部门组织有关机构、专家对申报单位提交的资料进行调查与鉴别,并提出初步评估意见报省商务厅。

(四)专家评审:省商务厅组织专家对资料进行分析,必要时对有关内容进行现场调研,提出评审意见,撰写认定报告。

(五)公示:省商务厅在有关媒体公示拟认定为"浙江老字号"的企业和品牌名单,任何单位或个人对名单有不同意见的,均可向省商务厅提出异议。

(六)复核:申报单位对公示认定结果有疑义的,可向省商务厅提出复核申请,复核结果在接到复核申请后30天内作出。

(七)作出决定:拟认定为"浙江老字号"的企业和品牌在公示期间无异议或者异议不成立,或异议与评定条件无实质性关联的,由省商务厅作出决定,认定为"浙江老字号"。

六、动态管理

(一)"浙江老字号"所在单位须于每年2月底前向省商务厅提交上一年度经营情况的报告,由省商务厅审核备案。

(二)"浙江老字号"所在单位出现严重的违法违规、失信行为,或未按规定提交年度经营情况报告的,经省商务厅核定后责令其整改。6个月内未见明显效果的,省商务厅可以收回相应的"浙江老字号"称号,并予以公示。

七、其他说明

(一)市经贸委(贸粮局、贸易局)应明确"老字号"工作的职能机构,从事"老字号"的管理、协调、推荐等工作。

(二)从2008年起,我省将从已获得省商务厅认定的"浙江老字号"企业中优先向商务部推荐申报"中华老字号"企业。

(三)省商务厅开展有关"老字号"的事务性工作,必要时可委托浙江省老字号企业协会组织承担。

附录二　浙江省"中华老字号"名录

（第一批　38家）

1. 杭州胡庆余堂国药号有限公司（注册商标：胡庆余堂）
2. 杭州张小泉集团有限公司（注册商标：张小泉）
3. 瑞安李大同（老五房）茶食品店（注册商标：李大同）
4. 浙江五芳斋实业股份有限公司（注册商标：五芳斋）
5. 湖州王一品斋笔庄有限责任公司（注册商标：天官牌）
6. 绍兴市咸亨酒店有限公司（注册商标：咸亨）
7. 浙江雪舫工贸有限公司（注册商标：雪舫蒋）
8. 衢州市邵永丰成正食品厂（注册商标：邵永丰）
9. 浙江龙泉市官窑瓷业公司（注册商标：官）
10. 浙江省粮油食品进出口股份有限公司（注册商标：塔牌）
11. 杭州金星铜世界装饰材料公司（注册商标：炳新）
12. 瑞安市百好乳业有限公司（注册商标：擒雕牌）
13. 嘉兴三珍斋食品有限公司（注册商标：三珍斋）
14. 湖州丁莲芳食品有限公司（注册商标：丁莲芳）
15. 绍兴女儿红酿酒有限公司（注册商标：女儿红）
16. 中国绍兴黄酒集团有限公司（注册商标：沈永和）
17. 杭州方回春堂国药馆有限公司（注册商标：方回春堂）
18. 杭州民生药业集团有限公司（注册商标：民生）
19. 杭州王星记扇业有限公司（注册商标：王星记）
20. 杭州楼外楼实业有限公司（注册商标：楼外楼）
21. 杭州毛源昌眼镜厂（注册商标：毛源昌）
22. 杭州饮食服务集团有限公司杭州知味观（注册商标：知味观）
23. 会稽山绍兴酒有限公司（注册商标：会稽山）
24. 杭州华东大药房连锁有限公司（注册商标：张同泰）
25. 杭州万隆肉类制品有限公司（注册商标：万隆）
26. 杭州西泠印社印社有限公司（注册商标：西泠印社）
27. 杭州邵芝岩笔庄（注册商标：芝兰图）

28. 杭州山外山菜馆有限公司（注册商标：山外山）

29. 杭州朱养心药业有限公司（注册商标：朱养心）

30. 杭州信源首饰店有限公司（注册商标：信源）

31. 浙江致中和酒业有限公司（注册商标：致中和）

32. 杭州市食品酿造有限公司（注册商标：五味和）

33. 杭州解百集团股份有限公司（注册商标：解百）

34. 杭州卷烟厂（注册商标：利群）

35. 浙江震元医药连锁有限公司（注册商标：震元堂）

36. 浙江新昌同兴食品实业有限公司（注册商标：同兴）

37. 宁波市楼茂记食品有限公司（注册商标：楼茂记）

38. 宁波华天投资有限公司（注册商标：升阳泰）

（第二批　53家）

（零售食品类 27家）

1. 温州市第一百货商店（注册商标：温一百）

2. 温州市金三益商店（注册商标：金三益）

3. 浙江温州医药商业集团老香山连锁有限公司老香山连锁总店（注册商标：老香山）

4. 浙江东海酒业有限公司（注册商标：陈德顺发记坊）

5. 杭州老大昌调味品有限责任公司（注册商标：老大昌）

6. 浙江嘉善黄酒股份有限公司（注册商标：西塘）

7. 湖州震远同食品有限公司（注册商标：震远同）

8. 绍兴咸亨食品有限公司（注册商标：咸亨）

9. 中国绍兴黄酒集团有限公司（注册商标：古越龙山）

10. 义乌市丹溪酒业有限公司（注册商标：丹溪牌）

11. 湖州诸老大食品有限公司（注册商标：诸老大）

12. 中国绍兴黄酒集团鉴湖酿酒厂（注册商标：鉴湖牌）

13. 杭州颐香斋食品有限公司（注册商标：颐香）

14. 杭州蜜饯厂有限公司（注册商标：陈源昌）

15. 杭州市食品酿造有限公司杭州恒泰酿造厂（注册商标：湖羊）

16. 温州市五味和副食品商场（注册商标：五味和）

17. 湖州乾昌酒业有限责任公司（注册商标：乾昌）

18. 上虞市同仁酿造有限公司（注册商标：协和）绍兴

19. 杭州翠沁斋清真食品有限公司（注册商标：翠沁斋）

20. 杭州景阳观调料酱品有限公司（注册商标：景阳观）

21. 杭州采芝斋食品有限公司（注册商标：采芝斋）

22. 平湖市老鼎丰酿造食品有限公司（注册商标：群欢）
23. 龙泉南宋哥窑瓷业有限公司（注册商标：南宋哥）
24. 湖州老恒和酿造有限公司（注册商标：老恒和）
25. 江山市酿造厂（注册商标：清湖）
26. 绍兴仁昌酱园有限公司（注册商标：仁昌记）
27. 宁波市味华食品有限公司（注册商标：味华）

（餐饮 中药 工艺品 其他类，26 家）

1. 杭州羊汤饭店有限公司（注册商标：西乐园羊汤）
2. 杭州饮食服务集团有限公司杭州奎元馆（注册商标：奎元馆）
3. 温州市县前汤团店（注册商标：县前）
4. 湖州市周生记食品有限责任公司（注册商标：周生记）
5. 宁波市海曙缸鸭狗汤团有限责任公司（注册商标：缸鸭狗）
6. 杭州都锦生实业有限公司（注册商标：都锦生）
7. 杭州李宝赢堂中药饮片有限公司（注册商标：李宝赢堂）
8. 浙江天台山乌药生物工程有限公司（注册商标：台乌）
9. 杭州武林药店有限公司（注册商标：许广和）
10. 浙江天一堂药业有限公司（注册商标：天一堂）
11. 天台县北山供销合作社（注册商标：华顶山云雾）
12. 浙江省龙泉市沈广隆剑铺（注册商标：沈广隆）
13. 杭州边福茂鞋业有限公司（注册商标：边福茂）
14. 杭州孔凤春化妆品有限公司（注册商标：孔凤春）
15. 温州叶同仁医药连锁有限公司（注册商标：叶同仁）
16. 杭州万承志堂国药馆有限公司（注册商标：承志堂）
17. 桐乡市丰同裕蓝印布艺有限公司（注册商标：丰同裕）
18. 浙江越王珠宝有限公司（注册商标：越王）绍兴
19. 浙江省龙泉市宝剑厂有限公司（注册商标：龙泉宝剑）
20. 杭州广合顺皮塑鞋材公司（注册商标：广合顺）
21. 杭州东南化工有限公司（注册商标：船牌）
22. 杭州上城区潘永泰棉花店（注册商标：潘永泰）
23. 金华寿仙谷药业有限公司（注册商标：寿仙谷）
24. 宁波天胜照相馆（注册商标：天胜）
25. 宁波四明大药房有限责任公司（注册商标：四明）
26. 宁波鄞州野草工艺编织厂（注册商标：黄古林）

参 考 文 献

1. 路峰等：《杭州老字号系列丛书——医药篇》，浙江大学出版社 2008 年版。

2. 赵大川：《杭州老字号系列丛书——百货篇》，浙江大学出版社 2008 年版。

3. 宋宪章：《杭州老字号系列丛书——美食篇》，浙江大学出版社 2008 年版。

4. 安冠英等：《中华百年老药铺》，中国文史出版社 1993 年版。

5. 王红：《老字号》(北京地方志·风物图志丛书)，北京出版社 2006 年版。

6. 徐城北：《花雨纷披老字号》，中国社会科学出版社 2003 年版。

7. 曹源：《老字号的文化底蕴》，中国时代经济出版社 2003 年版。

8. 徐城北：《艰难转型老字号》，新世界出版社 2007 年版。

9. 陈志平：《老字号商法》，广东经济出版社 2000 年版。

后　记

　　记得应该是在 2006 年,回乡的路上偶然买了一份报纸,看到了一则有关商务部振兴"中华老字号"的新闻,由此开始了对老字号的持续关注。一晃四年过去了,关注才终于有了一点小小的成果。回想 2006 年带领学生调研宁波"中华老字号"时查找资料、店址的艰辛,到今天,我们看到了很多让人欣慰的成果。就在本书写作过程中,又有很多关于老字号的好消息传来,又有很多老字号建起了自己的网站,也有很多退出历史舞台的老字号重新回归……我们要说,在 21 世纪,这些老字号是幸运的,拥有这些老字号的城市是幸运的,和老字号共同生活在城市中的我们也是幸运的。

　　老字号和我们的城市有着千丝万缕、无法割舍的关联,让生活在现代都市的人体验到城市的一份厚重,一种独特的味道,我们的城市也就有了存在感,独特的存在,无关潮流,只关乎自身。我们也想要和我们的老字号,和我们的城市一起,这样有存在感地生活着。

　　由于一些老字号年代久远,或经历多次变迁等原因,再加上作者的时间和能力的局限,疏漏在所难免,欢迎各界不吝赐教。邮箱: rongyanrain@qq.com。

图书在版编目(CIP)数据

浙江老字号/戎彦编著.—杭州：浙江大学出版社，2011.5
ISBN 978-7-308-08526-7

Ⅰ.①浙… Ⅱ.①戎… Ⅲ.①工商企业—简介—浙江
省 Ⅳ.①F279.275.5

中国版本图书馆 CIP 数据核字（2011）第 050907 号

浙江老字号

戎 彦 编著

责任编辑　徐　婵

封面设计　黄君洁

出版发行　浙江大学出版社

　　　　　（杭州市天目山路 148 号　邮政编码 310007）

　　　　　（网址：http://www.zjupress.com）

排　　版　杭州大漠照排印刷有限公司

印　　刷　临安曙光印务有限公司

开　　本　710mm×1000mm　1/16

印　　张　28.5

字　　数　528 千

版 印 次　2011 年 5 月第 1 版　2011 年 5 月第 1 次印刷

书　　号　ISBN 978-7-308-08526-7

定　　价　58.00 元
